LAURIE PENNY, geboren 1986 in London, ist Buch- und Drehbuchautorin und Journalistin. Studium der englischen Literaturwissenschaft in Oxford, Nieman Fellowship für Journalismus in Harvard. Sie publizierte u. a. im *Guardian, New Statesman, Time Magazine, New York Times* und *Vice* über Politik, soziale Gerechtigkeit, Popkultur und Feminismus. Als Drehbuchautorin wirkte sie an den Serien »The Nevers«, »The Haunting of Bly Manor« und »Carnival Row« mit. Ihre Bücher machten Penny zur Ikone des jungen Feminismus.

DR. ANNE EMMERT studierte Anglistik, Amerikanistik und Linguistik. Sie übersetzt vor allem Sachbücher aus den Bereichen Politik, Gesellschaft, Feminismus aus dem Englischen.

LAURIE PENNY

SEXUELLE REVOLUTION

RECHTER BACKLASH UND FEMINISTISCHE ZUKUNFT

AUS DEM ENGLISCHEN ÜBERSETZT VON ANNE EMMERT

EDITION NAUTILUS

Die Originalausgabe des vorliegenden Buches erschien unter dem Titel *Sexual Revolution. Modern Fascism and the Feminist Fightback* bei Bloomsbury, London 2022.

Die Übersetzung von *Sexual Revolution* wurde in Übereinstimmung mit Bloomsbury Publishing Plc. publiziert.

Edition Nautilus GmbH
Schützenstraße 49 a
D-22761 Hamburg
www.edition-nautilus.de

Deutsche Erstausgabe März 2022

Umschlaggestaltung:
Maja Bechert
www.majabechert.de

Satz: Corinna Theis-Hammad
www.cth-buchdesign.de

Porträt der Autorin auf Seite 2:
© Sam Braslow

FSC www.fsc.org MIX Papier aus verantwortungsvollen Quellen FSC® C083411

Druck und Bindung:
CPI – Clausen & Bosse, Leck
1. Auflage
ISBN 978-3-96054-286-5

Für David Boarder Giles

Inhalt

Einleitung

Dies ist eine Geschichte über die Entscheidung zwischen Feminismus und Faschismus. Eine Geschichte über Sex und Macht, Traumata, Widerstand und Beharrlichkeit. Über Arbeit und darüber, wer sie macht und warum. Eine Geschichte über die Krise der Demokratie und die Krise der *weißen* Männlichkeit und darüber, wie die extreme Rechte von beiden Krisen profitiert. Und im Kern der Geschichte steht eine schlichte Idee.

Wir alle durchleben einen Paradigmenwechsel in den Machtbeziehungen zwischen den Gendern. Die Welt steckt in einer Pflege- und Reproduktionskrise, die unsere Gesellschaft verändert, während Millionen von Frauen und ihre Verbündeten für den Aufbau einer besseren, gerechteren Gesellschaft kämpfen – und Millionen von Männern versuchen, sie zu verhindern. Sprich: Die Welt befindet sich mitten in einer sexuellen Revolution.

Und das hat mehr Relevanz, als die meisten von uns sich das vorgestellt hätten. Es ist relevant, weil Sexualität und Gender keine politischen Nebenschauplätze sind. Das waren sie nie. Sexualität und Gender betreffen alles und alle – sie sind »der Unterbau«, so die Theoretikerin Shulamith Firestone.[1] Deshalb muss jede Kampfansage an die gesellschaftlichen Sexualitäts- und Gendernormen ehrgeizig sein. Wer beispielsweise sexueller Belästigung am Arbeitsplatz ein Ende bereiten will, muss die beiden Begriffe Arbeit und Sexualität ebenso neu definieren wie die Frage, wie viel von beidem einem Menschen gegen seinen Willen abverlangt werden kann. Wir müssen bereit sein, uns eine Welt vorzustellen, in der ausbeuterische, kräfteraubende Arbeit und freudloser erzwungener Sex nicht mehr die Norm sind. Der moderne Feminismus ist intellektuell, schöpferisch und ethisch ehrgeizig, weil er es sein muss, auch wenn Ehrgeiz bei Frauen und Mädchen immer noch als moralisch suspekt gilt. Dieses Buch ist ehrgeizig, weil ich lieber ehrgeizig bin, als meine und anderer Leute Zeit zu vergeuden.

Seit zwölf Jahren arbeite ich als politische Journalistin. Ich habe über aktivistische Bewegungen im Globalen Norden berichtet und immer wieder von Demonstrierenden und Expert*innen zu hören bekommen, eine große Abrechnung stehe bevor, ein Kulturwandel, der all unsere sozioökonomischen Gewissheiten hinwegfegen werde. Aber als dieser große Umbruch tatsächlich einsetzte, hat kaum jemand hingeschaut. Denn er kam von Frauen.

Überall auf der Welt schreiben Frauen und Queere die Klauseln eines Gesellschaftsvertrags um, der nie dazu angetan war, uns einzuschließen. Schwarze Frauen, Women of Colour, Indigene Frauen, trans Frauen und junge Frauen treiben diesen Wandel voran. Sie gestalten eine neue Zukunft, in der Freiheit universell ist und allen zusteht, nicht nur *weißen,* heterosexuellen, wohlhabenden cis Männern. Ich glaube, dieser Paradigmenwechsel wird unsere Zivilisation umkrempeln, trotz der Gegenwehr einer fragilen primitiven Minderheit, die die Welt lieber verbrennt, als sie zu teilen – er krempelt sie bereits um, da ich dies schreibe.

Sexualität und Gender sind in der Krise, und diese Krise formt die Gesellschaft neu. Im gesamten Globalen Norden und darüber hinaus provoziert ein sich veränderndes Kräfteverhältnis zwischen Männern und Frauen einen brutalen politischen Gegenschlag – doch die Frauen lassen sich nicht einschüchtern, sie geben ihre Macht nicht wieder ab. Im Sommer 2016 wurde in der spanischen Stadt Pamplona eine Achtzehnjährige Opfer einer Gruppenvergewaltigung. Die fünf Männer, die wegen der Tat verhaftet wurden, bezeichneten sich selbst als *La Manada*, »das Wolfsrudel«. Der Prozess machte international Schlagzeilen, denn das Verfahren um das aufsehenerregende Sexualdelikt entwickelte sich zu einem Referendum über das Wesen der Macht in einer gespaltenen Nation. Als das »Wolfsrudel« im April 2018 zunächst nur wegen sexueller Nötigung verurteilt wurde, strömten Hunderttausende Frauen in ganz Spanien auf die Straßen und forderten Gesetzesänderungen. Kurz darauf beschwor die Partei Vox die Gefahr eines radikalen Feminismus und eroberte als erste rechtsextreme Partei seit Franco mehrere Sitze im spanischen Parlament. Aber die Frauen ließen sich nicht einschüchtern. Auf Straßen und Plätzen sangen sie »*Tranquila hermana, aquí está tu manada*«: Keine Sorge, Schwester, wir sind dein Wolfsrudel.

Kaum jemand hat es kommen sehen. Niemand hat vorhergesagt, dass die größte Erschütterung der sozialen Ordnung in diesem Jahrhundert von Frauen, Mädchen und Queeren ausgehen würde, insbesondere von Frauen, Mädchen und queeren Menschen of Colour, die sich endlich zusammentun, um sexuelle Gewalt und strukturellen Machtmissbrauch zum Thema zu machen. Es ist etwas zerbrochen. Es bricht noch immer. Nicht wie Glas oder wie ein Herz, sondern wie eine Eierschale: unaufhaltsam und von innen. Etwas Feuchtes und Wütendes bahnt sich seinen Weg aus der Dunkelheit, und es hat Krallen.

In diesem Buch unternehme ich den Versuch, Sexualität und Macht unseres modernen Zeitalters in ihrer materiellen Realität zu beschreiben und anzufechten. Ungeachtet der vielen Bereiche, die hier angesprochen werden, läuft doch alles auf einige grundlegende Kernthemen hinaus.

Erstens: Wir alle leben in einer politischen Ökonomie des Patriarchats. Das Patriarchat ist ein Machtsystem, das sich auf männliche Dominanz stützt und darauf ausgelegt ist, sämtliche Menschen sämtlicher Gender in den ihnen zugewiesenen Rollen zu halten und Reichtum und Handlungsmacht in den Händen einiger weniger paranoider Männer zu konzentrieren. Das Patriarchat stützt die beiden anderen zentralen Machtstrukturen, die Ungerechtigkeit perpetuieren: Kapitalismus und *White Supremacy*, also die Vorherrschaft der *Weißen*. Das Wort »Patriarchat« steht *nicht* etwa für »ein von Männern beherrschtes System«. Es bedeutet »ein von *Vätern* beherrschtes System«: In diesem System kann eine Handvoll alter privilegierter *weißer* Männer allen anderen sagen, wo es langgeht, und das ist nicht nur unfair, es ist auch brandgefährlich.

Zweitens: Derzeit findet eine tiefgreifende und anhaltende Umdeutung dessen statt, was unter Gender und Sexualität zu verstehen ist und wessen Körper zählen. Wir leben in einer Phase produktiven Ungehorsams, in der Frauen, Männer und LGBTQ überall auf der Welt die Geschlechterbinarität als Machtmodus zurückweisen und sich still und leise den Erwartungen entziehen, die ihnen in tausend Jahren Patriarchat auferlegt wurden.

Aus diesen Veränderungen gehen neue Organisationsmodelle für Fürsorge und Reproduktion, für die Entwicklung und Versorgung der menschlichen Spezies hervor – neue Lebensstile, die nicht auf Konkurrenz, Zwang und Dominanz gründen, sondern auf Einvernehmlichkeit, Gemeinschaft und Lust. Die Einvernehmlichkeit (*consent*)[2] steht als Ordnungsphilosophie hinter vielen dieser Veränderungen. Ihren Stellenwert kann man nicht hoch genug einschätzen, und das Konzept der Einvernehmlichkeit reicht weit über die Sexualität hinaus.

Drittens: Dieser Wandel ist eine enorme Bedrohung für die sozialen und wirtschaftlichen Gewissheiten, die unsere Welt prägen. Er gefährdet bestehende Machtstrukturen. Er untergräbt die Autorität von Institutionen, von der Lohnarbeit bis hin zur Kernfamilie. Diese sexuelle Revolution ist ihrem Wesen nach eine Gefahr für Heterosexualität, für männliche Vorherrschaft, für *weiße* Vorherrschaft, traditionelle Arbeitsteilung und die Art und Weise, wie Körper organisiert werden, wie Reichtum verteilt wird.

Und diejenigen, denen diese Machtstrukturen wichtig sind, schlagen zurück.

All dies geschieht in einer Zeit, die geprägt ist von Krise, Kollaps und gesellschaftlichem Umbruch. Die Biosphäre implodiert, die Weltwirtschaft wankt, und Tyrannen, die diese Unsicherheit nutzen, um die Macht zu ergreifen, versprechen ihrer Anhängerschaft die Rückkehr zu den alten, gewaltvollen Grundsätzen für Gender, *Race* und Nation.

Und zuletzt der wichtigste Punkt: Die Tyrannen und Despoten werden den Sieg nicht davontragen. Zumindest nicht langfristig. Sie können nicht gewinnen, weil sie keinerlei sinnstiftende Zukunftsvision anzubieten haben. Sie wollen herrschen, nicht führen. Sie wollen Kontrolle übernehmen, keine Verantwortung. Sie haben kein Interesse daran, menschliches Leben zu bewahren und zu erhalten, und sie haben keinen Plan. Männer wie Putin, Bolsonaro, Trump und Johnson haben sich eine eigene Anhängerschaft aufgebaut, die ihre Kritiker*innen im politischen Mainstream verblüfft und verwirrt hat. Eilig wurde darauf hingewiesen, dass diese Männer skrupellose Schufte seien, die logen, wenn sie den Mund aufmachten, und ihr Leben lang nichts anderes getan hatten, als Projekte gegen die Wand zu fahren und trotzdem die Treppe hinaufzufallen und sich der Verantwortung zu entziehen; diese Männer seien offensichtlich auf peinlichste Weise völlig untauglich, auch nur ein vernünftiges Gespräch zu führen, geschweige denn eine Regierung. Natürlich lag genau darin ihr Reiz. Solche Männer kommen immer ungestraft davon, lachen über die Folgen ihres Tuns, richten ihr geistloses Charisma als Waffe gegen andere, lauter Gordon Gekkos der Aufmerksamkeitsökonomie, die nur an die Macht wollen und keine Sekunde darüber nachdenken, was sie mit der Macht anfangen könnten.

Wenn das Patriarchat die Herrschaft der Väter ist, sind unsere derzeitigen Herrscher kraftlose Väter, schlappe Papas, die sich als gefährlich unfähig erwiesen haben, die Pflichten zu erfüllen, welche die Macht mit sich bringt – die Macht, die sie unter so viel Chaos und Verheerungen an sich gerissen haben. Sie sind schwach, sie sind oberflächlich, und sie wissen es.

Patriarchat, Kapitalismus, Heterosexismus und *weiße* Vorherrschaft sind nicht *too big to fail*. In Wahrheit tun sie nichts anderes als zu scheitern, und das seit Generationen, und fallen dabei immer nach oben. Die Frage ist nicht, ob das *weiße* kapitalistische Patriarchat kollabieren wird. Die Frage ist, wie viele Menschen es mit in den Abgrund ziehen wird.

Dieses Buch geht wiederkehrenden Mustern auf dem aktuellen Trümmerfeld von Sexualität und Macht nach und versucht, eine lebensfreundlichere Welt zu kartieren. Es beginnt im weichen lasterhaften Unterleib der politischen Ökonomie. Es beginnt mit Sex.

Sexuelle Freiheit gibt es nicht. Noch nicht. In den meisten Demokratien steht es den meisten von uns vom Gesetz her frei, zu lieben, wen wir lieben wollen, zu leben, wie wir leben wollen, und unserer Lust zu frönen – allerdings nur so, wie es auch den meisten von uns freisteht, einen Maserati, eine Villa oder eine politische Wahl zu kaufen. Faktisch können sich die meisten Menschen sexuelle Freiheit nicht leisten. Die meisten Frauen und die meisten LGBTQ jeglichen Genders können sich sexuelle Befreiung nicht leisten – weil es sie nach wie vor gesellschaftlich teuer zu stehen kommt, wenn sie ihr Begehren auch nur aussprechen.

Solange sexuelle Macht ungleich verteilt ist, kann es keine sexuelle Befreiung geben. Heterosexuelle Männer haben heute in fast jeder Gesellschaft der Erde noch deutlich mehr soziale, politische und wirtschaftliche Handlungsmacht als Frauen, Mädchen und LGBTQ. Die politischen Systeme des Patriarchats und der *weißen* Vorherrschaft geben Männern Macht über Frauen und *Weißen* Macht über People of Colour, Schwarze und Indigene Menschen. Nicht alle *Weißen* und alle Männer bekommen diese Macht. Nicht alle von ihnen haben um diese Macht gebeten. Aber sie wurden zu der Überzeugung erzogen, ihnen stehe diese Macht zu, und sie einzubüßen tut weh. Es ist strukturelle Macht, wirtschaftliche Macht, die bewirkt, dass *Weiße*, im Großen und Ganzen, reicher, freier und unabhängiger sind als People of Colour und Schwarze Menschen, und Männer wohlhabender und unabhängiger als Frauen. Wenn Frauen und Queere, insbesondere Frauen und queere Menschen of Colour, um sexuelle und körperliche Autonomie verhandeln, so geschieht das somit unter ungleichen Bedingungen.

Wenn schwächere Player Machtungleichgewichte in der Gesellschaft korrigieren wollen, tun sie das am besten, indem sie sich kollektiv organisieren. Fordern zum Beispiel Frauen eine veränderte Strafverfolgung für Vergewaltigungsfälle, so sind das Kollektivverhandlungen. Berichten Frauen einander von ihren Erlebnissen mit sexueller Belästigung am Arbeitsplatz und verlangen sie härtere Strafen für übergriffige Arbeitgeber, so sind das Kollektivverhandlungen. Entscheiden sich Menschen, die schwanger werden können, gegen eine Schwangerschaft, solange sich die materiellen Bedingungen für Eltern nicht verbessern, so sind auch das Kollektivverhandlungen. Darum geht es bei dieser sexuellen Revolution.

Eine sexuelle Revolution, die sich nicht gegen sexuelle Gewalt richtet, ist ebenso unmöglich wie eine wirtschaftliche Revolution, die sich nicht um Arbeitnehmerrechte kümmert. Eine sexuelle »Revolution«, die mächtigeren Menschen den Zugriff auf Sex erleichtert, ist in keinster Weise radikal. Jede »Revolution«, die Befreiung predigt und gleichzeitig den Reichen und Mächtigen die Freiheit gibt, andere auszubeuten, zu schikanieren und zu missbrauchen, beginnt irgendwann unweigerlich in der feuchten Schwüle ihrer eigenen Widersprüche zu verrotten.

Diese sexuelle Revolution ist anders. Sie geht tiefer, weil sie nicht nur auf sexuelle Ermächtigung abzielt, sondern auf sexuelle Befreiung. Es geht nicht nur um die Freiheit *von* etwas, sondern um die Freiheit, etwas zu *tun*. Es geht um eine grundlegende Revision von Genderrollen und sexuellen Regeln, von Arbeit und Liebe, Traumata und Gewalt, Lust und Macht. Die neue sexuelle Revolution ist eine feministische Revolution. Und das Wichtigste an dieser sexuellen Revolution ist: Sie findet bereits statt.

Warum das so ist? Also: Vor nicht allzu langer Zeit orientierte sich die Macht in den meisten menschlichen Gesellschaften an einer strengen Geschlechterbinarität, die überwiegend auf reproduktivem Sex basierte. Es gab Männer und Frauen, und die Männer waren stark und mächtig und die Frauen waren fürsorglich und machtlos, und Frauen waren das Eigentum von Männern. Auf der Grundlage einer bimodalen Sexualität waren Menschen gezwungen, in einer streng nach Gender gegliederten Machthierarchie entweder die Soldaten- oder die Opferrolle zu übernehmen. Die Hälfte der Menschheit wurde der politischen Kategorie der »Frau« zugeordnet, das heißt, über ihren Körper und ihr Begehren verfügten Männer. Ihre Aufgabe war es, sich um Männer und Jungen zu kümmern, Kinder zu gebären und großzuziehen und im öffentlichen Leben bestenfalls als dekoratives Beiwerk aufzutreten, es sei denn, sie hatten zufällig eine Monarchie geerbt. In den ersten politischen Theorien wurden Frauen und Kinder ausdrücklich aus dem »Gesellschaftsvertrag«, der dem modernen Staat zugrunde liegt, ausgeschlossen. Auf dem Fundament dieser Annahmen entstanden die wirtschaftlichen und gesellschaftlichen Strukturen sämtlicher moderner Kulturen. Wir alle sind in diesen Strukturen geboren und aufgewachsen.

Doch im Laufe des 19. und 20. Jahrhunderts änderten sich die Dinge. Zum ersten Mal in der Menschheitsgeschichte versetzten medizinische Fortschritte Frauen in die Lage, ihre Fruchtbarkeit zuverlässig zu kontrollieren. Dank des medikamentösen Schwangerschaftsabbruchs und Fortschritten in der Verhütung konnten Frauen und Mädchen – theoretisch – selbst entscheiden, wann und ob sie Kinder bekamen. Das hat das Kräftespiel in Sexualität und Gesellschaft für immer verändert. Es war nicht mehr so einfach, Frauen und Mädchen durch Scham und Schande sexuell gefügig und von der Ehe abhängig zu machen. Die Folgen des technologischen Wandels waren tiefgreifend, und wir fangen gerade erst an, uns darauf einzustellen.

Trotz der verheerenden Auswirkungen von Pandemien und Rezessionen auf die Beschäftigung von Frauen gibt es heute mehr Frauen und Queere auf jahrhundertelang traditionell männlichen Arbeitsplätzen; mehr Frauen und Queere schaffen Kunst, machen Gesetze, schreiben Geschichte. Unterdessen bröckeln die einst grundlegenden sozialen Strukturen von Familie und Kirche. Immer mehr Frauen und Mädchen boykottieren Ehe und Mutterschaft, ja, die wachsende Freiheit der Frauen wirkt wie eine demografische Zeitbombe, denn in den Industrieländern, in denen Sorgearbeit und Kindererziehung nach wie vor nicht bezahlt werden, kommt das Kinderkriegen für immer weniger Menschen infrage.

Diese Sorgearbeit wurde bisher hauptsächlich von Frauen geleistet, meist ohne Entgelt. Aber weil Mütter es auch finanziell immer schwerer haben, weil viele Staaten nicht bereit sind, für Sorgearbeit zu bezahlen, und weil Frauen sich nicht mehr unter Druck setzen lassen, unter solch widrigen

Umständen Babys in die Welt zu setzen, sinken die Geburtenraten im gesamten Globalen Norden und darüber hinaus. Anders ausgedrückt: Frauen und Queere, insbesondere Frauen und queere Menschen of Colour, lassen sich nicht mehr von Männern und ihrem fragilen Männlichkeitsbild in Geiselhaft nehmen.

Und es sind so viele, die das nicht mehr mit sich machen lassen, dass sie nicht mehr zu übersehen sind. Wie der Ökonom und Journalist Paul Mason in seinem Buch *Klare lichte Zukunft* darstellt, ist Antifeminismus heute ein Schlüsselkonzept zur Rekrutierung von Nachwuchs in der Neuen Rechten. Mason führt dieses Phänomen darauf zurück,

> dass in den letzten Jahrzehnten des 20. Jahrhunderts durch Geburtenkontrolle und Gleichstellungsgesetze die biologische Macht des Mannes gebrochen wurde. [...] Doch in dem halben Jahrhundert seit Einführung der Antibabypille haben die Gesellschaften in der entwickelten Welt einen »durch die Reproduktionstechnologie verursachten Schock« erlitten, wie es Fed-Chefin Janet Yellen ausgedrückt hat. Die Befreiung der Frau ist noch weit entfernt, aber [...] das Fundament der Geringschätzung gegenüber dem weiblichen Geschlecht – die Vorstellung, die Natur habe die Frau zu einer Funktion als Gebärmaschine und unbezahlte Hausangestellte bestimmt – ist gesprengt worden.[3]

Neben diesen Verschiebungen der Machtverhältnisse zwischen Männern und Frauen lässt sich beobachten, dass auch die »Grundannahmen« für Heterosexualität und Genderidentität gesprengt worden sind.

Die Genderbinarität gerät als Form der sozialen Kontrolle zunehmend ins Abseits. Seit den frühen 2010er Jahren hat sich die kulturelle Sichtbarkeit von trans und nonbinären

Menschen dramatisch verbessert. Vor allem junge Menschen outen sich massenhaft als transgender, genderqueer oder nicht-binär, und das ist eine positive Entwicklung. Heute ist es schon viel normaler, offen trans zu sein, als noch vor einem Jahrzehnt, doch sozialkonservative Kräfte widersetzen sich diesem Wandel ebenso vehement wie zahlreiche politische Interessengruppen, die eine Welt jenseits der Genderbinarität fürchten.

Wenn in diesem Buch von »Männern« und »Frauen« und ihrem Tun die Rede ist, so meine ich das nicht im Sinne eines biologischen Essenzialismus. Hier soll weder eine autoritäre Sicht auf Gender verbreitet werden, nach der sich die Welt in unveränderliche biologische Kategorien aufteilt, rosa und blau, binär und brav, noch sollen den Körpern diverser Menschen ohne deren Einwilligung ein bestimmtes politisches Schicksal aufgezwungen werden. Essenzialismus ist immer konservativ. Wenn ich über »Männer« oder über »Frauen« schreibe, beziehe ich alle mit ein, die sich in diesen Kategorien verorten. Ich verstehe mich selbst als genderqueer, das heißt, die Kategorie »Frau« beschreibt nicht vollständig meine gelebte Erfahrung.

Genderrollen und Genderstereotype werden unserem Körper von Geburt an oktroyiert, ohne dass wir zugestimmt hätten, und oft ist es ein traumatischer Lernprozess, das uns zugewiesene Gender auszufüllen. Sehr viele cis Männer, die ich für dieses Buch befragt habe, haben in Jahrzehnten rigoroser gesellschaftlicher Überwachung, in denen sie für jede Abweichung von angeblich »männlichen« Normen bestraft wurden, tiefe emotionale Narben davongetragen. Es gibt keine universelle weibliche oder männliche Erfahrung. Stattdessen schildere ich in diesem Buch viele geläufige Erfahrungen mit Sex, *Consent* und Macht und lade alle Leser*innen jeden Genders ein, sie einfach mal unverbindlich anzuprobieren.

In den sexuellen Skripten unserer Generation wird Dominanz gepredigt und Gewalt verehrt; Queerness, Gemeinsamkeit und Lust aber werden zensiert. Lange bevor eine junge Frau volljährig ist, macht man ihr klar, dass ihr Körper eine Ware ist und sie nicht allein über diese Ware verfügen kann. In der Gesetzgebung hält sich hartnäckig die kulturelle Logik eines männlichen Anspruchs auf den weiblichen Körper, insbesondere auf den Körper Schwarzer und Indigener Frauen und von Frauen of Colour, die mit dem historischen Trauma und den Spuren der kollektiven Erinnerung leben, buchstäblich als Ware gehandelt worden zu sein. In Großbritannien gaben in einer Umfrage 38 Prozent der Mädchen im Alter zwischen vierzehn und einundzwanzig Jahren an, mindestens einmal im Monat an öffentlichen Orten belästigt zu werden,[4] und der BBC zufolge haben mehr als die Hälfte der britischen Frauen am Arbeitsplatz oder im Studium schon sexuelle Belästigung erlebt.[5] Eine Umfrage unter 42.000 Frauen in der Europäischen Union ergab, dass jede zweite (55 Prozent) seit ihrem fünfzehnten Lebensjahr mindestens einmal sexuell belästigt wurde.[6]

Wenn wir Frauen sprechen, ohne dass wir dran sind, müssten wir mit Strafe rechnen. Wir haben mal wieder provoziert. Wir müssten doch nun wirklich wissen, wo unser Platz ist. Ich selbst hatte zwei Jahre lang politische Texte verfasst, als ich auf die erste Hass-Website stieß, die Fantasien über meine Vergewaltigung und Ermordung enthielt. Da war ich dreiundzwanzig Jahre alt. Ich hatte damals nur über meine Erfahrungen mit dem Leben schreiben und mich an einer öffentlichen politischen Debatte beteiligen wollen. Ich hatte nicht damit gerechnet, dafür so brutal abgestraft zu werden. Ich hatte nicht mit den Shitstorms, den Gewaltfantasien, der bösartigen Hetze gerechnet, sei es auf genau für diese Hatespeech eingerichteten Websites oder in der Kommentarrubrik angesehenerer Publikationen. Ich war nicht auf die einschüchternden E-Mails und die stümperhaft mit meinem Konterfei versehenen Pornobildchen gefasst gewesen. Ich hatte nicht erwartet, dass ich das alles meinem Familien- und Freundeskreis, meinen Vorgesetzten würde erklären müssen, die sich alle fragten, wie ich diese Leute nur so wütend gemacht hatte. Irgendetwas musste ich doch getan haben, oder? Das glaubte ich ja auch. Ich nahm an, ich hätte es mir selbst zuzuschreiben, dachte, ich hätte es irgendwie provoziert. Und wenn ich es anderen gegenüber mal ansprach, hieß es immer: *Lies nicht die Kommentare. Schluck's runter. Lass dir ein dickes Fell wachsen. So ist das Internet eben.* Ich fürchtete und schämte mich, und ich war noch sehr jung.

Aber bald wurde mir klar, dass ich bei weitem nicht die Einzige war, die sich fürchtete und sich schämte. Frauen und Queere, die dasselbe durchmachten wie ich, fanden damals langsam zueinander. Die Männer, die auf uns losgingen – und es waren fast ausschließlich Männer –, meinten es ernst, und sie waren gut organisiert. 2011 begann ich, offen über meine Erfahrungen mit Belästigungen und verbaler und psychischer Gewalt im Netz zu berichten, statt mich privat dafür zu schämen. Eine eigene Meinung ist der Minirock des Internets, schrieb ich: Wenn wir Frauen sie öffentlich zeigen, fordern wir Gewalt geradezu heraus. Alles, was wir abkriegen, haben wir auch verdient. Wir haben provoziert. Wir haben es nicht anders gewollt.

Zwei Generationen sind vergangen, seit Germaine Greer in *Der weibliche Eunuch* schrieb: »Die Frauen haben keine Ahnung, wie sehr die Männer sie hassen.«[7] Tja, jetzt wissen wir es. Ein großer Teil der Belästigungen, denen sich Frauen Mitte der 2010er Jahre im Netz ausgesetzt sahen, wurde von Websites wie Breitbart gelenkt und betrieben, die später der extremen Rechten eine Tribüne boten. Mit der neuen Misogynie des Netzmobs rekrutierte die aufstrebende extreme Rechte ihren Nachwuchs.

Wie wir noch sehen werden, wurden die politischen Strategien, mit denen heute wütende junge Männer für die Wahl populistischer Rambos mobilisiert werden, im Cyber-Kulturkampf gegen Frauen entwickelt und eingeübt – oft sogar von denselben Leuten. Dieser beängstigende Trend erreichte in den Jahren 2013 / 2014 mit »Gamergate« seinen ersten völlig übersteuerten Peak:[8] In dieser künstlich aufgebauschten Kontroverse in der Videospielbranche löste die Anschuldigung eines rachsüchtigen Ex-Freundes gegen eine Spieleentwicklerin, sie habe ihn betrogen, eine globale frauenfeindliche Kampagne aus, in der sich Hunderttausende wütender junger Männer darüber ereiferten, dass Frauen es gewagt hatten, in ihre heiligen Hallen einzudringen. Auf einmal war die Cyber-Belästigung von Frauen organisiert und gamifiziert worden – und das Spiel war noch lange nicht zu Ende.

Misogynie und Antifeminismus sind Gegenreaktionen auf die sexuelle Revolution, und nirgendwo zeigt sich dieser Backlash deutlicher als in der Wahl »starker Männer« im Globalen Norden und darüber hinaus. Von Großbritannien über die Vereinigten Staaten bis nach Indien und Brasilien wurden auf einer Welle aggressiver männlicher Ressentiments und rassistischer Vormachtsansprüche egozentrische Narzissten an die Macht gespült, die das wirre Versprechen abgaben, ein verlorenes, auf Recht und Ordnung und »Familienwerten« gründendes Zeitalter nationaler Größe zurückzubringen, in dem Frauen gewaltsam in ihre traditionellen Rollen als Ehefrau und Mutter zurückgedrängt werden, sexuell unterwürfig und sozial randständig. Besondere Beachtung finden, durchaus begründet, die Attacken dieser Regimes gegen ausgewiesene »Außenseiter«, seien es Migrant*innen, Schwarze, People of Colour, LGBTQ, Muslime und Muslimas oder Jüdinnen und Juden. Der Einstieg in solche Bewegungen verläuft aber oft über eine spezielle Form des revanchistischen Sexismus und wird begleitet von dem Versprechen, ein bestimmtes Modell des tyrannischen Patriarchats wiederherzustellen. Die dem zugrundeliegende Philosophie lockt Männer und Frauen gleichermaßen, sich für die neue Sache einer »nationalistischen Oligarchie« zu engagieren.

Gewählt werden solche neomaskulinistischen Führungsfiguren überwiegend von *weißen* Männern, denen die Rückkehr zu »traditionellen Werten« versprochen wird – zu einer fiktiven Vergangenheit, in der Männer noch echte Männer und Frauen noch dankbar waren. Dieses Hirngespinst umfasst die Wiederherstellung der Väterherrschaft, einer Gesellschaft mit streng monogamen, heterosexuellen, christlichen und weitgehend *weißen* Familieneinheiten, in denen Frauen und Kinder einem männlichen Haushaltsvorstand untergeordnet sind. Der rachsüchtige Anspruch auf Körper und Zuneigung von Frauen und Mädchen ist ein häufiger Refrain im neuen rechtsextremen Liederreigen. Dieses sexuelle Paradigma ist ein explizit gewaltsames, wird aber von seinen Verfechter*innen nicht so verstanden. Vielmehr wird sexuelle Gewalt zu einer Bedrohung von außen umgedeutet: Nicht *weiße*, sondern ausländische oder zugewanderte Männer tun sie »unseren« Frauen an, und diese Frauen müssen nicht etwa deshalb beschützt werden, weil sie Menschen sind, sondern weil sie Eigentum sind.

Deshalb ist es ein Fehler, im Kontext heutiger Misogynie den Rassismus nicht mitzudenken. Die beiden Phänomene sind strukturell nicht deckungsgleich, aber sie lassen sich auch nicht trennen. Die Theoretikerin Kimberlé Crenshaw prägte deshalb den Begriff der »Intersektionalität«: Verschiedene Formen der Unterdrückung überschneiden sich (*intersect*) und sind daher einzeln nicht vollständig zu erfassen. Die Vorherrschaft der Weißen (oft als *White Supremacy* bezeichnet) als politisches System ordnet Menschen nach ihrem Gender ein; sie beruht auf einer spezifischen Ideologie *weißer* männlicher Macht, die *weißen* Männern einen Anspruch auf die Körper aller Frauen gewährt. Seit den Tagen der Kampagnen zur Sklavenbefreiung in den USA sind daher die Emanzipationsbewegungen von Frauen und die von Schwarzen Menschen und People of Colour eng miteinander verbunden – auch wenn ihre Beziehung, wie ich in diesem Buch noch zeigen werde, nie einfach war. *Weiße* Frauen sind gefordert, ihre eigenen Vorurteile ständig zu hinterfragen und Schwarze Frauen und Frauen of Colour in den Mittelpunkt zu rücken, sind diese in der Vergangenheit doch oft als Erste das Risiko eingegangen, gegen sexuelle Gewalt zu protestieren und die politische Ökonomie des Frauenhasses zu entlarven.

In einem unsicheren und beängstigenden wirtschaftlichen Klima »scheint nichts die konventionelle Stabilität so stark zu stimulieren oder zu bedrohen wie das schwankende Terrain des Genders«, schreibt der Wissenschaftsreporter Frank Browning in seinem Buch *The Fate of Gender.*[9] »Backlash und Ressentiments durchdringen die Mittel- und Arbeiterschicht des *weißen* Amerika, belegt nicht zuletzt durch den starken Anstieg frauenfeindlicher Beiträge in den sozialen Netzwerken.«[10] Ein Großteil dieser Ressentiments richtet sich gegen Frauen, die angeblich mehr Macht haben wollen, als ihnen zusteht. »Moralische Entrüstung« ist, der Forschung zufolge, nach wie vor die vorherrschende Reaktion auf Frauen, die nach Macht streben. In einer Umfrage anlässlich der US-Präsidentschaftsvorwahlen 2016 sank bei denjenigen Wählern, deren Frau mehr Geld verdiente als sie und denen man das durch die Art der Befragung in Erinnerung rief, die Wahrscheinlichkeit, dass sie Hillary Clinton unterstützen würden.[11] Das Wahlverhalten Konservativer und Neokonservativer in aller Welt erklärt sich zu einem nicht geringen Teil aus der moralischen Entrüstung darüber, dass Frauen in der Öffentlichkeit ungeniert Raum für sich beanspruchen. Die Unterschiede im Wahlverhalten zwischen Männern und Frauen sind ebenso signifikant, in vielen Ländern sogar signifikanter als die zwischen People of Colour und *Weißen*. In Großbritannien wären in der Generation der Millennials, der Generation Y, 20 Prozent mehr Männer bereit, rechte oder rechtsextreme Kandidat*innen zu unterstützen, als gleichaltrige Frauen.

Die moralische Entrüstung nimmt unterschiedliche Formen an. In einigen Ländern wird sie explizit thematisiert, etwa in den Regimen von Viktor Orbán in Ungarn, Jair Bolsonaro in Brasilien und Wladimir Putin in Russland, die alle drei häusliche Gewalt gegen Frauen legalisiert haben. In anderen Ländern äußert sie sich indirekt, so in Großbritannien, wo die konservative Regierung unter mehreren Premierminister*innen die Jobs von Zehntausenden von Arbeiterinnen überflüssig gemacht, ihnen das Einkommen beschnitten und die Mittel für den Schutz vor häuslicher Gewalt und für Prozesskostenhilfe gekürzt hat, sodass misshandelte Frauen ihren gewalttätigen Partner aus wirtschaftlichen Gründen weder verlassen noch vor Gericht bringen können.

»Konservative bevorzugen ein System, in dem die Freiheit der Männer von der Knechtschaft der Frauen abhängig ist«, so die amerikanische Journalistin Amanda Marcotte.[12] Sie zitiert US-Senator Josh Hawley, der eine Freiheit, die auf einer »Philosophie der Befreiung von Familie und Tradition, der Flucht vor Gott und der Gemeinschaft gründet, auf einer Philosophie der Selbstschöpfung und der schrankenlosen, entfesselten Entscheidungsfreiheit«, als unerwünscht bezeichnet.[13] Mit »Familie und Tradition« meint Hawley, wie viele andere auch, dass Frauen bleiben sollen, wo sie hingehören.

Nach konservativem Verständnis war das Ideal der »Freiheit« nie für People of Colour oder *weiße* Frauen gedacht. Mit dem extremen Selbstbewusstsein derer, die noch nie die eigene Toilette schrubben mussten und sicher auch nicht damit anfangen wollen, singen wohlhabende rechtskonservative Männer Loblieder auf die Verantwortung. Wie der Publizist Franklin Leonard bemerkte: »Für diejenigen, die an Privilegien gewöhnt sind, fühlt sich Gleichheit an wie Unterdrückung.«[14]

Aber Unterdrückung bemisst sich nicht danach, wie wütend man ist, sondern wie wütend man sein darf. Deshalb wirkt die Wut heterosexueller *weißer* Männer im Globalen Norden oft so überwältigend, wohingegen die Wut von Frauen und von Schwarzen Männern und Männern of Colour über strukturelle Gewalt und historische Unterdrückung pathologisiert und von der politischen Debatte ausgeschlossen wird. Frauen, die gegen institutionell verankerte Vergewaltigung protestieren, »gehen zu weit« und »verlieren die Nerven«; jugendliche People of Colour, die gegen Polizeigewalt protestieren, sind »Gangster«, *weiße* Männer hingegen haben »legitime Bedenken«.

Im Globalen Norden und darüber hinaus kriegt es das Patriarchat mit der Angst und kämpft auf die ganz dreckige Tour.

Wenn gewöhnliche Männer, deren Ansprüche vermeintlich nicht mehr erfüllt werden, nun aus ihrer Weigerung, ein momentanes Unbehagen zu verarbeiten, eine Philosophie schnitzen wollen, lässt sich das leicht ausnutzen. Die Anspruchshaltung lässt sich instrumentalisieren. Sie lässt sich kanalisieren. Mit dem Versprechen, den *Weißen* ihren eingebüßten männlichen Stolz zurückzugeben, kann man Wahlprogramme an den Mann bringen, Stimmen sammeln, Kaiser salben. Und die Sprache, in der dieses Versprechen gegeben wird, ist die des sexuellen *Entitlement*.[15]

Die extreme Rechte ist weltweit auf dem Vormarsch, und als ihren Feind hat sie den Feminismus ausgemacht. Steve Bannon, Ex-Breitbart-Chef, ehemaliger Berater Donald

Trumps und der Mann, der mehr als jeder andere auf der Welt die »Alt-Right« zu der politischen Kraft geformt hat, die sie heute ist, nutzte für den Aufbau seiner Bewegung gezielt die männliche Angst vor weiblicher Macht. Bannon, der im heutigen Feminismus die »potenziell einflussreichste politische Bewegung der Welt« sieht,[16] spricht von einer »Anti-Patriarchats-Bewegung«.[17] Und Bannon war beileibe nicht der einzige ultrarechte Demagoge, der Frauenfeindlichkeit für seine Zwecke nutzbar machte.

Die Instrumente der politischen Nötigung, derer sich die neue extreme Rechte bedient, beruhen auf Dating-Stratgien, die darauf abzielen, die sexuelle Einwilligung von Frauen zu umgehen. Viele Taktiken und pseudophilosophische Grundlagen des zeitgenössischen Faschismus stammen aus den Kulturkloaken von Männer-Onlineforen, auf denen armselige frustrierte junge Männer über ihr gemeinsames Ressentiment gegen Frauen zueinanderfinden. Wie wir in späteren Kapiteln noch sehen werden, spricht der Faschismus heute gezielt anfällige junge *Weiße* an, denen er einredet, Feminismus, Antirassismus und Linksliberalismus bedrohten die Seele der *weißen* westlichen Männlichkeit.

In Wahrheit ist die Männlichkeit heute selbst ihr eigener schlimmster Feind. In den Jahren seit dem Finanzcrash 2008 sind unzählige Millionen Männer mit Unsicherheit, Instabilität und einem Mangel an allem, was ihrem Leben eigentlich einen Sinn geben sollte, aufgewachsen und älter geworden. Zu den wenigen vertrauten und sinnstiftenden Attributen, die ihnen geblieben sind, gehören traditionelle Genderrollen, insbesondere gesellschaftliche Skripte, nach denen »starke« Männer, die unterwürfige Frauen beeindrucken und beherrschen können, Respekt und Status erhalten. Das überzeugt viele Männer davon, dass in ihrem Leben nicht etwa ökonomische Gerechtigkeit oder soziale Sicherheit fehlen, sondern schlichtweg eine Frau – egal welche Frau –, die sich um sie kümmert und die die Scherben ihres vom modernen Leben zerschmetterten Egos zusammenfegt; eine Frau, die ihnen das seltene Gefühl vermittelt, wichtig zu sein, gebraucht, gesehen und gehört zu werden. Schließlich ist es einfacher, Frauen, Feminismus und die »Woke Culture« für alle Ungerechtigkeiten des modernen Lebens verantwortlich zu machen, als der Wirtschaft, der Regierung oder sich selbst die Schuld zu geben.[18]

Wenn eine Gesellschaft instabil wird und sich bei Männern ein Gefühl der Fragilität und Unsicherheit einstellt, bekommen das die Frauen zu spüren. Der Alltag wird immer prekärer, überall auf der Welt werden die öffentlichen Mittel für Gesundheit, Wohnen, Bildung und Sozialfürsorge gekürzt, und nun erwartet man von Frauen, einzuspringen und immer mehr dieser lebenswichtigen Sorgearbeit zu leisten, sei es kostenlos in Paarbeziehungen oder in mies bezahlten und schlecht angesehenen unsicheren Haushaltsjobs, die überwiegend von Migrantinnen und armen Frauen aus der Arbeiterklasse erledigt werden. Während des Covid-19-Lockdowns 2020, als Millionen von Menschen gezwungen waren, mit übergriffigen Partnern und Ehemännern in der eigenen Wohnung »in Sicherheit zu bleiben«, sind in den europäischen Mitgliedsstaaten der Weltgesundheitsorganisation die Notrufe wegen häuslicher Gewalt um mehr als 60 Prozent gestiegen.[19] Frauen sind natürlich mit demselben unmenschlichen, erniedrigenden Arbeitsmarkt groß geworden wie Männer, sie richten sich auf demselben brennenden Planeten ein Leben ein, müssen sich wie Männer mit sinkenden Löhnen und steigenden Mieten herumschlagen, mit unbezahlbaren Schulden und unsicheren Jobs. Obendrein müssen sie aber auch noch die Männer aushalten, die ihnen für das alles die Schuld geben.

Frauen stehen, als politische Klasse betrachtet, weltweit unter Beschuss. Das Sperrfeuer kommt von gesellschaftlicher, wirtschaftlicher und zwischenmenschlicher Seite, es prasselt an allen Fronten. In den letzten Jahren stieg die Zahl der bekannten Fälle sexueller Belästigung auch wegen der #MeToo-Bewegung enorm an, doch dieser Anstieg ist nicht nur darauf zurückzuführen, dass mehr Fälle öffentlich wurden. Dem US National Crime Victimization Survey zufolge haben sich die Fälle von Vergewaltigung oder sexueller Nötigung von 2017 auf 2018 fast verdoppelt.[20] Trotz eines deutlichen Anstiegs angezeigter Gewalterfahrungen in Großbritannien erreichte die strafrechtliche Verfolgung von Vergewaltigungen dort 2018 den niedrigsten Stand seit zehn Jahren.[21] Zwar sind in den Industrieländern Gewaltverbrechen insgesamt seit den 1990er Jahren rückläufig, doch genderspezifische Gewalt gefährdet anhaltend und in wachsenden Zahlen das Leben von Frauen und Mädchen. Die traditionellen rechtlichen Institutionen reagieren auf diese Entwicklung mit ostentativem Desinteresse. Gewalt gegen Frauen in Paarbeziehungen wird immer noch nicht als Fall für die öffentliche Justiz, sondern als Privatangelegenheit behandelt.

Unterdessen wird der Zugang zu Abtreibung weltweit extrem eingeschränkt. Ermutigt durch die Ernennung des Konservativen Brett Kavanaugh als beigeordneter Richter am Obersten Gerichtshof der USA haben zahlreiche Bundesstaaten Gesetze erlassen, die den Schwangerschaftsabbruch praktisch verbieten. Länder wie Polen und Spanien haben das schwer erkämpfte Abtreibungsrecht wieder zurückgenommen. Auch hier muss man sich klarmachen, wo das alles begonnen hat: Die rechte Bewegung gegen reproduktive Selbstbestimmung gewinnt seit Jahrzehnten an Fahrt. Ihre Anfänge liegen in den 1980er Jahren, als sie den Feminismus der zweiten Welle und die neuen Freiheiten, die einige Frauen nunmehr genossen, gezielt ins Visier nahm – und auch als Thema, um das herum sich die Konservativen in den Südstaaten der USA gegen die Schwarze Bürgerrechtsbewegung formieren konnten.

Unübersehbar zieht sich ein roter Faden von der #MeToo-Bewegung zu den steigenden Zahlen frauenfeindlicher Gewalt, vom Backlash gegen Abtreibungsrechte im Globalen Norden bis zum dramatischen Rückgang der Geburtenraten weltweit und zum erschreckenden Anstieg der von jungen Männern aus sexueller Rachsucht begangenen Massenschießereien, auf die ich in späteren Kapiteln noch ausführlicher eingehen werde. Hinter all diesen Phänomenen verbirgt sich ein Muster, und ein gemeinsamer Nenner ist Angst: Angst vor Veränderung, Angst vor Bedeutungslosigkeit, Angst vor Frauen. Angst, weil sich Frauen verändern, weil sie freier und mutiger werden und weil sie ihre eigenen Menschenrechte nicht mehr ohne Weiteres der Bequemlichkeit der Männer unterordnen. Ein gemeinsamer Nenner ist auch moralische Entrüstung. Entrüstung darüber, dass unterdrückte Menschen es wagen, ihre Unterdrückung zu benennen, dass Opfer sexueller Gewalt die ihnen aufgezwungene soziale Rolle nicht mehr spielen, den ihnen zugefügten Schaden nicht mehr verschweigen und stattdessen Konsequenzen fordern.

Diese sexuelle Revolution stellt sich dem Machtmissbrauch auf allen Ebenen entgegen. Und in meinem Buch will ich sexuelle Gewalt, Ausbeutung und Traumatisierung explizit beleuchten, nicht nur als individuelle Probleme, sondern als politische Phänomene. Die Logik der Gewalt ist für die Machterhaltung unerlässlich, sei es in Regierungen, Institutionen und Wirtschaftsbranchen oder in einzelnen Familien. Ich zeige auf, dass viele althergebrachte gesellschaftliche Organisationsmodelle von der Kernfamilie bis zur parlamentarischen Politik nicht einfach nur Gewalt ermöglichen – sie sind auf Gewalt angewiesen. Sie hängen davon ab, dass Ausbeutung, Mobbing, männliche und *weiße* Vorherrschaft normal sind oder normalisiert werden.

Unsere Kultur wird geprägt und überformt von sexueller Gewalt und von den Narben, die sie der individuellen und der kollektiven Psyche beibringt. Aber die Gewalt war bisher nur selten auch der politischen Beachtung wert. Falls sie überhaupt zur Sprache kommt, heißt es meist, sie müsse privat ertragen, im stillen Kämmerlein verarbeitet werden, und das ist durchaus praktisch, weil damit die gesamte Verantwortung für einen grundlegenden Wandel den Einzelnen übertragen wird, die leiden, statt den Systemen, die das Leid verursachen. Nur für den Fall, dass jemand die Botschaft nicht versteht, müssen diejenigen, die sexuelle Gewalt öffentlich machen, mit Bestrafung und öffentlicher Demütigung rechnen, besonders, wenn sie Frauen sind.

Aber wenn wir verstehen wollen, wie Unterdrückung funktioniert, müssen wir sexuelle Gewalt, Ausbeutung und Traumatisierung zum Thema machen. Wenn Menschen von klein auf lernen, dass Erwachsene Kindern wehtun und sie verletzen dürfen, dass Männer Frauen wehtun und sie verletzen dürfen, dass Polizist*innen Menschen aus marginalisierten Bevölkerungsgruppen wehtun und sie verletzen dürfen, dass die Starken die Schwachen ausplündern dürfen und sich die Schwachen nicht darauf verlassen können, Hilfe zu bekommen, dann richten diese Menschen ihre Vorstellungswelt an diesem Narrativ aus. Mobbing und Ausbeutung werden dann eher noch leichter als zuvor als normaler Bestandteil der Arbeitswelt akzeptiert. In den letzten Jahren politischer Umwälzungen wurde diese Logik der Ausbeutung immer wieder bestätigt. Obwohl Frauen und Kinder nunmehr selbstbewusster über ihre Gewalterfahrungen sprechen, werden bekannte Täter in die höchsten Positionen des öffentlichen Beamtenapparats und der politischen Verantwortung gehievt. Wenn wir zuschauen müssen, wie brutale Despoten belohnt werden, tut das weh, und vielen von uns, die wir selbst schon auf der Opferseite standen – auch wenn wir uns nicht als Opfer verstehen –, fällt es schwer, die Augen davor zu verschließen. Opfer laden sich selbst häufig die Scham auf, die eigentlich die Täter belasten müsste. Wenn Menschen, die Gewalt oder Verfolgung erlebt haben, heute immer noch so viel Scham anhaftet, so ist das ein Erfolg der Bemühungen, Opfer zum Schweigen zu bringen und sexuelle Gewalt zu normalisieren.

Die Auseinandersetzung mit der Ungerechtigkeit und dem Ausmaß sexueller Gewalt richtet auf allen Ebenen, von der Institution bis hinunter zum Individuum, Chaos an. Menschen und Communitys zerreißen sich bei dem Versuch, ihren Wunsch nach Gerechtigkeit und den Wunsch, sich nicht mit dem Unrecht befassen zu müssen, unter einen Hut zu bringen. Die Opfer und Überlebenden haben damit zu kämpfen, sich nicht zu verlieren in diesem Sturm der kognitiven Dissonanz; dieser Sturm trifft alle, denen schreckliches Unrecht widerfahren ist, die aber tief in ihrem Innern fürchten, es könnte doch ihre eigene Schuld gewesen sein, und die meinen, sie dürften sich eigentlich gar nicht beschweren, es geschehe ihnen recht, dass man ihnen nicht glaubt, und sie könnten ihren eigenen Erfahrungen nicht trauen.

Eine Revolution beginnt nicht auf der Straße. Eine Revolution beginnt im Kopf und im Herzen. Die sexuelle Revolution nimmt ihren Anfang, wenn eine Person aus einer Kultur, die ihr Tag für Tag vermittelt, dass ihr Körper nicht ihr gehört, dass ihre Sexualität eine Handelsware für den Konsum der Männer ist, dass ihre Lust keine Rolle spielt, dass Ehrgeiz sie unsympathisch, Begehren sie widerlich, Erschöpfung sie schwach macht – wenn also eine Person, die das alles gelernt hat, nach jahrelanger sorgsam gepflegter Selbstverleugnung beschließt, sich trotzdem zu mögen und sich zu behandeln, als habe sie Respekt verdient, als müsse sie die Miete für ihr Dasein in einer Männerwelt nicht mit ihrem Körper, ihrer Energie oder ihrer Arbeit bezahlen. Wenn sich eine Frau so verhält, als seien ihr Leben und ihr Glück relevant, dann findet eine winzige Revolution statt. Und wenn viele Millionen es tun, alle auf einmal, verändert sich die Welt für alle Zeit. Shulamith Firestone schrieb in *Frauenbefreiung und sexuelle Revolution*:

> Deswegen brauchen wir eine Revolution, die von der ausgebeuteten Klasse (den Frauen) getragen wird: denn genauso wie die vorübergehende Diktatur des Proletariats, die Inbesitznahme der Produktionsmittel, die Abschaffung der ökonomischen Klassen sichert, wird die Inbesitznahme der Kontrolle der Reproduktion durch die Frauen die Vernichtung der geschlechtsspezifischen Klassengesellschaft gewährleisten. Frauen müssen nicht nur wieder in den Besitz der uneingeschränkten Eigentumsrechte über den eigenen Körper gelangen, sondern auch vorübergehend die Kontrolle über die Fruchtbarkeit des Menschen übernehmen [...].[22]

Im Frühherbst 2017 legte sich ein Schalter um. Frauen und ein paar mutige Männer meldeten sich zu Wort – zu viele, als dass man sie hätte ignorieren können – und berichteten von sexueller Belästigung und Gewalt, die sie erfahren hatten. Die Welle hatte sich seit Jahren aufgebaut, doch als der Damm endlich brach, geschah es in Hollywood.

Öffentliche Vorwürfe gegen den mächtigen Filmproduzenten und Serienvergewaltiger Harvey Weinstein lösten 2017 eine Flut weiterer Berichte von Frauen aus, die die Betrachtung und Diskussion sexueller Gewalt dramatisch veränderte. Weinstein hatte jahrzehntelang in der Öffentlichkeit gestanden, das personifizierte Patriarchat, das in einem Sumpf der Selbstzufriedenheit vor sich hin modert. Jahrzehntelang hatte er qua Reichtum das Recht für sich reklamiert, Frauen zu begrapschen und zu vergewaltigen, und mit ausgeklügelten Strategien jedes einzelne seiner mehr als sechzig Opfer zum Schweigen gebracht, im vollen Bewusstsein, dass das, was er da tat, widerwärtig und illegal war. Seine Opfer waren die Ersten, die sich gemeinsam zur Wehr setzten; viele von ihnen hatte er jahrelang mit der Androhung öffentlicher Schande oder Prozesse mundtot gemacht oder aus der Filmbranche gedrängt. Im verstopften Herzen der Massenkultur erhoben nun reiche und schöne Frauen, die ihr Leben lang von Männern verfasste Drehbuchsätze gesprochen hatten, die eigene Stimme und erzählten eine andere Geschichte. Wenn eine Frau ihren Täter beim Namen nennt, ist das ein Akt der Rebellion. Wenn viele es tun, ist es eine Widerstandsbewegung.

Geeint unter dem Hashtag #MeToo, der auf die US-Bürgerrechtlerin Tarana Burke zurückgeht, raste die Bewegung über Branchen und Ozeane hinweg bis ins Herz der Politik. Mächtige Männer legten mit eingekniffener Reputation den Rückwärtsgang ein. Auf höchster Ebene wurde hektisch diskutiert: Was wollten diese Frauen? Wie konnte man sie aufhalten? Die Story löste sich zunehmend vom Drehbuch, doch die Kameras liefen weiter, und Männer, die sich lange für die Protagonisten ihrer eigenen gemütlichen Erzählung gehalten hatten, gerieten in Panik. Weinsteins Anwalt verteidigte seinen Mandanten mit dem Argument, er sei eben ein unbedarfter Trottel, ein unverbesserlicher »alter Dinosaurier«. Andere Männer in ähnlicher Lage versuchen, das Narrativ noch zu kontrollieren, wie ein Tyrannosaurus Rex, der mit panikgeweiteten Augen versucht, mit einem Asteroiden zu verhandeln.

Weltweit machten immer mehr Frauen ihre Erfahrungen mit sexueller Gewalt öffentlich, und so schälten sich alte Gewissheiten über angeblich normales und akzeptables Verhalten zwischen Männern und Frauen, zwischen Mächtigen und Machtlosen nach und nach ab wie verhornte Haut.

Ein halbes Jahrzehnt später geschieht es noch immer. Es geschieht nicht nur in Hollywood, und es geschieht nicht nur im Silicon Valley. Es geschieht nicht nur im Weißen Haus und hinter den Kulissen von Fox News. Es geschieht in der Kunstwelt und in etablierten politischen Parteien. Es geschieht in der radikalen linken Szene Londons, in der Demokratischen Partei der USA, im australischen Parlament und in internationalen Hilfsorganisationen. Es geschieht in Wissenschaft und Medien, in juristischen und therapeutischen Berufen. Es geschieht seit Jahrzehnten. Und es geschieht noch immer. Grapschende Hände und tägliche Entmenschlichung sind Bestandteile der zermürbenden Angriffsstrategie nicht nur gegen Frauen, die sich in der Unterhaltungsbranche, der Finanzwirtschaft, den Medien oder der Politik zu profilieren versuchen, sondern auch gegen die vielen Millionen Frauen, die sich mit schlecht bezahlten und schlecht angesehenen Jobs durchschlagen. Kurz nach Beginn der #MeToo-Bewegung machten Zehntausende Hausangestellte ihre Gewalterfahrungen publik. Arbeiterinnen bei McDonald's erklärten, ihr Körper stehe nicht auf der Speisekarte.

Eine Weile sah es so aus, als könne die Bewegung gegen männliche Dominanz und sexuelle Nötigung die Gräben von *Race* und Klasse überbrücken. Migrantische Wanderarbeiterinnen in der Landwirtschaft erhoben die Stimme gegen häusliche Gewalt, ebenso wie Frauen in Film, Medien, Politik und Technologie, die sich organisierten, um Serientäter in ihrer jeweiligen Branche zu Fall zu bringen. Der Widerstand begann für diese Frauen so, wie Widerstand am Arbeitsplatz immer beginnt: Sie gelangten zu dem Schluss, dass es gefährlicher war zu schweigen als sich zu äußern. Wenn Menschen erkennen, dass sie mit ihrem Kampf nicht allein sind, dass ihr Schmerz echt und relevant ist, wirkt das zugleich erschreckend und befreiend. Es ist ein Hochgefühl, wenn wir erkennen, dass wir auf uns vertrauen dürfen, dass wir nicht verrückt sind, nur weil wir uns eine andere Welt wünschen, und dass wir, selbst wenn wir verrückt sind, deswegen noch lange nicht falsch liegen.

Viele der mutmaßlichen Täter und ihrer Verbündeten reagierten auf diese Enthüllungen mit einer Bitte um mehr Verständnis, man möge doch bitte den Kontext der Verbrechen stärker berücksichtigen. Ja, sicher. Der Kontext ist entscheidend. Der Kontext, in dem dieser breite Aufstand gegen das toxische Anspruchsdenken *weißer* Männer stattfindet, muss unbedingt berücksichtigt werden. Der Kontext ist ein historischer Moment, in dem unübersehbar wird, dass es für das Überleben unserer Spezies nichts Bedrohlicheres gibt als das *Entitlement weißer* Männer.

Das ist keine Metapher. Das Verhältnis von politischer und sexueller Einwilligung ist nicht das einer Analogie, sondern einer *Wechselwirkung*. Das eine speist das andere. Die Suche nach einer menschlicheren Sicht auf Macht und Einvernehmlichkeit ist nicht einfach nur eine Kulisse für einen größeren Kampf. Es *ist* der große Kampf. Es geht um die raffgierigen alten Männer und die jungen Männer, die in deren Kielwasser nach der Macht grapschen, und das war schon immer so. »Was geschieht, wenn alle Frauen sämtliche Lichter im Haus anschalten [...] und die Männer sich nicht mehr in der Dunkelheit verstecken können?«, fragt die Autorin Caitlin Johnstone auf *Medium*. »Man kann es sich kaum vorstellen. Von der kleinsten Familieneinheit bis hinauf zu den einflussreichsten Positionen würden Machtstrukturen ins Wanken geraten.«[23] Dieses Buch fragt, wie sich diese seismische Verschiebung auswirkt und inwieweit sie traditionelle Machtsysteme bedroht.

Moderne Staaten sind in ihrem tiefsten Wesen sexistisch und rassistisch, weil ihre Machtstrukturen auf der Ausbeutung von Schwarzen Menschen und People of Colour und *weißen* Frauen gründen. In den meisten modernen Gesell-

WAS TUN?
WAS LESEN!

NAUTILUS
FLUGSCHRIFTEN

Chris Abbott, John Sloboda, Paul Rogers • JENSEITS DES TERRORS
Was unsere Welt wirklich bedroht
96 Seiten • € 10,00 • ISBN 978-3-89401-571-8

Frank Adloff • POLITIK DER GABE • Für ein anderes Zusammenleben
320 Seiten • € 19,90 • ISBN 978-3-96054-091-5

Fahim Amir • SCHWEIN UND ZEIT • Tiere, Politik, Revolte
216 Seiten • € 16,00 • ISBN 978-3-96054-274-2

Niels Boeing • ALLES AUF NULL • Gebrauchsanweisung für die Wirklichkeit
128 Seiten • € 12,00 • ISBN 978-3-89401-747-7

Niels Boeing • VON WEGEN • Überlegungen zur freien Stadt der Zukunft
160 Seiten • € 14,90 • ISBN 978-3-89401-825-2

Mona Chollet • HEXEN • Die unbesiegte Macht der Frauen
288 Seiten • € 20,00 • ISBN 978-3-96054-230-8

Hans-Christian Dany • MA-1 • Mode und Uniform
192 Seiten • € 16,00 • ISBN 978-3-96054-089-2

Hans-Christian Dany • SPEED • Eine Gesellschaft auf Droge
192 Seiten • € 16,00 • ISBN 978-3-89401-569-5

Hans-Christian Dany • MORGEN WERDE ICH IDIOT • Kybernetik und Kontrollgesellschaft 128 Seiten • € 12,00 • ISBN 978-3-89401-784-2

schaften sind sexuelle Gewalt und rassistische Unterdrückung grundlegend für die Organisation von Arbeit, Geld und Ressourcen. Das ist kein neuer Gedanke. Schon Theoretikerinnen wie Catharine A. MacKinnon haben festgestellt, wie wichtig genderspezifische Macht für die Entstehung des modernen Staates ist. MacKinnon allerdings hielt die sexuelle Gewalt für den Quellcode des Machtdifferenzials: Der Staat sei so konstruiert worden, dass er sexuelle Gewalt von Männern gegen Frauen erleichtere. Ich argumentiere in diesem Buch andersherum: Sexuelle Gewalt ist nicht das Endziel der patriarchalen *weißen* Vorherrschaft, sondern ein Durchsetzungsmechanismus.

Durch die Bewahrung der Gender- und *Race*-Hierarchien, die den meisten modernen politischen Systemen zugrunde liegen, soll nicht die Sexualität kontrolliert werden, sondern die *Arbeit*. Die Architektur rassistischer und sexistischer Gewalt ist darauf ausgelegt, BIPoC und den meisten *weißen* Frauen die schwere, monotone, für die Lebenserhaltung unerlässliche Arbeit aufzuzwingen, damit eine Minderheit *weißer* wohlhabender Männer sie nicht tun muss – ein letztlich für alle Beteiligten nachteiliges Arrangement.

Sexualität ist ein fester Bestandteil dieser Geschichte. Meine Generation hat eine Welt geerbt, in der Sex billig, aber nicht ohne Preis war. Wir haben eine Kultur der faden brutalen Zwangsheterosexualität geerbt. Wir sind mit der Warnung aufgewachsen, dass Sex etwas Gefährliches sei, etwas Gewalttätiges, das Jungs Mädchen antun, etwas, das Männer brauchen und Frauen gewähren, das starke Männer haben wollen und nette Mädchen ihnen nicht so ohne Weiteres geben. Wir sind mit einer Flut von Mainstream-Pornos groß geworden, in denen Sex als Fließbandarbeit gezeigt wurde, wo Körper einander in die Unterwürfigkeit prügelten, wo Frauen und Mädchen in ritualisierter Gewalt genagelt, geschlagen, geschändet, gewürgt, geohrfeigt und zerstört wurden, mit einer Sprache der Sexualität, die so prüde, freudlos und konkurrenzbetont war wie alles andere in unserem Leben.

Mit der Verschmelzung von Sexualität und Macht schafft die moderne Gesellschaft ein Klima, in dem der Freiheitsgedanke theoretisch fetischisiert und praktisch ausgehöhlt wird. In dem jegliches Begehren den Wunsch nach Dominanz wecken muss. In dem Macht, Gewalt und Autorität erotisiert werden und Sexualität autoritär wird.

Autoritäre Tendenzen sind in die politische Mainstream-Kultur eingebrannt. Ein spezifischerer Begriff für solche Tendenzen ist der des Neoliberalismus. Der Neoliberalismus ist, einfach gesagt, eine Form der gesellschaftlichen Organisation – von der Politik über die Kultur bis zum Handel –, die den Bedürfnissen des Marktes und des privaten Profits Vorrang vor allem anderen einräumt. In dieser Sonderform des globalen Kapitalismus interessiert nur, was an wen wie teuer verkauft werden kann. Das menschliche Leben an sich hat darin keinen Wert, jeder menschliche Trieb wird in Produktivitätssteigerung umgelenkt, und die meisten Menschen verbringen ihre Zeit überwiegend damit, sich für den Profit anderer abzurackern. Vor allem aber reagiert der Neoliberalismus allergisch auf die Idee, Menschen könnten in einer Gemeinschaft leben, sich gemeinsam organisieren und füreinander sorgen – und propagiert stattdessen eine Weltordnung, in der sich Individuen mit ihrer Familie in einer Welt rücksichtsloser Konkurrenz abkämpfen und nur mit viel Stärke und Glück überleben. Deshalb entwickelt sich aus dem Neoliberalismus am Ende ein Autoritarismus. Und wie jede Form des Autoritarismus ist der Neoliberalismus bestrebt, nicht nur zu kontrollieren, was Menschen tun, sondern auch, wie sie denken und fühlen. Aber irgendwann muss das Ganze kippen.

Und meist geschieht das auch. Wilhelm Reich stellte als einer der ersten Philosophen dar, wie die Despoten der

1930er Jahre sexuelle Frustration schürten, manipulierten und für gewaltsame imperialistische und rassistische Zwecke umlenkten. In *Die Massenpsychologie des Faschismus* schrieb er: »Ist nämlich die Sexualität durch den Prozess der Sexualverdrängung aus den naturgemäß gegebenen Bahnen der Befriedigung ausgeschlossen, so beschreitet sie Wege der Ersatzbefriedigung verschiedener Art. So zum Beispiel steigert sich die natürliche Aggression zum brutalen Sadismus, der ein wesentliches Stück der massenpsychologischen Grundlage desjenigen Krieges bildet, der von einigen wenigen aus imperialistischen Interessen insceniert wird.«[24]

Dasselbe gilt heute für Bewegungen vom Islamischen Staat bis zur extremen Rechten in den USA: Die strategische Nutzbarmachung sexueller Frustration und Frauenfeindlichkeit für die Radikalisierung junger Männer zieht sich durch diverse Ideologien. Leider ist die zugrundeliegende Anspruchshaltung beileibe nicht faschistischen Bewegungen vorbehalten. Das Gegenteil einer *Consent Culture,* einer Kultur der Einvernehmlichkeit, ist nicht die *Rape Culture*, die Kultur der Vergewaltigung – sondern der Autoritarismus.

Sexueller Autoritarismus entsteht, wenn sich heterosexuelle Männer nicht mehr auf die sexuelle Gefügigkeit von Frauen verlassen können. Auch das ist keine Metapher. Sexuelle Unterdrückung ist mehr als bloß eine Analogie für politische Unterdrückung. Sexuelle Unterdrückung ist real, und politische Unterdrückung ist real, und sie sind verwandt. In beiden Fällen reißen mächtige Männer, koste es, was es wolle, alles an sich, worauf sie einen Anspruch zu haben meinen, und sie kommen damit durch, weil die Gesetze, nach denen sie eigentlich zur Rechenschaft gezogen werden müssten, von Menschen wie ihnen und für Menschen wie sie geschrieben wurden. Dies ist das Wesen des »Privilegs«, was »Sonderrecht« bedeutet.

Der Kampf gegen sexuelle Ausbeutung richtet sich letztlich gegen männliche Privilegien auf allen Ebenen, von der politischen bis zur persönlichen. Es ist ein Kampf für das Recht aller Körper nicht nur auf Gleichheit vor dem Gesetz, nicht nur auf Würde und Handlungsmacht, sondern auch auf Selbstbestimmung, Lust und Abenteuer. Wie ich in diesem Buch zeigen werde, bedroht die sexuelle Revolution mit ihrer nachdrücklichen Forderung einer Neuorganisation von Fürsorge und Arbeit die moderne Wirtschaftsordnung und stellt das Prinzip der sexuellen Unterdrückung infrage.

Diese sexuelle Revolution ist eine der Neudefinition von Begriffen und somit ein taxonomisches Unterfangen. Es geht darum, eine zutiefst und brutal inkohärente Welt zu benennen und zu konkretisieren. Wörter wiegen schwer in der Sexualpolitik. Die Schauspielerin Alyssa Milano regte 2018 einen »Sexstreik« an, das heißt, Frauen sollten Männern den Sex verweigern, solange ihnen durch restriktive Abtreibungsgesetze die grundlegende körperliche Autonomie verweigert wird.[25] Das war der richtige Impuls, aber die falsche Strategie. Ein allgemeiner Sexstreik ist eine ebenso dumme wie sozialkonservative Idee, denn das sexuelle Begehren der Frau ist real und wirksam und lässt sich nur mit umfassenden sozialen und wirtschaftlichen Strategien unterdrücken. Priester und Politiker versuchen das seit Jahrhunderten. Eine besondere Form des Sexstreiks ist allerdings bereits in vollem Gange: Wenn sich das Prinzip der Einwilligung in der Breite durchsetzt, *ist* das bereits der »Sexstreik«, vor dem sich Chauvinisten so fürchten.

Schon seit geraumer Zeit kündigen Frauen und Mädchen still und leise den alten patriarchalen Vertrag auf, der festlegt, dass mit Sexualität und Lebensarbeit Sicherheit und Schutz erkauft werden. Wirtschaftliche Notwendigkeit, gesellschaftlicher Druck, Isolation und Angst zwingen heute längst nicht mehr so viele Frauen wie früher, eine Beziehung einzugehen oder fortzuführen, die sie eigentlich nicht wollen. Der Feminismus kämpft um die Entscheidungsfreiheit von Frauen, schön und gut, aber was passiert eigentlich, wenn wir Entscheidungen treffen – und zwar massenhaft –, die Männern nicht gefallen?

Das ist eine fundamentale Störung des »Sexualvertrags«, der, so die Theoretikerin Carole Pateman, unserem Verständnis demokratischer Freiheit zugrundeliegt.[26] Wie Pateman ausgehend vom Hobbes'schen »Gesellschaftsvertrag« aufzeigt, beruhen die in der Aufklärung entstandenen Grundannahmen für die Freiheit auf einem erzwungenen Machtgefälle zwischen Männern und Frauen, einem unausgesprochenen Sexualvertrag, nach dem Frauen Männern Fürsorge, Aufmerksamkeit, sexuelle Verfügbarkeit und unbezahlte Hausarbeit schulden. Wenn Frauen gegen die Klauseln dieses Vertrags verstoßen, indem sie die Unterwürfigkeit verweigern, drohen ihnen Strafen. Im Lauf der Arbeit an diesem Buch habe ich mit unzähligen Frauen gesprochen, die bestraft wurden – die schmerzenden Wunden, die sie mit sich herumtragen, erinnern sie unerbittlich daran, was bei Vertragsbruch fällig ist.

Um Ungerechtigkeit in der Zukunft beheben zu können, müssen wir die Verletzungen der Vergangenheit benennen und anerkennen. Das ist eine der größten Aufgaben, die vor uns liegen, wenn wir eine Kultur schaffen wollen, die das menschliche Leben wertschätzt, wenn wir menschliches Leben ermöglichen wollen, das sich der Unterdrückung widersetzt. Uns ist meist diejenige Version der Geschichte lieber, in der wir immer alles im Griff haben und an all unserem Schmerz und unseren Enttäuschungen selbst schuld sind, denn so fällt es uns leichter, uns die schrecklichen Dinge, die uns zugestoßen sind, einzugestehen und unsere Empfindungen einzuordnen. Es ist furchtbar menschlich, den Schmerz der Vergangenheit nicht noch einmal erleben zu wollen. Oft sieht es so aus, als könnten wir vergangenes Grauen nur überleben, indem wir es leugnen. Aber nur, indem wir dem Geschehenen ins Auge blicken, können wir verhindern, dass es sich wiederholt.

Sexuelle Befreiung ist nur möglich, wenn wir frei von sexueller Gewalt sind, und dafür müssen wir die Gewalt zunächst benennen. Um sozialen Wandel herbeizuführen, muss man Menschen gestatten, Erfahrungen und erlittene Schmerzen wahrheitsgemäß zu schildern, damit anderen nicht dasselbe widerfährt. Genau das geschah in den 1960er und 1970er Jahren, als Feministinnen erstmals sexuelle und häusliche Gewalt publik machten, die hässlichen Geheimnisse, die bis heute am Kern unserer Communitys, Familien und politischen Institutionen nagen. Das war damals so mutig und gefährlich wie heute. Vorgesehen war, dass die Schande der Gewalt von den Überlebenden getragen wurde, überwiegend Frauen und Kinder, die über das Erlebte zu schweigen hatten, damit die Täter vor den Konsequenzen ihres Tuns und – noch wichtiger – alle übrigen vor dem Unbehagen bewahrt blieben, den Schmerz anderer Menschen zur Kenntnis nehmen zu müssen.

Von einer Kultur, die Vergewaltigung und Missbrauch von Frauen und Kindern stillschweigend zulässt, aber Homosexualität, Abtreibung und Empfängnisverhütung kriminalisiert und die sexuelle Lust von Frauen als grundsätzlich suspekt darstellt, nähern wir uns einer Kultur an, in der es nicht darauf ankommt, mit wem, wie oft oder mit wie vielen wir Sex haben, sondern darauf, ob alle Beteiligten es auch wirklich wollen. Im weiteren Sinne visiert die sexuelle Revolution eine Welt an, in der die Menschen die Freiheit haben, nach eigenem Belieben Sex zu haben, Beziehungen einzugehen und Familien zu gründen, solange sie keinen anderen verletzen und niemandem Gewalt antun. Sie will eine Welt, in der das moralische Prinzip nicht danach fragt, wie viel oder welche Art von Sex Menschen haben, sondern danach, ob er gewollt ist und ob er allen Beteiligten Spaß macht. Und dieses Prinzip der Einvernehmlichkeit gilt nicht nur für die Sexualität.

Solche Vorstellungen widersprechen den noch geltenden Dogmen über Arbeit, Liebe und Sexualität. Sie widersprechen der Annahme, dass Frauen Männern Sex, Zuneigung, emotionale Arbeit und häusliche Dienste schuldig sind. Solche Annahmen werden erschüttert, wenn sich Frauen, Mädchen und Kinder zusammentun und darauf bestehen, dass mächtige Männer eben nicht automatisch über anderer Menschen Körper verfügen dürfen. Und wenn eine Frau endlich bezweifelt, dass sie Männern überhaupt etwas schuldig ist, wenn sie fragt, ob die Welt nicht vielmehr ihr etwas schuldet, dann ist das ein Akt des Widerstands.

Ich habe auf die harte Tour lernen müssen, was geschieht, wenn Männer sich meinetwegen unbehaglich fühlen. Wenn ich mich geweigert habe, klein und hilflos zu sein, damit sich Männer groß und mächtig fühlen konnten, hatte das Folgen. Aber es hat auch Folgen, wenn man sich verkrampft und verkriecht und wenn man das eigene Selbst vergisst. Es hat Folgen, wenn man sein Herz aushöhlt. Es hat Folgen, wenn man sich mit Gewalt und Missachtung abfindet. Die unmittelbarste Folge ist, dass Gewalt und Missachtung weitergehen. Dass sie uns und anderen weiter widerfahren.

Nachdem sie eine gewalttätige Beziehung beendet hatte, schrieb Karah Frank in einem Brief, der im Prozess gegen den Täter vorgelegt wurde: »Judith [Lewis] Herman stellt in ihrem Standardwerk *Die Narben der Gewalt* den Prozess psychischer Versklavung dar. Im letzten Stadium dieses Prozesses, der sogenannten totalen Unterwerfung, wird das Opfer zur Mittäterin am eigenen Missbrauch.« Herman erklärt, warum das für den Täter notwendig ist, und zitiert dafür aus George Orwells *1984*:

> Wir geben uns nicht mit unfruchtbarem Gehorsam, ich ja nicht einmal mit der hündischsten Unterwerfung zufrieden. Wenn Sie sich uns schließlich ergeben, dann muss es freiwillig geschehen. Wir vernichten den Ketzer nicht, weil er uns Widerstand leistet: Solange er uns Widerstand leistet, vernichten wir ihn niemals. Wir bekehren ihn, wir ergründen sein Innerstes, wir formen ihn um. Wir brennen ihm alles Böse und jede Illusion aus; wir bringen ihn auf unsere Seite, nicht dem Anschein nach, sondern aufrichtig, mit Herz und Seele.[27]

Nach Judith Lewis Hermans Einschätzung gehen so auch Sexualtäter vor, denn mit der verängstigten und komplizenhaften Loyalität ihrer Opfer können sie den Gewaltkreislauf rechtfertigen und fortsetzen. Der Täter fordere totale Loyalität ein, mit Kopf, Körper und Seele.[28]

Komplizenschaft kann einem Menschen den Mut rauben. Es ist extrem unangenehm, historische Gewalt einzugestehen, die im eigenen Namen begangen wurde. Deshalb bleiben Frauen und Mädchen, homosexuelle und trans Menschen, Schwarze, Indigene und People of Colour im simplen kollektiven Geschichtsverständnis auch häufig Kompars*innen. Das hat Auswirkungen. Denn wenn wir unsere Geschichte nicht kennen, können wir nicht daraus lernen, und wer aus der Geschichte nicht lernen kann, ist dazu verdammt, ignorante Klischees von sich zu geben und danach zu leben.

Aber es tut sich etwas. Viel Unausgesprochenes wird nun plötzlich ausgesprochen, zuerst leise, dann in einem unangenehmen Crescendo. Den allgemeinen Konsens darüber, wessen Geschichten zählen, akzeptieren junge Menschen einfach nicht mehr. Die Konzepte von *Race* und Gender, wie wir sie gelernt haben – wie auch immer sie sich auf unseren

Körpern abzeichnen –, wurden über Generationen immer weiter verfeinert, um Ausbeutung, koloniale Eroberung und Ungleichheit zu rechtfertigen. Das heißt nicht, dass wir diese Konzepte nicht kennen und am eigenen Körper spüren würden. Doch sie kommen in Form von Geschichten daher, in denen wir einander erzählen, wer zu welchen Bedingungen in dieser Welt Mensch sein darf. Dank der verbreiteten historischen Ignoranz dürfen die Lenker unserer Kultur die Geschichte vom anständigen Mann, der starken Frau und dem braven Mädchen immer wieder neu schreiben. Solche Definitionen zeichnen unweigerlich die Konturen dafür, was es bedeutet, ein gehorsamer Bürger, eine fügsame Arbeiterin oder ein willfähriger Untertan zu sein.

Damit die Mächtigen noch in den Spiegel schauen können, müssen sie hier und da etwas den kollektiven Gedächtnisabfluss hinunterspülen. Das ist eine normale Reaktion auf Traumata, insbesondere die Traumata anderer Menschen. Diejenigen, die Geschichte schreiben durften, hatten lange das besondere Privileg, die Fußnoten nicht lesen zu müssen. Das gilt für Männer, *Weiße*, cis Menschen, Reiche, Leute aus Amerika oder Europa und jede andere Klasse von Menschen, denen im langen bizarren Heldenepos der jüngeren Geschichte eine tragende Rolle stets sicher war. Alle anderen sollten – zu ihrem und zu unserem Wohl – diese Menschen nicht mit dem Wissen belasten, was es gekostet hat, sie auf ihrer Position zu halten.

Weil wir die Welt allein nicht verändern können, gehen wir lieber davon aus, dass wir es nicht verdient haben, als dass die Welt ungerecht ist. Es fällt uns leichter, uns zu belügen, als uns von anderen belügen zu lassen. Wenn wir mit ansehen müssen, wie sich kleingeistige Despoten an die Macht mobben und mogeln, wenn wir das wahre Ausmaß an Vergewaltigung und Missbrauch in unserem Umfeld nicht mehr übersehen können, dann reden wir uns lieber ein, wir hätten uns das irgendwie selbst so ausgesucht. Wir hätten es irgendwie so gewollt. Wir hätten irgendwie darum gebeten.

»Darum gebeten«: Als lebten wir wirklich im Zeitalter der Einvernehmlichkeit. Als wäre nicht immer Zwang dabei, wenn wir Arbeit suchen, eine Familie gründen, ums Überleben kämpfen. Was geschieht, wenn genügend Leute endlich nicht mehr daran glauben, dass sie sich so eine Welt wirklich gewünscht haben? Was könnte aus uns als Gesellschaft, als Spezies werden, wenn genügend von uns es mit der Einvernehmlichkeit wirklich ernst meinten? Was würde passieren, wenn sich ausreichend viele von uns gemeinsam erheben und es keine Sekunde länger dulden, dass sich reiche alte *weiße* Männer nach Belieben an unserem Körper bedienen und das auch noch als Freiheit hinstellen? Natürlich, das wird beglückend, aber es wird auch beängstigend.

»Wir wurden dazu erzogen, das eigene Verlangen und das Ja zu uns selbst zu fürchten«, schreibt Audre Lorde in »Vom Nutzen der Erotik«. »Die Angst macht unsere Sehnsüchte verdächtig, verleiht ihnen aber auch eine willkürliche Macht, denn eine unterdrückte Wahrheit ist umso zäher. Die Sorge, mit uns könnte etwas nicht stimmen oder wir könnten irgendwie verdreht sein, macht uns nachgiebig, loyal und gehorsam; sie definiert uns von außen und lässt uns die Unterdrückung in all ihren Facetten hinnehmen.«[29]

So viele Menschen haben gelernt, ihrem eigenen Begehren zu misstrauen. Das liegt daran, dass so viele Wünsche noch immer stigmatisiert und bestraft werden in unserer Kultur, in der weibliche, trans, queere, arme und Schwarze Körper, Körper of Colour, Femme-Körper, Körper mit Behinderung ausgebeutet und kontrolliert werden. Wenn sich ein junges Mädchen dabei ertappt, etwas sehnsüchtig zu wollen, von dem ihr gesagt wurde, es bringe sie in Gefahr und fordere Gewalt geradezu heraus, lernt sie, ihr eigenes Begehren zu erdrücken und zu ersticken. Desgleichen, wenn sie einen verbotenen Körper mit dem ihren berühren möchte. Wenn sie etwas Kühnes und Gewagtes schaffen will. Wenn sie mit den Jungs konkurrieren will. Wenn sie einer Autoritätsperson eine freche Antwort gibt. Wenn sie wütend ist über die Ungerechtigkeit der Welt, die ihr gegen die zusammengebissenen Zähne drückt; wenn sie mehr will, als sie wollen soll. Es ist gefährlich, wenn eine Frau etwas will, wo sie doch ihr Leben damit verbringen soll, die Wünsche anderer zu erfüllen. Und das Schlimmste, was eine Person tun kann, die die Merkmale weiblich, queer und of Colour in egal welcher Kombination in sich trägt, ist, darum zu bitten.

Denn wenn Menschen erst anfangen, um etwas zu bitten oder es einzufordern, kann man sie nur noch schwer aufhalten. Und immer mehr Frauen fragen, ob die Verhältnisse nicht auch anders sein könnten. Ob Arbeit sinnstiftender sein könnte. Ob der Sex besser sein könnte. Ob Liebe auch weniger wehtun könnte. Immer mehr Frauen fragen, ob sie mit ihrem Leben vielleicht etwas Größeres anfangen könnten, als Mann für Mann die Welt zu retten. Immer mehr Frauen und Mädchen entscheiden sich für Unabhängigkeit statt Dienstbarkeit; sie wissen, dass beides ermüdend sein kann, aber sie geben sich nicht mit weniger Respekt zufrieden, als ihnen zusteht. Sie arbeiten nicht an sich, damit sie jemand anderem gefallen und gehören können, sondern sie fangen an, sich selbst zu gehören. Sie fangen an, die unausgesprochenen Sexualverträge, die unseren demokratischen und sozialen Normen zugrundeliegen, zu zerreißen.

Consent, Einvernehmlichkeit, ist das Gegenteil von Autoritarismus. Die Umwandlung einer Kultur des Zwangs in eine Kultur der Einvernehmlichkeit kann das Menschsein von Grund auf verändern. Und darum geht es in dieser Revolution. Wenn Männer und Frauen und alle anderen egal welchen Genders dieses Trauma gemeinsam bewältigen, wenn sie gemeinsam so etwas wie Gerechtigkeit herstellen können, dann haben wir möglicherweise die Chance auf eine strahlende Zukunft – diesmal für uns alle. Aber nur wenn wir mit der intimen und strukturellen Gewalt der Vergangenheit abschließen, werden wir einander lang genug überleben, um es in diese Zukunft zu schaffen. Im kommenden Jahrhundert kann nur eins Bestand haben: entweder das fragile Selbstverständnis und die Bequemlichkeit *weißer* Männer, oder die menschliche Gesellschaft, wie wir sie gern hätten. Es lohnt sich, darum zu kämpfen. Wir müssen es nur einfordern.

1

Nicht einvernehmlich

Über *Consent* (Einvernehmlichkeit) muss man vor allem wissen, dass es kein Ding ist. Einwilligung ist nichts Materielles, kein Hab und Gut. Es ist kein Gegenstand, den man in die Hand nehmen, kein Geschenk, das man jemandem machen und dann unhöflich zurückfordern kann. *Consent* ist ein *Seinszustand.* Wenn wir anderen unsere Einwilligung geben – sexuell, politisch, sozial –, ist das ein bisschen so, als würden wir ihnen unsere Aufmerksamkeit schenken. Es ist ein fortdauernder Prozess. Es ist eine Interaktion zwischen menschlichen Wesen. Ich glaube, sehr viele Männer und Jungs wissen das nicht. Ich glaube, dieses Unverständnis löst bei Frauen, Männern und allen anderen, die es satthaben, dass menschliche Sexualität immer noch wehtut, unsägliche Traumata aus.

Wir müssen darüber reden, was *Consent* eigentlich bedeutet und warum es in einer Zeit, in der das Grundrecht der Frau auf körperliche Autonomie weltweit unter Beschuss steht, nicht weniger, sondern mehr auf Einwilligung ankommt. Um *Consent* ranken sich immer noch Missverständnisse, und wir müssen uns allen zuliebe versuchen, zumindest einige dieser Missverständnisse auszuräumen. Wie also können wir eine Kultur ins Leben rufen, in der *Consent* die Voraussetzung für sexuellen Umgang ist? Beginnen wir mit der schlechten Nachricht.

Die schlechte Nachricht lautet: Es gibt kein einfaches Regelwerk, mit dem sich verhindern ließe, dass je wieder ein Mensch einem anderen Gewalt antut, sei es versehentlich oder absichtlich. Glaubt mir, wenn es einfache Regeln gäbe, ein Rezept dafür, wer den ersten Schritt tut und wie es dann weitergeht, würde ich es aufschreiben und wäre jetzt schon fertig. Leider aber ist es so, dass wir in diesem Schlamassel stecken, weil es eben mehr braucht als ein einfaches Regelwerk.

Der Physiker Carl Sagan schrieb einmal: »Sollten wir uns in den Kopf setzen, unseren Apfelkuchen von Grund auf selber zu machen, müßten wir erst das Universum erfinden«.[1] Das ist nicht nur eine Frage des Rezepts, des richtigen Verhältnisses von Zucker, Mehl, Butter und Obst. Vielmehr müssen wir beim komplexen System der Nahrungsmittelversorgung und Landwirtschaft anfangen, bei den Jahrhunderten unfairen Handels mit Zuckerrohr, Getreide und menschlicher Arbeitskraft, bei Jahrtausenden landwirtschaftlicher Produktion, Jahrmillionen der Evolution und weiteren Milliarden Jahren, in denen sich aus dem Staub eines fernen, explodierten Sterns alles erst entwickelt hat. So wäre das, wenn wir aus dem Nichts einen Apfelkuchen backen wollten. Dieselbe Regel gilt für einen Kulturwandel.

Wenn die menschliche Sexualität nicht mehr so verletzend sein soll, müssen wir zu den Grundprinzipien zurückkehren, zu den ungerechten Sozialverträgen und sexuellen Skripten, die unser Leben leiten. Wenn wir eine *Consent Culture* herbeiführen wollen, die auf Einvernehmlichkeit gründet, müssen wir nicht nur die richtigen Regeln finden und befolgen. *Wir brauchen eine sexuelle Revolution.* Wir müssen Sex und Liebe und Arbeit und Gender und Begehren grundsätzlich neu denken. Wenn wir sexuelle Freiheit haben wollen, müssen wir zunächst sämtliche Beziehungen neu ordnen, uns einen neuen Begriff davon machen, was wir unter Gewalt verstehen, wie Körper kontrolliert werden, was Weiblichkeit und Männlichkeit bedeuten. Die gute Nachricht ist, dass wir all das wahrscheinlich sowieso tun sollten.

Ja, der Prozess hat bereits begonnen. Begonnen hat er mit der Benennung des Problems.

Das Problem zu benennen, birgt eine gewaltige Alltagsmagie in sich. Unter einer *Rape Culture*, also einer Vergewaltigungskultur, sind Sprache und Gewohnheiten zu verstehen, die Vergewaltigung normalisieren und im Leben von Frauen zu einem Überwachungsinstrument machen. In der *Rape Culture* heißt es: *Meide diese oder jene Straße.* Frauen, Mädchen und Queere werden ermahnt, sich zu beherrschen, zu kontrollieren. Alles dreht sich um Kontrolle. Die Botschaft lautet, dass diese oder jene Straße nicht für uns da ist. Dass die Welt nicht für uns da ist.

Das Benennen und Bloßstellen der *Rape Culture* ist eine der wichtigsten feministischen Interventionen der letzten Jahre – und eine, die besonders oft missverstanden wurde. Mit *Rape Culture* ist nicht einfach nur eine Gesellschaft gemeint, in der Vergewaltigung an der Tagesordnung ist. Natürlich ist sie an der Tagesordnung: In den Vereinigten Staaten werden Tag für Tag 600 Frauen vergewaltigt, drei von ihrem Partner oder Ex-Partner ermordet.[2] Jede fünfte Frau und jeder einundsiebzigste Mann wird irgendwann im Lauf des Lebens vergewaltigt.[3] Aber *Rape Culture* ist nicht nur eine Kultur, in der solches geschieht: Sie ist eine Kultur, in der solches geschieht und *normal ist.*

Man bezeichnet das auch als »sexuellen Autoritarismus«: Sexualität basiert auf Dominanz, wobei eine Gruppe von Menschen einer anderen Sex aufzwingt oder abnötigt. Der Begriff *Rape Culture* bezieht sich auf die Narrative im Alltag, die Vergewaltigung und sexuelle Nötigung von Frauen als Waffe einsetzen, um deren Leben zu kontrollieren. So wird sexuelle Gewalt durch Männer zwar als gesellschaftlich unvermeidbar verziehen, doch Frauen und Mädchen werden nach wie vor dazu erzogen, sich vor Vergewaltigung zu fürchten und zu schützen.

Wie Frauen Vergewaltigung erleben und die rechtliche *Definition* von Vergewaltigung klaffen weit auseinander. Vergewaltigung wird zwar von Land zu Land als Straftat unterschiedlich definiert, doch gründen diese Definitionen eher selten auf tatsächlichen Erfahrungen von Überlebenden. Viel öfter beruhen sie auf dem, was eine Kultur über Vergewaltiger erzählt, und solche Erzählungen stammen größtenteils von Männern. In einer Befragung von siebenundsiebzig amerikanischen College-Studentinnen, die »nicht-einvernehmlich vaginal penetriert« worden waren, stellten die Forscherinnen fest, dass viele Betroffene das Geschehene nicht als Vergewaltigung einordneten, und zwar nicht deshalb, weil es nicht traumatisch gewesen wäre, sondern weil sie die Narrative darüber verinnerlicht hatten, was als »Vergewaltigung« gilt und was nicht.[4]

Einige konnten den Täter »nicht mit ihrer Vorstellung von einem Vergewaltiger in Einklang bringen«: Er hatte sie nicht geschlagen, keine Waffe benutzt, war ein lieber Freund gewesen. Für andere entsprach das eigene Verhalten nicht dem eines »normalen« Opfers: Sie hatten getrunken, gaben sich selbst die Schuld. In einer Studie aus dem Jahr 2016 entsprach von vierhundert Vergewaltigungen, die einer britischen Polizeizentrale gemeldet worden waren, keine einzige genau dem Narrativ einer »echten Vergewaltigung« durch »einen bewaffneten Fremden, der nachts in einer einsamen Gegend mit körperlicher Gewalt auf eine Frau losgeht« und dieser »schwere Verletzungen« beibringt.[5]

Jemand muss nicht erst vergewaltigt werden, um von der *Rape Culture* betroffen zu sein: Man muss nur in einer Kultur aufwachsen, die einem einschärft, dass, wenn man sich nicht ausreichend im Griff hat, wenn man zu laut redet oder sich ein bisschen zu verrückt benimmt oder irgendwo hingeht, wo man mit zu kurzem Rock nicht sein sollte, Vergewaltigung die logische Folge ist und man halt selber Schuld hat.

In einer solchen Kultur sind wir alle aufgewachsen, einschließlich der Männer.

Rape Culture betrifft auch Männer. In einer solchen Kultur lernen Männer, dass ihnen die sexuellen und emotionalen Dienste von Frauen zustehen, dass sie einen Anspruch haben, ihren eigenen Selbstwert daran zu messen, wie vielen Frauen sie »bei der Pussy packen« können, dass sie Frauen nicht als Mitmenschen, sondern gleichermaßen als Feind und als Trophäe im Kampf des Lebens betrachten können. *Rape Culture* zerstört Intimität und zerstört die Solidarität zwischen Männern und Frauen gerade jetzt, da wir diese Solidarität am dringendsten brauchen.

Hinter einer individuellen Vergewaltigung können verschiedene Motive stehen, aber bei der *Rape Culture* geht es um Kontrolle. Um Kontrolle durch Gewalt und die Androhung von Gewalt. Fragt sich nur: Was wird kontrolliert und warum? Wem nützt die *Rape Culture* eigentlich?

Das ist ganz einfach. Die *Rape Culture* trägt entscheidend zum Funktionieren von Volkswirtschaften bei, die sich auf die Ausbeutung von Frauenkörpern stützen. Und jede Volkswirtschaft auf Erden gründet auf der unsichtbaren Arbeit, die meist kostenlos und meist von Frauen geleistet wird: der häuslichen und emotionalen Reproduktionsarbeit, ohne die jede moderne Wirtschaft über Nacht zusammenbrechen würde. Die reproduktive und sexuelle Freiheit der Frauen ist eine ökonomische Angelegenheit, und wer eine *Consent Culture* schaffen will, muss hier ansetzen. Als Erstes gilt es, genau zu hinterfragen, warum die Körper von Frauen und Mädchen als ausbeutbare Ressource behandelt werden, warum ihre Handlungsmacht und Würde immer noch als kulturell irrelevant behandelt werden und wie sich das ändern ließe.

Um zu einer *Consent Culture* zu gelangen, müssen wir nicht einfach nur die Regeln ändern, die Vergewaltigung, Belästigung und Gewalt betreffen. Wir müssen die zugrundeliegende Ethik dahingehend ändern, dass das Leben von Frauen und LGBTQ-Menschen tatsächlich etwas zählt, dass tatsächlich zählt, was wir wollen und was wir nicht wollen, und das ist die größere Aufgabe. Viel größer und viel unbequemer.

Als ich in den Zwanzigern war, musste ich ein ums andere Mal dabei zusehen, wie Communitys und Institutionen, Freundeskreise und politische Organisationen implodierten, weil sie es nicht schafften, Vergewaltigern und Sexualtätern entgegenzutreten. Es war immer dieselbe Leier: Berühmte und einflussreiche Männer wurden an den Pranger gestellt, weil sie Frauen und Mädchen in ihrem Umfeld grauenhaft behandelten. Die Bezichtigungen hatten für Opfer wie Täter entsetzliche Folgen.

Als Journalistin und Aktivistin habe ich das oft erlebt. Ich habe es in der anarchistischen Szene beobachtet, in der marxistischen Linken, in Schulen und Hochschulen, in der Occupy-Bewegung, in Geek- und Gamer-Gruppen, in Gewerkschaften, in der Tech-Branche, bei Sicherheitskräften, in der Literaturszene, in der Hotellerie und in der Pornofilmbranche. Und jedes Mal empfanden es die entsprechenden Kreise als große Schande, sich eingestehen zu müssen, was doch eigentlich alle schon gewusst hatten.

Wenn sich eine Community mit ihren Missbrauchstätern auseinandersetzen soll, läuft das darauf hinaus, dass sie sich mit ihrer eigenen Doppelmoral und Mitschuld auseinandersetzen muss. Das ist eine höchst unerfreuliche Aufgabe. Die meisten Menschen ziehen, wenn sie die Wahl haben, Komfort und Bequemlichkeit der kritischen Selbstbetrachtung vor; man darf die Kraft der Trägheit nicht unterschätzen. Frauen, die ein ums andere Mal ins Abseits gedrängt wurden, weil alle anderen beschlossen haben, ihr Mitgefühl doch lieber den Tätern zu schenken, kann solche Untätigkeit monate- und jahrelang traumatisieren.

Lieber gehen wir davon aus, Frauen und Mädchen seien an sexuellen Übergriffen irgendwie selbst schuld, als dass wir die gefährliche Aufgabe anpacken, etwas zu verändern – gefährlich, weil das für mächtige Männer tendenziell unbequem werden kann. Über diesen Punkt streite ich mich immer wieder leidenschaftlich mit einer älteren Verwandten. Sie meint, Opfer sexueller Übergriffe hätten sich einfach besser vorsehen müssen, und ich vermute, sie glaubt das, weil ihr die Annahme, dass es hier überhaupt so etwas wie eine Wahl gäbe, Trost und ein Gefühl der Kontrolle spendet. Denn die Alternative ist schlimmer. Die Alternative ist, dass sie nichts tun kann, um es zu verhindern, und infolgedessen auch nichts tun kann, um ihre Töchter, Enkelinnen, Freundinnen und sich selbst zu schützen. Wenn wir uns mitschuldig an unserer eigenen Belästigung machen, können wir das Trauma leichter verdrängen, verhindern allerdings, dass wir uns ihm stellen. Deshalb leben wir in einer Welt, in der Frauen von denen, die sie lieben, zu ihrer eigenen Sicherheit davon abgeraten wird, nachts allein auf die Straße zu gehen. Das ist unsere Entscheidung, und wir treffen sie als unabhängige Frauen zu unserem eigenen Wohl, um das Risiko einer Vergewaltigung zu verringern. Aber das ist keine sexuelle Freiheit. Das ist etwas anderes.

Solange Mädchen zu Wegwerfartikeln gemacht werden, kann es keine sexuelle Freiheit geben. Und das geschieht immer wieder, sei es an Hochschulen oder in Kleinstädten, wo Highschool-Footballspieler wie kleine Könige auftreten, oder in Hotelzimmern sämtlicher Länder auf allen Kontinenten. Sei es in ihrem eigenen Zuhause oder im Internet: Mädchen sind dazu da, dass man sie benutzt und wegwirft, wenn sie lästig fallen. Mädchen sind die Spucknäpfe für die Selbstverachtung, die Jungs nicht runterschlucken wollen. Mädchen sind dazu da, das Haus zu putzen. Mädchen räumen die Spuren seiner Schande weg. Und das Schlimmste, was sie tun können, ist, diese Rolle des stummen Werkzeugs zu verweigern.

Mädchen, die aussprechen, was ihnen nach der Party, nach dem Interview, nach dem Fußballspiel widerfahren ist, müssen davon ausgehen, dass sie für das Verbrechen, das an ihnen begangen wurde, bestraft werden. Dass sie in der Schule gedemütigt und geächtet, in ihrer Clique, später in ihrem beruflichen Umfeld ausgegrenzt werden. Er hat einen Fehler gemacht, sie wird dafür ausgelöscht. Er war betrunken, da konnte er ja nicht wissen, was er tat. Sie war betrunken, sie hätte es wirklich besser wissen müssen. Sie hat Unruhe gestiftet, sie war anstrengend, sie hat es ihm wahrlich nicht leicht gemacht, sie ist eine Lügnerin oder eine Schlampe oder beides. Es ist gar nicht passiert, und wenn doch, ist es nicht wichtig, denn er hat ja noch seine ganze Zukunft vor sich, und sie ist nur ein Mädchen.

Sexuelle Übergriffe sind die Sprache der Mädchenjahre. Sexuelle Gewalt durch Männer ist für heranwachsende Mädchen eine fast schon universelle Erfahrung, aber deshalb ist sie noch lange nicht in Ordnung oder normal. Sexuelle Gewalt ist nicht normal, wird aber *normalisiert*, und zwar bewusst und brutal.

Dieses Trauma beeinflusst unser kollektives Verständnis von Gender und Macht, und es wird nicht »besser«, wenn wir dem Mädchenalter entwachsen. Das Gewalt- und Schweigeritual spielt sich in jeder von Macht geprägten Branche und Institution ab.

Es reicht bei weitem nicht aus, lediglich der sexuellen Gewalt Einhalt zu gebieten, auch wenn das schon mal ein Anfang wäre. Das Kaninchenloch der *Rape Culture* und der Misogynie reicht viel tiefer, als wir es uns vorstellen mögen. Menschen erschaffen überdimensionierte Monster, damit sie sich der täglichen Monstrosität zu Hause, in der Schule, in der Community nicht stellen müssen. In Verschwörungstheorien, die in konservativen Kreisen gehegt und gepflegt werden, herrscht die Sorge, geheimnisvolle elitäre Gruppierungen missbrauchten Mädchen und Frauen. Die Frauen und Kinder in diesen fiktiven Verschwörungstheorien gibt es nicht, und so fordern sie ihren Rettern auch nichts ab. Diese unfassbar bizarren Geschichten können nur einer Kultur entstammen, die sich verzweifelt gegen die Einsicht stemmt, dass sexuelle Gewalt normal, alltäglich und allgegenwärtig ist.

Entsprechend werden die meisten Frauen, die vergewaltigt werden, von jemandem vergewaltigt, den sie kennen, häufig einem guten Freund, dem Partner oder dem Ehemann. Trotzdem enthält unser kulturelles und juristisches Bild vom Vergewaltiger immer noch eine dunkle Gasse und einen Fremden mit verdächtiger Gesichtsbehaarung. Dieses wirklich groteske *Othering* von Vergewaltigern und anderen Sexualtätern ist ein wichtiges Ventil zum Druckablassen. Wir Übrigen können dadurch in wirtschaftlichen und sozialen Strukturen, die vollständig auf Missbrauch gründen, ruhiger weiterleben. Wenn Vergewaltigung ein einzigartiges Verbrechen ist, das von wenigen »faulen Äpfeln« begangen wird, müssen wir nicht den ganzen Obstgarten umgraben.

Manchmal wird das gemeinhin Ungesagte zum Schutz der Täter auch laut ausgesprochen. Die US-Presse reagierte mit Erstaunen und Entsetzen auf die Entscheidung des Bezirksrichters von Monmouth County, James Troiano, den Fall eines Sechzehnjährigen, den eine Sechzehnjährige beschuldigt hatte, sie in bewusstlosem Zustand auf einer Party vergewaltigt zu haben, nicht nach Erwachsenenstrafrecht zu verhandeln.[6] Medienberichten zufolge hatte der junge Mann die Tat gefilmt und das Video seinen Freunden geschickt, mit dem Kommentar: »Wenn das erste Mal eine Vergewaltigung ist.«

Troiano begründete die Entscheidung für das mildere Jugendstrafrecht damit, dass der Junge drauf und dran sei, auf ein »gutes College« zu wechseln, aus »guter Familie« komme und bei den Pfadfindern den höchsten Rang eines Eagle Scout erreicht habe. Der Beschuldigte verstand sein eigenes Handeln durchaus als Vergewaltigung, aber eben nicht als eine, die Männer wie Troiano als strafbar erachten. Bei dem, was dem Mädchen zugestoßen sei, handle es sich nicht um einen »herkömmlichen Vergewaltigungsfall«, so Troiano, bei dem üblicherweise »zwei oder mehr meist männliche Täter beteiligt sind, mit vorgehaltener Pistole oder einer anderen Waffe«.[7]

Wie alle Monster wird auch der imaginäre Vergewaltiger als Warnung heraufbeschworen, allerdings nicht für Männer, sondern für Frauen. Zieh nicht so ein Kleid an, sprich nicht so laut, verlang nicht so viel. Du weißt, was einem Mädchen passiert, das sich nicht an die Regeln hält.

Dass diese Erzählung so schwer zu erschüttern ist, hat einen Grund. Wenn Vergewaltiger Monster sind und keine Menschen wie wir anderen, dann können wir ausschließen, dass jemand, den wir kennen, der Hoffnungen, Träume, Angewohnheiten und Gefühle hat, auch ein Vergewaltiger sein könnte. »Das ist doch ein netter Kerl«, lautet meist der Code für: »Die lügt doch.« Für das verängstigte, wütende Kind in jedem privilegierten Mann, das sich verzweifelt nach bedingungsloser Liebe sehnt, ist das eine tröstliche Illusion. Ihn beruhigt der Gedanke, dass die Monster verschwinden, sobald er das Buch zuklappt, und dass Frauen eben unzuverlässige Zeuginnen ihrer eigenen Erfahrungen sind.

Sicherlich gibt es auch den passionierten Triebtäter, den pathologischen Serienvergewaltiger. Aber auch solche Leute werden ebenso häufig gedeckt, wie sie gejagt und unschädlich gemacht werden. Hunderte von Menschen wussten, was Harvey Weinstein in Hollywood trieb. Weinstein wurde ebenso geschützt wie Bill Cosby oder der pädophile Jimmy

Savile, der von britischen Fernsehgesellschaften und Wohltätigkeitsorganisationen gedeckt wurde, denn das Ansehen mächtiger Männer und die Netzwerke, die sie knüpfen, um ihre Taten zu verschleiern, gelten meist mehr als die Sicherheit von Frauen und Kindern. Es ist allen Anwesenden peinlich, den Vergewaltiger im Raum zur Kenntnis zu nehmen, und so erkauft man sich ein kollektives gesellschaftliches Wohlgefühl zum Preis von Frauenleben.

Während sich die Gesellschaft fortgesetzt an dem Stigma festhält, das Überlebenden sexueller Übergriffe anhaftet, machen sich die Mächtigen dieses Stigma unbeirrt zunutze. Im November 2018 reichte in einem Vergewaltigungsfall im irischen Cork der Verteidiger den Geschworenen das Höschen der siebzehnjährigen Klägerin herum. Das Kleidungsstück beweise, dass das Mädchen »für Bekanntschaften aufgeschlossen« sei, so der Anwalt: »Man muss sich nur ansehen, was sie anhatte. Sie trug einen String mit Spitzeneinsatz vorne.«[8] Nur wenige Monate später wurde eine Neunzehnjährige, die mehrere Rugby-Spieler der Vergewaltigung beschuldigte, einem achttägigen Kreuzverhör unterzogen, auch ihre Unterwäsche wurde den Geschworenen gezeigt.[9] Wenn diese Strategie weiterhin gefahren wird, dann nur, weil sie bei Geschworenen und Richtern aufgeht. Der kanadische Richter Robin Camp wurde von der Presse kritisiert, weil er das Opfer eines mutmaßlichen sexuellen Übergriffs gefragt hatte, warum sie nicht »einfach die Knie zusammengepresst« oder das »Hinterteil ins Waschbecken gedrückt hat, damit er Sie nicht penetrieren kann?«[10]

All jene, denen an der Bewahrung des Status quo gelegen ist, werden, vor Gericht wie in Liebesbeziehungen, nicht müde zu betonen, dass es nicht Aufgabe der Männer sei, Vergewaltigungen zu unterlassen, sondern Aufgabe der Frauen, sich davor zu schützen, und zwar nicht nur körperlich, sondern auch durch Mäßigung in ihrem Verhalten, ihrer Kleidung und ihren Ausgehgewohnheiten. Die Allgegenwart der Vergewaltigung dient dem politischen System des heteronormativen Patriarchats als Durchsetzungsmechanismus, so wie Polizeigewalt und die Strafjustiz dem politischen System der *White Supremacy* als Durchsetzungsmechanismen dienen – und nicht selten sind in beiden Fällen Polizeibeamte an der Disziplinierung beteiligt. Im Zuge einer außer Kontrolle geratenen Razzia brach die Polizei von Louisville, Kentucky, 2020 in die Wohnung der sechsundzwanzigjährigen Rettungssanitäterin Breonna Taylor ein und erschoss sie in ihrem Schlafzimmer. Mindestens einem der für ihren Tod verantwortlichen Polizisten hatten zuvor mehrere Frauen sexuelle Übergriffe vorgeworfen, zweimal war wegen sexueller Belästigung am Arbeitsplatz gegen ihn ermittelt worden, doch wie die meisten Vertreter der US-Strafverfolgungsbehörden musste er nie handfeste Konsequenzen fürchten. Auch Daniel Holtzclaw, Polizist in Oklahoma, konnte, weil er nicht mit Strafe rechnen musste, systematisch besonders gefährdete afroamerikanische Frauen ins Visier nehmen und zum Sex zwingen. Als Holtzclaw endlich verhaftet wurde, wurden ihm sechsunddreißig Vergehen vorgeworfen, darunter mehrere Einzeltatbestände der Vergewaltigung und der sexuellen Nötigung.

In den Vereinigten Staaten und anderswo wird als Argument gegen eine Definanzierung und Entmilitarisierung der Polizei oft angeführt, dass sie Frauen vor Vergewaltigung und sexuellen Übergriffen schütze. Dieses Argument ist unsinnig, denn die Polizei hat der Verfolgung sexueller Gewalt nie Vorrang eingeräumt, und daher kommen die meisten Vergewaltigungen und sexuellen Übergriffe auch gar nicht zur Anzeige.

Die Strafverfolgungsbehörden befassen sich seit jeher nur dann mit Vergewaltigung, wenn der Beschuldigte ein

Schwarzer Mann und das mutmaßliche Opfer eine *weiße* Frau ist, unabhängig davon, ob die Vorwürfe nun zutreffen oder nicht. Wie ich in diesem Buch später noch genauer zeigen werde, wird mit dem Schreckgespenst der Vergewaltigung durch einen »Außenseiter« – der Man of Colour als mutmaßliche sexuelle Bedrohung für die zerbrechliche *weiße* Frau, die auf den Schutz *weißer* Männer angewiesen ist – seit Jahrhunderten rassistische Gewalt legitimiert. Dieser zersetzende Mythos steht im Mittelpunkt der *White Supremacy* und der Erzählungen, mit denen *weiße* Menschen rassistische Ungleichheit rechtfertigen.

Weiße Männer dagegen können bei einer Vergewaltigungsanklage in der Regel auf den Schutz des Strafverfolgungssystems zählen. Während der britischen Herrschaft in Indien war die Vergewaltigung indischer Frauen durch Offiziere an der Tagesordnung – und diese Offiziere verwendeten oft »statt ›Vergewaltigung‹ den Begriff ›Frevel‹, wenn undisziplinierte Soldaten indische Frauen vergewaltigten«, so die Historikerin Nancy L. Paxton: »Umgekehrt deuteten britische Richter einen Vorfall, bei dem ein indischer Mann eine Engländerin berührt hatte, bisweilen zum ›sexuellen Übergriff‹ um.«[11] In Britisch-Indien ging nach dem allgemeinen Verständnis von Vergewaltigung die sexuelle Gefahr stets von indischen Männern aus und richtete sich gegen die *weißen* Frauen der Kolonialmacht. Solche rassistischen »Vergewaltigungsskripte« wurden über Generationen als Rechtfertigung für die gewaltsame Unterdrückung politischer Unruhen angeführt.

Schwarze Männer gelten nicht nur in den Vereinigten Staaten als sexuell aggressiv, Schwarze Frauen und Mädchen als promisk, schamlos und daher des Respektes oder Schutzes unwürdig. Diese entmenschlichenden Stereotype dienen bis heute dazu, die Gewalt von *Weißen* zu rechtfertigen und ihre Schuld herunterzuspielen, dabei waren es im Laufe der

US-Geschichte stets *weiße* Männer, die Schwarze und Indigene Frauen sexuell terrorisiert haben, und nicht umgekehrt.

Sexuelle Gewalt dient seit jeher der Durchsetzung politischer und militärischer Vorherrschaft. Im Zweiten Weltkrieg nutzten sowohl die Achsenmächte als auch die Alliierten Vergewaltigungen, um die feindliche Zivilbevölkerung einzuschüchtern und zu unterwerfen.[12] Forscherinnen wie Dara Kay Cohen und Gayatri Spivak stellen in ihren Arbeiten dar, dass mittels Gruppenvergewaltigungen und der Duldung von Vergewaltigung Bindung und Zusammenhalt unter den Soldaten in Eroberungsarmeen gezielt gestärkt werden.

Und nicht nur in Invasionskriegen wird Vergewaltigung für die Unterdrückung ziviler Bevölkerungsgruppen eingesetzt. In den Vereinigten Staaten waren nach dem Ende der Sklaverei noch viele Generationen lang Vergewaltigungen und sexuelle Gewalt gegen Schwarze und Indigene Frauen durch *weiße* Männer dermaßen üblich und so selten Gegenstand strafrechtlicher Verfolgung, dass sie praktisch legal waren.

Im Jahr 1944 wurde in Alabama die vierundzwanzigjährige Recy Taylor nach dem Kirchgang auf dem Heimweg von sechs *weißen* Männern brutal vergewaltigt. Unterstützt von der Aktivistin Rosa Parks betrieb die Bürgerrechtsorganisation National Association for the Advancement of Colored People (NAACP) eine Kampagne zur Verfolgung und Bestrafung von Taylors Vergewaltigern. Taylor und ihre Familie erhielten Morddrohungen, und als Rassisten, die es zur Weißglut brachte, dass eine Schwarze gegen die Gewalt *weißer* Männer vorzugehen wagte, Brandbomben in ihr Haus warfen, mussten sie untertauchen. Parks und Taylor gaben nicht nach. Der Fall trug zum Aufstieg der Bürgerrechtsbewegung in den 1960er Jahren bei. Die bloße Tatsache, dass Schwarze Frauen ihre sexuelle Unterjochung nicht weiter hinnehmen wollten, war ein profundes politisches Statement und eine Kampfansage an die Kultur der *White Supremacy*, derzufolge nur *weiße* Frauen es wert sind, vor Gewalt beschützt zu werden.

Es ist klar, dass unter *Rape Culture* eine Bio-Macht zu verstehen ist, die eng mit Rassismus und Koloniallogik zusammenhängt. Gleichermaßen klar ist, dass Widerstand gegen die *Rape Culture* untrennbar mit Widerstand gegen die *White Supremacy* verbunden ist.

Der Kampf gegen die *Rape Culture* soll nicht nur Vergewaltigungen verhindern. Er richtet sich ganz unmittelbar gegen die Macht. Wer Übergriffe gegen Frauen und Kinder in den Institutionen der Macht nicht mehr zu tolerieren bereit ist, lehnt sich auch gegen die Glaubensgrundsätze auf, die diese Institutionen zusammenhalten: Mächtige Männer machen die Regeln; je mächtiger sie sind, desto unbekümmerter dürfen sie die Grenzen anderer Menschen übertreten; das Ansehen von Männern zählt mehr als die Sicherheit von Frauen und Mädchen; Männer sind mehr wert als Frauen und Mädchen. Basta. Egal, wer sie ist, ihr Schmerz ist notwendig; sein Unbehagen ist unerträglich, egal, was er getan hat. Sie muss Zugeständnisse machen, denn sie ist ein Mädchen, und dafür sind Mädchen da. Er hat doch noch sein ganzes Leben vor sich, oder, wenn er älter ist, eine glänzende Karriere, oder, wenn er noch älter ist, ein bedeutendes Vermächtnis, dessen genauere Prüfung im Kontext all der anderen Leben und Vermächtnisse, die dadurch Schaden genommen haben, unterbleiben sollte. Denkt doch an seine Zukunft.

Aber Feminist*innen, Queere und Radikale fürchten sich beileibe nicht vor der Zukunft. Wer sich für eine Welt engagiert, in der mehr Menschen ein sinnstiftendes Leben führen können, eine Welt, in der wir von den Männern, der Sexualität, der Liebe, dem Staat und voneinander mehr verlangen können, fasst eine Zukunft ins Auge, die für alle aufgeht, auch für Männer und Jungs. Der Ruf nach einer neuen *Consent Culture*, nach einem neuen Umgang miteinander resultiert aus der schlichten, aber mitreißenden Überzeugung, dass uns allen ein Leben offenstehen könnte, vielleicht sogar ein besseres. *Consent* ist das pochende Herz der neuen sexuellen Revolution, und *Consent* bezieht sich nicht nur auf Sexualität. Es geht auch um Macht. Es geht um Handlungsfähigkeit. Es geht um Arbeit, Liebe und Begehren. Es geht um die Frage, wie viel wir zu opfern bereit sind, nur um das fragile Fantasiegebilde einer Männlichkeit zu bewahren, die alle menschliche Gemeinsamkeit in nichtssagende Transaktionen oder offene Gewaltakte verwandelt. Das Ethos der Ausbeutung festigt wie eine unauflösliche Naht unser Verhältnis zur Macht, zur Sicherheit, zum Begehren und zueinander. In der Debatte über den Aufbau einer *Consent Culture* müssen wir uns auch mit großer Ernsthaftigkeit über die Normalisierung von sexueller Gewalt und Ausbeutung im Alltag unterhalten: auf der Arbeit, in der Politik, bei uns zu Hause, in der Familie, in Institutionen.

Das Gegenteil von Einvernehmlichkeit ist nicht nur Vergewaltigung, sondern Zwang und Missbrauch jeglicher Art. Und Zwang ist die Logik, die in repressiven Gesellschaften nicht nur das Patriarchat aufrechterhält, sondern auch die Staatsmacht.

Der politischen Klasse der Männer ist es seit langem erlaubt, Frauen deren eigene Erfahrungen zu erklären, sei es juristisch oder anderweitig. Die männlich beherrschte Gesellschaft unternimmt ermüdende Verrenkungen, um Frauen einzureden, dass es die von ihnen erfahrene Gewalt gar nicht gegeben habe, ihre Erinnerungen als Hirngespinste darzustellen und ihr Selbstgefühl zu erschüttern. Der passende Begriff dafür kommt aus dem Lexikon der Traumatherapie. Er lautet »*Gaslighting*«.

Gemeint ist eine bestimmte Methode der sozialen Kontrolle. Das Wort leitet sich vom Schauspiel *Gas Light* (*Gas-*

licht) von Patrick Hamilton aus dem Jahr 1938 ab, das auch verfilmt wurde, einer Geschichte über Manipulation und psychische Gewalt, in der ein Mann seiner Frau weismacht, dass sie verrückt ist und ihren eigenen Sinnen nicht trauen kann. Zu diesem Zweck stellt er nachts Gegenstände im Haus um, was er später leugnet. Der einzige Hinweis für die Frau ist das Schwächerwerden der Gaslichter im Erdgeschoss. *Gaslighting*. Dabei wird einer anderen Person nicht nur eingeredet, dass sie den Verstand verliert. Ihr wird zudem suggeriert, dass alles, was sie sieht, hört und in Erinnerung hat, nicht stimmt und dass andere besser wissen als sie selbst, was wirklich geschehen ist.

Gaslighting diente schon lange, bevor es einen Begriff dafür gab, übergriffigen Menschen und Gesellschaften als psychologisches Instrument, um Untergebene auf Linie zu bringen. Das *Gaslighting* sexueller, genderspezifischer und rassistischer Gewalt findet nicht nur im persönlichen Bereich statt, sondern auch auf struktureller Ebene, sobald sich Belege für institutionelle Gewalt auch nur halbwegs plausibel leugnen lassen.

Sind die Fakten unleugbar, so ist *Gaslighting* die Strategie der Wahl, um die Opfer zu diskreditieren. Seit etwa zehn Jahren verfügen immer mehr Frauen über die nötige Technologie und Tollkühnheit, ihre Erfahrungen in aller Öffentlichkeit auszutauschen, und eine schreckliche Wahrheit dämmert wie der erste Morgen nach dem Krieg. Den Überlebenden intimer sexueller Gewalt ist das Einwirken der heutigen Politik auf die Psyche grauenhaft vertraut. Lauren Duca, Kolumnistin der *Teen Vogue*, schrieb wenige Wochen nach der US-Wahl 2016:

> *Gaslighting* heißt, Menschen psychologisch so zu manipulieren, dass sie an ihrem eigenen Verstand zweifeln, und genau das macht Trump mit seinem Land. Er

> konnte die Wahl für sich gewinnen, weil er den Politikerlügen abschwor und sich gleichzeitig ständig widersprach; häufig machte er sich gar nicht die Mühe, die Widersprüche zwischen seinen Aussagen zu kaschieren. Immer wieder hat er uns angelogen und anschließend aus den Lügenvorwürfen gegen ihn den Beweis für eine einseitige Berichterstattung konstruiert.[13]

Gänzlich moralbefreite Politiker wie Bolsonaro, Putin und Trump haben es geschafft, dass zwischen Fakten und Meinungen nicht mehr unterschieden wird und der Konsens über die Realität von den Launen der Tyrannen abhängt, sodass sich Bürger*innen in einer Welt wiederfinden, in der »nichts wahr« und »alles möglich« ist, so der Journalist Peter Pomerantsev.[14]

Diese Verstümmelung des Realitätskonsens findet auch in individuellen Gewaltbeziehungen statt. Wir haben alle schon von dem betrunkenen, pöbelnden Partner gehört, der seiner Frau, die er prügelt, jede Woche aufs Neue vorwirft, sie sei hysterisch. Solche Geschichten sind so verbreitet, dass sie zum Klischee geworden sind, und trotzdem herrscht Schweigen, wenn jemand andeutet, es gebe vielleicht einen Grund dafür, dass man sie so häufig hört, es liege vielleicht ein Muster vor, um das sich die Politik einmal kümmern sollte. Wenn heutzutage sexuelle Gewalt und systematischer Sexismus öffentlich thematisiert werden, müssen sich engagierte Frauen wieder häufig allen Belegen zum Trotz anhören, in Wahrheit seien die Männer die Opfer, und gleichzeitig werden überall in der entwickelten Welt Frauenhäuser wegen Geldmangels geschlossen.

Schweigen. Schuldbewusstes Schweigen. Wer dieses Schweigen bricht, bekommt unweigerlich das Gefühl, ein bisschen gaga zu sein. Mittels *Gaslighting* werden die Umstände von Gewalt zugunsten des Täters neu definiert. Wenn wir anerkennen, dass Vergewaltigung und sexuelle Nötigung – das Aufdrängen oder Aufzwingen sexueller Handlungen – viel verbreiteter sind als bislang eingestanden, müssen wir auch damit rechnen, dass Vergewaltigung viel stärker normalisiert wird als angenommen. Wenn tatsächlich viel mehr Vergewaltiger frei herumlaufen, als verurteilt im Gefängnis sitzen, muss zunächst aufgearbeitet werden, dass es bis in allerjüngste Zeit als erheblich verwerflicher galt, jemanden der Vergewaltigung zu bezichtigen, als eine Vergewaltigung zu begehen. Eine falsche Beschuldigung ist absolut unverzeihlich. Und sofern und solange ein Rechtssystem, das aus vielerlei Gründen Vergewaltiger nur selten hinter Gitter schickt, ihn nicht für schuldig befindet, gilt die Beschuldigung als falsch.

Das Problem ist: Wenn von seiner Unschuld ausgegangen wird, so ist das nicht nur eine Rechtsnorm, sondern auch eine gesellschaftliche Konvention, und die Annahme *seiner* Unschuld impliziert zwingend die Annahme *ihrer* Schuld, die Annahme, dass sie lügt. Dass Frauen ein falsches Spiel spielen, dass sie nicht in der Lage sind, verlässlich zu schildern oder auch nur zu begreifen, was mit ihrem Körper geschieht, ist eine kulturelle Unterstellung, die die politische Logik des Patriarchats untermauert.

Einem Bericht der britischen Strafverfolgungsbehörde Crown Prosecution Service (CPS) aus dem Jahr 2013 zufolge wurde in einem Zeitraum von siebzehn Monaten nur fünfunddreißigmal Anklage wegen falscher Vergewaltigungsvorwürfe erhoben. Zum Vergleich: In diesem Zeitraum wurden 5671 Vergewaltigungen strafrechtlich verfolgt.[15] Doch die Anwältin Helena Kennedy ruft uns in Erinnerung:

> Ungeachtet der Beweislage spielt das Schreckgespenst, dass eine Frau absichtlich falsche Vorwürfe erhebt,

> eine unverhältnismäßig große Rolle in der kollektiven männlichen Psyche und erfährt eine ähnlich unverhältnismäßige Medienberichterstattung [...]. Es ist durchaus üblich, dass Vergewaltigung tief verwurzelte Ängste über weibliche List und Tücke weckt, die Jungs von klein auf eingeflüstert werden [...]; die Befürchtung, dass die Grenze zwischen Vergewaltigung und Verführung leicht überschritten werden könne und jeder anständige Kerl einer skrupellosen Frau ausgeliefert sei.[16]

Um das alles geradezubiegen, reicht es nicht aus, nur die Gesetze zu ändern: Bereits bestehende Gesetze müssen auch wirklich angewendet werden. In der Praxis kommen in weiten Teilen des Globalen Nordens vorhandene Gesetze zu sexueller Gewalt so selten zum Vollzug, dass Vergewaltigung und sexuelle Nötigung, abgesehen von extremen Fällen, stillschweigend hingenommen werden. Entgegen den sich hartnäckig haltenden Mythen, nach denen falsche Vergewaltigungsvorwürfe angeblich ins Kraut schössen, erzählen die gut dokumentierten Fakten eine andere Geschichte. Es wurde nie schlüssig belegt, dass die Zahl falscher Anschuldigungen bei Vergewaltigung höher liege als bei jedem anderen Verbrechen.[17] Vor allem aber ist diese Zahl verschwindend gering gegenüber der Zahl echter Vergewaltigungen, die strafrechtlich nicht verfolgt werden. In den USA hat die gemeinnützige Organisation Rape, Abuse and Incest National Network (RAINN) vorgerechnet, dass nur 23 Prozent der Fälle sexueller Nötigung bei der Polizei angezeigt werden, nur 4,6 Prozent eine Verhaftung, und, besonders schockierend, nur 0,5 Prozent eine Verurteilung nach sich ziehen.[18]

Wie Polizeigewalt gegen Schwarze Männer und Frauen ist in den USA auch geschlechtsspezifische Gewalt gegen

Frauen und Mädchen nur in der Theorie, nicht aber in der Praxis verboten. Das heißt, Männer haben erfolgreich ein Monopol auf den legitimen Einsatz sexueller und geschlechtsspezifischer Gewalt beansprucht. »Legitime Gewalt« heißt hier, dass der Staat Gewalt stillschweigend oder explizit zulässt. »Legitime Gewalt« ist nach der politischen Philosophie diejenige Gewalt, die Menschen zuzufügen sich die Mächtigen selbst genehmigen. Man kann das mit dem Unterschied zwischen einer Verhaftung und einer Entführung vergleichen. Diese Gewalt ist legal, so wie es legal ist, wenn ein Polizist jemanden in einen Käfig sperrt, oder wie es in Großbritannien und Nordamerika bis Anfang der 1990er Jahre für einen Mann legal war, eine Frau zu vergewaltigen, die den Fehler begangen hatte, ihn zu heiraten.

Aber »legitime Gewalt« schließt auch stillschweigend solche Vergehen ein, deren strafrechtliche Verfolgung so schwierig ist, dass sie praktisch legal werden, etwa die Polizeigewalt in den USA, bei der die meisten Polizisten, die junge Schwarze Männer auf der Straße niederschießen, nicht ins Gefängnis müssen, oder die meisten sogenannten *»date rapes«,* die nie strafrechtlich verfolgt werden. Die Folgen tragen stattdessen die Opfer und Überlebenden, die entscheiden müssen, ob sie die öffentliche Erniedrigung, die der Vergewaltigungs- oder Nötigungsvorwurf unweigerlich mit sich bringt, ertragen wollen oder ob sie aus der Vergewaltigung schon gelernt haben, dass ihre Widerborstigkeit Folgen für sie hat. In den meisten Staaten der Welt werden geschlechtsspezifische Gewalt und rassistische *weiße* Gewalt zwar öffentlich verurteilt, doch nur wenige ergreifen handfeste Maßnahmen, um Frauen vor Vergewaltigung und sexueller Nötigung beziehungsweise BIPoC vor rassistischen Morden zu schützen.

Der wiederkehrende Refrain, dass es »bei Vergewaltigung nicht um Sex geht, sondern um Macht« stimmt nicht so ganz. Bei Vergewaltigung geht es eindeutig und durchgängig um beides. Die schreckliche Wahrheit ist, dass wir in einer Welt leben, die Sex und Macht miteinander verschmilzt. In der aus jedem Begehren zwangsläufig das Begehren wird, zu beherrschen oder beherrscht zu werden.

Die Botschaft ist klar: Der Schmerz von Frauen und Mädchen zählt nicht. Es ist richtig und nur natürlich, dass sich die öffentliche Debatte um Vergewaltigung und die Gesetzgebung noch immer überwiegend darum dreht, wie Männer vor lügenden Frauen beschützt werden können, statt darum, wie alle Menschen vor gewalttätigen Männern beschützt werden können. Es ist richtig und natürlich, dass Frauen vergangenen Schmerz begraben, damit Männer die Aussicht auf eine bessere Zukunft genießen können.

Seit Jahrhunderten gehen Philosophen der Verknüpfung von sexueller und gesellschaftlicher Unterdrückung nach. Oscar Wilde soll einmal gesagt haben, alles drehe sich um Sex, nur nicht der Sex: Bei dem gehe es um Macht. Die Debatte über die Schnittstelle von Sexualität und Macht ist heute überfällig. Es reicht nicht, die Regeln zu ändern und zu fragen, wie genau das Flirten und das Vögeln ablaufen sollen, jetzt, da Frauen nicht mehr Statusobjekte oder Auffangbecken für das Begehren und den Schmerz von Männern sein, sondern grundsätzlich wie Menschen behandelt werden wollen. Um die Kultur zu verändern, müssen wir die Regeln Regeln sein lassen und uns stattdessen über Ethik unterhalten, müssen uns überlegen, in was für einer Gesellschaft wir eigentlich leben wollen und wie wir dahin kommen.

Die Alternative liegt in einer *Consent Culture*. Diesen Begriff hat die Aktivistin und sexkritische Feministin Kitty Stryker geprägt. Der Widerstand gegen eine Kultur der Vergewaltigung und Nötigung muss mehr umfassen als nur die Forderung nach dem individuellen Recht, Nein zu sagen, auch wenn das ein guter Anfang ist und manche schon das nicht in ihr Großhirn kriegen. Das hat seinen Grund: Die Idee einer echten und dauerhaften engagierten sexuellen Einwilligung ist so unerhört, weil der Gedanke, die Frau könne sexuelle Handlungsmacht besitzen – oder gar aktives Begehren – noch immer angstbesetzt ist. Unsere Kultur lässt wenig Raum für die Vorstellung, dass Frauen und Queere Sexualität womöglich genauso wollen und genießen könnten wie Männer.

Wir müssen dahin kommen, das Konzept des *Consent* als fortlaufend und verhandelbar zu begreifen, nicht als Objekt, als einmaligen Vertrag, der vor Gericht debattiert oder zurechtgestutzt werden kann. Wenn Menschen jeglichen Genders die Chance haben sollen, in dieser sonderbaren neuen Welt zusammenzuleben, ohne einander zu zerstören, muss Einvernehmlichkeit mehr bedeuten. Einvernehmlichkeit ist mehr als das Ausbleiben eines Nein. Sie ist die Möglichkeit eines echten Ja. Einvernehmlichkeit ist, wenn beide Seiten menschliche Handlungsmacht haben. Einvernehmlichkeit ist Lust und Lüsternheit und Schamlosigkeit. Sie ist der Horizont des Begehrens.

Wir schwanken als Gesellschaft am Rande eines drastischen Umbruchs, könnten aber genauso gut in die kleingeistigen, grausamen Gewissheiten der Vergangenheit zurückfallen. Wir könnten die Debatte über das Ende ritueller sexueller Gewalt an Hochschulen und Schulen, in religiösen und politischen Institutionen beenden. Wir könnten aufhören, auf Einvernehmlichkeit als Voraussetzung für Lust und Begehren zu pochen. Wir könnten aufhören, Vergewaltiger und Sexualtäter zur Rede zu stellen. Wir könnten die Opfer weiter schikanieren, bedrängen und isolieren, bis der Druck so groß wird, dass sie nichts mehr sagen, und die Folgen eines Vergewaltigungsvorwurfs im Leben eines Mannes wieder schwerer wiegen als die Folgen der Vergewaltigung im Leben einer Frau. Wir könnten alles aufgeben, was wir schon erreicht haben, und – wenn es uns gelingt – so tun, als hätte es nichts davon gegeben.

Oder wir versuchen einen Neuanfang. Wir können versuchen, besser zu sein als früher. Wir könnten mehr tun, als nur Ärger aus dem Weg zu gehen und auf aktive Vergewaltigung und Nötigung möglichst zu verzichten. Wir könnten Begehren und C*onsent* endlich so behandeln, als seien sie wirklich wichtig.

2

Der Horizont des Begehrens

Ich habe einen Freund mit zwielichtiger Vergangenheit. Er ist ein kluger, mit einem Gewissen ausgestatteter Mensch, der im Patriarchat aufgewachsen ist, und er weiß, dass er manches getan hat, das vielleicht nicht strafbar war, andere aber verletzt haben könnte, und mit anderen meint er Frauen. Mein Freund hat Frauen wehgetan, und nun weiß er nicht, wie er damit umgehen soll. Von Zeit zu Zeit reden wir darüber.

So kam es, dass in einem Café, mitten im ersten Jahr unserer Freundschaft, mitten im Schwall eines Geständnisses, folgende Worte ganz unbefangen aus seinem Mund purzelten: »Formal betrachtet habe ich, glaube ich, niemanden vergewaltigt.«

Formal betrachtet. Formal betrachtet, meinte dieser Freund, war er kein Vergewaltiger.

Dieses »formal betrachtet« verfolgte mich noch tagelang. Nicht, weil ich es nicht glaube, sondern eben weil ich es glaube.

Dies oder Ähnliches hatte ich schon häufiger von ansonsten wohlmeinenden männlichen Freunden zu hören bekommen, die angesichts dessen, dass sich Frauen von Schamgefühl allein nicht mehr davon abhalten lassen, Sexualtäter beim Namen zu nennen, hektisch die eigene sexuelle Vergangenheit einer Prüfung unterziehen. »Formal betrachtet habe ich niemanden vergewaltigt.« Was meinte er mit »formal betrachtet«? Ehe er vom Alkohol loskam, habe er jahrelang gesoffen und herumgevögelt, erzählte mein Freund weiter; es sei eher eine Frage des Glücks als eine der Ehre, dass er sich seines Wissens nie eine ernsthafte sexuelle Nötigung habe zuschulden kommen lassen. Wie bei ziemlich vielen Männern, die im vergangenen Jahrzehnt erwachsen geworden sind, hatte er allerdings eine ziemlich verwaschene Vorstellung von *Consent*. Sex war für ihn etwas, zu dem man eine Frau überredete, die es dann mit sich machen ließ, und wenn sie nicht gerade ohnmächtig war, nein sagte oder ihn aktiv abzuwerfen versuchte, war vermutlich alles okay.

Aber was war mit ihr? War für sie auch alles okay?

Auf dem Nachhauseweg überlegte ich, warum für all die Leute, die lieber nicht unter den Teppich der modernen Moral schauen, das Konzept der Einvernehmlichkeit dermaßen angstbesetzt ist. Ich dachte an zahllose Situationen zurück, in denen sich mir gegenüber formal betrachtet niemand strafbar gemacht hatte und formal betrachtet alles einvernehmlich abgelaufen war. In denen vielleicht jemand die Grenze bis zum Äußersten verschoben hatte. In denen vielleicht jemand nur dagelegen und etwas mit sich hatte machen lassen, weil es aus irgendeinem Grund nicht möglich schien, nein zu sagen.

So etwas hört man formal betrachtet natürlich nicht nur von Männern. »Formal betrachtet« hört man, nur in einer anderen Tonart, auch von Mädchen und erwachsenen Frauen, die nicht auf diese Weise an das zurückdenken wollen, was ihnen widerfahren ist, obwohl das Problem ja gerade darin besteht, dass es ihnen widerfahren ist, mit oder ohne Zustimmung. Genau wie Männer lernen wir, dass wir in Hinblick auf unsere Gefühle und Erlebnisse nicht auf unsere Instinkte vertrauen können. Wir lernen, dass unser Begehren etwas Gefährliches ist, und deshalb unterdrücken wir es, bis wir den Unterschied zwischen Wollen und Gewolltwerden nicht mehr ausmachen können. Wir lernen, dass unsere Sexualität etwas Verachtenswertes ist, und daher unterdrücken wir sie, und unser eigener Körper wird uns fremd. Schon früher habe ich mir gesagt, diese oder jene Person habe sich ja formal betrachtet nicht strafbar gemacht und ich hätte daher formal betrachtet auch keinen Grund, mir wie ein menschlicher Spucknapf vorzukommen, und formal betrachtet habe ich ihn ja wieder zu mir eingeladen und hätte daher formal betrachtet nichts anderes erwarten dürfen, und formal betrachtet besteht kein Anlass zu Wut oder Ärger, denn nun mal ehrlich: Was ist weibliche Sexualität denn anderes als eine Reihe von Formalitäten, die es aus dem Weg zu schaffen gilt?

Das Problem ist, dass dieses »formal betrachtet« nicht ausreicht. »Zumindest habe ich keine aktive sexuelle Nötigung begangen«: Diese Aussage ist nicht und war nie der sexualmoralische Goldstandard. Natürlich müssen wir irgendwo anfangen, und der »Versuch, niemanden zu vergewaltigen« ist als Anfangspunkt so gut wie jeder andere, aber damit kann es nicht getan sein. Unsere Maßstäbe für anständiges Sexual- und Sozialverhalten sollten sich nicht nur daran orientieren, was uns mutmaßlich öffentliche Schande oder Gefängnis einbringt, denn wir sind schließlich keine Kleinkinder, und wir können das besser.

Genau das ist unter *Consent Culture* zu verstehen: Dass wir mehr erwarten und mehr verlangen. Dass wir einander als komplexe Menschen mit Handlungsmacht und Begehren begegnen, und zwar nicht nur einmal, sondern immer. Dass sich Dating und Sexualität für uns nicht darin erschöpfen, einer anderen Person ein widerwilliges »Ja« abzuluchsen. Im Idealfall möchten wir, dass sie ja sagt, und dann nochmal, und es jedes Mal meint. *Consent* muss nicht sexy sein, um Relevanz zu haben, aber ein Modell der Sexualität, in dem am Ende nur noch darüber gestritten wird, was man sich alles erlauben und trotzdem noch als einvernehmlich bezeichnen darf, macht ja auch nicht gerade Freude.

So formuliert klingt die Sache mit der Einwilligung simpel. Leider gibt es jede Menge simpler Ideen, die ansonsten sehr vernünftige Leute lieber nicht begreifen, weil sie ihr Selbstbild vom anständigen Menschen erschüttern könnten.

Viele Männer und Jungs, die ich kenne, sind derzeit verunsichert. Sie fühlen sich unwohl. Sie ringen mit dem Schreckgespenst ihres eigenen Fehlverhaltens. Vor allem sind sie verängstigt, weil sich die Spielregeln, die man einhalten muss, um ein guter Mensch zu sein, so rasant ändern.

Wer akzeptiert, dass eine Frau ein uneingeschränktes Anrecht auf sexuelle Entscheidungsfreiheit hat, dass sie das Recht hat, nein zu sagen, auch wenn sie früher ja gesagt hat, auch wenn sie nackt in seinem Bett liegt, auch wenn er seit zwanzig Jahren mit ihr verheiratet ist, der muss sich auch mit der Möglichkeit herumschlagen, dass sie vielleicht nicht die Entscheidung trifft, die ihm vorschwebt. Das ist das Hügelchen, das allzu viele Männer mit der moralischen Höhe verwechseln, auf der sie zu sterben bereit sind.

Da so viele Darstellungen von Sex auf uns einprasseln, verfallen wir leicht der Illusion, wir seien befreit. Aber von Freiheit müssen definitionsgemäß alle etwas haben. Gemäß den Botschaften, mit denen wir in Werbung, Popkultur und Mainstream-Pornografie unablässig bombardiert werden, läuft zulässiges Begehren nur in eine Richtung: von Männern zu Frauen. Das ist eine homogene, entmenschlichende Sicht des Hetero-Sex, ein simples Narrativ, in dem Männer Handlungsmacht besitzen und Frauen passive Datenpunkte auf einem Spektrum der Fickbarkeit sind. Das ist keine Freiheit, das ist ein sexueller Freibrief.

Das moderne Konzept der sexuellen Freiheit ähnelt tatsächlich sehr dem modernen Konzept der Marktfreiheit. Ja, das Wort »Freiheit« kommt darin vor, aber es läuft darauf hinaus, dass Menschen mit Macht die Freiheit haben, die Bedingungen zu diktieren, und alle anderen die Freiheit haben, zu lächeln und den Mund zu halten. In der Sexualität wie in der Wirtschaft dominiert ein Freiheitsbegriff, bei dem die Illusion der freien Entscheidung nur ein Feigenblatt für unsägliche Alltagsgewalt ist.

Und das läuft so: Mädchen werden, lange bevor sie alt genug sind, konkret daran zu denken, dass sie Sex haben könnten, darauf konditioniert, ihn sich als etwas vorzustellen, das mit ihnen gemacht wird, und nicht als etwas, das sie selbst gern tun möchten. Wir wachsen mit der Warnung auf, Sexualität im Allgemeinen und Heterosexualität im Besonderen sei etwas Schreckliches, Gewaltsames; Sex sei nicht etwas, das wir haben können, sondern etwas, das wir meiden müssen. Falls wir doch zu der Einsicht gelangen, dass wir ihn aus eigenem Antrieb wollen, heißt es, wir seien unnormal, unanständig und böse. Die Heerscharen einhändig tippender Trolle, die sich in frauenfeindlichen Chat-Threads fragen, warum um alles in der Welt sie keine abkriegen, warum Frauen sie nicht einfach ansprechen, warum sie Sex häufig als soziale Verhandlungsmasse einsetzen, täten gut daran, sich einmal in Erinnerung zu rufen, dass heterosexuelle Frauen diese Regeln nicht aufgestellt haben.

Die meisten heterosexuellen Frauen und erst recht queere Menschen haben von klein auf gelernt, die eigenen Gelüste sanft zu ersticken. Einem Mann die Sexualität zu verweigern ist die einzige Macht, die ihnen gesellschaftlich zugestanden wird – und auch dies nur widerwillig in einer Kultur, in der man sie als Schlampe, Miststück und Hure beschimpft, wenn sie ja sagen, und einfach überhört, wenn sie nein sagen.

Kleine Jungs, die heterosexuell sind, lernen drei andere Dinge über Sex. Erstens: Sex ist etwas, das sie aktiv mit Frauen machen und auf das sie ein Anrecht haben, und wer es nicht schafft, es mindestens mit einer Frau zu treiben, ist überhaupt kein Mann. Zweitens: Sex ist für Identität und

Status absolut unverzichtbar, nicht nur körperlich – um Lust geht es eigentlich nicht –, sondern auch emotional und sozial, denn es ist die einzige Form echter Intimität, die ihnen tatsächlich zugestanden wird. Und drittens: Sex ist gewaltsam.

Jungs lernen von Vorbildern und durch Indoktrination, dass männliche Sexualität von Natur aus animalisch, primitiv und zerstörerisch ist und dass Frauen einfach nicht dieselbe Art von Sex haben wollen wie sie – es sei denn, mit ihnen stimmt etwas nicht. Jungs wird beigebracht, dass man mit Sexualität einer anderen Person etwas Widerwärtiges und Gewaltsames antut, etwas »Erniedrigendes« – auch wenn sie es zulässt. Auch wenn es ihr gefällt. Vielleicht besonders, wenn es ihr gefällt.

Jungs lernen somit Angst und Abscheu vor der eigenen Sexualität und Misstrauen gegenüber jeder Frau, die in ihren Augen allzu willig ist, ihnen nachzugeben. Sie lernen, dass Sexualität auch nur einer ihrer brutalen Triebe ist, die sie in den Griff bekommen müssen. Die Angst bezieht sich oft darauf, dass sie eines Tages zwangsläufig jemandem wehtun, »etwas falsch machen« könnten.

Ich habe mit vielen Männern gesprochen, denen das Konzept echter, aktiver, engagierter Einwilligung einfach nicht in den Kopf gehen will. Warum? Weil sie nicht glauben können, dass eine Frau tatsächlich so gern mit ihnen vögeln will.

Viele Männer fürchten offenbar die Demontage alltäglicher sexistischer Dating-Mythen und die Dekonstruktion der *Rape Culture*, weil ihrer festen Überzeugung nach Frauen nur unter einem gewissen Zwang mit ihnen schlafen und mit ihnen liiert sein wollen. Sie fürchten, dass sie ohne die Rituale und die kleinen Gewaltakte toxischer Männlichkeit keine Frau abbekommen, dass ihre Bedürfnisse unerfüllt, ihre Begierden unbefriedigt bleiben. Das derzeitige System lässt zwar viele frustriert zurück, aber es ist doch bestimmt besser als gar nichts, oder?

Falsch. Die *Rape Culture* ist ein Angriff auf das Begehren. Sie dient der Kontrolle der weiblichen Sexualität. Sie ist sex- und lustfeindlich. Als Anpassungsstrategie, um in einer sexistischen Welt zu überleben, lehrt sie uns, unser eigenes Begehren zu verleugnen.

Nette Mädchen sollten alles Mögliche meiden. Nette Mädchen sind sexy, aber nicht sexuell. Nette Mädchen sind fickbar, aber sie ficken nicht. Nette Mädchen reden, wenn es sein muss, über die Opferrolle, aber nicht über Begehren. Nette Mädchen wissen, dass ihre Einwilligung zum Sex eine Ware ist und dass sie mit ihren Gefälligkeiten nicht zu freigiebig umgehen dürfen, damit sie die kollektive Währung, in der ihr sozialer Kurs bemessen wird, nicht abwerten. Wenn wir den Eindruck erwecken, dass wir Sex mögen oder dass wir gar lieber selbst entscheiden möchten, mit wem und wie und wann wir vögeln, haben wir Gewalt verdient. Wir sind nichts.

Das zumindest schreiben mir gewisse Männer im Internet Tag für Tag, und wenn es euch recht ist, führe ich diese Debatte lieber nicht nach ihren Regeln. Ich möchte in meinem einzigen kostbaren Leben nicht mehr Zeit vergeuden als unbedingt notwendig, um die krypto-darwinistische Pseudowissenschaft zu entlarven, der zufolge man alle Frauen eigentlich nur fest in die Matratze drücken und kräftig bumsen muss, bis sie endlich aufhören, Lügen über die Gender Pay Gap zu verbreiten, und anfangen, christliche Babys in die Welt zu setzen. Dieser verlogene diskursive Schimmelschleim wächst umso besser, je mehr Sauerstoff man ihm zuführt, und deshalb müssen sich die Gefechtsbedingungen ändern. Deshalb ist es nötiger denn je, über Entscheidungsfreiheit, über *Consent* und ja, über Begehren zu reden.

Vor einiger Zeit hatte ich einen Freund, der meine Lust am Sex gar nicht fassen konnte. »Du hast da echt Spaß dran«, sagte er jedes Mal, wenn wir miteinander schliefen. »Du kannst das so richtig genießen.« Er war überrascht. Ich war überrascht, dass er überrascht war – auch wenn ich dieser Überraschung nicht zum ersten Mal begegnete. Wenn ich mich als eine Frau zeigte, die ihrer eigenen Sexualität nicht nur treu bleiben, sondern sie auch ausleben kann, fanden es meiner Erfahrung nach die Männer, die von meiner Freude am Sex besonders überrascht waren, anfangs super, waren dann aber sehr schnell abgetörnt, nahmen es als Berechtigung zu respektlosem Verhalten oder ließen mich sitzen.

Diese Überraschung enthält oft eine Prise Abscheu, denn immerhin vermittelt uns unsere Kultur nach wie vor, dass hetero- und bisexuelle Frauen, die sich ihrer Lust hingeben, irgendwie unanständig, unwürdig, weniger wert, *weniger* sind. In einer Welt, in der die Heterosexualität auf die Logik von Dominanz und Besitz reduziert wird, gilt eine Frau, die im Besitz ihres eigenen Begehrens ist, nicht als attraktiv. Bei den meisten Männern, die meine Lust überraschte, kühlte das Interesse schnell ab. Wenn sie mich nicht erobern mussten, wenn ich mich nicht ein wenig zierte, wenn ich das öde Spiel, bis zum dritten Date zu warten, nicht spielen wollte, weil ich Lust hatte und zu viel um die Ohren und weil ich Dating sowieso nicht leiden kann und lieber einfach nur mit jemandem ins Bett gehe, um zu sehen, ob unsere beiden Körper einander mögen – tja. Oft erhielt ich dann eine Freikarte für die Friendzone, meist begleitet von einer kurzen Ansprache, wie anders ich doch sei als andere Mädchen. Als Kompliment konnte ich das noch nie verstehen.

Gegen die Friendzone habe ich ja auch gar nichts. Ich bin unheimlich gern da, niemand erwartet, dass ich spezielle Unterwäsche trage, und man bekommt alles umsonst. Niemand muss eine Beziehung fortsetzen, wenn es aus irgendeinem Grund nicht gewünscht wird. »Ich will nicht«, reicht als Begründung völlig aus. Meine persönlichen Erfahrungen sind nur eben gespickt von Männern, für die Hetero-Sex eine

Jagd war, Raubtier gegen Beutetier. Wenn wir unsere Wünsche klar äußern, ob sie uns nun erfüllt werden oder nicht, verkomplizieren wir das Narrativ des Hetero-Sex, demzufolge Männern die Aufgabe zufällt, die Bedingungen festzulegen, die Lust beider Beteiligten zu steuern und vorzugeben, wer wann und warum was fühlt.

Aber *Consent* ist kein Fetisch. In einer Sexualkultur, die auf Gewalt gründet, sind Offenheit und Ehrlichkeit unglaubliche Lustbremsen, und es sollte immer »ein geheimnisvoller Rest« bleiben, weshalb viele von uns nicht in der Lage sind, sexuelle Gewalt als solche zu benennen, und erst recht nicht, die eigenen Wünsche ehrlich zu formulieren. Wie soll das mit der Einvernehmlichkeit gehen, wenn aktives weibliches Begehren ein Abtörner ist? Was sollen wir tun, wenn von uns Frauen doch erwartet wird, dass wir »nein« sagen, wenn wir »ja« meinen, und »Ich habe einen Freund«, wenn wir »nein« meinen?

Männer, die von erotischer Befreiung faseln, fürchten insgeheim oft die sexuelle Selbstbestimmung von Frauen. Die sexuell emanzipierte Frau bleibt weiterhin ein weitverbreitetes moralisches Schreckgespenst. Sie – wir – sind die klaffende Grube, die sich nie füllt. Im Lauf der Geschichte wurde jeder Hauch weiblicher Promiskuität mit Prostitution und/oder Wahnsinn erklärt, und beides konnte eine Frau die Freiheit kosten, von der sie recht offensichtlich zu viel hatte. Unverstecktes sexuelles Begehren wurde auf Hysterie, eine kranke Gebärmutter oder ein Ungleichgewicht der Körpersäfte geschoben. Heutzutage führt man sie häufig auf sexuellen Missbrauch in der Kindheit zurück – seltsamerweise ist das praktisch der einzige Kontext, in dem das epidemische Ausmaß sexueller Gewalt eingestanden wird. Als hätten wir nicht das Problem, dass kleinen Mädchen Gewalt angetan wird, sondern dass sich erwachsene Frauen nicht ausreichend im Griff haben.

Frauen lernen von klein auf, dass ihr Begehren unanständig und gefährlich ist. Wir lernen es früh und auf die harte Tour. Wir lernen es bis ins Mark. Wir lernen, dass wir von Sexualität bestenfalls erwarten können, sie zu überleben. »Aus den weiblichen Erfahrungen mit der Sexualität habe ich gelernt«, schreibt Catharine MacKinnon, »dass Ausbeutung und Herabsetzung im Tausch gegen das eigene Überleben Frauen zu dankbaren Komplizinnen macht. Sie erzeugen Selbstekel bis hin zur Selbstauslöschung, und nur mit Selbstrespekt ist Widerstand überhaupt vorstellbar.«[1]

Frauen kann ihr Begehren gefährlich werden. Unser Begehren macht uns hässlich und einer menschlichen Behandlung unwürdig. Deshalb unterdrücken wir es. Wir ersticken es, sobald es akut wird. Wir lernen, dass wir auch auf intimer zwischenmenschlicher Ebene Respekt bisweilen nur bekommen können, wenn wir Unlust vortäuschen, wenn wir uns nachstellen und nötigen lassen, und das macht eine ohnehin schon komplizierte Situation natürlich noch komplizierter. Wie soll ein Mann, der gelernt hat, dass attraktive Frauen oft nur so tun, als wollten sie nichts von ihm, die Wünsche derer respektieren, die tatsächlich nichts von ihm wollen? Wenn die sexuelle Zurückhaltung von Frauen erotisiert wird, wie soll man dann plötzlich auf eine echte *Consent Culture* umschalten, in der ein Mann, der sie ziehen lässt, wenn sie ihn abweist, das Richtige tut?

Wenn eine Frau aktiv Sex mit einem Mann haben will, widerspricht das den heteronormativen Vorgaben. Deshalb kann jedes aktive Zeigen heterosexuellen oder queeren weiblichen Begehrens durchaus etwas auslösen: auf politischer Ebene Schock, im zwischenmenschlichen Bereich Erstaunen. Wenn wir uns anschauen, was außerhalb unseres Schlafzimmers in der Welt so abgeht, mag der Zeitpunkt für eine Debatte über das Begehren nicht gerade ideal sein. Angesichts der fanatischen Patriarchen und stumpfsinnigen alten Männer, die meinen, qua Geburt und Abstammung der ganzen Welt in den Schritt fassen zu dürfen, liegt es eigentlich nahe, das Thema Lust erst einmal ad acta zu legen, den Mund zu halten, die Beine zusammenzupressen und das Herz fest zu verschließen.

Aber wenn wir Begehren, Handlungsmacht und *Consent* nicht auf die Tagesordnung setzen, führen wir diesen Kulturkrieg immer aus dem Rückzug heraus. Und es ist ein Kulturkrieg, den entweder alle gewinnen oder niemand. Wenn wir die Schlacht noch wenden wollen, müssen wir den Begriff der Einvernehmlichkeit neu definieren. Das wird schwierig, und es wird ungemütlich, aber uns allen zuliebe – unserem Körper, unserer Existenz und unseren Beziehungen – müssen wir das, nicht nur »formal betrachtet«, besser hinkriegen.

3

Wir sind hier nämlich alle verrückt

»Das ist, als ob man erfährt, dass es Aliens wirklich gibt.«

Ich war mit einem Mann einen trinken gegangen, den ich seit Jahren kannte. Er hatte zwei Bier intus und quälte sich mit der Frage herum, warum er in zwanzig Jahren nie das Wort gegen seinen besten Freund erhoben hatte, der, wie es sich herausstellte, zahlreiche Vergewaltigungen begangen hatte. Die Vorwürfe waren gerade öffentlich geworden.

»Wir haben damals die Geschichten ja alle gehört, aber, naja, die Mädels, die sie erzählten, die waren halt durchgeknallt«, sagte er. »Du weißt schon, bisschen krank. Deshalb hat ihnen niemand geglaubt.«

Ich nippte an meinem Glas, um mich zu beruhigen. Vielleicht, wandte ich ein, waren diese Frauen »bisschen krank«, weil sie sexuelle Gewalt erfahren hatten. Ich rief ihm in Erinnerung, dass ein paar von uns schon immer genau Bescheid gewusst hatten. Dass ich jedenfalls Bescheid gewusst hatte. Ich wurde nicht laut. Ich verlor nicht die Beherrschung. Ich tat mein Bestes, nicht wütend zu werden und nicht zu zeigen, wie gekränkt ich war. Ich wollte, dass er mir zuhörte, und wer hört schon einer Frau zu, die zornig und gekränkt ist?

Was in unserer Kultur geschieht, jetzt, da wir gerade kollektiv die Erkenntnis verarbeiten, dass Frauen ein Anrecht auf Selbstbestimmung und Würde haben, gleicht der ersten Begegnung mit einem Außerirdischen. Wie kleine grüne Männchen in fliegenden Untertassen haben Sexualtäter die Gewohnheit, ihr wahres Ich Leuten zu offenbaren, denen niemand Glauben schenkt: Frauen, die verletzlich sind, oder Frauen, die marginalisiert sind oder die halt nur Frauen sind. Aber Sexualtäter kommen nicht von einem anderen Planeten. Wir sind mit ihnen aufgewachsen. Wir haben mit ihnen gearbeitet. Wir haben sie bewundert. Sie geliebt. Ihnen vertraut. Und jetzt müssen wir damit klarkommen, dass unsere Realität anders ist als gedacht. Wer ist hier nun eigentlich verrückt?

Mentale Gesundheit ist ein politisches und gesellschaftliches Konstrukt. Im Kontext von Gender, Macht und Gewalt steht die Frage, wessen mentale Gesundheit relevant ist, stets mit auf der Agenda. Wessen Leid zählt? Wessen Aussage ist glaubwürdig? Und vor allem: Was hat es tatsächlich zu bedeuten, wenn eine Frau, die ihre Wahrheit ausspricht und Veränderungen fordert, deswegen für verrückt erklärt wird?

Wenn Frauen und Queere Übergriffe gegen sich oder andere anprangern, werden sie in privater Runde wie auch im öffentlichen und beruflichen Umfeld wieder und wieder als »verrückt« abgetan. Das ist kein Zufall. Nicht zufällig ist mit dieser Zuschreibung immer zweierlei verbunden: Einbildung und Schmerz. Während bei Männern Schmerz und Leid als Erklärung oder Entschuldigung für das Leid herangezogen werden, das sie anderen zugefügt haben, belegt der Schmerz bei Frauen, dass sie sich alles nur einbilden und man ihnen deshalb gar nicht zuzuhören braucht. Das ist unheimlich praktisch für alle, die keinesfalls zugeben wollen, wie sehr Frauen in einer Kultur der männlichen Vorherrschaft immer noch leiden. Der gemeinnützigen Organisation RAINN zufolge treten in den USA bei 94 Prozent aller vergewaltigten Frauen in den zwei Wochen nach der Vergewaltigung Symptome einer Posttraumatischen Belastungsstörung (PTBS) auf, und 13 Prozent der Frauen, die vergewaltigt werden, unternehmen einen Selbstmordversuch.[1]

Es ist überaus praktisch, Schmerz mit Einbildung nach Bedarf gleichzusetzen, je nachdem, wen es gerade betrifft. Als Opfer sexueller Nötigung fällt frau in das Kaninchenloch einer Realität, die von kollektiver Einbildung geprägt ist, insbesondere der Vorstellung, dass mächtige oder allseits beliebte oder dem Anschein nach durchschnittliche Männer, die in der Welt Gutes bewirken, nicht auch Sexualtäter sein können. Wer etwas anderes behauptet, gilt als verrückt. Deshalb hinterfragen wir uns automatisch selbst. Schon ehe andere uns der Lüge bezichtigen – und das geschieht unweigerlich –, fragen wir uns, ob wir nicht überreagiert haben. So kann er doch eigentlich gar nicht sein. Nicht er. Es wäre sowieso der reine Wahnsinn, sich gegen jemanden zu stellen, der so viel Einfluss hat. Die Mädels, die so was tun, sind doch krank im Kopf. Überdreht. Hysterisch.

In den letzten Jahren hat sich etwas Entscheidendes verändert. Plötzlich melden sich Frauen zu Wort, und zwar so viele, dass man sie nicht mehr so leicht beiseiteschubsen kann. Das öffentliche Narrativ rund um sexuelle Gewalt und *Entitlement* wie auch der allgemeine Konsens, wem man glauben soll, verändern sich dermaßen rasant, dass zwischen dem einen Paradigma und dem nächsten noch die hastigen Stiche durchschimmern, die Heftnaht zwischen den verschiedenen Versionen der Realität. Nun tut man nicht mehr die Überlebenden und Opfer von Vergewaltigung und sexueller Nötigung als geistig krank ab, sondern es sind die Täter, die behaupten, sie seien gestört und brauchten Hilfe.

»Ich versuche, durchzuhalten«, sagte Harvey Weinstein nach den Enthüllungen über die Fälle sexueller Gewalt, die die Unterhaltungsbranche auf den Kopf stellten und ihre hässlichsten Geheimnisse ans Licht brachten. »Es geht mir nicht gut, aber ich versuch's. Ich brauche Hilfe. Wissen Sie, wir machen alle Fehler.«[2]

Wenige Tage zuvor hatte Weinstein mit E-Mails an andere Hollywood-Größen hektisch versucht, seine Entlassung zu verhindern. Er hatte darum gebeten, sich beim Vorstand der Weinstein Company für sein Bleiben einzusetzen, und darum gebettelt, stattdessen in Therapie geschickt zu werden. Solche Gnadengesuche aufgrund einer psychischen Erkrankung wurden auch in der Tech-Branche zugunsten einflussreicher Sexualtäter laut. Hier eine Verlautbarung der Firma 500 Startups zu den Taten ihres Gründers Dave McClure, der ebenfalls der sexuellen Nötigung und Belästigung bezichtigt wurde: »Er sieht ein, dass er Fehler begangen hat, und unterzieht sich derzeit einer Therapie, um sein früheres inakzeptables Verhalten zu verändern.«[3]

Das heißt, wenn Frauen sexuelle Gewalt anprangern, sind sie verrückt und daher unglaubwürdig; wenn Männer solcher sexuellen Gewalt beschuldigt werden, sind sie verrückt und daher nicht schuldfähig. Wenn Frauen leiden, macht sie das verdächtig; wenn Männer leiden, entlastet es sie.

Alles dreht sich um die Frage, wessen Leid zählt. Erst wenn sich die Gewalt nicht mehr leugnen lässt, wenn ein Schema erkennbar wird, wenn Fotos und Videos zugänglich sind und für eine Verurteilung ausreichen, wird die Bitte um Gnade laut. Die ganze Tat dauerte doch nur zwanzig Minuten. Er hat so eine strahlende Zukunft vor sich. Denkt an seine Mutter. Denkt an seine Frau. Er konnte einfach nicht anders.

Wer solche Ausreden vorbringt, will nicht nur den Täter und sein Ansehen schützen, sondern er versucht verzweifelt, mit einer sich rasch verändernden Realität zu feilschen. Er rechtfertigt die fortgesetzte kollektive Leugnung der systematischen sexuellen Gewalt. Nicht die Dutzenden Frauen, die Weinstein schikaniert hat, nein, er selbst wird plötzlich von »einem Dämon« verfolgt. Er braucht keinen Richter, sondern einen Therapeuten. Er ist ein sehr unglücklicher und sehr kranker Mann. Dieselbe Leier bei Bill Cosby. Oder bei dem Typen in eurer Firma, den alle so schätzen, der mit dem charmanten Lächeln und den vielen durchgeknallten Ex-Freundinnen.

Ob eine Person mental gesund ist, wird gesellschaftlich unter anderem darüber definiert, ob sie in der Lage ist, sich mit Ungerechtigkeit abzufinden. Sich nicht abzufinden, liegt außerhalb des politischen Konsens, daher gilt eine Sprache, die diese Wahrheiten artikuliert, als krank. Feministische, antirassistische, sozialistische und queere Menschen sind alle schon einer solchen Pathologisierung zum Opfer gefallen, manchmal in einer Art und Weise, die mit unseren Alltagserfahrungen nichts zu tun hat. Die Leute, die Frauen als verrückt abtun, sobald sie es wagen, sich öffentlich zu sexueller Gewalt oder sozialer Ungerechtigkeit zu äußern, sind durchaus nicht um deren Verstand besorgt. Wer immer die gesellschaftliche Konvention angreift, gilt von vornherein als wahnsinnig, so auch Frauen, die sich zu fordern trauen, dass Sexualverbrecher in Machtpositionen zur Verantwortung gezogen werden. Wer etwas anspricht, das sonst niemand sehen will, kann davon ausgehen, der wahnhaften Einbildung bezichtigt zu werden.

Die Behauptung, dass Frauen sexuelle Gewalt erfinden, weil sie psychisch gestört sind, hat eine lange traurige Geschichte. In früheren Zeiten wurden Frauen, die eine Szene machten oder den Fehler begingen, einem Täter die Stirn zu bieten oder ihm auch nur die Tür vor der Nase zuzuschlagen, regelmäßig in die Irrenanstalt verfrachtet, und zwar nicht zu ihrem eigenen Wohl, sondern zum Wohl aller anderen.

Diagnosen wie Hysterie waren und sind bis heute politisch. Vor dem Beginn der modernen Psychiatrie konnten Frauen, die durch abweichendes Verhalten jeglicher Art auffielen – sei es außerehelicher Geschlechtsverkehr, Lesbentum, Widerworte gegen den Ehemann oder einfach nur der Verlust von Jugend und Schönheit –, gegen ihren Willen in eine Irrenanstalt gesperrt oder unter Hausarrest gestellt werden. Fünfzig Jahre später machten Psychiater in der Sowjetunion mit der Geheimpolizei gemeinsame Sache, indem sie Dissidenten als psychisch krank diagnostizierten und in Gefängnisse steckten, die nach außen hin als Kliniken deklariert wurden. Geistige Gesundheit wird politisch definiert, und nach dieser Definition waren Dissidenten aufgrund ihres Widerstands gegen den Staat geisteskrank; dasselbe gilt für viktorianische Frauen, die sich den Beschränkungen durch das Patriarchat widersetzten.

Charlotte Perkins Gilmans bewegende und berühmte Novelle *Die gelbe Tapete* aus dem Jahr 1892 erzählt von einer Frau, die in ihr Schlafzimmer im Obergeschoss eingesperrt ist. Ihr Ehemann untersagt ihr, zu arbeiten oder sich körperlich zu betätigen, weil er überzeugt ist, dass ihr Drang zu schreiben sie in den Wahnsinn treibt. Als ihre Isolation beginnt, ist sie im Vollbesitz ihrer Kräfte, doch die traumatische Erfahrung, gegen ihren Willen eingeschlossen zu sein und wochenlang nur die Wand anzustarren, treibt sie schrittweise in den psychischen Zusammenbruch. Gilman war eine revolutionäre Denkerin, die unter anderem von einem feministisch-utopischen *Herland* erzählte. Die Popularität, derer sich *Die gelbe Tapete* in der Nachwelt erfreut, blieb dem Roman *Herland* versagt; Frauen, die durch Folter in den Wahnsinn getrieben werden, weiß unsere Kultur eben immer noch mehr zu schätzen als solche, die sich eine eigene Welt schaffen, um sich vor Männern nicht mehr rechtfertigen zu müssen.

Über ein Jahrhundert später hören wir dieselben Phrasen. Frauen sind überemotional. Man kann ihnen nicht trauen, weil sie verrückt sind, und mit diesem Wort beschreibt das Patriarchat Frauen, die nicht wissen, wann sie besser ihren hübschen Mund halten sollten. Als Erzählerinnen ihrer eigenen Geschichte sind sie unzuverlässig, weil sie ja unpässlich sind, und damit meint das Patriarchat wütend.

Natürlich sind sie wütend. Natürlich sind sie verletzt. Sie sind wütend und verletzt, *weil sie traumatisiert wurden*, erst durch die sexuelle Gewalt und dann durch die Reaktion der Gesellschaft. Und weil sie keine Männer sind, können sie diese berechtigte Wut nicht ohne negative Konsequenzen zum Ausdruck bringen. Wenn ihr mit Gewalt penetriert und wie lebloses Fleisch behandelt worden wärt, wenn ihr Gerechtigkeit oder auch nur Trost gesucht hättet und der gesamte Freundes- und Kollegenkreis euch daraufhin als Lügnerin und Hysterikerin hingestellt hätte, wenn man euch geraten hätte, besser den Mund zu halten: Wie würde es euch da gehen? Da kann man schon verletzt oder wütend sein, nur zeigen sollte man es besser nicht. Nicht, wenn andere uns glauben sollen. Nicht, wenn wir Schutz suchen. Wütenden Frauen ist nicht zu trauen, und das kommt Tätern und ihren Helfershelfern gut zupass. Wenn sich um uns herum alle verbünden und über die unangenehme Wahrheit dessen, was wir erlebt haben, einfach hinweggehen, ist man versucht, ihnen zu glauben, gerade, wenn man noch sehr jung ist.

Vor zwölf Jahren wurde ich von einem viel älteren Mann in einem Hotelzimmer vergewaltigt. Als ich das aussprach, hielt man mir vor, ich sei toxisch, schwierig, eine zwanghafte Lügnerin. Das bekam ich so oft zu hören, dass ich es schließlich akzeptierte und auf Abstand ging, um allein wieder auf die Beine zu kommen, während der Mann, der mir wehgetan hatte, weitermachte und anderen wehtat. In den zehn Jahren, die seither vergangen sind, wurde jede mir bekannte Frau, die von sexueller Nötigung berichtet hat, als geisteskrank abgestempelt. Und ja, einige von ihnen *waren* krank: Mindestens jeder vierte Mensch bekommt irgendwann in seinem Leben psychische Probleme, und Gewalt und Traumata tragen erheblich dazu bei. Genauer gesagt suchen sich Sexualtäter gezielt Opfer aus, die verletzlich wirken. Sexualtäter nehmen stets Menschen ins Visier, denen sowieso niemand glaubt, weil sie ja »verrückt« sind.

Die #MeToo-Bewegung hat genau das erreicht, was zuvor auf Kosten der geistigen Gesundheit und Sicherheit Tausender namenloser Frauen verhindert wurde: einen gigantischen spektakulären Aufruhr. Es ist unglaublich, was ansonsten vernünftige Menschen alles anstellen, um Aufsehen zu vermeiden. Sie grenzen Opfer aus, *gaslighten* sie, bieten Sexualtätern Schutz; sie heuern Anwälte an, zahlen Hunderttausende von Dollar an Schmiergeld und ordnen, wenn nötig, sogar ganze gesellschaftliche Paradigmen um, damit alle, die grundlegende Rechte einfordern, wie kreischende Hysterikerinnen rüberkommen.

Heute sind es plötzlich die Sexualtäter, die Schutz suchen. Die nicht wie Kriminelle, sondern wie Kranke behandelt werden wollen. Wenn die Gesamtgesellschaft die Belege für strukturelle Gewalt nicht mehr weiter leugnen kann, bietet die Sprache des Wahnsinns eine letzte Zuflucht. Das bekommen wir auch nach einem Attentat oder einem Terroranschlag *weißer* Rassisten zu hören: Er war doch so ein netter Junge. Da ist irgendwas in ihm zerbrochen. So etwas konnten wir ja nicht ahnen. Er war deprimiert und frustriert. Da wir nicht so tun können, als wäre nichts geschehen, tun wir stattdessen so, als gäbe es hier kein Muster, sondern nur mangelnde individuelle Anpassung. Keine systemische Ungerechtigkeit, die tief in unserer Kultur verwurzelt ist, sondern ein chemisches Ungleichgewicht im Gehirn. Harvey Weinstein kann kein Vergewaltiger sein, denn er ist ein »sehr kranker Mann«, zumindest Woody Allen zufolge, der vielleicht strenggenommen keine Objektivität für sich beanspruchen kann. Jetzt sollen wir also Mitleid mit den Tätern haben, weil sie versehrt sind, weil sie leiden.

Na gut, stellt euch hinten an. Wir leiden alle. Wir sind alle versehrt. Das liegt daran, dass wir alle Menschen sind. Ein Mangel an Selbstwertgefühl und die finstere Obsession, Frauen in eurem Umfeld sexuell einzuschüchtern, entschuldigen keine sexuelle Gewalt. Bestenfalls können sie Erklärungen bieten, schlimmstenfalls dienen sie dem Versuch, von dem echten Leid von Frauen und queeren Menschen abzulenken.

Laut Lundy Bancroft, der seit Jahrzehnten mit Sexualtätern arbeitet, ist die Wahrscheinlichkeit, dass diese Täter psychisch krank sind, nicht größer oder geringer als bei jeder anderen Person. Gewaltausübung habe wenig mit psychischen Problemen, dafür aber viel mit Werten und Überzeugungen zu tun, schreibt Bancroft in seinem Grundlagenbuch *Warum tut er das?*. Die Täter hätten eine verzerrte Vorstellung von Richtig und Falsch. Nicht ihre Psyche, sondern ihr Wertesystem sei gestört.[4]

Wir haben alle ein gebrochenes Herz und eine komplizierte Kindheit, und die Opfer von Gewalt werden schon viel zu lange still und leise an eine Therapie statt an die Justiz verwiesen. Seit Jahrhunderten erklärt man Frauen und Kindern, die von Gewalt und Missbrauch berichten, sie seien paranoid und labil. So sehr sie auch davon überzeugt waren, dass ihnen Unrecht geschehen sei, dürften sie ihrem Gedächtnis nicht trauen, und andere erst recht nicht.

Damit das alles so aufgeht, reicht es oft schon völlig aus, eine Kultur zu schaffen, in der es zu unbequem ist, Gewalt und Belästigung zur Kenntnis zu nehmen. Opfer von Vergewaltigung und sexueller Nötigung, die den Mut aufgebracht haben, die Täter anzuzeigen, berichten regelmäßig, dass Polizei und Gericht ihre Erinnerungen angezweifelt und ihre sexuelle Vergangenheit hinterfragt haben; doch solches *Gaslighting* geschieht in jedem sozialen Umfeld, in Familien, in Beziehungen, überall dort, wo Frauen, Kinder und queere

Menschen Dinge erleben müssen, von denen die Welt lieber nichts wissen will.

Als Sigmund Freud seine bahnbrechende Gesprächstherapie entwickelte, war er zunächst bestürzt, wie viele unglückliche Frauen und Mädchen ihm anvertrauten, von Familienmitgliedern belästigt und missbraucht worden zu sein, auch schon in früher Kindheit. Jeffrey M. Masson, der diesen Teil der Freud'schen Geschichte in den Archiven als Erster auftat, schrieb:

> Freud war der erste Psychiater, der davon ausging, dass seine Patientinnen die Wahrheit sagten. [Er] erläuterte seine Entdeckung 1896 in dem Vortrag »Zur Ätiologie der Hysterie«. Darin präsentierte er eine revolutionäre Sicht psychischer Erkrankungen, [...] nach der solche frühen Erfahrungen keine Fantasien, sondern echt seien und sich nachteilig und nachhaltig auf das spätere Leben der betroffenen Kinder auswirkten.[5]

Die vornehme Wiener Gesellschaft reagierte unterkühlt, doch Freud beharrte darauf, dass »das Benehmen der Kranken, während sie diese infantilen Erlebnisse reproduzieren, nach allen Richtungen hin unvereinbar mit der Annahme [ist], die Szenen seien etwas anderes als peinlich empfundene und höchst ungern erinnerte Realität«.[6]

Diese Haltung hatte für Freud allerdings schwere berufliche Folgen. In verzweifelten Briefen an einen Freund schrieb er kurz nach seinem Vortrag: »Isoliert bin ich, daß Du zufrieden sein kannst. ... Denn alles fällt rings von mir ab.«[7]

Im Jahr 1905 widerrief Freud öffentlich seine »Verführungstheorie«, wie sie später genannt wurde, und änderte seine Darstellung. Er habe sich zunächst beeindrucken lassen, doch in Wahrheit seien die Frauen gar nicht missbraucht worden. Vielmehr seien sie unbewusst auf die erotische Vorstellung einer Vaterfigur fixiert; diese entspreche nicht der echten Vaterfigur, die echten Missbrauch begangen hätte. Nun betonte er, seine Patientinnen seinen keine Missbrauchsopfer. Sie bildeten sich alles nur ein.

Das ist ein wichtiger Punkt, denn Freuds Arbeit über das Unbewusste bildet das Fundament für viele moderne Theorien zum menschlichen Begehren, auch in der Politik. Die Freud'sche Psychoanalyse führte Begriffe wie »das Unbewusste« und »das Ich« ein, die das Selbstverständnis normaler Menschen als fühlende Wesen radikal veränderte. Und doch waren einige Wahrheiten zu radikal für Freud und die Generationen männlicher Psychoanalytiker, die seine Vorstellungen aufgriffen und erweiterten. Freud war so kühn, die orthodoxen Lehrmeinungen zur Beschaffenheit der menschlichen Seele zu hinterfragen, aber letztlich eben nicht mutig genug, seinen Patientinnen zu glauben. Nicht, wenn sie ihm Wahrheiten erzählten, die so unbequem waren, dass man sie nur als die symbolischen Zuckungen eines schwachen weiblichen Gemüts verstehen konnte.

Und daher kommt es, dass das Verständnis des sexuellen Begehrens in unserer modernen Kultur teilweise auf einer Lüge gründet. Es gründet auf einer bewussten Ignoranz für die vielen Frauen und Kinder, die misshandelt werden, und auf dem Bemühen, Traumata als Einbildung wegzuerklären – und das alles nur, weil sich den Herren im Gentlemen's Club womöglich der Backenbart gesträubt hätte, wenn sie unglücklichen jungen Mädchen hätten glauben sollen.

Ja, junge Frauen sind häufig traumatisiert durch die brutalen Demütigungen, die das Leben in unseren modernen Zeiten so mit sich bringt. In Großbritannien leidet fast jede vierte junge Frau unter einer psychischen Erkrankung, wobei Depression und Angst am häufigsten vorkommen. Laut einem jüngeren Bericht des britischen Gesundheitssystems

(NHS) treten sie bei jungen Frauen zwischen siebzehn und neunzehn Jahren mit einem Anteil von 22,4 Prozent doppelt so häufig auf wie bei gleichaltrigen Männern.[8] Bei allen Mädchen unter siebzehn Jahren ist der Statistik zufolge die Zahl der Klinikeinweisungen wegen Selbstverletzung im vergangenen Jahrzehnt um 68 Prozent gestiegen.[9]

Trotz dieser Zahlen betrachtet man aber die psychische Gesundheit von Frauen nicht als Thema von öffentlichem Belang. Eine der wenigen konkreten Statistiken zu Gender und Gewalt, die ins gesellschaftliche Bewusstsein vorgedrungen sind, betrifft die erschütternde Tatsache, dass sich Männer in wachsender Zahl das Leben nehmen und in erschreckendem Ausmaß durch Suizid sterben, durch Alkohol- und Drogenmissbrauch und andere Formen des »Verzweiflungstodes«.[10] Das ist schon schlimm genug. Dass aber diese Todesfälle häufig als Grund dafür herhalten müssen, das Leid von Frauen zu übergehen – als seien seelische Erkrankungen so etwas wie ein Wettbewerb zwischen den Gendern –, setzt dem verheerenden Verlust noch die Krone auf.

Immer wieder müssen sich Frauen und Mädchen anhören, es sei ihre Schuld, wenn sich Männer etwas antun. Als 2019 in der Videospielbranche Frauen Missbrauch und Belästigung am Arbeitsplatz öffentlich machten – begangen von Männern auf Machtpositionen, die sie manipuliert, ihnen Sex abgepresst und sie dann aufs Abstellgleis geschoben hatten –, gehörte der Entwickler Alec Holowka zu den namentlich genannten Tätern. Zwar kam der Fall nie vor Gericht, doch Holowkas Vorgesetzte hielten die Aussagen für glaubhaft. Wenige Tage, nachdem die Vorwürfe publik geworden waren, nahm sich Holowka, der seit Jahren mit psychischen Problemen gekämpft hatte, das Leben. In den sozialen Netzwerken brach ein Sturm los. Geäußert wurde nicht etwa Mitleid mit Holowkas Familie, sondern Wut auf die Frauen, die sein Verhalten angeprangert hatten und nun unmittelbar für seinen Selbstmord verantwortlich gemacht wurden. Die Drohung, sich ernsthaft etwas anzutun, ist die klassische Ultima Ratio für Sexualtäter, die fürchten, die Kontrolle zu verlieren oder von ihrer Partnerin verlassen oder verraten zu werden oder beides. Das ist ein wirkungsvolles emotionales Druckmittel, weil es fast immer überzeugt. Wer möchte schon diejenige sein, die die eigene Freiheit und Sicherheit über das Leben eines anderen Menschen stellt?

Als auf dem Höhepunkt der #MeToo-Bewegung die Namensliste der Täter immer länger wurde, wuchs auch die Zahl derer, die mit dem Hinweis auf eine psychische Erkrankung um Gnade flehten. Gewalttätige Männer leiden auch, rief man uns in Erinnerung, genau wie diejenigen, die sie verletzt haben, vielleicht sogar noch schlimmer! Reicht es denn nicht, wenn sie sich mit ihren Schuldgefühlen herumschlagen müssen, wenn sie um ihre Probleme wissen, wenn sie sich in Selbsthass verzehren? Sind sie uns etwa völlig egal? Wollen wir, dass sie zugrunde gehen, oder schlimmer, dass sie sich etwas antun?

Die Drohung, Männer könnten zugrunde gehen oder sich etwas antun, wenn Frauen ihr Verhalten nicht hinnehmen, ist eine uralte und bewährte Kontrolltaktik, die sich tief verwurzelte Aspekte der weiblichen Identität zunutze macht. Frauen haben gelernt, die Interessen von Männern über die eigenen zu stellen. Von Frauen wird erwartet, dass sie Männer vor den Konsequenzen ihres eigenen Tuns bewahren. Frauen sollen leiden, damit sich Männer weiterentwickeln können, auch wenn sie dafür in einer Gewaltbeziehung ausharren oder gesellschaftliche Ausgrenzung und Beschämung ertragen müssen. Die meisten Frauen und queeren Menschen haben gelernt, Männern und ihren Gefühlen mit Respekt und Rücksicht zu begegnen, auch wenn das auf Kosten des eigenen Glücks geht, denn die meisten von uns sind mit der Erwartung aufgewachsen, dass Schlimmes passiert, wenn sich Männer aufregen. Auch Männer, sogar die anständigen und nichtsexistischen, haben das in ihrer Erziehung gelernt – dass männliches Leid ganz einfach mehr zählt. Warum sollte es sonst von öffentlichem Belang sein?

Ich weiß, wovon ich rede. Ich habe sehr darum ringen müssen, den Schmerz eines Mannes nicht vorrangig zu behandeln, und ich weiß, wie schwer es ist, diese Denkweise zu durchbrechen. Einer meiner Ex-Partner, früher ein guter Freund, hat mehrfach Frauen vergewaltigt, hat zahllose Frauen, mich eingeschlossen, sexuell, körperlich und psychisch missbraucht. Als einige seiner Opfer begannen, die Puzzlestücke zusammenzusetzen, drohte er damit, sich umzubringen, wenn das öffentlich würde. Wir glaubten ihm. Wir wussten, wie labil er war, hatten sein Narrativ geschluckt, demzufolge Gewalt gegen Frauen und Missbrauch von Drogen und Alkohol dieselbe Ursache hatten: Er litt und konnte nicht anders. Mit einer Mischung aus Drohungen und demonstrativer Schwäche, wie aus dem klassischen Drehbuch für Narzissten, redete er uns ein, er sei zu mächtig, als dass wir uns mit ihm anlegen könnten, und zu schwach, als dass er es überleben würde, wenn wir ihn zur Verantwortung zögen. Als trotz all dieser Bemühungen seine Taten doch ans Licht kamen, entschied er sich nicht für Selbstmord. Aber natürlich litt er. Die meisten Männer, die für jahrelange Gewalt zur Verantwortung gezogen werden, leiden und an diesem Leid sind nicht ihre Opfer schuld.

Wie wäre es denn, wenn Menschen mal darüber nachdächten, wie sich ihr Tun auf die psychische Gesundheit ihres Opfers auswirkt, *bevor* sie Missbrauch, Schikane und Vergewaltigung begehen? Frauen und Queere haben schon lange gelernt, über ihre Erschöpfung, ihren Schmerz, ihr Trauma nicht zu sprechen. Sie lernen, einen möglichst neutralen, einen unendlich vernünftigen Eindruck zu vermitteln, Depression, Furcht und Ängste nicht zu zeigen. Auf jeden

Mann, dessen Verhalten mit psychischen Problemen entschuldigt wird, kommen zahllose Frauen und Queere, deren psychische Probleme gegen sie ins Feld geführt werden, um ihre Aussagen zu entwerten. Die Gefahren männlicher Gewalt für die psychische Gesundheit von Frauen scheint nicht einmal eine Erwähnung wert.

Solcherlei Verhältnisse herrschen in der Wirtschaft und in Institutionen, in denen Männer die mächtigeren und übergeordneten Positionen innehaben, und sie sorgen vor allem dafür, dass sich die Männermacht dort immer weiter halten kann. Frauen, die systematisch verletzt, herabgesetzt und ausgegrenzt werden, geben Beruf und Arbeitsplatz still und leise auf. Da die Opfer den erlittenen Schaden mit sich selbst ausmachen müssen oder von Frauennetzwerken beim emotionalen Großreinemachen unterstützt werden, brauchen sich Männer dem Schaden, den sie angerichtet haben, gar nicht erst zu stellen.

Derzeit erlebe ich in meinem Umfeld viele Frauen, die sich bemühen, in dieser Weise nicht nur einander, sondern auch Männern zu helfen. Wir tun das nicht nur, weil wir nett sind oder weil wir blöd sind, obwohl wahrscheinlich beides eine Rolle spielt. Wir tun es, weil wir wissen, wie sehr das alles noch schmerzen wird.

Und das wissen wir deshalb, weil wir uns im stillen Kämmerlein schon so lange damit herumschlagen. Wir wissen, wie tief die Verletzung reicht, wie viel noch ungesagt bleibt. Obwohl wir uns zusammenschließen und ein Ende der sexuellen Gewalt fordern, befürchten wir doch auch, dass die Männer zu schwach sind und dass sie den Folgen dessen, was sie getan haben, was man ihnen erlaubt hat uns anzutun, nicht gewachsen sind.

Das ist echte Arbeit, und es kostet viel Kraft. Ich habe zwei Jobs; letztes Wochenende habe ich mindestens acht Stunden, die ich eigentlich nicht erübrigen konnte, damit verbracht, Freund*innen zur Seite zu stehen, die in solch einer Situation stecken: einer Situation, in der sie machtlos sind. Wer diesen Grenzbereich nicht kennt, wer nicht weiß, wie viel Mühe es kostet, die zarten Ranken der Fürsorge zu hegen und zu pflegen, könnte auf den Gedanken kommen, das alles sei aus der Luft gegriffen. Wer nicht erlebt hat, wie eine Freundin still und leise in sich zusammenklappt, während sie schildert, was ein Mann, den wir beide kennen, ihr angetan hat, und erklärt, dass sie das nie öffentlich machen kann, weil er ihre Träume mit einem Fingerschnippen zerstören könnte und weil er doch schon genug leidet, wer nicht schmerzhaft erfahren musste, dass die Schwäche mächtiger und unberechenbarer Männer viel gefährlicher ist als ihre Stärke, so jemand könnte schon mal fragen: Warum melden sich erst jetzt so viele Frauen zu Wort?

Mir juckt es in den Fingern, all die Geschichten anzuführen, die ich hier aber nicht erzählen darf, weil mir das nicht zusteht und weil nicht ich die Folgen zu tragen hätte. Geheimnisse, die die Betroffenen von innen auffressen. Ich will gar nicht darüber nachdenken, wie viel Zeit ich in den letzten fünf Jahren dafür aufgewendet habe, mich mit den Auswirkungen männlicher Gewalt herumzuschlagen und Rat zu erteilen, wie oft ich mich um Schadensbegrenzung und den Schutz der Überlebenden bemüht habe. Und dass ich nicht darüber nachdenken will, liegt daran, dass die wenigsten Männer, die ich im privaten und beruflichen Umfeld kenne, ihre Energie für so etwas einsetzen müssen.

Die Täter, die man heute gern mit einer psychischen Erkrankung entschuldigt, sind weder Monster noch Anomalien. Sie bewegen sich voll und ganz im kranken Wertesystem unserer Gesellschaft, die Ansehen und Status von Männern über die Sicherheit von Frauen stellt. Viele Sexualtäter wissen im Grunde gar nicht, dass das, was sie da tun, falsch ist. Sie halten sich für grundsätzlich anständig. Die meisten Männer, die Frauen nachstellen, wurden in den Jahren oder Jahrzehnten der sexuellen Gewalt in diesem Glauben bestätigt. Sie halten sich für grundsätzlich anständig, und auch viele andere halten sie für grundsätzlich anständig. Das sind doch nette Jungs, die haben nur ein Problem mit Frauen oder Alkohol oder ihrer Mutter oder allem auf einmal.

Wer fortgesetzte Gewalt als psychische Problematik interpretiert, macht es sich leicht und verstaut sie ganz oben in dem Regal mit der Aufschrift »Geht mich nichts an«. Doch mit einer Erkrankung wird die gesellschaftliche Verantwortung nicht hinfällig. Das war noch nie so. Eine Erkrankung mag in einem Mann überwältigende widerwärtige Triebe wecken, aber die Erkrankung deckt ihn nicht bei geschäftlichen Terminen, sie zahlt nicht seine Anwälte, sie schmeißt nicht Frauen aus einer Filmcrew. Um einen Vergewaltiger zu schützen, braucht es ein ganzes Dorf.

Ich will durchaus zugestehen, dass die toxische Männlichkeit auch viele Männer bricht. Diese Kultur hindert Männer und Jungs daran, sich wie Erwachsene mit ihrer Sexualität, ihren Aggressionen und ihrer Angst vor Ablehnung und Statusverlust auseinanderzusetzen. In unserer modernen Welt ist es zuweilen in einem männlichen Körper ohne ständige Bestätigung von außen kaum auszuhalten. Aber nur sehr wenige Männer – oder vielmehr sehr wenige Menschen – wachsen mit einer völlig gesunden Einstellung zu ihrem Gender auf. Nicht jeder, der ein abgefucktes Frauenbild hat, macht auch abgefuckte Sachen mit Frauen. Toxische Männlichkeit, so Lundy Bancroft, ist in erster Linie eine gesellschaftliche und erst im Weiteren eine psychische Krankheit.

Mit der Illusion kranker Männer lässt sich leichter umgehen als mit der Realität einer kranken Gesellschaft. Wir haben es viel zu lange hinausgeschoben, uns mit den Symptomen zu befassen, weil wir die Diagnose nicht hören wollten.

Die Prognose ist gut, aber die Therapie ist brutal. Wer Frauen und Mädchen wie anonymen Besitz behandelt hat und sich nun endlich den Konsequenzen stellen muss, dürfte darüber sehr unglücklich sein. Das ist verständlich. Es macht gerade sicher keinen Spaß, in Harvey Weinsteins Haut zu stecken, aber zum Leidwesen des in Ungnade gefallenen Superproduzenten und seinesgleichen geht in der Welt gerade ein Wandel vor sich, und so werden endlich einmal nicht die Gefühle mächtiger Männer gestreichelt.

An manchen Tagen kommt es mir vor, als hielten Männer mit ihrer Fragilität die ganze Welt in Geiselhaft. Manchmal scheint es einfach grenzenlos, was Frauen, Mädchen und Queere alles hinnehmen sollen, nur damit sich Männer keine Sekunde lang mit unangenehmer Selbstreflexion befassen müssen. Manchmal weiß ich nicht, wem ich noch trauen soll. So viele Männer, die scheinbar Verbündete sind, betrachten ihr eigenes privates Verhalten gegenüber Frauen als für die Debatte völlig irrelevant. Was weiß ich denn, welcher Mann womöglich einen gewalttätigen Freund gedeckt, sein mangelndes Selbstwertgefühl an seiner Freundin ausgelassen oder jüngere Frauen aufs berufliche Abstellgleis geschoben hat, weil sie nichts mit ihm anfangen wollten? Ich frage mich nur:

Was wäre, wenn wir alle uns um das Wohlergehen von Frauen, die Gewalt erfahren haben, genauso kümmerten wie um das Wohlergehen der Täter? Wie wäre es, in einer Welt zu leben und zu arbeiten, in der es schlimmere Folgen hat, eine Frau zu verletzen, als eine zu sein?

4

Schlechter Sex

Schmerz ist politisch, und genauso ist es mit der Lust. Die größte Lüge moderner Sexualität ist, dass das zweite unweigerlich das erste mit sich bringt, dass der Preis, den man für das Vergnügen heterosexueller Männer zahlen muss, der Schmerz von Frauen ist. Wenn Frauen und junge Menschen gegen sexuelle Gewalt protestieren, tut die Gesellschaft immer und immer wieder so, als sei nicht die Gewalt, sondern der Sex das Problem, das es zu lösen gilt. Das hat konkrete Folgen, zum Beispiel:

Seit einigen Jahren erfreut sich in Vergewaltigungs- und Mordprozessen der Hinweis auf »groben Sex« als Argument der Verteidigung wachsender Beliebtheit. Männer, die ihre Partnerinnen würgen oder auf andere Weise brutal behandeln, versuchen häufig, ihr Verhalten als »groben Sex« umzudeuten, bei dem etwas schiefgegangen sei – als müssten Anfang des 21. Jahrhunderts Frauen erst einmal Mord und Verstümmelung als ganz normale Risiken abwägen, ehe sie mit einem Mann ins Bett gehen.

Gewalt gehört nach heutigem Verständnis zum Hetero-Sex fest dazu, was allerdings mit Fetisch wenig und mit Einvernehmlichkeit rein gar nichts zu tun hat. Gewalt und Zwang entwickeln sich mehr und mehr zu normalen Bestandteilen der Hetero-Sexualität. Einer BBC-Recherche zufolge wurde »mehr als ein Drittel der britischen Frauen unter vierzig beim einvernehmlichen Sex schon gegen ihren Willen geschlagen, gewürgt, geknebelt oder angespuckt«.[1] Was macht das mit unserer Sexualität, wenn wir vorher nicht wissen können, ob wir beim Sex mit einem augenscheinlich netten Menschen womöglich ungefragt gedemütigt oder verletzt werden? Und die Lage wird immer prekärer: Laut einer in der Zeitschrift *JAMA International Medicine* erschienenen Umfrage unter US-Amerikanerinnen zwischen achtzehn und vierundvierzig Jahren war für »mehr als 3 Millionen Frauen die erste sexuelle Erfahrung eine Vergewaltigung«.[2]

Trotzdem wird der schlichte Gedanke, dass die sexuelle Selbstbestimmung von Frauen zu respektieren ist und es auf dieser Welt weniger Vergewaltigungen geben muss, noch immer gern mit »Sexfeindlichkeit« gleichgesetzt. Leute, die sich gegen sexuelle Gewalt engagieren, werden oft behandelt, als hätten sie es auf die Sexualität an sich abgesehen. Logisch ist das nur, wenn wir eine Definition des heterosexuellen Geschlechtsverkehrs akzeptieren, nach der es allein auf die Lust der Männer ankommt, Frauen keine Grenzen setzen dürfen und Erniedrigung, Gewalt und rituelle Frauenfeindlichkeit fest ins Lexikon der Intimität eingeschrieben sind.

Für Hetero-Frauen ist »guter Sex« offenbar einer, »bei dem ich nicht ernsthaft verletzt oder getötet werde«. Für heterosexuelle Männer dagegen gehört zum »guten Sex« ein Orgasmus. Die Diskrepanz bringt keine erotische Befreiung mit sich. Sex kann nicht ernsthaft als frei betrachtet werden, wenn mehr als eine Person beteiligt ist, aber nur eine ihn genießt. Obwohl dieser Geschlechtsverkehr formal betrachtet einvernehmlich abläuft, ist er daher oft einfach nur entsetzlich und enttäuschend. Insbesondere heterosexueller Geschlechtsverkehr. Insbesondere für Frauen.

Viele von uns hungern nach Befriedigung. Dass die Generation Y, und hier besonders die Männer, seltener Geschlechtsverkehr hat als frühere Generationen, ist ausgiebig kommentiert worden. Im Jahr 2018 gaben laut *Washington*

Post 28 Prozent der jungen Männer zwischen achtzehn und dreißig Jahren an, im gesamten Jahr 2018 keinen Sex gehabt zu haben, bei jungen Frauen waren es 18 Prozent.[3] Dies wurde fast einmütig als Negativentwicklung dargestellt, als wäre die Quantität das einzig lohnende Maß für den Geschlechtsverkehr beim Menschen. Die US-Ausgabe des *Economist* stieß in dasselbe Horn: Dieser Rückgang beim Hetero-Sex sei »mutmaßlich eine Reaktion auf wachsendes weibliches *Empowerment* sowie große Veränderungen in der Sexualpolitik […], verschärft durch die Furcht der Männer vor Belästigungsvorwürfen in #MeToo-Manier.«[4]

Hier wird weibliches *Empowerment* als unzumutbares Hindernis für die sexuelle Freiheit des Mannes dargestellt. Wenn Frauen wirklich selbstbestimmt und autonom darüber entscheiden können, mit wem, wie und ob sie Sex haben wollen, könnten sie sich auch gegen Sex mit einem Mann entscheiden, obwohl der doch unbedingt will – und für eine Kultur, in der der männliche Anspruch auf den weiblichen Körper noch immer wichtiger ist als das Recht der Frau auf ein Mindestmaß an Sicherheit, ist diese Barriere einfach zu groß. Heterosexuelle Verfügbarkeit gilt als eine Ware, die für das Wohlbefinden der Männer unabdingbar ist, und alles, was diese Verfügbarkeit stört, wird zu einer allgemeinen Gefahr für die Menschheit umgemünzt.

Aber können wir die Sache nicht auch völlig anders angehen? Wie wäre es, wenn wir nicht mehr danach fragten, wie oft die Leute Sex haben, sondern wie viel Spaß sie dabei erleben, und zwar nicht nur heterosexuelle Männer, sondern alle? Warum muss dieser freudlose erzwungene Sex, mit dem wir anderen uns unter dem Patriarchat oft abfinden müssen, die Norm sein?

Die neue sexuelle Revolution richtet sich, wie wir gesehen haben, nicht nur gegen sexuelle Gewalt, sondern in Anbetracht von Sexismus, Transphobie und Homophobie geht es ihr auch um sexuelle Freiheit. Sie erschüttert das Herrschaftsmodell der Heterosexualität und durchbricht die Genderbinarität. Auf keinen Fall dürfen wir die Sprache der sexuellen Freiheit Misogynen, Transphoben und Homophoben überlassen. Leider geschah genau das beim ersten Backlash gegen die #MeToo-Bewegung, wenige Tage, nachdem die ersten Anschuldigungen gegen Harvey Weinstein publik geworden waren. Man warf Frauenrechtsaktivistinnen Hysterie, moralische Panik, Sexfeindlichkeit und Männerhass vor. In den ersten Monaten der #MeToo-Bewegung wurde ich in Interviews wiederholt gefragt, wo eigentlich die Trennlinie zwischen Vergewaltigung und »schlechtem Sex« verlaufe – als seien Frauen nicht in der Lage, das eine vom anderen zu unterscheiden.

In den Wochen nach den ersten #MeToo-Enthüllungen gab es reichlich Wirbel um einen offenen Brief in der französischen Zeitung *Le Monde*, in dem von »puritanischen Säuberungswellen« die Rede war. Gemeinsam mit hundert weiteren Unterzeichnerinnen verurteilte die Schauspielerin Catherine Deneuve die Frauen, die sich öffentlich gegen sexuelle Gewalt ausgesprochen hatten, als Gegnerinnen »sexueller Freiheit«.[5] Das Problem ist nur, dass man sexuelle Freiheit nicht isoliert genießen kann, während mehr als der Hälfte der Menschheit noch das Mindestmaß an Selbstbestimmung abgeht, um frei zu entscheiden, wann, wie und wen wir vögeln.

Tage zuvor hatte der Kritiker Andrew Sullivan in der Zeitschrift *New York* beklagt, die »rechtschaffenen Enthüllungen abscheulichen Machtmissbrauchs« hätten sich »zu einer generellen Revolution gegen das Patriarchat« ausgewachsen.[6] Genau darum ging es natürlich. Wie wir gesehen haben, ist die Aufdeckung von Machtmissbrauch per se schon eine Revolution gegen die Macht.

Sullivan war nicht der Einzige, der der #MeToo-Bewegung eine moralische Panikmache in Sachen Sex vorwarf.

Vorwürfe wie der der sexuellen Panikmache sind zu ernst, als dass man sie einfach vom Tisch wischen könnte, und das habe ich auch gar nicht vor, nicht zuletzt, weil ich queer bin. Aber warum sind so viele Leute so versessen darauf, die sexuelle Revolution in einen prüden Keuschheitszwang umzumünzen?

Darauf gibt es mindestens eine einfache Antwort. Es ist leichter und gesellschaftlich akzeptabler, gegen einen Angriff auf die Sexualität als gegen einen Angriff auf das Patriarchat zu protestieren. In den Jahren, die ich nun schon als Aktivist*in und Journalist*in arbeite, habe ich immer wieder Reaktionäre erlebt, die gegen den gesellschaftlichen Wandel ankämpfen und sich gleichzeitig als tapfere Verfechter der Freiheit verstehen, die meinen, sie stemmten sich wie Mel Gibson in *Braveheart* entschlossen gegen die Invasion der Wokeness, obwohl sie in Wahrheit nur wie der alte Mel Gibson herumpöbeln.

Sex ist nicht das Problem. Das Problem ist Sexismus, und das Problem sind die erschütternden Scharen von Männern und Frauen, die offenbar nicht fähig oder willens sind, zwischen beidem zu unterscheiden. Wenige Wochen nach den ersten Enthüllungen um Weinstein fragte mich ein Radiomoderator, ob Flirten jetzt verboten sei. Nein, war und ist es nicht. Den überwiegend weiblichen Menschen, die davon betroffen sind, ist der Unterschied zwischen Flirt und Belästigung – zwischen Sex und Vergewaltigung – absolut klar. Einige der überwiegend männlichen Menschen, die Letzteres tun, scheinen dagegen Schwierigkeiten zu haben, den Unterschied zu begreifen, und wenn man es ihnen erklärt, gehen ihnen zuerst die Ausreden und dann die Geduld aus, und schon sind sie weg.

Dass die Heterosexualität dermaßen von Gewalt geprägt ist, haben aber nicht Frauen entschieden. Verantwortlich ist die Kultur der männlichen Vorherrschaft, die seit Generationen Sex mit Eroberung gleichgesetzt und beides in der kollektiven Fantasie so lange miteinander vermischt hat, bis zwischen Akten der Leidenschaft und der Gewalt kaum mehr zu unterscheiden war. Wie nicht anders zu erwarten, stehen so viele Frauen schon so lange auf der Verliererseite dieser Entwicklung, dass sie es aufgegeben haben, sich einen schmerzlosen intimen Umgang mit Männern zu erschließen. Auch dass einige dieser Frauen männliche Sexualität als per se perfide, irreparabel und hoffnungslos brutal empfinden, ist kaum verwunderlich.

Anders als es von konservativer Seite dargestellt wird, müssen wir uns nicht zwischen dem Kampf gegen sexuelle Gewalt und einer freien Sexualität entscheiden. Viele Jahre lang war es Frauen verwehrt, gleichzeitig ihr Recht auf körperliche Autonomie einzufordern und die eigene Sexualität zwanglos auszuleben, sich entsprechend zu kleiden, sich entsprechend zu geben und Wünsche zu äußern, die ein gutes Mädchen nicht hat. Viele Generationen lang durften Frauen Männer bitten, ihnen nichts zu tun, Hauptsache, sie fragten freundlich und machten keinen Aufstand. Wenn eine Frau auch nur ansatzweise selbstständiges sexuelles Begehren zum Ausdruck brachte, wurde es gefährlich. Solange aber nicht alle, egal welchen Genders, ihre Sexualität frei ausleben können, kann es keine sexuelle Freiheit geben.

Der Kampf gegen sexuelle Gewalt und der Kampf gegen sexuelle Unterdrückung sind ja zwei Seiten derselben Medaille; wenn man das eine vom anderen trennt, kippt das gesamte Unternehmen. In der Generation unserer Eltern und Großeltern ist die sexuelle Befreiung auf ganzer Linie gescheitert, weil man meinte, man könne sexuelle Freiheit bekommen, ohne sich gegen die Vorherrschaft der Männer und sexistische Gewalt aufzulehnen, einfach nur, indem man sich blind der bequemen Illusion hingibt, Frauen seien keine lustbegabten Wesen, wie Männer es sind, die sexuelle Freiheit von Frauen sei Nebensache und jede Frau, die das Gegenteil behauptet, könne und sollte bestraft werden. Ohne sexuelle Gleichberechtigung kann Sex aber niemals frei sein. Er kann nur billig sein.

Wieder einmal ist Sexismus das Problem, und bisweilen wird auch der Sexismus erotisiert. Das ist *wirklich* ein Problem. »Das Flirten stört uns doch gar nicht«, sagte eine Freundin eines Nachts nach einer erschöpfenden Schicht Emotionsarbeit, in der wir versucht hatten, das wacklige Selbstbild von Männern aufzupäppeln, die wir kannten, damit sie nicht über uns kollabierten. »Uns stört diese Anspruchshaltung. Die Projektion. Objektifizierung. Wir merken das doch, wenn sie uns entmenschlichen. Flirten ist schön, wenn sie uns sehen. Richtig zu flirten, lernen die erst, wenn sie gelernt haben, uns richtig anzusehen.«

Wenn mir ein Mann erzählt, bei diesem ganzen Druck, Frauen – auch die, mit denen er Sex haben möchte – ernst zu nehmen, habe er immer das Gefühl, dass seine Sexualität kontrolliert werde, weiß ich immer nicht so recht, was ich sagen soll. Wenn mir ein Mann gesteht, er fürchte sich vor den Konsequenzen, wenn er eine Frau anmacht, und vor der Strafe, die ihn wegen eines kleineren oder größeren Fehltritts erwarte, frage ich mich, ob er eigentlich begreift, dass frustrierte Verzweiflung, dieses ängstliche Verlangen für Frauen nichts Neues ist. Für sie ist das normal.

Wenn wir uns schon mit der Kontrolle der Sexualität befassen, sollten wir nicht ausgerechnet bei der Sexualität *weißer* Hetero-Männer anfangen. Ich weiß, wie das ist, wenn meine Sexualität kontrolliert wird. Die meisten Frauen wissen das. Die meisten von uns wissen, wie es sich anfühlt, nicht danach beurteilt zu werden, was wir tun, sondern wer wir sind. Die interessantesten Frauen und Queeren, die ich kenne, wissen genau, wie das ist, nur werden sie nicht beschämt und beschimpft, weil sie jemandem sexuelle Gewalt angetan haben, sondern weil sie überhaupt eine Sexualität haben. Es ist schon bitter, wenn Männer, die Frauen – versehentlich oder absichtlich – verletzt und eine auch noch so lächerliche Strafe zu erwarten haben, Panik schieben und um Gnade winseln, während einige von uns ein Leben lang erbarmungslos bestraft werden, einfach nur, weil wir Frauen sind.

Die Libido von Männern und Frauen ist unter ansonsten gleichen Umständen (aber wann kann man schon von gleichen Umständen sprechen?) vergleichbar stark ausgeprägt. Das wird allerdings noch kontrovers diskutiert. Die berühmte Studie aus dem Jahr 1989, in der Menschen die Frage gestellt wurde: »Willst du mit mir ins Bett gehen?«[7], galt früher als Beweis für eine Vermutung, die, so eine der beteiligten Forschenden, ihre männlichen Kollegen von Anfang an hatten, nämlich, »dass Männer ständig verrückt nach Sex sind und Frauen ihn einfach nur hassen«.[8] Als diese Studie 2010 in Dänemark wiederholt wurde, nahmen erneut deutlich mehr Männer das Angebot einer ihnen völlig fremden Frau für Gelegenheitssex an als umgekehrt. Warum das so war, wurde jedoch nicht weiter untersucht; man gelangte lediglich zu dem Schluss, dass Männer einfach mehr auf Sex aus sind als Frauen.[9]

Es gibt natürlich noch andere Gründe, die dagegen sprechen, mit einem Fremden ins Bett zu hüpfen. Frauen, die sich auf zwanglosen Sex einlassen, berichten von deutlich geringerer Befriedigung als Männer, gehen aber viel höhere Risiken ein. Dass Frauen das Angebot eines ihnen fremden Mannes zum Sex seltener annehmen, liegt vielleicht nicht daran, dass sie Angst vor Sex an sich haben, sondern dass sie Angst vor fremden Männern haben, und womöglich ist die Annahme, dass Gelegenheitssex nicht viel bringt, auch durchaus begründet. Studien, die das Erregungsniveau wie auch die theoretische Bereitschaft für einen One-Night-Stand unter absolut sicheren Bedingungen erfasst haben, konnten dagegen kaum Unterschiede im Sexualtrieb männlicher und weiblicher Menschen feststellen.

In der Mitte dieser Wahrheit flackert ein Lichtkreis, so einer, an dem man sich in dunklen Nächten zusammensetzt und Geschichten erzählt, die bei Tageslicht keinen Sinn ergeben. Wenn es nur um die Lust geht, um das Vögeln um seiner selbst willen, entscheiden Geschlecht und Gender nicht über das Verlangen. Manche Menschen haben, unabhängig vom Geschlecht, das ihnen bei der Geburt zugeordnet wurde, mehr Lust auf Sex als andere. Aber das Geschlecht, das uns bei der Geburt zugeordnet wurde, beeinflusst sehr wohl, ob wir zu unserem Begehren stehen und wie frei wir es ausleben können.

Für Frauen ist Sex mit allen möglichen Risiken verbunden, mit Gründen, ihn zu meiden, mit der Warnung vor gesellschaftlicher Strafe und Schande, vor Gewalt und Schwangerschaft. Frühere Generationen, auch Generationen von Frauen, kontrollierten die Sexualmoral nicht etwa deshalb so streng, weil sie keine sexuellen Wünsche gehabt hätten, sondern weil sie für die Wünsche von Männern so einen hohen Preis zahlen mussten, ehe sie an die eigenen auch nur denken konnten. Vor Beginn der modernen Medizintechnik endeten noch ein bis zwei Prozent der Schwangerschaften mit dem Tod der Frau.[10] In der Renaissance war es üblich, dass eine Schwangere, nur für den Fall, schon mal ihr Testament aufsetzte. Noch vor relativ kurzer Zeit, gemessen an der Menschheitsgeschichte, war Sex für eine heterosexuelle Frau eine eine gefährliche Angelegenheit. Er konnte sie umbringen oder ruinieren, und dass sie ihn mutmaßlich auch wollte, machte alles nur noch viel schlimmer: Wenn der Körper etwas will, das in die Katastrophe führen kann, so verschwindet dieser Drang nicht etwa, sondern die Furcht vor dem eigenen Begehren wächst. Sex war gefährlich, und für viele heterosexuelle Frauen ist er das noch immer.

Ohne medizinische Intervention ist eine Schwangerschaft für Menschen auch heute noch viel riskanter als für die meisten anderen Spezies. »Die Zahlen sind einfach nur entsetzlich«, erklärte Jonathan Wells, der am University College in London forscht, gegenüber der BBC.[11] »Dass die Weibchen für die Produktion des Nachwuchses so teuer bezahlen müssen, kommt bei Säugetieren sonst extrem selten vor.«

Nach Schätzungen der Weltgesundheitsorganisation (WHO) starben 2017 pro Tag durchschnittlich 810 Frauen an vermeidbaren Komplikationen in der Schwangerschaft oder bei der Geburt; überproportional waren Frauen aus ärmeren Ländern und Mädchen zwischen zehn und vierzehn Jahren betroffen.[12] Die Vereinigten Staaten haben die höchste Müttersterblichkeit aller Industriestaaten,[13] und dass Schwarze Frauen in Großbritannien bei der Geburt doppelt so oft sterben wie *weiße*, ist auf ein Gesundheitssystem, das die Schmerzen Schwarzer Frauen systematisch leugnet und ihnen die Erfahrungen mit dem eigenen Körper nicht glaubt, ebenso zurückzuführen wie auf ein entsprechend rassistisch agierendes Wirtschaftssystem.[14]

Auch ohne die Risiken von Schwangerschaft und Geburt haben sexuelle Beziehungen mit Männern für Frauen und Mädchen statistisch betrachtet so ihre Tücken. Als die *Washington Post* sämtliche gewaltsamen Todesfälle von Frauen unter die Lupe nahm, die sich im Lauf eines Jahrzehnts in siebenundvierzig großen US-Städten ereignet hatten – insgesamt waren es 4484 –, stellte sich heraus, dass fast die Hälfte aller Frauen von ihrem Beziehungspartner umgebracht worden waren.[15] Nachdem die Tötungsdelikte durch Beziehungspartner vier Jahrzehnte lang zurückgegangen waren, nahmen sie wieder zu, beeinflusst vor allem durch den Anstieg der Waffengewalt. In einer Studie der Northwestern University errechnete der Kriminologe James Alan Fox, dass sich die Zahl der von Beziehungstätern getöteten Opfer zwischen 2014 und 2017 von 1875 auf 2237, also um 19 Prozent erhöht hatte.[16]

Wenn Sexualität als gefährlich dargestellt wird und die Gefahr aufgrund der gesellschaftlichen Strukturen real ist, kann die anhaltende Entfremdung vieler Frauen und Mädchen von ihrer sexuellen Identität nicht weiter überraschen. Bei Männern dagegen gilt Sex als gesellschaftliches Gebot, mit dem sie Status, Selbstbewusstsein und Intimität stärken können. Echte Männer, heißt es, müssen ficken – hart und häufig – und jedes Hindernis überwinden, das sich ihnen dabei in den Weg stellt.

In seiner derzeitigen Form geht es bei Hetero-Sex deutlich mehr um Macht als um Lust; er ist nach wie vor etwas, das Männer wollen und Frauen bremsen. Sex ist etwas, das Männer brauchen und auf das sie ein Anrecht haben und das Frauen im Austausch für Sicherheit oder Schutz oder Liebe geben. Dieses Verständnis der Sexualität als Fleischmarkt entschuldigt eine Menge Gewalt: »Wenn Sie sich Sex als Trieb vorstellen, wie Hunger oder Durst«, so die Forscherin Emily Nagoski, »einen Trieb, der gestillt werden muss, um zu überleben, und wenn Sie glauben, dass vor allem Männer [...] ihre aufgestaute sexuelle Energie entladen müssen, dann kann man sich praktisch für jede Praktik, durch die ein Mann sich erleichtert, eine Rechtfertigung aus den Fingern saugen. Und wenn Sex ein Trieb ist wie Hunger, dann sind potenzielle Partner wie Nahrung. Oder wie Tiere, die man jagt, um sie zu fressen«.[17]

Dieses Paradigma mit seiner raubtierhaften, gewinnorientierten Sicht der Sexualität, nach der auch *Consent* nur eine Ware ist, wollen Sozialkonservative unbedingt bewahren.

Die Einwilligung von Frauen und insbesondere die Einwilligung von Frauen, Männer mit Sex und emotionale Fürsorge zu versorgen, wird schon sehr lange stillschweigend als handelbare Dienstleistung begriffen, als eine Ware, die gekauft und verkauft werden kann. Das ist nicht nur in der Sexindustrie so. Es gilt überall. Die Sexbranche sticht nicht heraus, weil sie die sexuelle Einwilligung von Frauen mit einem Preis versieht, sondern weil sie den Preis beziffert.

Es beginnt schon in jungen Jahren. Es beginnt irgendwann, nachdem du den ersten Zahn verloren hast und bevor dir auffällt, was an deinem Gesicht und deiner Figur anders ist als bei den Models in den Magazinen. Irgendwann dämmert dir, dass dein Körper ein Besitz ist, der dir nicht gehört, jedenfalls nicht komplett. Dein Körper ist ein Tauschobjekt, dein größtes Kapital im transaktionalen Irrsinnsspiel des Erwachsenenlebens und eine Einladung zur Gewalt. *Dein Körper ist das Wichtigste an dir*, und wenn er nicht gut genug ist, mag man dich nicht. Wenn dein Körper unzumutbar ist oder zu sehr auffällt, wirst du womöglich angegriffen. Du musst dich im Griff haben. Aber es macht etwas mit dir, wenn dir nach und nach klar wird, dass du dich für alles, was an deinem Körper nicht stimmt, entschuldigen musst, vor allem für seine Weiblichkeit. Die Art, wie du Raum einnimmst, wie du die Konturen deines Lebens bewohnst, verändert sich.

Dieses Bild der Frau als Trophäe, die man kaufen, verkaufen und handeln kann, gab es schon vor dem modernen Kapitalismus. Es ist aber vor allem die Logik des Neoliberalismus, nach der die Märkte befreit werden müssen und Menschen die Freiheit haben zu tun, was ihnen gesagt wird, die wie eine dicke Tunke die Sexualität in der Illusion ertränkt, befreit zu sein. Die Freiheit, mit anderen Männern um den sexuellen Zugriff auf Frauen als Objekte zu rangeln, mag etwas anderes sein als die offene sexuelle Unterdrückung durch Despoten und religiöse Demagogen, aber sexuelle Unterdrückung ist es eben trotzdem. Du hast die Freiheit zu ficken oder dich ficken zu lassen, aber bitteschön nur nach vorgegebenem Skript und immer unter Aufsicht. Wenn du weiblich oder queer bist, darfst du nicht im eigenen Körper wohnen, als würde er dir gehören. Deine Sexualität wird konfisziert und dir zu einem Aufschlag wieder verkauft.

Es ist auch für Frauen schwer, sich nicht wie eine Handelsware, wie ein lebendiges Stück Fleisch vorzukommen, das gegen Geld, Akzeptanz und Zuneigung von Männern eingetauscht werden kann. Wenn dir dein Leben lang eingeredet wird, dass du, egal, was du sonst noch sein magst, zuallererst ein Körper bist, und dass du, wenn dein Körper nicht genügt, für Männer und damit für die Welt keinen Wert hast, wenn du seit jeher angehalten wirst, deinen Wert nach deinem Preis auf dem unbeständigen Markt männlicher Beachtung zu bemessen, wenn du das schon in der glühenden Hitze der Jugend gelernt hast und wenn du dir seither jeden Tag aufs Neue klarmachen musst, dass das Begehren von Männern oder ihr Desinteresse an dir mehr zählt als deine Würde, dann vergisst du leicht, dass du eigentlich schon immer dazu bestimmt warst, mehr zu sein als der Besitz anderer Menschen.

Wenn man Sexualität danach bemisst, wie viel Geschlechtsverkehr stattfindet, ist das in etwa so, als würde man ein Orchester nach seiner Lautstärke beurteilen. Sex ist wie Liebe kein abgegrenztes und messbares Phänomen. Sex ist keine knappe Ware, die eine Kategorie Mensch für eine andere bereitstellt. Und Sex ist kein Vermögen, das man erwerben und anhäufen kann. Sex ist nichts, was man hat, sondern etwas, das man tut – wie Tanzen. Man kann allein tanzen oder mit jemand anderem, aus Spaß oder für Geld oder aus Langeweile, aber wenn niemand mit einem tanzen will, wäre es unsinnig, sich darüber aufzuregen, dass andere es einem stehlen und nur für sich behalten. Umverteilung ist gut. Das Teilen von Ressourcen ist gut. Aber Sexualität ist keine knappe Ressource.

Sex ist nichts, was eine Frau grausam hortet wie ein Drache, der auf einem sexy Berg aus Gold hockt. Das Einverständnis einer Frau ist keine Ware, die man handeln oder eifersüchtig hüten kann, um den Kurs hochzuhalten. Sex ist etwas, das Frauen, gleiche Bedingungen vorausgesetzt, genauso wollen wie Männer. Aber normalerweise nicht mit Leuten, die sie einschüchtern, herabsetzen und verachten. Denken wir etwa daran, dass heterosexuelle Frauen beim Gelegenheitssex deutlich seltener zum Orgasmus kommen als Männer; in einer Studie geben 80 Prozent der Frauen zu, schon mal einen Orgasmus vorzutäuschen.[18] Als Begründung führen Frauen häufig an, der Sex habe wehgetan, sie hätten »die Gefühle ihres Partners nicht verletzen wollen« oder es habe »zu lange gedauert«. Wenn der Sex zu lange dauert, dann will man ihn hinter sich bringen, fürchtet sich aber davor, den Partner zum Aufhören zu bewegen. Diese Kultur, in der die Lust der Frauen nur durch die Linse männlichen Stolzes betrachtet werden kann, entfremdet Frauen und Mädchen nachhaltig von ihrem eigenen Begehren.

Auch die schuldbeladene Omnipräsenz der Pornografie, die Schattenseite der modernen Sexualität, ist kein Beleg dafür, dass erfüllender Sex sonderlich verbreitet wäre. Einsame Leute schauen Pornos wie hungrige Leute Kochsendungen. Massenproduzierte und im Internet gratis verfügbare Pornos bedienen häufig ein spezifisches Bild der Heterosexualität, in dem Sex von Natur aus von Konkurrenzdenken, Gewalt, Rassismus und Frauenfeindlichkeit geprägt und das Ausspielen genderspezifischer Macht wichtiger ist als Befriedigung: geölte Körper, die einander am Fließband in die Unterwerfung bumsen. Die Hetero-Pornografie erfindet eine Sexualität in einem Paralleluniversum, das von unserem Alltag völlig losgelöst ist und in dem Männer nie abgewiesen werden und niemand jemals nein sagt. In der heterosexuellen Mainstream-Pornografie vögeln Frauen daher nicht, sondern sie werden gevögelt, und dieser Sex ist nie schwierig, emotional oder spontan, sondern nachtragend und entwürdigend, eine Form ritualisierter Frauenfeindlichkeit, heruntergebrochen auf eine kalte Klassifikation von Körpertypen und Körperakten.

»Pornografie vermittelt nicht immer nur Frauenhass, aber das, was sich die Leute im Moment ansehen, tut genau das«, sagte die französische Autorin und Filmemacherin Virginie Despentes in einem Interview mit dem *Guardian.* »Was geht im Kopf dieser Männer nur vor sich, was ist mit ihrer Sexualität los, wenn die Lust von Frauen zum Problem wird?«[19]

Dieser Hang, die weibliche Lust, das weibliche Begehren und die weibliche Handlungsmacht als überflüssig, ja, als Hürde zu betrachten, die es zu überwinden gilt, durchdringt sämtliche Bereiche unserer Kultur. Die ultrarechten Sprechblasen von heute gehen zu einem großen Teil auf die Community der Pickup Artists zurück. Diese Bewegung nahm vor über zehn Jahren mit Büchern wie Neil Strauss' *Der Aufreißer* ihren Anfang, in denen Männern beigebracht wurde, Frauen so lange zu drangsalieren und zu beschwindeln, bis sie mit ihnen ins Bett gehen, ohne dass diese Männer selbst jemals Schwäche zeigen müssten.[20]

Für Männer mit geschäftsmäßig-eigennütziger sexueller Anspruchshaltung ist die Pickup-»Kunst« seit langem das A und O. Ihrer Logik zufolge ist Heterosexualität immer ein Spiel und oft ein blutiger Sport. Es gibt feste Regeln, Einsätze und Gewinnbedingungen. Jungen Männern wird ein draufgängerisches privilegiertes sexuelles Verhalten beigebracht, dessen Erfolg sich mittels Kerben im Bettpfosten messen lässt. Diese Dynamik kommt in einem »Blog für heterosexuelle maskuline Männer« auf der Website *Return of Kings* zur Sprache, der in der schauderhaften Kaltschnäuzigkeit seiner Ausführungen zum menschlichen Paarungsverhalten kaum noch zu toppen ist:

> Beim Sex werden Frauen stärker nachgefragt [...]. Jede Gesellschaft hat sich mit der Frage herumgeschlagen, wie sich dieses relativ begrenzte Begehren aufseiten der Frauen verteilen lässt. Wenn man den Markt nicht reguliert, ist die logische Folge, dass eine kleine Minderheit von Männern die Aufmerksamkeit der großen Mehrheit aller Frauen gewinnt. [...] Um dies zu verhindern, hat fast jede Gesellschaft die Sexualität von Frauen in gewissem Maß reguliert.[21]

Wie viele der eher frauenfeindlichen Winkel des Internets treiben auch diese Website und ihre Leser besonders zwei Dinge um: Frauenhass und die Entwicklung einer Strategie, möglichst viele Frauen flachzulegen. Das gilt nicht als Widerspruch, denn Frauen und Mädchen werden explizit als Handelsware kodiert. Um den Zugriff auf diese Ware muss man kämpfen, vor allem, indem man den eigenen Wert auf dem »Marktplatz« der Sexualität steigert. Zu den Techniken, die dafür angewandt werden, gehören alle möglichen verworrenen und grotesken Rituale, die sich oft um billige Liebestricks und Proteinshakes drehen – Hauptsache, sie funktionieren und man muss Frauen und Mädchen nicht behandeln, als hätten sie irgendeine Relevanz. Das Ganze ist in etwa so erotisch wie eine Versicherungspolice, und wie bei einer Versicherungspolice steckt der Teufel im Kleingedruckten. Das Problem liegt darin, dass in diesem formelhaften rituellen Dating-»Spiel« die meisten Männer verlieren, auch wenn sie es perfekt beherrschen. Natürlich verlieren sie. Sie verlieren, weil moderne Männlichkeit zu einer Betrugsmasche verkommt. Man kann Sex gamifizieren, so viel man mag, aber man kann dieses Spiel nicht »gewinnen«, es sei denn, man hat ein dermaßen blutleeres Verständnis von Erotik, dass man sich Intimität und Lust, die nicht der Logik von Profit und Verlust auf Kosten eines anderen Menschen folgen, nicht mehr vorstellen kann.

In der faschistischen Erotik der frustrierten Mannkinder von heute gilt Sexualität als ein Kampf um Frauenkörper, ein Akt der Dominanz und Eroberung, aus dem sie eines Tages als Könige hervorgehen werden. In meiner Eigenschaft als Frau, die auch im Netz zu Hause ist, halte ich gelegentlich als Auffangbecken für die Empfindungen her, die Männern gegenüber Frauen hegen, und zu dem Schwachsinn, der immer wieder dort hineingegossen wird, gehört die Überzeugung, ein Fick könne sie irgendwie retten und Frauen, die ihnen den Sex versagen, beraubten sie nicht nur der Lust, sondern auch der einzigen Möglichkeit, ihrer schrecklichen Einsamkeit zu entfliehen. Wir haben es hier mit einem krankhaften Anspruchsdenken zu tun, unglücklich vermählt mit Selbstekel und der Befürchtung, dass sie den Sex, der ihnen mutmaßlich zusteht, womöglich nie bekommen. Sex ist die Leinwand, auf die viele junge Männer all ihre Ängste, ihre Unsicherheit, ihre Erwartungen an Geborgenheit und Bindung, ihre Sehnsucht nach Intimität projizieren. Und damit erwarten sie zu viel. So kommt es, dass Männer den Fick als Rettung fetischisieren, als die einzige Möglichkeit, einer anderen Person wirklich nahezukommen. Doch tragischerweise schaffen sie nicht einmal das ohne Scham, und durch den Nebel ihrer eigenen Verletzungen und Bedürfnisse können sie die Person, die sie vögeln, ohnehin nicht sehen.

»Männer erhoffen sich vom Sex, dass er ihnen all die emotionale Befriedigung verschafft, die eigentlich von der Liebe herrührt«, schreibt bell hooks in *The Will to Change: Men, Masculinity and Love.* »Die meisten Männer meinen, Sex könne ihnen ein Gefühl der Lebendigkeit, der Verbundenheit vermitteln, Sex könne ihnen Nähe, Intimität, Lust schenken. Aber in den meisten Fällen kann Sex das Bestellte einfach nicht liefern. Für die Männer ist das allerdings kein Anlass, ihre Sex-Obsession aufzugeben; Lust und Verlangen werden nur umso intensiver.«[22]

Wer Sex wie eine Transaktion behandelt, kann die Bedingungen festlegen. Es ist ungefährlicher, den beängstigenden heiklen Schauplatz von Wollen und Warten und Scham und Lust und Abenteuer und Zuckung und Zurückweisung und Gesundung in ein sauberes simples Handelsparkett umzumodeln. Ein Kassenbuch anzulegen, um das Chaos und Durcheinander des Begehrens überschaubar und beherrschbar zu machen. Es ist einfacher, Sex als Ware zu denken, als etwas, das Frauen haben und Männer erwerben können – und von dem möglichst viel zu erwerben Männer das Recht haben.

Wird Sexualität als Transaktion behandelt, in der Lust gegen Schutz getauscht wird, so ist in der Folge beides knapp. Männer, Frauen und alle anderen stecken im Treibsand lähmenden beiderseitigen Verlangens fest: Frauen wollen gewollt werden, Männer wollen Frauen, die von ihnen gewollt werden wollen, alle kreisen gurgelnd um den Abfluss möglicher Glückseligkeit. Niemand entkommt, niemand kommt.

Ausgehend von der Annahme, der Schlüssel zu Liebe, Sicherheit und Selbstachtung befinde sich zwischen den Beinen einer Frau, leuchtet auch vielen ansonsten vernünftigen Männern die systematische Entmenschlichung von Frauen ein. An dieser Stelle wandelt sich Anspruchshaltung in Abneigung, Abneigung in Hass, Hass in Gewalt – weil diese ganze gewohnheitsmäßige Entmenschlichung eben nicht funktioniert, wie sie sollte. Die Liebe, den Respekt und die Selbstachtung, die den Männern fehlt, bietet sie ihnen nicht. Denn Liebe und Respekt und Selbstachtung kann man einem anderen Menschen nicht mit Gewalt wegnehmen.

Da Männer diesem Irrglauben aber anhängen, ist der Hetero-Sex für sie emotional viel stärker aufgeladen als für

Frauen. Frauen und Queere dürfen emotionale Bindungen auch auf anderem Wege als über Sex knüpfen. Uns ist gestattet, einander zu berühren, verwundbar, albern zu sein. Heterosexuelle Männer dagegen romantisieren den Hetero-Sex als den einzigen Quell menschlicher Bindung und gesellschaftlichen Ansehens, aus dem sie schöpfen dürfen, ohne eine Bestrafung durch die Gesellschaft fürchten zu müssen. Leider hindert Sexismus Hetero-Männer häufig daran, Menschen, mit denen sie intim sein wollen, zu respektieren, und Intimität ohne Respekt ist unmöglich.

Trotz alledem halte ich guten Sex immer noch für möglich. Der biedere pflichtbewusste Geschlechtsverkehr, mit dem sich heterosexuelle Frauen unter dem Patriarchat so häufig abfinden müssen, muss nicht die Norm sein. Seit mindestens drei Generationen verfügen wir Menschen über die Technologie und die medizinische Infrastruktur, um im sexuellen Erleben Chancengleichheit herzustellen. Wir haben Kondome und Verhütungsmittel, Abtreibungspille und Antibiotika. Besonders die Heterosexualität ist – in der Theorie – für Frauen bei weitem nicht mehr so risikobehaftet wie früher. Dass Frauen gesellschaftlich nicht zugestanden wird, diese neuen Perspektiven zu erkunden, fand ich schon immer unfair. Deshalb habe ich relativ früh in meinem Leben meine persönliche Befreiung in Angriff genommen.

Ich war als Kind weder hübsch noch sonderlich beliebt. In Gesellschaft stellte ich mich unbeholfen an, und in einer Erwachsenenwelt, in der von einem weiblichen Teenager offenbar erwartet wurde, sexy auszusehen, aber nie wirklich Sex zu haben, fühlte ich mich verloren. Als Jugendliche hatte ich Bock auf Sex, und vor allem wollte ich meine Lust nach Möglichkeit ausleben, ohne an den Pranger gestellt zu werden, es sei denn, ich hatte jemandem wehgetan.

Ich wollte Abenteuer, Experimente, Spaß; ich wollte mich aus dem Bett einer fremden Person rollen, ohne Angst haben zu müssen, dass ich nach etwas anderem beurteilt wurde als nach meinen Manieren und meinen manuellen Fähigkeiten. Vor allem wollte ich in der Lage sein, zu vögeln wie ein Junge. Nicht im körperlichen, sondern im gesellschaftlichen Sinne. Ich wollte möglichst viel Spaß haben, ohne deswegen verurteilt zu werden. Ich wollte, dass mein Aussehen weniger zählte als meine Lebenslust, meine Träume, meine Persönlichkeit, meine Begabungen. Ich wollte nicht dumm herumstehen, bis mich jemand verführt. Ich wollte diejenige sein, die verführt. Ich wollte aktiv sein, flirten, begehren und begehrt werden; ich wollte nie darauf warten, dass ein Mann mich erobert.

Mit der Zeit begegnete ich brutalen Männern, verängstigten Männern, wütenden Männern, genialen Männern, Männern, die kaum mehr waren als Kinder mit Geheimratsecken und einem geringen Selbstvertrauen. Ich traf auf Männer, die mich schlecht machten, mich im Stich ließen und wie Abschaum behandelten, kaum, dass ich in ihrem Bett lag. Und ich traf auf nette Männer, die freundlich und witzig und respektvoll waren. Manchmal begegnete ich all diesen Männern in ein und derselben Person. Und trotzdem fällt es mir immer noch schwer, ernsthaft darüber zu reden, dass Sex auch Spaß machen kann.

Wenn Menschen, die als Frauen durch die Welt spazieren, das Abenteuerliche, das Spannende und das Alberne an der Sexualität zur Sprache bringen, wenn sie über freudvolle, ungenierte Lust reden, so ist das fast wie ein Comingout. Mit dem Begriff »Slutshaming« beschreiben wir die frauenfeindliche Gepflogenheit, dass Frauen, die es wagen zu vögeln, ohne sich dafür zu entschuldigen oder schwanger werden zu wollen – oder beides –, mit öffentlicher Verachtung überschüttet werden, und wenn wir ihn verwenden, müssen wir uns an den Gedanken gewöhnen, dass es keine Schande ist, eine »Schlampe« zu sein. Auch bei Frauen, die mit Männern schlafen, hat dieses sexuelle Selbstbewusstsein etwas an sich, das nur am Rande hetero ist. Wenn Frauen ihr Begehren ohne Scham zum Ausdruck bringen, bedrohen sie das heterosexuelle Selbstverständnis, denn sie erschüttern das Dominanzmodell der Heterosexualität. Man könnte sagen, dass das grundsätzlich queer ist. Ein solches Verhalten mag heterosexuell sein, aber es ist nicht *straight.*

Aus meinen Erfahrungen lässt sich keine Handreichung, kein Konzept ableiten. Ich wollte Sex, Lust und Intimität, wie sie eben sind. Ich wollte eine Sexualität, die frei ist von der Zwangsjacke aus Gender und Doppelmoral, und ein ums andere Mal wurde ich enttäuscht. Es ist durchaus möglich, dass wir den besten Sex unseres Lebens noch gar nicht hatten, aber ich habe die Suche danach nie aufgegeben.

Mit sexueller Selbstbefreiung konnte ich auch deshalb experimentieren, weil ich durch meinen Status geschützt war: *weiß*, dünner Körper, Mittelschicht. Ehe ich alt genug war, es zu begreifen, wusste ich bereits, dass ich das Risiko eingehen konnte, das »böse Mädchen« zu geben. *Weiße,* reiche, dünne Mädchen können sich seit jeher ein gewisses Maß an Schlampenhaftigkeit leisten, ohne dass es Konsequenzen für sie hat. Auf persönlicher Ebene mag ich mit Sexismus und Entmenschlichung konfrontiert worden sein, aber ich habe nicht erlebt, dass mir Bildung vorenthalten, ich bei der Beförderung übergangen oder aus dem Gesundheits- und Sozialsystem ausgeschlossen wurde, weil eine reiche, *weiße* Autoritätsperson befunden hatte, ich sei zu »promiskuitiv« und daher der Hilfe nicht wert. Schwarze Frauen, Frauen of Colour, Indigene und arme Frauen schlagen sich mit rassistischen und klassistischen Stereotypen herum und müssen auf das umkämpfte soziale Kapital der »Unschuld« verzichten, das reichen *weißen* Frauen zugestanden wird. Die Historikerin Akeia A. F. Benard schreibt:

> Wir leben in einer Kultur, in der *weiße* Frauen, vor allem *weiße* Mittelschichtfrauen, ihre Sexualität in einer Weise definieren, erforschen, damit »spielen« können, die Frauen of Colour verwehrt bleibt (siehe zum Beispiel die »Slutwalk«-Bewegung), wohingegen Schwarze Frauen von ihrer Sexualität und über ihre Sexualität definiert werden.[23]

Nach der Logik der patriarchalen *weißen* Vorherrschaft gelten Frauen of Colour, Schwarze und Indigene Frauen und Mädchen aus der Arbeiterschicht als sexuell hemmungslos und daher schutzunwürdig. Schon vor der Pubertät gilt die Sexualität von Mädchen of Colour als suspekt. Im *weißen* Patriarchat wird die Sexualität von Frauen of Colour und armen *weißen* Frauen dämonisiert, werden die Betroffenen als Belastung für das System verunglimpft. Mädchen, die nicht *weiß* und reich sind, stehen daher oft unter stärkerem Druck, ihre Sexualität zu unterdrücken, damit sie nicht als »leichte« Mädchen gelten. Wenn sie die strengen Vorgaben für Anständigkeit einhalten, können sie zumindest überleben in einer rassistischen und ökonomisch ungerechten Kultur, die nach jedem Vorwand sucht, einem Schwarzen Mädchen die Menschlichkeit abzusprechen. Die Communitys und Familien, die ihre Töchter vor dem Trauma des Rassismus und der sexuellen Gewalt bewahren wollen, verlangen von jungen Schwarzen und Indigenen Frauen daher oft ein höheres Maß an Selbstverleugnung.

Obwohl ich den Schutz des *Weißseins* genoss, lernte ich schon als Kind, dass Sexualität mit Scham und Schrecken verbunden ist. Als junge Frau bemühte ich mich nach Kräften, es wieder zu verlernen, doch als ich Ende zwanzig war, wurde es mir durch alltägliche sexuelle Erniedrigung, Gewalt, Belästigung und Vergewaltigung erneut eingehämmert. Diese Erfahrung ist durchaus verbreitet. Und weil sie so verbreitet ist, verdient sie unsere Aufmerksamkeit und sollte nicht einfach in der Schublade »Frauen, die zu viel Trara machen« verschwinden.

Dabei wird noch lange nicht genug Trara gemacht. Wir könnten und sollten viel mehr Wirbel darum machen, wie fade und fürchterlich Hetero-Sex für uns sein kann, auch wenn er, formal betrachtet, einvernehmlich abläuft und keine Straftat begangen wird. Uns Frauen wird im Lauf unserer Sozialisation das Traramachen abgewöhnt, so wie Männern in ihrer Sozialisation beigebracht wird, dass sie Frauen für Sex bedrängen und belästigen müssen. Beschissener, entmenschlichender Sex ist nicht normal, und er ist nicht akzeptabel – er ist nur sehr, sehr verbreitet. Und weil er so verbreitet ist, weil er für viele von uns ein eigenes Kapitel unserer Geschichte bildet, ist es leichter, ihn einfach als *schlechten Sex* abzutun.

Aber lasst euch ein Geheimnis verraten: Wenn wir aufhören, uns von *White Supremacy* und Patriarchat die Bedingungen vorschreiben zu lassen, ist guter Sex immer noch möglich. Niemand kann mir erzählen, dass diese geistlosen Labertaschen mit ihren ermüdenden gamifizierten Fick-Fantasien jemals etwas so Aufregendes erleben werden wie ich 2018 an einem einzigen Frühlingswochenende in Berlin. All die Proud Boys, die dauerempörten Promise Keepers, die Kryptofaschisten in ihren wirren Chatrooms und die ultrarechten Wichtigtuer, die fremde Menschen auf Twitter mit Pöbeleien zumüllen, um die gähnende Leere zwischen ihren Ohren zu überspielen: Sie alle wären glücklich, wenn sie einmal im Leben den Spaß hätten, den ein paar wenige Glückliche von uns erleben. In diesem Raum des Wagemuts und gegenseitigen Begehrens gibt es etwas, das in der Heterosexualität zu gefährlich und somit undenkbar wäre. Etwas grundsätzlich Antiautoritäres. Etwas *Queeres*.

Wer der Dominanz huldigt, kann keine echte beiderseitige Lust kennen. Wer Despoten vergöttert und die eigene Verletzlichkeit fürchtet, ist grundsätzlich nicht in der Lage, sich auch nur halbwegs anständig flachlegen zu lassen. Da fehlt schon das Vorstellungsvermögen. Wenn sogar die Lust inszeniert wird, wenn sie für ein Publikum aufgeführt wird, kann nur enttäuschender Sex dabei herauskommen. Den besten Sex unseres Lebens gibt es – noch – nicht.

Aber es kann ihn geben, wenn wir uns ein Bild davon machen. Wenn wir uns der Scham, die sich in das Herz der Sexualität bohrt, widersetzen, ist das kein Angriff auf den Sex. Wenn wir gegen die starren Vorgaben für industriell fabrizierte weibliche Schönheit aufbegehren, ist das keine Ablehnung der Schönheit in der Welt. Wenn wir lautstark dagegen protestieren, dass wir als Bedingung für Liebe unsere Unterwerfung hinnehmen sollen, ist das kein Verrat an der Liebe. Wenn wir die sterile Logik stören, nach der jede Lust, jedes Abenteuer zu einer schalen, brutalen Transaktion abflacht, schleudern wir der Macht den Sex entgegen. Wir sagen: Ich will alles, und ich will es jetzt, und das Einzige, worauf es ankommt, ist, ob du es auch willst.

Wenn eine Frau, die lange gelernt hat, dass sie letztendlich auf die eine oder andere Weise einem Mann gehören muss, dass sie ihm ihren Körper und ihr Begehren schuldet, dass sie hübsch und nett und gut genug sein muss, um ihm zu gehören: Wenn sich diese Frau plötzlich nicht mehr vorschreiben lässt, was sie wollen und wen sie erfreuen soll, und stattdessen beschließt, sich selbst zu erfreuen, dann ist das ein wunderbarer Akt der Rebellion.

5

Beautiful Trouble

New York. Kurz vor Weihnachten. Draußen der heulende Wind, drinnen, in der Wohnung einer Freundin, eine schummrige Party mit wummerndem Bass, lauter schlanke und bildschöne Fremde in Unterwäsche. Ich war fünfundzwanzig, neu in der Stadt, und machte meine ersten Schritte in einem Kreis unglaublich glamouröser Models, Stripper*innen und Autor*innen, die sich alle mächtig ins Zeug legten, um Geld und einen Fuß in die Tür zu kriegen, und der Umgang mit ihnen war beunruhigend oft damit verbunden, sich halbnackt auszuziehen. Meine Freundin, eine Künstlerin, feierte ihren Geburtstag und hatte beschlossen, eine Dessous-Party zu schmeißen. Ich besaß keine schicken Dessous und kämpfte damals gegen meine gestörte Körperwahrnehmung, indem ich zu vergessen versuchte, dass ich überhaupt einen Körper hatte. Aber ich wollte keine Spaßbremse sein, und so atmete ich tief durch und zog mich aus bis auf meinen zweckmäßigen BH und meine Omaschlüpfer. Es war erträglich, machte sogar Spaß, bis jemand anfing, zu fotografieren.

Das Geburtstagskind rief mich zu sich, damit ich mit aufs Bild käme. Sie hatte einen Arm um ein Model gelegt, den anderen um die Pornoschauspielerin und Aktivistin Stoya; sie ist eine der wenigen mir bekannten Menschen, deren Gesicht und Figur so faszinierend sind, dass es tatsächlich still wird, wenn sie den Raum betritt. Meine Freundin bat mich freundlich, mit diesen grazilen, perfekten Geschöpfen zu posieren – und plötzlich überkam mich Panik. Auf keinen Fall wollte ich auf einem solchen Bild sein, als pummeliger kleiner Hobbit unter Elben. Ich war wie gelähmt. Ich entschuldigte mich und flüchtete auf die Toilette, wo ich hyperventilierte.

Ein paar Tage später fragte ich bei Stoya an, ob sie mir bei einer Tasse Kaffee etwas für einen Artikel erzählen könne, an dem ich gerade schrieb. Für ihre Antwort-Mail werde ich ihr immer dankbar sein. Sie würde mich liebend gern treffen, schrieb sie, aber sie habe doch Vorbehalte. Es sei ihr aufgefallen, dass ich auf der Party nicht mit ihr fotografiert werden wollte. Das könne sie schon verstehen. Jemand wie ich – Feministin, Autorin, eine, die einen Ruf zu verlieren habe – wolle öffentlich vielleicht nicht gerade mit jemandem wie ihr, einer Pornoschauspielerin, in Verbindung gebracht werden. Trotzdem habe sie es verletzend gefunden.

In den Bereichen meines Lebens, in denen das Politische mit dem Persönlichen verschmilzt, habe ich nur selten einen solchen Erkenntnisblitz erlebt. Ich schrieb sofort zurück und erklärte ihr, dass es mir nicht etwa peinlich gewesen sei, mit ihr gesehen zu werden, sondern dass bei mir ein völlig anderes Skript verinnerlichter Scham abgelaufen war. Wir schickten einander »virtuelle Umarmungen«, denen wir echte folgen ließen. Ich begleitete sie auf eine Pornomesse, auf der sie stundenlang Fans traf und sichtbar sehr hart daran arbeitete, eine nahbare, angenehme Erscheinung zu bewahren, ohne dass ihr jemand unangenehm auf die Pelle rückte. Mir wurde klar, dass ich unterschätzt hatte, wie viel Arbeit Schönheit macht, welche Pflichten sie uns Frauen gegen unseren Willen auferlegt – und wie sehr sie uns spaltet.

Als Teenager hielt ich solche Mädchen, die bildschön waren und überall auffielen, für Glückspilze. Sie waren die Gewinnerinnen in dem brutalen Spiel genderspezifischer Macht, das wir alle mitspielen mussten, obwohl wir noch zu jung waren, um in das Spiel einzuwilligen. Ich fragte mich nie, ob sie überhaupt wollten, dass ihnen die Jungs hinterherliefen, sie belästigten und bedrängten. Ich hatte einfach etwas gegen sie, fürchtete mich vor ihnen, und damit ich mich nicht gar so schrecklich fühlte, redete ich mir ein, ich sei etwas Besseres als sie, weniger oberflächlich und emanzipierter. Das war hässlich von mir. Ich wünschte, ich könnte die Zeit zurückdrehen und mich bei all den Mädchen entschuldigen, auf die ich damals hinabsah, nur weil ich meinte, sie seien »schön« und ich nicht. Erst als ich älter wurde und in die unterschiedlichsten gesellschaftlichen Kreise kam, wurde mir bewusst, dass schöne Frauen gar nichts »gewonnen« haben. Dass die Macht, die Schönheit ihnen bringt, immer nur geliehen und an Bedingungen und Vorbehalte geknüpft ist. Dass sie keiner Frau hilft, mit erhobenem Kopf durch eine Männerwelt zu schreiten.

Während echte Schönheit viele Gesichter hat, gibt es für weibliche Attraktivität eine konventionelle Definition, und diese Definition bewegt sich auf einer Skala, je nachdem wie die patriarchale *weiße* Vorherrschaft Frauen gerade haben will. Diese Regeln, die in Wahrheit nicht das Aussehen von Frauen, sondern ihr Verhalten kontrollieren, sind nicht nur von Sexismus, sondern auch von Rassismus durchdrungen.

Die Schönheitsregeln bestimmen, überwiegend, *weiße* Männer, und die Normen werden immer spezifischer. Als Forschende einer Universität in North Carolina Tausenden Menschen Bilder vorlegten und sie baten, »attraktive« Männer und Frauen auszuwählen, ergab sich bei den heterosexuellen Frauen eine sehr weite Definition für »gutes« männliches Aussehen.[1] Unter den heterosexuellen Männern herrschte fast universelle Einigkeit: Eine attraktive Frau ist dünn und in den Zwanzigern, sie hat sanfte Kurven, langes glattes Haar und feine, symmetrische *weiße* Gesichtszüge. Offenbar können Männer auf unterschiedliche Weise körperlich attraktiv sein, für Frauen aber gibt es nur einen Standard, der nicht nur Jugend und Konformität idealisiert, sondern auch ein bestimmtes Bild vom *Weißsein.* Schwarze Frauen und Mädchen, Frauen und Mädchen of Colour werden Schönheitsnormen unterworfen, welche die Ästhetik der *weißen* Frau idealisieren. Kurven, Locken und auch Frisuren wie Braids und Cornrows, die erfunden wurden, um Afrohaare zu schützen, werden toleriert, sogar gefeiert, allerdings bei *weißen* Frauen. In einer Kultur, die von jeder Frau erwartet, schön zu sein, wenn sie mit Respekt behandelt werden will, sollen junge Schwarze und Frauen of Colour ihren Körper nicht mit Schönheit assoziieren.

Das ist alles andere als belanglos. Es ist relevant. Fünf Jahre nach besagter Party bat mich auf einer Podiumsdiskussion in Frankfurt ein Teenager, mir eine »klitzekleine dumme« Frage stellen zu dürfen. Sie wollte wissen, wie ich im Beruf und im Leben mit »dem Druck, hübsch zu sein« fertig würde. Sie fragte, wie ich »mit der Schönheitskultur« zurechtkäme. Ich war sprachlos. Dieses Mädchen hatte glatte Haut und gerade Zähne und war so groß, dass ich von unten die Flügel ihrer perfekten Nase bewundern konnte, über der ihr Tränen in den Augen standen. Als ich in ihrem Alter war, verstand ich noch nicht, dass sich Mädchen, die so schön waren wie sie, damit auch nicht wohler fühlten als wir anderen Durchschnittsmädchen. Diese neuerliche Erkenntnis, dass das Spiel immer noch nicht zu gewinnen ist, ließ mich innerlich erstarren: Mädchen dürfen nicht selbst entscheiden, was als schön gilt und wie wichtig das überhaupt ist. Dieses Mädchen hatte gezögert, ihre Frage zu stellen, weil sie schüchtern war und Angst hatte, mit der Sorge um ihr Aussehen als »dumm« dazustehen.

Dabei ist diese Sorge weder dumm noch albern. Niemand kommt mit der Schönheitskultur einfach so »zurecht«. Die Frage, was Schönheit ist und bedeutet und wer sie verkörpern darf, ist nicht zu unterschätzen, wenn Schönheit gleichzeitig als Pflicht formuliert wird, die wir der Welt schulden, als eine Liste von Geboten, die uns ohne unser Einverständnis auf den Körper gestempelt werden. Schönheit ist, zumindest im stereotypen Sinne, noch immer eine Waffe, die gegen die weibliche Solidarität gerichtet wird. Der erbarmungslose Druck, der auf Frauen und Mädchen ausgeübt wird, damit sie bestimmten »Schönheits«-Normen entsprechen, ist eines der schmerzhaftesten Themen feministischer Politik. Häufig jedoch schämen Frauen und Mädchen sich schon, das anzusprechen, geschweige denn einzugestehen, dass es uns wichtig ist. Wir schämen uns, kommen uns eitel oder dumm vor.

Das ist einer der Gründe, warum junge Frauen, die mir solche Fragen stellen, es selten vor anderen tun. Sie warten einen ruhigen privaten Moment ab, um zu bekennen, dass ihnen ökonomische Gerechtigkeit, reproduktive Rechte, Gewalt, Macht und Privilegien natürlich wichtig sind, dass sie aber tief in ihrem Innern die Sorge umtreibt, sie könnten nicht hübsch genug sein, und sie wollen, dass diese Sorge aufhört. Sie fragen sich, ob sie vielleicht verschwindet, wenn sie sich noch mehr anstrengen, hübsch zu sein. Und sie fragen sich, ob ihre Sorge belanglos ist. Nein, ist sie nicht. Sie ist *grundlegend.*

Das kulturelle Dogma, nach dem weibliche und queere Menschen ohne »Schönheit« weniger wert sind, dient dazu, sie ihrem eigenen Körper zu entfremden. In seinem Werk *Ökonomisch-philosophische Manuskripte* erläuterte Karl Marx 1844 seine Theorie von der entfremdeten Arbeit: Unter dem Kapitalismus sei für die Arbeiterschaft das Produkt »feindlich und fremd«.[2] *Feindlich und fremd* – genau so sehen aufgrund unseres weiblichen Schönheitsbegriffs zahllose Frauen ihren Körper: Ihr Fleisch ist ein Produkt, das ihnen nicht voll und ganz gehört, ihr Körper ist nicht etwa wertvoll und unentbehrlich, sondern wertlos und entbehrlich, vor allem, wenn dieser Körper alt, krank oder behindert, Indigen, Schwarz oder of Colour ist.

»Schönheit« wird gleichzeitig als Pflicht und als Provokation interpretiert. Jede Frau hat die Verpflichtung, sich so schön zu machen, wie es körperlich und finanziell nur geht, aber sobald sie es tut – falls sie es tut –, wird das als Einladung zur Missachtung und Verachtung verstanden. Für ein Mindestmaß an Respekt und Menschenwürde ist sie dann entweder »zu schön« oder »zu hässlich«, und in beiden Fällen zählt nur ihr Aussehen, und die Schuld trägt sie. Es ist fast so, als reduziere man Frauen auf ihren Körper, um ihre Handlungsmacht als Menschen auszuschalten. Es ist fast so, als sei es gleichgültig, wie ein Mädchen aussieht, weil sie, egal, wie sie aussieht, nicht wie ein Mensch behandelt wird, sondern wie eine Ansammlung verführerischer Körperteile. Es ist fast so, als sei dieses Spiel nicht zu gewinnen.

Kein Wunder, dass mehr Frauen denn je, Frauen aller Altersgruppen, sagen, diese intensive Beschäftigung mit ihrem Aussehen mache sie unglücklich. Einer jüngeren Umfrage zufolge gelten Frauen zwischen fünfzehn und fünfundzwanzig heute als »Hochrisikogruppe« für Angststörungen, Depressionen und andere psychische Krankheiten, und zu dem stillen Leid trägt das »Körperbild« als wichtigster Faktor bei.[3]

Dieses Wort, »Körperbild«, impliziert, dass das Unwohlsein in Hinblick auf das eigene Aussehen spontan im labilen weiblichen Gehirn entsteht. »Körperbild« ist nach allgemeinem Verständnis ein Synonym für dumme Mädchen, deren Gedanken nur darum kreisen, wie dünn sie sind. Es hat etwas mit Instagram oder Werbung zu tun, aber keinesfalls mit der jahrhundertealten Ungleichheit, die auf der Vorstellung gründet, dass Frauen zuerst Körper und an zweiter Stelle Menschen sind und dass alle unsere Hoffnungen, Träume, Ideen und Errungenschaften in der Bedeutungslosigkeit versinken, wenn wir nicht »schön« sind.

»Probleme mit dem Körperbild« entstehen nicht im luftleeren Raum. Kleine Mädchen werden nicht mit dem Gefühl geboren, ihr Körper sei unzumutbar. Dieses Gefühl wird ihnen vermittelt. Ich empfinde es als Beleidigung meiner überteuerten Ausbildung, dass mich jedes Mal, wenn ich eine Zeitschrift aufschlage, den Fernseher einschalte oder auch nur einen bescheuerten Joghurt kaufe, die Botschaft anschreit, mein Körper entspreche nicht den erforderlichen Handelsnormen – und dass anschließend sorgetriefend meine »Probleme mit meinem Körperbild« beklagt werden.

Welche Eigenschaften als schön und sexy gelten, kann sich von Jahrzehnt zu Jahrzehnt dramatisch verändern. Die sexuelle Attraktivität von Frauen ist nicht, wie manch wirklichkeitsferner Evolutionspsychologe doziert, ein Produkt der Natur, gesteuert vom Trieb wehrloser Männer, den »fruchtbarsten« Frauen nachzujagen; wenn das stimmte, wäre das verlockendste Accessoire, das frau sich vorstellen kann, mit Sicherheit ein Baby. Schönheit ist nicht eine Kraft der Natur, sondern der Kultur, und Männern kommt, ob sie es wollen oder nicht, die Aufgabe zu, sie durchzusetzen.

Besonders bei jungen Männern hat der Druck, sich eine »heiße« Frau zu angeln, wenig mit der Frau selbst und sehr viel mit anderen Männern zu tun. Eine heiße Frau am Arm oder im Bett verleiht ihnen Status. Wer mit einer heißen Frau zusammen ist, wird von anderen Männern geachtet und darf sich selbst achten. In einer Kultur, die jungen Männern so wenige Möglichkeiten bietet, sich zu beweisen, ist das besonders wichtig. Es geht nicht um Sex, sondern um Status.

»Hot« zu sein, ist mittlerweile eine Pflicht, die Frauen dem Selbstrespekt von Männern schuldig sind. Ich kenne so gut wie kein Mädchen, keine Frau, die nicht zumindest in etwa weiß, wo auf der »Hotness«-Skala sie rangiert. So kompliziert die Beziehung zum eigenen Spiegelbild auch sein mag, haben die meisten Frauen und Mädchen, wenn sie nicht gerade unter einer extremen körperdysmorphen Störung leiden, doch eine halbwegs realistische Vorstellung davon, was der Rest der Welt sieht, wenn er ihren Körper durch die Augen eines Mannes betrachtet. Dieses Wissen gehört zum Selbstverteidigungsarsenal, das sich ein Mädchen aneignet, ehe es die gesamte psychologische Bandbreite des Frauseins durchläuft. Aber sie darf nie zugeben, dass sie es weiß. Von Frauen wird erwartet, nach Schönheit zu streben, sie aber, wenn sie sie tatsächlich erlangt haben, nicht zu genießen. Sie sollen gar nicht wissen, dass sie schön sind. Das sollen ihnen die Männer sagen.

Ich wünschte, ich könnte im Nachhinein allen Mädchen, die mich je nach der Schönheitskultur gefragt haben, erklären, dass die ganze Chose ein Schwindel ist: Sie ist nur dazu da, eure Zeit zu rauben, eure Energie aufzufressen, Misstrauen gegen andere Frauen zu säen und deren Misstrauen gegen euch. Dem schüchternen Mädchen in Frankfurt würde ich sagen, dass sie als Wiedergutmachung für die »Sünde«, eine Frau zu sein, nicht körperlich anmutig sein muss. Egal, ob du dich nun hübsch findest oder nicht, egal, ob dir jemand sagt, dass du schön bist: Respekt und Menschenwürde sind dein Geburtsrecht.

Das Selbstwertgefühl von Frauen ist ein politischer und wirtschaftlicher Faktor. Wer sich wegen seines Aussehens für wertlos hält, ist leichter auszubeuten. Die Frau, die sich wegen ihres Körpers für unwürdig hält, fordert gesellschaftlich, sexuell und ökonomisch, im Beruf, in der Community und in der Beziehung eher nicht das Verhalten ein, das ihrem wahren Wert entspricht. Die Frau, die aus ihrem Leben eine einzige Entschuldigung für ihren Körper macht, setzt sich vermutlich nicht so entschlossen gegen tätliche Angriffe, Ausbeutung und Gewalt zur Wehr. Dem Mädchen, das sich für wertlos hält, weil sie nicht aussieht wie eine, die Männern mutmaßlich gefällt, dürfte es schwerfallen zu fordern, was *sie* haben will, Grenzen zu ziehen, nein zu sagen, wenn sie nein meint.

Die Macht, darüber zu entscheiden, welcher Frauenkörper einen Wert hat, wird nach wie vor allen Männern zugestanden, ob sie wollen oder nicht, und einige gehen verantwortungsvoller damit um als andere. Vor nicht allzu langer Zeit hatte ich einmal einen Partner, der mich ständig herabsetzte, indem er mir andere Frauen zeigte, die femininer, kurviger, blonder und jünger waren als ich (ich war sechsundzwanzig). Wenn ich mich aufregte, sagte er, ich sei eine verklemmte Zicke, ich wolle nur verhindern, dass er seine Wünsche frei zum Ausdruck bringe, indem er mir vor Augen hielt, inwieweit ich seinen Maßstäben nicht entsprach. Mich trieben diese Vorwürfe dazu, meinen Körper in tausend quälenden Verrenkungen zu entschuldigen, im Bett noch passiver und gefügiger zu sein und mir auch sonst sein grässliches Benehmen gefallen zu lassen. Ich musste um seine Aufmerksamkeit, um seinen Respekt buhlen, und wenn mein Körper nicht genügte, dann musste ich es auf andere Weise wieder gutmachen.

Das orthodoxe Schönheitsdogma treibt Frauen und Mädchen in einen Wettbewerb, zu dem sie sich nicht angemeldet haben. Schönheitsideale untergraben die Solidarität zwischen Frauen und Mädchen aller Altersgruppen, indem sie uns gegeneinander aufhetzen, eine Generation gegen die andere, Größere gegen Kleinere, für schön Befundene gegen alle anderen.

Die Rückeroberung der Schönheit kann ein radikales Unterfangen sein. Wenn wir in unserem Körper wohnen, ohne uns dafür zu entschuldigen, wenn wir anerkennen, was wir an uns und aneinander schön und sexy und aufregend finden, ist das immer noch radikal. Es ist radikal, wenn eine Frau oder ein Mädchen ihre Schönheit für sich beansprucht, statt darauf zu warten, dass das Patriarchat sie für sie definiert oder ihr abspricht. Aber das reicht noch nicht. Wir werden der Schönheitskultur niemals entkommen, solange Schönheit, egal wie wir sie definieren, die gesellschaftliche Miete ist, die Frauen für ihre Existenz in der Welt zahlen müssen. Wir Frauen kommen keinen Schritt weiter, solange wir genötigt werden, Geld, Zeit und Energie in unser Aussehen zu stecken, statt etwas zu schaffen, das Bestand hat und das uns echte Macht über unser Leben verleiht.

Wenn derzeit ein fragiles, verletzliches und jugendliches Erscheinungsbild als »schön« gilt, ist das kein Zufall. Ältere Frauen beispielsweise gelten nicht als »schön«. Das liegt auch daran, dass Frauen mit dem Alter meist an Unabhängigkeit, Sachverstand und Macht gewinnen, und Macht wird bei Frauen nur selten als attraktiv eingestuft. Wenn »Schönheit« etwas wäre, das mit der Erfahrung und dem Selbstvertrauen wächst, würde man ihr bei Frauen auch nicht so viel Wert zumessen.

Schon in absurd jungen Jahren lernen Mädchen, sich vor dem »Altern« zu fürchten. Als ich Mitte zwanzig war, sorgten sich viele meiner Altersgenossinnen bereits, die Zeit könne ihnen davonlaufen und man werde ihnen ihr Alter ansehen, denn sie hatten den grässlichen alten Spruch verinnerlicht, nach dem Frauen altern wie Milch und Männer wie Wein: Männer reifen, Frauen vergammeln. Das orthodoxe Schönheitsdogma vermittelt Frauen und Mädchen, dass ihr Körper nicht nur eine Ware ist, sondern eine *verderbliche* Ware. Verstärkt durch die besondere Form der Misogynie, die sich gegen ältere Frauen richtet, lehrt es uns, dass es nicht lohnt, Zukunftspläne zu schmieden. Anders als unsere männlichen Freunde, die es gar nicht erwarten können, die rasend unsichere Phase der ersten Erwachsenenjahre hinter sich zu lassen, wird bei uns die Freude darauf, älter zu werden und endlich in Erfahrung zu bringen, was zum Teufel wir mit unserem Leben eigentlich anfangen wollen, von der

Angst überlagert, in einem Körper leben zu müssen, der womöglich als unschön gilt.

Es ist auch kein Zufall, dass in den 2010er Jahren, in denen der Feminismus wieder im Mainstream ankam, die Überwachung des weiblichen Körpers Hochkonjunktur hatte, Essstörungen und Fatshaming epidemische Ausmaße annahmen und Mädchen und Frauen zunehmend unter Druck gerieten, sich mit viel Aufwand eine möglichst sexy Ausstrahlung zu erhalten, damit das bereits fragile Statusempfinden der Männer nicht weiter erschüttert würde.

»Die Eigenschaften, die eine bestimmte Epoche bei Frauen für ›schön‹ erklärt«, so Naomi Wolf in *Der Mythos Schönheit*, »stehen lediglich symbolisch für die weiblichen Eigenschaften, die die betreffende Gesellschaft für wünschenswert erachtet: Der Schönheitsmythos schreibt in Wahrheit Verhaltensmuster vor und nicht äußere Qualitäten.«[4] Wie viel Zeit und Aufmerksamkeit eine Person darauf verwendet, schön genug zu sein, lässt auf ihr Bekenntnis zu einem bestimmten Verhaltensmodell schließen. Im Kaninchenbau der Dating-Apps begegnen mir zahllose Sackgesichter, die eine Frau suchen, die »auf sich achtet«. Damit meinen sie nicht, dass sie regelmäßig in Therapie geht oder gemütliche Hausschlappen und eine Altersvorsorge besitzt. Sie suchen nach Anzeichen für Disziplin, nach einer Frau, die sich anstrengt, sich ein gewisses Niveau an erotischer Ausstrahlung zu bewahren.

Wie wir gesehen haben, ist der Frauenkörper Schauplatz von Arbeit, Produktion und Reproduktion. Wenn Frauen von ihrem eigenen Körper entfremdet sind, wird ihnen das Eigentumsrecht an dieser Arbeit und diesem Körper abgesprochen. Eine Frau, die Arbeit investiert, um »schön« zu werden, mag vorübergehende Privilegien erlangen, doch das Ganze hat einen Haken: Sie signalisiere, unterstellt man ihr, für jeden verfügbar zu sein, der ihren Körper sieht, sie als

Körper begehrt und sich berechtigt fühlt, diesen Körper zu begrapschen, zu befummeln oder auf offener Straße anzubrüllen, wenn sich das rücksichtslose Wesen, das diesen Körper bewohnt, nicht zu ihm umdreht und ihn anlächelt. Wenn sie das nicht wollte, warum hat sie sich dann so angezogen? Warum ist sie überhaupt aus dem Haus gegangen?

Schönheit ist eine Disziplin, die unablässigen Einsatz erfordert. Von Frauen und Mädchen wird erwartet, ihren Körper zu disziplinieren und diese Disziplin auch zur Schau zu stellen. Die Arbeitskraft, die sie in die Selbstverleugnung stecken, in die Mühe, sich Gedanken über Kleidung und Make-up zu machen und das obligatorische lange, glänzend glatte Haar zu pflegen, ist so obligatorisch wie die enormen Ausgaben, die in diese Arbeit fließen, in die zahllosen Lotionen, Mittelchen und Masken, Cremes, Behandlungen und Injektionen, Kleider, Schuhe, Puder und Präparate in winzigen Fläschchen, die teurer sind als die Heizkosten. All das ist Bestandteil der Miete, die Frauen oder Queere zu zahlen haben, um in einer Welt wohnen zu dürfen, in der Hetero-Männer die Regeln machen. Einer Frau, die Gesicht und Figur vernachlässigt, wird vorgeworfen, sie »lasse sich gehen«. Sie hat aufgehört, ihre eigene Gefängniswärterin zu sein. Wenn sie sich erst »gehen lässt«, wer weiß, wie weit sie damit kommt?

Es ist immer noch radikal, wenn Frauen und Queere selbst festlegen, was unter Schönheit zu verstehen ist, besonders Frauen, denen *White Supremacy* und Heteropatriarchat ihre Weiblichkeit seit jeher absprechen. Schwarzen Frauen, Frauen of Colour, trans Frauen, behinderten Frauen und älteren Frauen wird in unglaublich grober und beleidigender Art und Weise vermittelt, sie seien weniger schön und deshalb weniger wichtig, sie verdienten weniger Respekt und Schutz als die Minderheit der Frauen, die zufällig jung, *weiß*, cis und nicht behindert ist.

Doch auch die Rückeroberung der Schönheit stößt an ihre Grenzen, wenn die Grundannahme, der Wert einer Frau hänge von ihrer Schönheit ab, unangefochten bleibt. Dauerhaft ändert sich nichts, wenn sich mehr Frauen als schön betrachten: Es müssen auch alle Frauen wissen, dass sie ein Anrecht auf ein würdevolles Leben haben, egal, wie sie aussehen, egal, ob ihr Körper den strengen Normen entspricht, die nur dafür gemacht wurden, unser Selbstvertrauen zu zerstören und uns unsere Zeit zu rauben. Die Frage lautet nicht nur, was Schönheit ist, sondern wie relevant Schönheit ist, und beide Fragen dürfen *weiße* Männer schon viel zu lange für alle anderen beantworten.

Dieses Spiel können wir nur gewinnen, wenn wir nicht mitspielen, und das gelingt nur, wenn wir darüber reden. Im Benennen liegt ein Zauber. In einem ernsthaften Gespräch können wir weibliche Schönheit neu definieren, vor allem aber können wir verhindern, dass sie uns definiert. Wir können verhindern, dass sie uns spaltet. Wir können Raum für uns beanspruchen und uns gegenseitig Raum freihalten. Wir können entscheiden, wie wir Schönheit verstehen wollen – aber nur, wenn wir so mutig sind, sie beim Namen zu nennen.

Die Furcht vor dem weiblichen Leib ist die Furcht vor weiblicher Macht. Von all den Eigenschaften von Frauen, die in der männlichen Kultur als unschön und daher als moralisch inakzeptabel gelten, ist die unverzeihlichste die Sünde, Platz zu beanspruchen, als gehörten wir in die Welt, schlimmer noch, als gehörte sie uns. Die ideale Frau beansprucht heute möglichst wenig Raum. Sie ist schwach, zerbrechlich, dünn und sieht hungrig aus. Das Gefühl, ein vollständiger Mensch, eine Person mit Wünschen zu sein, stellt sich kaum ein, wenn wir ständig daran erinnert werden, dass unser Körper unter Beobachtung steht, dass er öffentliches Eigentum ist, dass wir, egal wer wir sind oder was wir tun, als weibliches Wesen zuallererst ein Körper sind und danach beurteilt werden.

In den USA leiden Schätzungen zufolge 28,8 Millionen Menschen, die überwiegende Mehrheit davon Frauen und Mädchen, im Laufe ihres Lebens unter der einen oder anderen Essstörung.[5] Das ist eine erschreckende Statistik, aber noch brutaler ist die Realität, dass Essstörungen im Kontext einer Kultur auftreten, die es vor dem weiblichen Leib graust und die Mädchen, Frauen und Queere anhält, möglichst wenig Platz zu beanspruchen. Die Ästhetik, die moralisch, gesellschaftlich und finanziell belohnt wird, ist die Ästhetik des Hungers, des Mangels. Die Ästhetik der Frau, die ihrem Körper die grundlegenden Bedürfnisse unermüdlich verweigert. Die ideale Frau des 21. Jahrhunderts sieht begehrenswert aus, begehrt aber nichts für sich. Sie spukt in der Fantasie echter Frauen, Mädchen und Femmes herum, verfolgt uns auf spindeldürren Beinen bis in unsere Albträume, ermahnt uns, im Austausch gegen Liebe, Erfolg und Sicherheit weniger zu wollen, weniger zu träumen, weniger zu sein. Und die Bilder, die wir allenthalben sehen, stützen dieses Narrativ.

Es beginnt früh. Im Alter von zehn Jahren haben 80 Prozent der Mädchen Angst vor Gewichtszunahme.[6] Die Furcht, zu viel Platz einzunehmen, beginnt schon im Kindergarten: In einer Studie gab 2009 die Hälfte der drei- bis sechsjährigen Mädchen an, sie hätten Angst vor dem »Dicksein«.[7] Betroffen sind nicht nur Mädchen und Frauen mit einer akuten und gefährlichen Essstörung und nicht nur Menschen, die ihren Körper mittels Hunger kontrollieren. Unabhängig von der Kleidergröße sind wir alle betroffen, und auf jede der Millionen von Frauen, bei denen eine lebensbedrohliche Essstörung diagnostiziert wird, kommen Dutzende weitere, die vergeudete Jahrzehnte lang zwanghaft auf ihre Ernährung fixiert sind, die sich verzweifelt bemühen, ihren Appetit zu drosseln und im Fitnesscenter jeden Zentimeter überflüssigen Fleisches wegzumeißeln, die einer bestimmten Vorstellung von Perfektion folgen, um, sollten sie sie je erlangen, endlich liebenswert zu sein, sich endlich selbst mögen zu dürfen, und wenn sie sich immer noch nicht mögen, können sie noch nicht perfekt sein.

In Großbritannien hat sich die Zahl der Krankenhauseinweisungen wegen Essstörungen zwischen 2011 und 2017 verdoppelt.[8] Eltern und Betroffene berichten, wie schwierig es ist, eine auch nur halbwegs geeignete Therapie zu finden. Überall in meinem Heimatland, überall in der Welt hungern Frauen und Mädchen, manchmal bis zum Tode. Das ist eine Form des Wahnsinns, und, so Naomi Wolf: »Menschen, die zwar verrückt, aber ruhig sind, bekommt man leicht in den Griff«.[9] Menschen, die unablässig und ritualhaft Selbstsabotage betreiben, sind leicht zu kontrollieren.

Als ich jünger war, hungerte auch ich. Es war eine private, brutale Maßnahme, um mir vermeintlich eine gewisse Autonomie über meinen Körper zurückzuholen – mir Beschränkungen aufzuerlegen, ehe es jemand anders tun konnte. Mich besser und härter zu bestrafen, als jemand anders es gekonnt hätte. Für mich war es fast so etwas wie ein Streik: Ich sträubte mich gegen die Erwartungen, die in mich gesetzt wurden, indem ich genau das tat, was man mir auftrug, allerdings so gut, dass ich als Teenager fast daran gestorben wäre.

In der Klinik war die Behandlung von der Annahme geleitet, dass Mädchen mit Essstörungen Angst davor haben, zur Frau zu werden, und um zu genesen, müssen sie sich mit ihrem Platz und ihrer Rolle in der Welt der Männer aussöhnen. Niemand fragte, ob wir womöglich gute Gründe für unsere Angst vor dem Frausein hatten. Für mich bestand die echte Genesung darin, dass ich mein Begehren wiederentdeckte, den Hunger anerkannte, mir zugestand, dass ich keine Hülle aus Symbolen in Mädchengestalt war, sondern ein chaotischer, unvollkommener Mensch. Doch in den fünfzehn Jahren, die vergangen sind, seit ich die Klinik verlassen habe, und in denen ich mir mein eigenes Leben aufgebaut habe, hat die Angst vor dem Dicksein die weibliche Vorstellungswelt vollends kolonisiert.

Nach Angaben des britischen Gesundheitssystems NHS erfolgten zwischen April 2016 und April 2017 13.885 Klinikeinweisungen wegen Erkrankungen wie Magersucht und Bulimie; darunter waren gut zweitausend Mädchen unter neunzehn, die wegen Magersucht in die Klinik kamen, der psychischen Erkrankung mit der höchsten Sterblichkeitsrate.[10] Schätzungen zufolge leiden in Großbritannien 1,25 Millionen Menschen an einer Essstörung,[11] und 75 Prozent dieser Menschen sind Frauen und Mädchen. Hier gehen nicht nur Menschenleben verloren, es werden auch Menschenleben zerstört, und die Betroffenen verschwenden Jahre mit sinnloser quälender Selbstzerstörung. Candida Crewe spricht in ihren Erinnerungen *Eating Myself* von der »Jedefrau-Krankheit«.[12] Wir wissen, dass es geschieht, und der Gesellschaft scheint es nicht viel auszumachen.

Wären von Essstörungen häufiger Männer betroffen als Frauen, würde man sie ernster nehmen, die Therapie angemessen finanzieren. Das Hungern und die Fixierung aufs Dünnsein, auf Körperbild und Selbstentsagung ist in unserer Gesellschaft dermaßen zum Standard geworden, dass man schon mal zu hören bekommt, Magersüchtige und Bulimikerinnen befänden sich ja auf dem richtigen Weg, sie trieben es nur »zu weit«. Wir vermitteln den Mädchen, sie dürften nicht zu viel Platz einnehmen, und sind dann überrascht, wenn sie anfangen zu hungern. Wir ziehen unsere jungen Leute in einer Kultur groß, die geradezu besessen darauf ist, den weiblichen Körper zu kontrollieren, und wundern uns, wenn die Mädchen sich diese Kontrolle mittels brutaler intimer Akte passiv-aggressiver Renitenz zurückholen wollen. »Eine kulturelle Fixierung auf weibliches Dünnsein ist keine Obsession mit weiblicher Schönheit, sondern eine Obsession mit weiblichem Gehorsam«, schreibt Wolf. »Hunger ist das wirkungsvollste politische Sedativ in der Geschichte der Frau.«[13]

Das unumwundene Lob, das Mädchen zuteilwird, wenn sie sich in aller Öffentlichkeit langsam umbringen, steht in direktem Verhältnis zu dem Maß an Scham und Stigma, das völlig gesunden Frauen angehängt wird, wenn sie nur geringfügig von der vorgeschriebenen Schlankheitsnorm abweichen. Das ist kein Zufall. Verlässliche Zahlen aus der Arbeitswelt belegen, dass Frauen finanziell und gesellschaftlich für Gewichtszunahme bestraft und für Gewichtsverlust belohnt werden – und das viel stärker als Männer. Einer im *Journal of Applied Psychology* im Herbst 2010 veröffentlichten Studie zufolge verdienten »sehr dünne« Frauen annähernd 22.000 Dollar (um die 19.000 Euro) mehr als solche mit Durchschnittsgewicht, und für eine Frau mit nur etwa sechs Kilo Übergewicht nahmen die Beförderungschancen und die Arbeitsplatzsicherheit bereits spürbar ab.[14] Als man in einer jüngeren Studie Verantwortlichen im Personalmanagement Fotos von Frauen unterschiedlichen Gewichts vorlegte, zogen nur 15 Prozent die dickste dieser Frauen für eine gehobene Position überhaupt in Betracht.[15] Zahlen wie diese bestätigen, was so gut wie jedes Mädchen instinktiv schon weiß: Die Welt will uns kleiner und dünner, sie will, dass wir weniger wollen, weniger sind.

Nicht nur am Arbeitsplatz haben sich Frauen klein zu machen. Wenn wir ehrlich sind, arbeiten Frauen und Mädchen eh jede Stunde ihres Lebens in dem großen unbezahlten Praktikum namens Frausein. Wie sollen Frauen und Mädchen ihren Körper lieben, wenn die Welt da draußen das Gegenteil tut? Besonders, wenn der Körper Schwarz oder Indigen, behindert, übergewichtig oder alt ist, wenn er dem mageren Schönheitsstereotyp, das den Wert einer Frau angeblich bestimmt, nicht entspricht? Dass Frauen und Mädchen lernen sollten, ihren Körper zu lieben und anzunehmen, ist in einer Gesellschaft, die unseren Selbsthass voraussetzt und davon profitiert, noch immer ein radikaler Vorschlag. Aber auch hier hat das individuelle Selbstliebeprojekt nur beschränkte Erfolgsaussichten, wenn das Problem strukturell ist. Das Problem liegt im Sexismus.

Sobald wir das Problem allerdings benennen, reagiert die Gesellschaft mit *Gaslighting*. Mädchen werden mit Bildern unerreichbarer Perfektion bombardiert, einem gnadenlosen Dauerbeschuss konkreter Beispiele, was sie alles verlieren können, wenn sie einem bestimmten Aussehen nicht entsprechen; ihnen wird suggeriert, alles, was sie später einmal werden könnten, habe keinen Wert, solange sie nicht diesem engen Schönheitsideal entsprechen, das so eng gefasst ist, dass es dem menschlichen Körper jede Luft zum Atmen raubt; sie werden gezwungen, tagein tagaus dafür zu bezahlen, dass sie einfach nur in einem Körper existieren, der weiblich oder queer ist – und wenn sie dann krank werden, wenn sie eine körperdysmorphe Störung und Essstörungen entwickeln, heißt es mit einem Achselzucken: Die dummen Mädels, warum machen sie sich nicht mal locker und essen ein Butterbrot?

Wenn Frauen und Mädchen im 21. Jahrhundert vorgehalten wird, sie hätten ein Problem mit ihrem Körperbild, dann ist das ein bisschen so, als müssten wir uns nach einer Messerattacke anhören, wir hätten ein Problem mit Blutverlust. Ja, wissen wir. Und klar, wahrscheinlich ist es unsere Schuld, dass wir so schwach und leichtsinnig waren, uns abstechen zu lassen, und wenn wir stärker wären, könnten wir mit schierer Willenskraft die Arterien verknoten und die Blutung stillen, aber wäre es vielleicht erst mal möglich, wärt ihr wohl bitte so gut, uns beim Zusammenflicken zu helfen, ehe wir auf die Jagd nach Gerechtigkeit gehen?

Als ich die Hölle der Essstörung durchlebte, war es mir völlig unmöglich, diese Art von Wut auszudrücken. Selbstkasteiung dient oft dazu, mit der Wut klarzukommen, die zu artikulieren uns zu gefährlich ist, und so richten wir sie nach innen gegen den eigenen Körper, unterdrücken den Hunger auf alles, was wir angeblich nicht wollen dürfen, sei es Essen oder Sex oder einen Krümel Respekt oder einen sicheren Ort. Deshalb treffen Essstörungen junge Frauen besonders häufig. Jungs toben ihre Gefühle eher aus, weil Jungs das dürfen. Mädchen schlucken sie runter.

Die moderne Gesellschaft fürchtet sich immer noch vor dem weiblichen Leib, dem weiblichen Hunger, vor Frauen, die mehr wollen als das, wofür sie bitte schön dankbar sein sollen, und kleinen Mädchen wird beigebracht, sich kleiner zu machen, sich in Scheiben zu schneiden, den Körper zu schrumpfen und ihre Träume auszuhungern, bis sie weniger Raum in der Welt einnehmen. Es ist entsetzlich, wie wenig es unserer Kultur offenbar ausmacht, wenn Mädchen ihren Körper bestrafen und verachten. Es ist unfassbar, wie viel Zeit und Energie diese absolut geniale Generation, die gerade heranwächst, offenbar immer noch auf Selbsthass und Selbstverletzung vergeudet, genau wie wir, nur effizienter, weil von jungen Menschen heutzutage generell mehr Effizienz erwartet wird. Das ist nicht ihre Schuld. Es ist die Schuld älterer Generationen, die junge Menschen nicht zu würdigen wissen.

Die Furcht vor dicken Frauen ist Sexismus in seiner am wenigsten subtilen Form. Schließlich verbirgt sich hinter der Angst vor dem weiblichen Leib die Angst vor weiblicher Macht, vor weiblichem Begehren. Und daher muss jede ernsthafte Diskussion über den Umgang mit dem weiblichen Körper und die Frauen und Mädchen anerzogene Furcht vor den eigenen Wünschen auch die Bestrafung und Kontrolle dicker Frauen berücksichtigen. Wenn es um Vergewaltigung, wenn es um sexuelle Belästigung geht, priorisieren wir oft die Erfahrungen von Frauen und Mädchen, die nicht nur *weiß*, cis und nicht behindert, sondern auch extrem dünn und nach traditionellem Verständnis attraktiv sind, was heutzutage schon fast dasselbe ist.

Dicke Frauen geben keine »guten Opfer« ab. Übergewichtige und adipöse Frauen und Mädchen erleben Vergewaltigung, Nötigung und Belästigung genauso oft wie alle anderen, doch wenn sie es aussprechen, wird ihnen oft weder geglaubt noch auch nur ansatzweise Respekt entgegengebracht. Implizit oder explizit wird unterstellt, eine dicke Frau müsse für jede Aufmerksamkeit vonseiten eines Mannes dankbar sein, auch wenn sie in Form von Gewalt und Vergewaltigung daherkommt. Wer Vergewaltigung lediglich als übertriebene Demonstration männlichen Begehrens deutet, mag oft nicht glauben, dass eine als »unattraktiv« geltende Frau Opfer einer Vergewaltigung werden kann. Wer würde die schon vergewaltigen?

Dicke Frauen verstoßen besonders gegen das oberste Gebot des Patriarchats: Sie beleidigen Männer und Jungs, indem sie ihre Pflicht vernachlässigen, so scharf und so dünn wie nur irgend möglich zu sein. Möglicherweise haben sie sogar die Todsünde begangen, ihre eigenen körperlichen Bedürfnisse, ihren Hunger und ihr Begehren wichtiger zu nehmen als die Erwartungen jedes beliebigen Mannes, der ihren Weg kreuzt.

Auch wir anderen Frauen beteiligen uns an der gesellschaftlichen Überwachung dicker Körper, besonders dicker weiblicher Körper, egal, ob wir nun ebenfalls »übergewichtig« sind oder nicht. Viel zu oft verwenden Frauen das Wort »fett« ähnlich wie das Wort »Schlampe«: als Beleidigung, hinter der sich der Horror verbirgt, was wohl wäre, wenn unser Körper eines Tages tatsächlich uneingeschränkt uns gehörte.

Wenn es uns ernst damit ist, das weibliche Begehren wieder für uns zu reklamieren, wenn wir meinen, jede Person habe das Recht, selbst über ihren Körper zu entscheiden, sollte keine von uns untätig zuschauen, wenn Frauen, die dick sind oder angeblich zu viel Platz beanspruchen, auf der Straße, im Beruf und im Internet den widerlichsten frauenfeindlichen Angriffen ausgesetzt sind.

Egal ob du hungerst, Essattacken hast, isst und erbrichst oder alles auf einmal, und unabhängig davon, wie du mit der entsetzlichen Angst davor umgehst, dem Körper zu geben, was er will und braucht, liegt das Problem darin, dass Kontrolle zur Obsession wird. Wenn du den eigenen Hunger leugnest, verschlingt dieser Hunger allen Mut, alles Interessante an dir. Statt von großartigen Abenteuern träumst du von Schokoladenkuchen. Der Alltag entwickelt sich zu einer Routine, in der du bis ins Kleinste planst, wie du Nahrung meiden kannst und was du wann isst. Der Körper wird so etwas wie ein widerlicher Mitbewohner, dem du nicht entkommen kannst, den du aber zutiefst verabscheust und mit fiesen Zettelbotschaften an der Kühlschranktür traktierst, weil du überzeugt bist, dass er dich beklaut, obwohl in Wahrheit doch du selbst hättest versuchen müssen, auf ihn zuzugehen und Verständnis aufzubringen. Nahrung wird in deinem Kopf zum gähnenden Schlund, und alle anderen wirklich wichtigen Dinge dringen kaum noch zu dir vor. Das ist kein Leben.

»Wenn eine Frau, die gelernt hat, sich körperlich und seelisch klein zu machen und buchstäblich von Krümeln zu leben, Appetit eingesteht, erfüllt sie das mit abgrundtiefer Angst«, schreibt Jess Zimmerman in *Hazlitt*. »Oft machen wir Frauen eine körperliche Diät, aber was unser Herz angeht, sind wir immer auf Diät. Die pflegeleichte Frau, die ideale Frau hat keinen Appetit. [...] Sie ist zufrieden und leicht zufriedenzustellen. [...] Wie gelangen wir zu der

Freiheit, unersättlich zu sein? Wie gelangen wir zu der Erkenntnis, dass unsere Wünsche nicht ungeheuerlich, sondern menschlich sind?«[16]

Wir gelangen dahin, indem wir den eigenen Hunger anerkennen. Aus dem Vollen schöpfen. Das Risiko eingehen. Das ist eine monumental schwierige Aufgabe, an der ich vermutlich den Rest meines Lebens arbeiten werde. In den schrecklichen ersten Monaten des Jahres 2017, in denen die Welt im kryptofaschistischen Wahnsinn versank, brach ich aus einer schlechten Beziehung aus und verlor meinen Job. Um meinen Winkel der Welt wieder in den Griff zu bekommen, fiel ich in angstvolle alte Gewohnheiten zurück. Mein Leben stand in Flammen, und dasselbe galt für den Planeten. Ich wollte weniger brauchen, weniger sein, und so aß ich erst ein bisschen weniger, dann viel weniger. Ich verlor Gewicht, das ich eigentlich nicht entbehren konnte. Ich sah abgehärmt und krank aus. Ich fing mir jede Erkältung ein, die an mir vorüberflog, ich war schwach und lustlos, ich wirkte verletzlich, ich war zu dünn. Und da geschah etwas Seltsames. Plötzlich war ich für Männer unwiderstehlich.

Mir wurde in meinem Leben selten mehr sexuelle Aufmerksamkeit zuteil als in diesen kraftlosen, quälenden Monaten. Meine Unfähigkeit, Bindungen einzugehen, brachte mich erwartungsgemäß ins Flitzen wie eine Flipperkugel, und wirklich jeder Mann, mit dem ich ins Bett ging, sprach schuldbewusst, aber anerkennend meine Magerkeit an. Einer zählte im Bett meine Rippen. Ein anderer schätzte während des Sex mein Gewicht. (Er tippte merkwürdig spezifisch auf achtunddreißig Kilo, die ich ohne ein einziges inneres Organ wohl auf die Waage gebracht hätte; man kann aber auch nicht behaupten, dass mein Körper noch richtig funktionierte.) Was einem über das Hungern leider nie gesagt wird, ist, dass es sämtliche Wünsche killt. Ich hatte viel, aber zwanghaften Sex und jagte den Reizen, der Fülle und der Lust hinterher, die wir nur erfahren können, wenn wir im eigenen Leib zu Hause sind.

Wer in seinem Körper ein nur ungern geduldeter Gast ist, verhält sich auch so: Du wirst nicht locker, bedienst dich nicht an den Snacks oder Decken, und ganz sicher treibst du es nicht ungezwungen auf dem Sofa. Wenn du hungerst, hast du Angst, du könntest essen und essen und nie wieder aufhören, die Bedürfnisse deines Körpers könnten alles um dich herum zerstören. Eine solche Denkweise ist praktisch in einer Gesellschaft, die aus gutem Grund fürchtet, Frauen könnten plötzlich mehr einfordern.

Wenn man hungert, will der Körper natürlich genau das: »essen und essen und nie wieder aufhören« – aber, und das ist wichtig, nur eine Zeitlang. Heilung tritt nur ein, wenn man tatsächlich loslassen, einen sicheren Ort finden und darauf vertrauen kann, dass es künftig *genug* gibt: genug Essen, genug Freude, genug Liebe. In Wahrheit habe ich mich vor diesem Loslassen gefürchtet in der langen Zeit, in der ich Angst vor dem »Dicksein« hatte. Das habe ich manchmal ausgerechnet vor Freunden gesagt, die tatsächlich dick waren, und ich bin ihnen dankbar, dass sie so freundlich reagierten und Verständnis für mich aufbrachten, die ich tief im Sumpf meiner Selbstzweifel saß und deshalb gar nicht merkte, was ich in Wahrheit sagte: »Meine schlimmste Angst ist, auszusehen wie du.«

Für viele Frauen und Queere verbirgt sich hinter der Angst vor dem Dicksein die Angst, das bisschen Kontrolle zu verlieren, das uns zugestanden wird: die Kontrolle darüber, wie Männer unseren Körper beurteilen. In Wahrheit fürchtete ich – fürchte es manchmal noch heute –, dass mir Kontrolle entgleiten könnte, dass meine Emotionen und mein Ehrgeiz und mein Begehren nie enden würden, dass ich einen unstillbaren Hunger auf alle möglichen Geschmäcker entwickeln würde, nicht nur auf Essen, sondern auch auf Liebe, Sex, Macht, Lust und Abenteuer und alles, was eine mannsgroße Portion Leben so umfasst. Ich fürchtete, zu viel zu sein, zu viel zu wollen, Menschen zu verschrecken, überfordert zu werden, andere zu überfordern.

Und genau das geschah ja auch. Ich *war* zu viel, ich *wollte* zu viel, und eine Menge Leute hatten etwas dagegen, als ich mit den Selbstverletzungen und dem Selbsthass so weit aufhörte, dass ich dazu stehen konnte. Wie die meisten interessanten Menschen, die ich kenne, beanspruche ich viel mehr Raum, als ich sollte, und dafür muss ich im Privatleben und in der Öffentlichkeit büßen, wenn auch bei weitem nicht so, wie ich ohne meine angeborenen Privilegien von Klasse, *Race* und kultureller Herkunft hätte büßen müssen. Oft wäre es einfacher gewesen, zu schrumpfen, klein und dröge und dankbar zu sein, mir jeden Hunger, jeden Kummer und jeden Traum zu verkneifen, winzige Erfahrungshäppchen zu mir zu nehmen und nie um eine zweite Portion zu bitten. Aber ich bereue nichts, denn in diesen Tagen bin ich von Frauen und Queeren umgeben, die unersättlich sind, Frauen und Queeren jeder Kleidergröße, die immer mehr von der Welt wollen und sich immer weniger um die Meinung der restlichen Welt scheren, die Mangel nicht akzeptieren, die den Teller des Lebens ablecken und einen Nachschlag fordern.

6

Liebesmühen

Die Heterosexualität steckt in der Krise. In den letzten zehn Jahren haben mehr Frauen als je zuvor Ehe und Partnerschaft nach hinten verschoben, unbefriedigende Beziehungen beendet oder gänzlich darauf verzichtet. In Industriestaaten, die es nie für nötig gehalten haben, Familien strategisch zu unterstützen, statt Frauen einfach nur in Richtung Ehe und Mutterschaft zu schubsen, sind die Geburtenraten dramatisch eingebrochen. Immer mehr Frauen überall auf der Welt lassen sich nicht mehr schubsen. Es ist ein Massenstreik, ein Protest gegen das traditionelle heteronormative Paarmodell mit all seinen Gefahren und Enttäuschungen. Die gesellschaftlichen Schockwellen dieses Streiks werden über Generationen spürbar sein. Weshalb geschieht das?

Es gibt einen einfachen Grund. Sicher, für diesen sexualpolitischen Umbruch gibt es komplexe und komplizierte sozioökonomische Ursachen, aber letztlich läuft doch alles darauf hinaus, dass viele Millionen heterosexueller Frauen keinen passenden Liebespartner finden können, der sie anständig behandelt, und nicht willens sind, ihr Leben nach einem Mann auszurichten, der das nicht tut. Heterosexuelle Frauen und Mädchen haben die Liebe keineswegs völlig abgeschrieben, aber sie können heute freier denn je selbst festlegen, was sie in einer Beziehung mit einem Mann akzeptieren und was nicht, und sie können sich freier denn je für die Trennung entscheiden, wenn diese Bedingungen nicht erfüllt werden.

Liebe ist politisch. In den letzten zehn Jahren musste ich mich immer wieder mit der verkorksten Beziehung von Männern zu Sexualität, Liebe und Status auseinandersetzen. Ich habe erlebt, wie Männer mit Geld, Ruhm und Macht Frauen und Mädchen wie austauschbares Sexspielzeug behandelten und Frauen und Mädchen gnadenlos in Beziehungen mit Männern vernichtet wurden, die sich nicht mächtig genug fühlten. Ich habe Männer beobachtet, die davon ausgingen, dass ihr Erfolg ihnen einen Universalschlüssel zu den Herzen und Körpern schöner Frauen beschert. Ich habe erfolgreiche, selbstbewusste heterosexuelle Frauen erlebt, die es schrecklich belastete, dass sie keine Beziehung zu Männern zustande brachten. Und ich habe erlebt, wie Frauen in einer ernsthaften Beziehung unter der Last der Emotions- und Hausarbeit schwankten, die mit der Partnerschaft mit einem Mann so oft einhergeht. Liebe ist politisch. Und ohne eine neue Politik der Liebe haben wir keine Chance, aus dem gesellschaftspolitischen Wrack der Heterosexualität noch etwas Wertvolles zu retten. Vor allem für die Frauen, die weniger als je zuvor bereit sind, für die Liebe eines Mannes die eigene Macht aufs Spiel zu setzen.

Es hat lange gedauert, bis ich begriffen habe, dass man nicht mit Schmerz und Selbstverleugnung dafür bezahlen muss, geliebt zu werden. Immer wieder musste ich entscheiden, ob ich lieber als brauchbares »Girlfriend-Material« gesehen werden oder mich meiner Arbeit als Autorin widmen wollte, und diese Entscheidung war jedes Mal so schmerzhaft wie eindeutig. Nie habe ich in Betracht gezogen, meinen Ehrgeiz herunterzuschrauben, um die Männer in meinem Leben nicht zu verunsichern. Ich wusste, was ich dafür auf mich nehmen musste. Und ich wusste, dass ich Glück hatte, diese Wahl treffen, mich auf Kosten der unzuverlässigen Liebe eines Mannes für meine Freiheit entscheiden zu können. Meine Großmutter hatte dieses Glück nicht. Viele haben es bis heute nicht. Aber Entscheidungsfreiheit ist nicht das Gleiche wie Kontrolle.

Von Männern wird so gut wie nie verlangt, für eine Liebesbeziehung und das Familienleben ihre elementare Identität zu opfern, ihre sexuellen Sehnsüchte runterzuschlucken und ihren Ehrgeiz zu drosseln. Im Gegenteil: Seit die unvollendete sexuelle Revolution der 1960er Jahre Männer praktisch von der gesellschaftlichen Verpflichtung entbunden hat, Frauen in der Ehe zu unterstützen, können sie nach Herzenslust promisk sein. Wer seine Partnerin verlässt, muss kaum noch mit gesellschaftlichen Sanktionen rechnen. Es ist nicht mehr tabu – wenn es das je war –, dass ein Mann seine Familie verlässt, weil er sich langweilt oder sexuell frustriert oder müde ist. Heterosexuellen Männern wird es meist verziehen, wenn sie – auch auf Kosten ihrer Familie – ihrem Begehren folgen. Heterosexuelle Frauen, die dasselbe tun, gelten dagegen als unnatürlich. Das heißt wiederum, dass Liebe zwischen Männern und Frauen dort, wo es sie wirklich gibt, von einem Machtungleichgewicht geschwächt und nicht auf Augenhöhe verhandelt wird, weil für die eine Partei immer mehr auf dem Spiel steht. Männer haben nicht mehr viele Gelegenheiten, Frauen zu verletzen und sich dennoch gut zu fühlen. Diese Art von beiläufiger Brutalität ist eine davon.

Beim Sex hatten Männer schon immer die Macht, aber auch in Liebesbeziehungen ist das nicht viel anders. Die meisten Männer haben nie um diese Macht gebeten, und zu wenige gehen verantwortungsvoll damit um. Kleine Jungs, die Liebe und Abenteuer suchen, haben das Konzept nicht erfunden, dass das Leben eines Mädchens leer, sinnlos und misslungen ist, solange es keinen geliebten Mann gefunden hat — trotzdem ist diese Ideologie für sie entsetzlich bequem.

Seien wir ehrlich: Heterosexuelle Männer dürfen die Struktur von Liebesbeziehungen missbrauchen und sexuelle

Gewalt anwenden, um Frauen und Mädchen das Mark aus den Knochen zu saugen. Hier geht es nicht nur um körperliche Grausamkeit und sexuelle Gewalt, sondern auch um die alltäglichen Angriffe auf den Selbstwert von Frauen, die in der Liebessprache der Heterosexualität mittlerweile fest verankert sind. Dass ein Mann seine Partnerin »nicht vergewaltigt oder schlägt«, ist in heterosexuellen Beziehungen nach wie vor die Norm für anständiges männliches Verhalten, dabei müsste es das Minimum sein. Die Latte hängt niedrig. Sie liegt praktisch auf Fußbodenhöhe, und trotzdem wird sie von vielen heterosexuellen Männern gerissen. Und das aus gutem Grund: Wenn der Verzicht auf aktive Körperverletzung für das Verhalten heterosexueller Männer nicht der Goldstandard, sondern das Minimum wäre, wenn eine Frau mehr von ihrer wichtigsten Beziehung erwarten dürfte als das pure Überleben, dann würde sie es womöglich wagen, privat wie auch öffentlich mehr von dem Mann in ihrem Leben zu verlangen.

In der Maschinerie der modernen Männlichkeit wird der Drang, Frauen systematisch zugrunde zu richten und mittels Sex und Intimität den eigenen Status zu heben, immer panischer. Das liegt daran, dass Männer immer weniger traditionelle Möglichkeiten haben, sich unter Beweis zu stellen und zufrieden mit sich zu sein. Die Erziehung zum Mann kommt im Spätkapitalismus häufig einer psychologischen Kastration gleich: Jeder zarte Wunsch wird auf die Logik des gnadenlosen Wettbewerbs reduziert, es gilt, Macht, Reichtum und Status anzustreben in einer Kultur, die den meisten von uns genau das verweigert, und außer Lust und Wut sind Männern sämtliche Emotionen untersagt. In einer Wirtschaft und einer Kultur, die viel mehr Verlierer als Gewinner hervorbringt, müssen Männer, die mit der Erwartung groß geworden sind, die Helden ihrer eigenen Geschichte zu sein, um jedes Schnipselchen Selbstwert kämpfen.

In einer ehrlichen Debatte über *Consent* müssen wir uns zunächst mal eingestehen, wie viel gewohnheitsmäßige Gewalt in Liebesbeziehungen vorkommt – und dass die Geschichten, die wir über Liebe erzählen, diese Gewalt womöglich normalisieren. Damit ein Mann Verbündeter sein kann, reicht es nicht aus, dass er gnädigerweise auf Vergewaltigung verzichtet, und wir müssen es ernst nehmen, wenn nicht wenige Männer, die sich in der Öffentlichkeit total *woke* geben, Frauen im Privatleben ausbeuten und erniedrigen, sie als Mülleimer für ihren eigenen Schmerz missbrauchen. Wie ein Mann Frauen privat behandelt, ist von Belang. Es ist politisch. Ein Mann, der sich als Verbündeter oder als Verfechter von Frauenrechten ausgibt, jedoch das Vertrauen der Frauen, mit denen er intim ist, ständig missbraucht und sie körperlich verletzt, ist für diese Frauen ebenso gefährlich wie einer, der unverhohlen misogyn auftritt.

»Viel zu oft glauben Frauen, es sei ein Zeichen von Hingabe und Ausdruck ihrer Liebe, wenn sie Unfreundlichkeit oder Grausamkeit ertragen, vergeben und vergessen«, schreibt bell hooks in *Alles über Liebe.* »Dabei wissen wir, dass man auf Grausamkeit und Gewalt am besten reagiert, indem man sich aus der Gefahrenzone bringt – das ist eine ganz natürliche Reaktion.«[1]

Immer noch ist die Sprache der Liebe diejenige, in der wir lernen, Gewalt zu verstehen. Tatsache ist, dass die Mehrheit der Vergewaltiger und anderer Sexualtäter in enger Beziehung zu ihren Opfern steht. Die meisten Vergewaltigungen werden nicht von einem Fremden begangen. Die meisten sexuellen und körperlichen Übergriffe finden in der Familie statt, und das bedeutet, dass die Menschen, die uns verletzen, wenn wir am verwundbarsten sind, häufig eben die Menschen sind, die wir am meisten lieben – manchmal, weil wir keine andere Wahl haben, weil wir zu jung sind, um zu begreifen, dass Liebe eigentlich nicht so schmerzen sollte.

Das System der Heterosexualität dient der Verfestigung patriarchaler Hierarchien, und gleichzeitig erleben sehr viele Menschen in diesem System ihre gröbsten und persönlichsten Wahrheiten. In einer ehrlichen Debatte über Sexualität und sexuelle Gewalt müssen wir deshalb unbedingt die Liebe hinterfragen. Denjenigen von uns, die als Frauen aufwachsen, wird ein ums andere Mal eingetrichtert: Romantische Liebe, genauer gesagt heterosexuelle Liebe ist das Wichtigste, das uns je widerfahren kann. In Dating-Tipps, so Moira Weigel in *Dating: Eine Kulturgeschichte,* lernen Frauen: »Wenn du geliebt werden willst, musst du folgendermaßen sein, […] das heißt, wenn du überhaupt irgendetwas wert sein willst.«[2]

Daran, ob ein Mädchen einen Mann findet, der sie liebt, und ob sie um jeden Preis an dieser Liebe festhält, entscheidet sich immer noch, ob sie die Prüfung geschafft hat. Solange sich eine Frau egal welchen Alters nicht auch den ihr treu ergebenen Märchenprinzen sichert, gelten ihre Leistungen als völlig irrelevant. Das Problem ist, dass Menschen kaum frei lieben können, wenn ein Gender strukturell deutlich mehr Macht hat als das andere. Einer heterosexuellen Frau ist es fast unmöglich, frei zu lieben, wenn sie ihre Freiheit schätzt und wenn ihr die Freiheit als Preis für die Liebe zu kostbar ist in dieser Welt, die unser Überleben immer noch davon abhängig macht, dass wir einen Mann finden und halten, nur um uns anschließend zu diffamieren, weil wir angeblich die Ehe als ökonomische Perspektive sehen, in dieser Welt, die unsere Sexualität in eine Ware verwandelt und gleichzeitig »Hure« zum schlimmsten Schimpfwort für eine Frau gemacht hat.

Kaum ein heterosexueller Mann musste je eine Liebesbeziehung auf Augenhöhe aushandeln. Unsere Kultur bringt Männern das nicht bei, geschweige denn gibt sie ihnen Anreize, es zu lernen. Die Maßgabe, dass sich Männer Frauen gegenüber wie Gentlemen benehmen sollen – immer eine lahme Ausrede fürs *Othering* –, hat sich aufgelöst, ohne durch die Maßgabe ersetzt zu werden, dass Männer Frauen wie Menschen behandeln. Beide Seiten der Gleichung, die ritualisierte Betrachtung der Frau als ätherisches fragiles Wesen und die grausame Fixierung auf den Zählerstand der Eroberungen, dienen dazu, dem »anderen« Geschlecht seine Menschlichkeit abzusprechen.

Liebe ist politisch, denn die Lebensqualität heterosexueller Frauen hängt, sofern sie nicht sehr viel Glück haben, immer noch davon ab, dass ein Mann sie liebt, sie wirklich liebt. Liebe ist politisch, weil die Liebe der Ort ist, an dem wir unsere intimsten politischen Ansichten ausleben. Ein Mann hat ein Anrecht darauf, Liebe einzufordern, eine Frau darf nur ein passives Liebesobjekt sein. Männer dürfen definieren, was an einer Frau begehrenswert, attraktiv, liebenswert und respektwürdig ist. Männer dürfen verlangen, dass Frauen diesen Maßstäben gerecht werden, und sie für Nichteinhaltung bestrafen – und zwar jede Frau, unabhängig davon, ob sie je mit ihr intim waren oder sie auch nur kennen. Frauen stehen entsprechende Erwartungen an Männer nicht zu – nicht einmal die Erwartung minimaler persönlicher Sicherheit.

Die Drohung, uns zu verlassen, ist das ultimative Zwangsinstrument. Die Mahnung, niemand werde uns noch lieben, wenn wir uns nicht benehmen, ist viel effektiver als die Androhung von Gewalt. Wer jemandem die Waffe an den Kopf hält, hat moralisch schon verloren. Irgendwann wird das Opfer rebellieren. Wer uns dagegen davon überzeugen kann, dass wir für alle Zeit allein sein werden, wenn wir uns nicht verhalten wie brave Bürgerinnen, gefügige Arbeiterinnen oder unterwürfige Dienerinnen, kann praktisch grenzenlose Zugeständnisse aus uns herauspressen.

Wenn Gehorsam die Vorbedingung für Liebe ist, finden Menschen Wege, gehorsam zu sein. Wenn Unterwerfung die

Voraussetzung für Selbstwert ist, finden Menschen Wege, sich zu unterwerfen. Als ich noch jünger war und meinte, in einem gesellschaftlich unerwünschten Körper gefangen zu sein, schlief ich manchmal mit Männern, nicht weil ich sie begehrte, sondern weil es so schien, als erneuerte ihr offensichtliches Begehren mein Recht, überhaupt Raum in der Welt einzunehmen. Ich wollte Liebe, aber ich wollte auch geliebt *werden*, von einem Mann der Liebe würdig befunden werden, damit ich mich selbst lieben durfte. Ist das nicht genau das, was von jedem Mädchen erwartet wird? Unablässig, unermüdlich von einem einzigen Mann begehrt zu werden, veredelt zu werden dadurch, dass er ihr Licht in die Welt zurückwirft?

Ich bin in den 1990er Jahren aufgewachsen, dem Jahrzehnt, in dem die Angst vor dem fremden Mann umging. Ich erinnere mich noch an Bilderbücher mit beruhigenden Geschichten über Kinder, die im Familienurlaub gute Entscheidungen trafen. Ich erinnere mich an Schulbesuche vom Cop4You, der uns erklärte, wir sollten niemals zu einem komischen Typen ins Auto steigen, auch dann nicht, wenn er uns Süßigkeiten anbot. Die Lösung lag offenbar in einer Art Selbst-Überwachung, und darin, nicht allein draußen zu spielen, egal, wie schön das Wetter war. Falls uns in einem der seltenen unbeaufsichtigten Momente ein unheimlicher Mann im Regenmantel belästigte, sollten wir laut schreien: »ICH KENNE DIESEN MANN NICHT!« Niemand erklärte uns, was wir tun sollten, wenn uns ausgerechnet die Menschen wehtaten, die uns eigentlich lieben und beschützen sollten. Niemand sagte uns, dass Gefahr nicht nur von Fremden ausgeht.

Es fällt unglaublich schwer sich einzugestehen, dass es neben dem, was so als Liebe durchgeht, auch Gewalt, Sadismus und Frauenfeindlichkeit gibt. Egal, wie viele Horrorgeschichten du gehört hast: Wenn es dir selbst widerfährt, flüchtest du dich in die kunstvollsten logischen Verrenkungen, nur um dich der Verletzung, der Gefahr und dem Verlust nicht stellen zu müssen.

Es ist furchtbar, mit ansehen zu müssen, wie sich junge Frauen mit Liebe selbst verletzen. Ich habe eine Freundin, die völlig fixiert ist auf ihren verheirateten Geliebten, mit dem sie seit Jahren ein Verhältnis hat. In ihrem Leben und in unserer Freundschaft dreht sich alles um ihn: In jedem Zwiegespräch kommen wir auf ihn zurück: Was hat er wohl mit dieser oder jener Textnachricht gemeint, warum hat er nicht geschrieben, wie war der Sex, wie ist der Sex, wie könnte er sein, und wird sie jemals gut genug, einzigartig genug, liebenswert genug sein, um *ihm* zu gehören? Auch wenn sie mit mir in einem Zimmer sitzt, scheint meine Freundin oft weit weg zu sein. Und das stimmt ja auch: Sie ist bei ihm, sie grübelt über alles nach, wälzt es immer wieder in ihrem Kopf, fragt sich, was er gerade tut, ob er an sie denkt, wie ihre Zukunft mit ihm aussehen wird. Eine Zukunft ohne ihn kann sie sich gar nicht mehr vorstellen. Das ist nicht seine Schuld, oder wenn, dann nur indirekt.

Wenn du so heftig in jemanden verliebt bist, der weit weg ist, geht es eigentlich gar nicht um ihn. Es geht um dich und das Drama deines Selbstwertgefühls, das du vollständig davon abhängig machst, ob er dich jemals so lieben wird, wie du es dir wünschst, wie du es brauchst. Du höhlst dein Leben aus, bis es seine Konturen hat, und hoffst, dass er kommen wird, die Leere zu füllen. Mit seiner Genialität. Mit seiner Leidenschaft. Mit seinen tollen Haaren und dem Nachwirken seiner Küsse oder was auch immer das ist, was dich Nacht für Nacht wach hält, wenn du nach den Zauberworten suchst, die du sprechen musst, um zu ihm zu gehören, um kostbar genug für ihn zu sein, denn du willst sein Besitz sein, nicht dein eigener.

Dass es nie passiert, dass er für dich nie ganz erreichbar ist, gehört zur Sucht dazu. Das ist das Kernstück dieses

Zwangs. Du füllst seine Abwesenheit mit allem, was du fürchtest, was an deinem Leben schmerzt, was du an dir hasst, und schon ist alles andere nicht mehr so wichtig. Wenn du allen Schmerz, alle Angst an diesen Mann heften kannst, daran, was er für dich bedeutet, zählt nur noch das.

Wenn sich Menschen selbst verletzen, wenn sie sich ritzen oder auf andere Weise wehtun, tun sie das, damit der Schmerz sie in ihrem Körper erdet, sie in der Gegenwart festnagelt – oder damit er sie wegführt von allem anderen in ihrem Leben, das verstörend oder nicht zu beeinflussen ist. Oder beides. Liebe, diese Art von Liebe, schafft beides.

Ich liebte einmal einen Mann in San Francisco: Er war reich und geistvoll, älter als ich und grausam. Immer und immer wieder warf ich mich gegen seinen Glamour und die Gefahr, die von ihm ausging, und je deutlicher er mir zeigte, wie er es auskostete, mit mir zu spielen, mir klarzumachen, dass ich für ihn immer entbehrlich sein würde, je öfter er mich absichtlich verletzte, desto stärker wurde meine Obsession. Genüsslich rief er mir in Erinnerung, all meine Klugheit und meine Erfolge seien irrelevant— weil ich nicht sexy genug sei. Mit siebenundzwanzig war ich ihm nicht mehr jung genug. Ich war nicht verletzlich genug. Wenn ich doch nur zu ihm durchdringen könnte. Wenn er nur merkte, dass ich ihn doch am besten kannte, ihn in seiner Gesamtheit sah. Wenn er mich nur als ebenbürtig betrachten würde. Alle Auszeichnungen, die ich in meinem Leben mit nach Hause gebracht hatte, waren wertlos, solange ich sein Herz nicht gewinnen konnte.

Als er mir endlich sagte, was ich immer hatte hören wollen – dass ich etwas Besonderes sei, dass ich anders sei, dass er mich brauche –, geschah das, weil er in Schwierigkeiten steckte. Er suchte eine, die ihn verteidigte. Eine Frau mit sozialem Kapital, das er entzünden konnte, um seiner Flucht vor den Folgen seines Handelns einen Schub zu geben. Ich war die perfekte Wahl. Ich liebte ihn immer noch. Ich wollte immer noch seine Favoritin sein. Aber er beging einen Fehler. Er vergaß, dass Frauen doch tatsächlich miteinander reden. Und während er mir all die richtigen Worte zuflüsterte, damit ich tat, was er wollte, fand er auch für andere Frauen all die richtigen Worte – wenn auch völlig andere.

Ich war nichts Besonderes. Ich weiß das, aber ich weiß auch, wenn er jetzt anriefe und mir sagte, dass er mich braucht, dass er mich immer geliebt hat, dass ich immer die Einzige für ihn war, dann könnte ich nicht mit Sicherheit ausschließen, dass ich zu ihm eilen und mein Leben hinter mir niederbrennen würde. Ein Teil von mir hofft, dass er anrufen wird, und deshalb hat der Rest von mir ihn auf jeder möglichen Plattform blockiert. Ich habe diesen Mann vollständig aus meinem Leben herausgeschnitten, obwohl sich das anfühlte, als würde ich einen Finger von der Hand abtrennen, mit der ich mich an der Realität festhalte. Ich habe mir geschworen, nie wieder denselben Fehler zu begehen.

Genau wie meine Freundin war ich fixiert auf unerreichbare Männer. Auf gewalttätige, charmante Männer. Auf selbstmitleidige, übergriffige Selbstdarsteller mit hübschen Augen und einer Vakanz für eine Nebenfigur in ihrer Geschichte. Auf sanfte Künstler, die nichts falsch gemacht haben, als sich aus der großen Auswahl an Frauen eine andere herauszusuchen. Immer und immer wieder hat man mir gesagt, dass ich zu viel bin. Zu ehrgeizig, zu heftig, zu männlich, zu laut, zu schräg, zu unabhängig, zu politisch: zu sehr Protagonistin meiner eigenen Geschichte, als dass ich als Trophäe des Helden auf seiner Abenteuerreise taugen würde.

All das, was ich an mir mag und worauf ich besonders stolz bin, bewirkt, dass ich für Männer, mit denen ich gern zusammen wäre, nicht die perfekte romantische Trophäe, nicht das ideale Liebesobjekt bin, das ist mir klar. Für mich war das Schwierigste an der sexuellen Revolution, nicht mehr weiter darauf zu warten, dass ein Mann mich liebenswert findet, ehe ich mich selbst lieben darf.

Vor ein paar Monaten rief mich die Freundin einer Freundin an. Sie war in Tränen aufgelöst, denn wieder einmal war sie von einem mittelmäßigen Mann beim ersten Date gedemütigt worden. Als er erfuhr, dass sie beruflich über ihm steht – ihm in der Laufbahn, die auch er eingeschlagen hat, ein paar Jahre voraus ist –, reagierte er abweisend und ungehalten. Er beleidigte sie und beendete das Date, und sie grübelte die ganze Nacht und wurde das Gefühl nicht los, dass alles, wofür sie beruflich gekämpft hatte, ihre gesamte Kompetenz und Sachkenntnis, irgendwie nichts galt, wenn sie damit keinen Mann für sich gewinnen konnte.

Dieses Narrativ, das heterosexuelle Beziehungen leitet, ist für alle Beteiligten erniedrigend. Es erschöpft sich in der kleinkarierten Erzählung, dass sich die Macht zwischen Menschen unterschiedlichen Genders nur auf eine Weise verteilen kann: Männer sind aktive Schöpfer und Konsumenten, Frauen sind als passive Objekte dazu da, die Genialität der Männer zu würdigen und sie für ihre harte Arbeit zu belohnen, und so wird es sein bis in alle Ewigkeit. Der Mann ist der Protagonist seiner Geschichte, die Frau eine Nebenfigur, die Angebetete oder gar wie eine Nicht-Spieler-Figur in einem Videospiel, die ihm lediglich eine spannende Side Quest ermöglicht und sich auflöst und verschwindet, sobald er damit durch ist. In vielen kreativen Communitys gehen begabte und berühmte Männer davon aus, dass sie Zugriff auf ein austauschbares Reservoir junger, schöner, fügsamer Frauen haben, und im Großen und Ganzen liegen sie mit dieser Annahme richtig. Mächtigen einflussreichen Männern wird vermittelt, dass der sexuelle und romantische Zugriff auf diese Frauen zur Belohnung für ihren Erfolg dazugehört, und in weiten Zügen stützt unsere kulturelle Mythologie dieses Narrativ.

»Was heißt das, liebenswert zu sein?«, fragt Dalia Gebrial in ihrem klugen Essay »Decolonising Desire: The Politics of Love«. »Wer ist einer bestimmten Art der Liebe würdig, wer nicht? Wie wird Liebe kodiert und reproduziert? Was und wer fehlt, wenn Liebe repräsentiert wird?« Gebrial weist auf die zahlreichen Studien hin, die nachweisen, dass Schwarze Frauen auf Dating-Websites routinemäßig übergangen werden und zusätzliche Hürden nehmen müssen, um »dating-kompatibel« zu sein. Klar, auf einer Dating-Website beachtet zu werden oder »verheiratet zu sein«, ist natürlich kein Indikator dafür, geliebt zu werden. Trotzdem belegen diese Daten wie auch persönliche Erzählungen, dass Rassismus die Erfahrung mit Begehren, Bindung und Respekt grundlegend prägt. »Ich würde gern weiter erforschen, was das eigentlich heißt, wenn man nicht einmal in diesen problematischen Liebesdiskursen noch lesbar ist.«[3]

Das emotionale Bedürfnis, das Männer offenbar haben, Frauen zu »beschützen«, ist eine der offensichtlichsten Manifestationen eines von rassistischen und genderspezifischen Vorurteilen durchzogenen Narrativs der heterosexuellen romantischen Liebe. Dem gesellschaftlichen Konstrukt der »schwachen *weißen* Frau« – fragil, kostbar und schutzbedürftig –, das in der rassistisch geprägten Politik von heute häufig zum Tragen kommt, entspricht das Bild der »starken Schwarzen Frau«, die als weniger verletzlich und daher weniger liebenswert gilt. Einige BIPoC-Frauen, besonders solche afrikanischer, nahöstlicher oder südasiatischer Abstammung, werden grundsätzlich als weniger schutzwürdig kodiert.

Die Liebens-Würdigkeit *weißer* Frauen – unser Status als »Liebesobjekte« – wurde in Abgrenzung zur regelmäßigen Abwertung Schwarzer Körper konstruiert, sogar bis tief in unsere intimsten zwischenmenschlichen Skripte hinein. Mit den meisten Eigenschaften, die in einer patriarchalen Kultur der *White Supremacy* mit »Schönheit« assoziiert werden, wird eine Frau auch der Liebe würdig: jung sein, dünn sein, *weiß* sein, fragil wirken. In einer Kultur, in der Unabhängigkeit und Selbstvertrauen an sich schon als hässlich und nicht liebenswert gelten, können wir hinzufügen: Mangel an Selbstbewusstsein und allenfalls bescheidener beruflicher und finanzieller Erfolg.

Die gesamte Kultur der heterosexuellen Liebe wird immer zwanghafter. Linda R. Hirshman und Jane E. Larson schreiben in ihrem Buch *Hard Bargains*:

> Kulturkonservative und Verfechter der »freien Liebe« beschwören einstimmig die Ideologie der romantischen Liebe als Abwehr gegen feministische Bestrebungen, durch rechtliche Strategien und kollektives Handeln die Verhandlungsposition der Frauen in Sachen Sexualität zu stärken. Frauen, die sich selbst schützen, indem sie über Sexualität verhandeln, werden als unromantisch, asexuell oder männerhassend etikettiert; ihnen droht somit ein Leben in Einsamkeit.[4]

Das heißt, Frauen haben keinen Anspruch auf Respekt, Fürsorge und Rücksicht. Heterosexuelle Männer haben Anspruch auf all das und mehr. Jüngere Studien belegen, dass bei Männern und Frauen der Sexismus umso größer ist, je stärker sie von männlichem *Entitlement* überzeugt sind. Männer und Jungs wachsen mit der Gewissheit auf, dass Frauen ihnen bestimmte Dinge schuldig sind, nicht einzelne Frauen, sondern Frauen insgesamt. Männer haben für die Dauer ihres Erwachsenenlebens ein Anrecht auf die sexuelle Zuwendung und Liebe mindestens einer Frau. Sie haben ein Anrecht auf Lust, Trost und emotionale Fürsorge. Diese Zuwendung müssen sie sich nicht erarbeiten: Sie ist ein Geburtsrecht. Falls sie ihnen versagt bleibt, sind sie berechtigt zu randalieren, um sich zu schlagen, zu bestrafen.

Während Seelen und Gewissheiten in der Hitze unserer Zeit verschrumpeln, sind Gender und Sex zunehmend mit Angst beladen. Der Wunsch, sich als echter Mann zu beweisen, sich durch den Zugriff auf Frauenkörper und den allmächtigen Fick Liebe und Macht zu sichern, wird immer verzweifelter, immer verbissener, immer blindwütiger. Je stärker ein Mann davon überzeugt ist, dass er in seinem Leben eine Frau braucht, dass ihm eine Frau zusteht, desto grausamer wird er.

Männer verstehen die romantische Liebe seit langem als eine Empfindung, die eine Person haben und einer anderen erbarmungslos auf die Hautoberfläche projizieren kann, als eine Empfindung, die dem Mann einen gewissen Anspruch auf das Objekt seiner Anbetung gibt. Wenn er sich entschieden hat, dass er »sie liebt«, dann schuldet sie ihm etwas. So läuft das seit Jahrhunderten. Im ersten Buch des *Don Quijote* lässt Cervantes dieses Phänomen von Marcela zutreffend beschreiben:

> Der Himmel schuf mich, wie ihr es sagt, in solcher Schönheit, dass ihr nicht anders könnt, ihr müsst mich lieben, und auf Grund der Liebe, die ihr mir bezeigt, soll ich, wie ihr erklärt und wünscht, verpflichtet sein, eure Liebe zu erwidern. Mir sagt die angeborene Vernunft, die Gott mir gab, dass alles Schöne stets der Liebe wert ist. Doch ich begreife nicht, warum das, was geliebt wird um der Schönheit willen, verpflichtet sei, auch den zu lieben, der es liebt.[5]

Die Philosophin Kate Manne erläutert in ihrem Buch *Down Girl*, die »Logik« der Misogynie gründe auf der Durchsetzung »moralische[r] Güter« wie Sex, Fürsorge, Kindererziehung und Hausarbeit, die Frauen den Männern angeblich schuldig sind.[6] Zu diesem stillschweigenden Handel gehört, dass Frauen ihrerseits diese Dinge nicht fordern dürfen, auch wenn sie sie wollen oder brauchen. Was Frauen davon haben sollen, bleibt unklar, aber meist wird auf Schutz verwiesen, auf Versorgung und jemanden, der das Gurkenglas aufkriegt.

Die Gesellschaft teile uns entlang der Genderbinarität in Menschen und *gebende* Menschen ein, so Manne.[7] Männer dürfen Menschen sein – die auf die Welt einwirken und in ihr wirken. Frauen sollen »gebende Menschen« sein, deren Leben in Bezug darauf definiert wird, was sie für andere tun oder sein können. Noch immer wird die Logik der Heterosexualität so definiert: Frauen schulden Männern diverse Dienstleistungen wie Sex, Aufmerksamkeit, emotionale und häusliche Fürsorge. Männer haben das Anrecht, all das von Frauen zu erwarten, Frauen haben dieses Anrecht im Gegenzug nicht.

Von Anfang an, egal, wen ich gerade datete, schien es immer einen Grund zu geben, warum ich ihm etwas schuldig war. Mit fünfzehn schuldete ich ihm etwas, weil er so großzügig war, mit mir auszugehen. Mit neunzehn, weil ich an einem schicken College studierte und er in der Stadt arbeitete und abends einen trinken ging. Mit zwanzig, weil ich keine Behinderung hatte, er aber schon, und weil ich die Kraft hatte, Arbeit zu finden, er aber nicht. Mit vierundzwanzig, weil er aus der Arbeiterklasse kam und ich nicht. Mit sechsundzwanzig und achtundzwanzig und neunundzwanzig, weil ich als Journalistin arbeitete und ein bisschen öffentliche Anerkennung bekam, er aber nicht, oder weil ich emotional gut klar kam und er nicht, oder, oder, oder.

Wie viele junge Frauen habe ich mich in Beziehungen mit Männern jahrelang für Dinge entschuldigt, für die ich gar nichts konnte. Jahrelang versuchte ich, das Unrecht gutzumachen, das die Welt den von mir bewunderten Männern und Jungs zugefügt hatte, spielte das mir zugefügte Unrecht herunter, höhlte mich aus, um diesen Männern in meinem Herzen ein Zuhause zu geben. Ich meinte, ich sei ihnen etwas schuldig. Ich schuldete ihnen meine Zeit, meine Fürsorge, mein Geld, meinen Körper, und das war kein gutes Gefühl, aber ich fühlte mich ... *gut.* Es machte mir keine Freude, aber ich hatte das Gefühl, etwas Rechtschaffenes und Wertvolles zu tun. Ich war eine gute gebende Freundin und somit ein guter Mensch. Die meisten jungen Frauen, die ich näher kenne und die Männer daten, haben ähnliche Erfahrungen gemacht wie ich: Sie bluten aus, bis sie selbst durchsichtig sind, um die Männer, die sie bewundern, zu stützen, denn darum geht es doch schließlich in der Liebe.

Und was ist das, worauf die Kohorte der Männer einen Anspruch zu haben meint? Was sind Frauen Männern angeblich schuldig? Alles, was ihnen der Rest der Welt versagt. Ein Mindestmaß an emotionaler und körperlicher Fürsorge. Ein Gefühl der Ganzheit. Trost, Gemeinschaft und Verständnis. Jemand, der merkt, wenn es einem nicht gut geht. Liebe, Zuwendung und Aufmerksamkeit. All das sind Dinge, für die der neoliberale Staat nicht aufkommt, und all das schreibt die Logik der Misogynie in Großbuchstaben an die Wand, berechnet es als Miete, die Frauen den Männern für ihr Dasein auf Erden schuldig sind.

Man nennt solche Arbeit auch »soziale Reproduktion«, aber es gibt noch viele weitere Begriffe, um sie von »echter Arbeit« abzusetzen, die traditionell von Männern geleistet wird. Oft ist von »Frauenarbeit« die Rede. Die Philosophin Hannah Arendt beschreibt es in ihrer berühmten Abhandlung *Vita activa oder Das tätige Leben* als »Arbeiten« und unterscheidet es von den Kategorien »Herstellen« und »Handeln«.[8] Das flüchtige Arbeiten diene der Erhaltung des Lebens: der Mensch als »animal laborans«, als arbeitendes

Tier. Beim konstruktiven »Herstellen« entstehen greifbare, dauerhafte Resultate; daher bekommt man dafür eher einen Lohn. Am edelsten ist das »Handeln«, bei dem es darum geht, die Gesellschaft zu reflektieren und aufzubauen und den eigenen Platz in Beziehung zu anderen zu bestimmen, etwa in der Kunst, der Politik oder dem Erzählen. Wenn Kochen Arbeit ist, so wird beim Herstellen ein Tisch gemacht, und beim Handeln drückt jemand der Welt seinen Stempel auf. Arendt sagt nicht ausdrücklich, welche Form des tätigen Lebens besser oder wichtiger ist, aber es ist offensichtlich, womit sie selbst den größten Teil ihres Lebens verbracht hat. Nur eine Denkerin wie Arendt konnte die wichtigsten Arten menschlicher Tätigkeit so hervorragend beschreiben und gleichzeitig die Frage von Profit und Macht fast vollständig unberührt lassen, die Frage also, wer eigentlich in der Gesellschaft welche Tätigkeiten verrichtet und wer sich daran bereichert.

In Arendts Darstellung fehlt weitgehend, was in der politischen Philosophie grundsätzlich fehlt: die Anerkennung, dass soziale Reproduktion wertvolle Arbeit ist.

Wenn die Covid-19-Krise etwas bewiesen hat, dann, dass keine Arbeit essenzieller ist als die zur Erhaltung menschlichen Lebens. Nach vierzig Jahren Neoliberalismus in Großbritannien samt der damit einhergehenden Schwächung der sozialen Sicherungsnetze wird die Arbeit, Leben hervorzubringen und zu erhalten, nicht mehr als öffentliche Verantwortung gesehen. Stattdessen sind es Frauen, die, meist in einem privaten, persönlichen Umfeld, in der Liebesbeziehung und im Familienverband, als erste und letzte Verteidigungslinie gegen die Verheerungen der modernen Ökonomie den Kopf hinhalten. Wenn Männer und Jungs an den Klippen des Kamikaze-Kapitalismus ins Taumeln geraten, sind es Frauen, von denen erwartet wird, dass sie ihren Körper als Netz aufspannen. Sehr oft tun sie das auch, weil es sonst niemand macht. Wie oft ich es gemacht habe, kann ich gar nicht zählen, und ich habe viel meiner und anderer Leute Zeit vergeudet, ehe ich eingesehen habe, dass man die Welt nicht einen kaputten Mann nach dem anderen retten kann.

In den letzten Jahren hat der Begriff »Emotionsarbeit« Eingang in den allgemeinen Sprachgebrauch gefunden: die »Freundinnenarbeit«, die geleistet wird, um die von der modernen Wirtschaft Versehrten wieder zusammenzuflicken. Frauen, die sich abmühen, die sozialen Versorgungslücken in der Beziehung zu schließen, wird die Schuld dafür gegeben, dass der Spätkapitalismus die Versprechen, die er den Männern gegeben hat, nie einzuhalten gedachte. Sie werden für die Erniedrigung von Männern verantwortlich gemacht. Sie werden implizit oder explizit dafür verantwortlich gemacht, dass Männer keine Sicherheit, keine würdevolle und verlässliche Arbeit haben, dass sie frustriert und machtlos sind. Dass auch Frauen mutmaßlich all diese Erniedrigungen und noch einige andere hinnehmen müssen, tut nichts zur Sache: Frauen sind ja für Demut, fürs Leiden geschaffen. Überall auf der Welt werden Männer von dem Verdacht aufgezehrt, dass man sie betrogen hat, dass ihnen eigentlich mehr vom Leben zusteht, als sie haben. Und sie haben Recht. Aber *das, was ihnen zusteht, sollte nicht von Frauen und Mädchen kommen.*

Vor nicht allzu langer Zeit war die heterosexuelle Ehe noch ein klares wirtschaftliches Arrangement: In einer Ökonomie, die darauf abgestellt war, Frauen in Abhängigkeit von Männern zu halten, wurden Arbeitskraft und sexuelle Dienste der Frau gegen Nahrung, Obdach und »Schutz« eingetauscht. Diese Regelung legte den Grundstein für die Kernfamilie und organisierte Haushalte als wirtschaftliche Produktionseinheiten. Die große Aufgabe im Leben einer Frau war es, den Ansprüchen zu genügen, um sich von einem annehmbaren Mann besitzen zu lassen. Diese Logik hält sich erstaunlich lange.

Mit dem Frauenwahlrecht und der Liberalisierung des Scheidungsrechts ist die Grundannahme, dass die Liebe die wichtigste Aufgabe im Leben einer Frau und die Ehe ein Arbeitsvertrag sei, nach dem sie gleichzeitig Angestellte und Produkt ist, nicht hinfällig geworden. Statt sich auf einen Job fürs Leben verlassen zu können, müssen sich Frauen heute allerdings fortwährend auf dem eintönigen Markt der ökonomisierten Liebe abrackern.

Die Ehe und andere Formen der heterosexuellen monogamen Partnerschaft garantieren nicht mehr wie einst Sicherheit, doch wurde dieser Mangel zumindest für heterosexuelle Frauen nicht etwa durch einen Zuwachs an persönlicher Freiheit ausgeglichen. Statt die Ehe als »Job fürs Leben« – oder für einen erheblichen Teil des Lebens – zu betrachten, müssen Frauen in einer Abfolge unsicherer, ermüdender Beziehungen ohne langfristige Bindung immer neue Übereinkünfte aushandeln. In Ermangelung kultureller oder wirtschaftlicher Strukturen, die beim Dating eine echte Wahlfreiheit eröffnen würden, kann von Freiheit keine Rede sein: Das Dating folgt den Regeln der Gig Economy.

Wie jeder andere ist auch der heterosexuelle »Dating-Markt« zugunsten einer Handvoll reicher alter *weißer* Männer und zu Lasten aller anderen manipuliert. Er baut auf eingeschränkte Wahlfreiheit und willkürliche Regeln und zielt darauf ab, uns anderen möglichst viel von unserer Zeit und Energie zu rauben, ködert uns aber gleichzeitig mit dem Versprechen der Erfüllung, das er von vornherein nicht einhalten kann. So kapert skrupelloser Kommerz die intimsten zwischenmenschlichen Beziehungen. So verwandeln fantasielose Machtmenschen die innigsten und magischsten gemeinsamen Momente in einen freudlosen Kampf um Ressourcen.

Millionen von Frauen und Mädchen in aller Welt glauben noch immer an diese deprimierende Vorstellung von Liebe. Wer kann es ihnen verübeln? Wenn dein tägliches Überleben und die Sicherheit deiner Kinder davon abhängen, dass die Männer in deinem Umfeld es bequem haben, und wenn diese Bequemlichkeit der Männer in deinem Umfeld davon abhängt, dass du deine Ziele und Bedürfnisse zurückstellst, dass du ungezählte Stunden Hausarbeit und emotionaler Fürsorge leistest, dass du Geringschätzung und Gewalt hinnimmst, dass du deine Sexualität in den Dienst ihrer Zufriedenheit stellst und sie nie wissen lässt, wie sehr sie dich verletzt haben, dann wirst du all das und mehr tun. Nicht, weil du dumm bist, und nicht, weil du von Natur aus selbstlos bist, sondern weil dir nichts anderes übrig bleibt.

Der Markt für Intimität hat die romantische Liebe geopfert und verkauft sie uns in blutleeren Häppchen zurück. Auf dem Dating-Markt erfahren die meisten von uns die Warenlogik der Sexualität am eigenen Leib. So gefühlskalt und freudlos das Spiel ums Daten, so ermüdend und unbefriedigend Hetero-Beziehungen auch geworden sind, ist die kulturelle Aversion vor dem Alleinsein doch dermaßen groß – Single zu sein, unabhängig zu sein –, dass viele von uns die Spielregeln aus Angst nicht hinterfragen. Die Knappheitsmentalität hat kulturelle Auffassungen von Liebe und Sexualität infiziert, sie mit Panik und Verzweiflung erfüllt. Wir gleichen Supermarktkund*innen, die vor einem Hurrikan alles Essbare an sich reißen, schubsend und keifend die Regale leerräumen. Erst zu spät wird uns bewusst, dass wir — unter anderem — darum wetteifern, mehr Arbeit zu verrichten. Dass die Rolle der Ehefrau, der Freundin oder Mutter keine ist, in der sich frau entspannt einrichten kann. Dass in diese Rolle viel Mühe und Kraft fließen, die aber unsichtbar bleiben, weil sie zur Taxonomie der »Liebe« fest dazugehören.

Wenn wir aber Liebe als eine Form der Arbeit begreifen – notwendige Arbeit, ohne die sich das Geflecht der Menschheit auflöst wie die losen Maschen einer Strickarbeit: Sorgearbeit, einer anderen Person Zuwendung schenken, ihre Bedürfnisse erfüllen –, tritt die Ungerechtigkeit zutage, die sich im Herzen alter Liebeslieder verbirgt. Die Arbeit der Liebe – sexuelle, erotische Liebe eingeschlossen – war nie eine, die sich die meisten Frauen frei aussuchen konnten, und häufig ist sie das bis heute nicht. Die Arbeit der Liebe war und ist keine, in der Frauen irgendwelchen Arbeitsschutz für sich aushandeln könnten.

Wie Studien belegen, kommen die »Vorteile der Ehe« – das Mehr an Gesundheit, Wohlstand und Glück, das häufig mit dem Ehestand assoziiert wird – überproportional Männern zugute.[9] Verheirateten Männern geht es besser als alleinstehenden Männern. Verheirateten Frauen dagegen geht es seelisch, körperlich und finanziell nicht besser als unverheirateten Frauen.

Egal, wie viele Filme und rührselige Dating-Ratgeber uns einreden, das Leben einer Frau sei unvollständig, wenn es nicht ständig um einen Mann kreist, eine Frau ohne Mann und Kinder habe kläglich versagt, sei dazu verdammt, allein zu sterben und langsam von ihren Haustieren angefressen zu werden: In Wahrheit sind es – und zwar durchweg – Männer, die am meisten von der »traditionellen« monogamen Ehe profitieren. Das ist ein relevanter Punkt, der immer mehr Frauen zweifeln lässt, ob sich die ganze Sache eigentlich lohnt.

Wenn Liebe Arbeit ist, dann müssen sich Frauen organisieren, um bessere Bedingungen auszuhandeln. Und genau das geschieht zurzeit.

Überall in der Welt befinden sich Frauen im Streik. Das ist keine großartige Kampagne, keine organisierte Bewegung. Es ist ein natürlicher Prozess. Frauen entscheiden sich einfach dagegen. Sie entscheiden sich gegen die Ehe, gegen

Langzeitbeziehungen mit Männern, und vor allem dagegen, Kinder zu kriegen. In Europa und Amerika leben heute mehr Frauen allein oder jedenfalls ohne Partner als in jeder anderen Ära der überlieferten Geschichte. Das ist durchaus keine Tragödie. Die schlichte Wahrheit lautet, dass – vor allem für Frauen, die sich nicht unbedingt Kinder wünschen – das Singlesein häufig die bessere Alternative ist.

»Es ist ein radikaler Umbruch, eine landesweite Abrechnung mit massiven gesellschaftlichen und politischen Folgen«, so Rebecca Traister:

> Über alle Klassen und *Races* hinweg erfolgt eine grundlegende Revision dessen, was unter weiblichem Leben alles zu verstehen sein könnte. Wir erleben die Erfindung der unabhängigen erwachsenen Frau nicht als Abweichung, sondern als Norm, und die Schaffung einer völlig neuen Bevölkerungsgruppe: erwachsene Frauen, die auf die Männer, die sie heiraten, wirtschaftlich, sozial, sexuell oder reproduktiv weder angewiesen sind, noch von ihnen definiert werden.[10]

Nachdem Generationen von Feminist*innen um Eigentumsrechte, gleiche Bezahlung, ein besseres Scheidungsrecht und mehr Sozialleistungen gekämpft haben, sind heute deutlich weniger Frauen juristisch oder finanziell gezwungen, jemandes Frau oder Freundin zu sein. Nach wie vor bekommen Frauen in vergleichbaren Positionen und in fast allen Branchen immer noch weniger Geld und erwirtschaften im Laufe ihres Lebens geringere Einkünfte als Männer, nicht zuletzt, weil in der so genannten »echten« Wirtschaft für Mutterschutz und Erziehung nicht ausreichend Sorge getragen wird. Aber langsam schließt sich die Lücke. Immer mehr Frauen, auch Mütter, können ein Mindestmaß an Sicherheit erlangen, ohne ihre Unabhängigkeit zu opfern.

Frauen und Mädchen verweigern nicht nur Männern, die kein Interesse an ihrer Lust haben, Sex – sie verweigern auch Männern, die kein Interesse an gleichberechtigten Beziehungen haben, Intimität und Liebe. Männer, die Frauen wie Menschen behandeln und sich zumindest ansatzweise im Griff haben, sind Mangelware, und so bleiben mehr und mehr von uns lieber allein. Es ist einfach angenehmer und bereichernder, allein zu sein, als einem verbitterten, gefühlssaugenden Vampir hinterherzukriechen und zu hoffen, dass es besser wird mit ihm, wenn du ihm die nächste Ader anbietest.

Angesichts der Option, mit ihrer kurzen Zeit auf Erden etwas anderes anzufangen, egal was, gelangen mehr und mehr Frauen zu dem Schluss, dass sie lieber nicht seine Socken sortieren, seine Kindheitstraumata lindern und seine Kinder aufziehen wollen. Die wachsende Unabhängigkeit von Frauen bedroht die männliche Identität massiv, und das aus gutem Grund. Wir haben den Frauen beigebracht, unabhängig von Männern zu sein – mit Gloria Steinems Worten: unsere eigenen Ehemänner zu sein –, aber wir haben Männern nicht beigebracht, ihre eigenen Frauen zu sein. Heterosexuelle Männer merken, dass sie nicht in der Lage sind, unabhängig von Frauen klarzukommen, und das macht sie wütend und ängstlich.

Natürlich gibt es durchaus Männer, die mutig und anständig und auf der Suche nach einer Partnerschaft auf Augenhöhe und reif genug sind, das auch durchzuziehen, doch sind sie eben nicht so zahlreich wie die Frauen, die solche Männer suchen – so simpel ist das. Und das beeinflusst das Kräfteverhältnis innerhalb der Heterosexualität. Wir dürfen nicht vergessen, dass Männer nicht nur durch strafbare sexuelle Übergriffe Macht über Frauen ausüben können. Tatsächlich sind viele der schlimmsten Neigungen von Hetero-Männern in gesellschaftlichen Machtpositionen – das Lügen, das Betrügen, der systematische Vertrauensmissbrauch –

gar keine Verbrechen. Darüber zu reden, ist schwierig in einer Kultur, in der das Unterlassen brutaler Vergewaltigung offenbar immer noch der Goldstandard für anständiges männliches Verhalten ist. Umso wichtiger ist es, dass wir die vielen Methoden, mit denen Männer Frauen und Mädchen erniedrigen und entmenschlichen, zum Thema machen.

Unsere romantischen, genderspezifischen Skripte fließen ein in die Geschichten, die wir erzählen, in die Kunst, die wir machen, in die Welten, die wir fiktiv und faktisch errichten. Und wenn wir immer und immer wieder vermitteln, dass Frauen nur in der Beziehung zu einem Mann wertvoll sind, dass Frauen am liebenswertesten sind, wenn sie ihren eigenen Wert nicht kennen, dann senden wir eine Botschaft. Diese Botschaft ist auf ihre Weise ebenso schädlich wie die, dass Frauen in manchen Kulturkreisen nur dann einen Wert haben, wenn sie jung und scharf sind und sich nicht beklagen. Tatsächlich geht beides Hand in Hand: Nach derselben misogynen Logik, die Frauen abspricht, aktiv und unabhängig denken und kreativ sein zu können, wird der Wert einer Frau nach ihrer Jugend und Unerfahrenheit bemessen – und beides systematisch ausgebeutet. Mächtige Männer machen Kunst, verändern die Welt und suchen sich Mädchen aus, und die Mädchen bewundern die Kunst und warten geduldig darauf, ausgewählt zu werden. So war das immer gedacht.

Mich erstaunt immer wieder, wie viele anständige, progressive, einfühlsame Männer, die – theoretisch – mit uns in den Zug in Richtung Gleichstellung eingestiegen sind, davon auszugehen scheinen, dass sich ihr Verhalten in einer intimen Beziehung zu einer Frau in einer Art Märchenwelt abseits der Politik abspielt. Das sind feministische und antirassistische Männer, die offenbar meinen, es habe nichts mit Rassismus oder Sexismus zu tun, wie sie eine Frau in einer Beziehung behandeln. Die Frauen, die sie nicht daten oder heiraten, behandeln diese Männer oft selbstverständlich anständig. Sie wollen eine von echter Gleichberechtigung und gegenseitiger Menschlichkeit geprägte Beziehung mit einer dynamischen, selbstbewussten erwachsenen Frau; sie wollen all das wollen, von dem sie wissen, dass sie es wollen müssten, wenn sie die anständigen Männer wären, die sie gern sein wollen.

Aber Menschen wollen alles Mögliche, was sie eigentlich nicht wollen sollten. Menschen wollen Status und schlichte Anbetung und jemanden, der ihr Selbstwertvakuum füllt. Sie wollen das Risiko einer Ablehnung vermeiden; sie wollen stark und wichtig sein; sie wollen sich gebraucht fühlen, ohne sich wirklich zu offenbaren. Wie Studien belegen, können sich zwar viele hetero- und bisexuelle Männer theoretisch vorstellen, mit einer älteren, erfolgreicheren oder begabteren Frau zusammen zu sein, doch in der Praxis schätzen sie an einer Partnerin vor allem deren Schönheit, Selbstaufopferung und den Anschein von »Verletzlichkeit«.

Die meisten Menschen möchten gern kompetent, wichtig und mächtig sein. Und der Impuls, Sex und Intimität als verwertbare Quelle für das Erlangen von Status zu behandeln, ist bei Männern, die mit den Widersprüchen moderner Männlichkeit ringen, umso stärker, weil ihnen die traditionellen Wege zur Selbstzufriedenheit nicht mehr ohne weiteres offen stehen.

Manche Männer mögen – zu Recht – widersprechen, wenn man ihnen unterstellt, Unabhängigkeit, Selbstvertrauen, Intelligenz und beruflichen Erfolg an Frauen unattraktiv zu finden. Viele Männer betonen, sie wären liebend gern mit einer klugen, witzigen, dynamischen Frau mit eigenem Geld zusammen. Warum sind aber dann fast alle meine klugen, witzigen, erfolgreichen heterosexuellen Freundinnen Single oder quälen sich durch Beziehungen mit gefühllosen Mittelmaßmännern, weil sie meinen, keine bessere Alternative zu haben?

Auch erfolgreiche Frauen wollen Status und Anbetung, doch sie können in der Regel nicht auf eine Liste schöner, fragiler Zweiundzwanzigjähriger zugreifen, die ihnen versichern, wie wunderbar sie sind. Erfolgreichen Frauen muss niemand sagen, dass sie mit Ruhm, Geld und Macht keine Liebe kaufen können. Das finden sie ziemlich schnell selbst heraus, wenn sie die erste Morddrohung erhalten oder bei einem Date ihrem Gegenüber die Gesichtszüge entgleiten, sobald er hört, wie sie ihren Lebensunterhalt bestreiten.

Solche Erwägungen sind heterosexuellen Männern eher fremd, denn sie müssen nur selten etwas an sich ändern, um dem anderen Geschlecht zu gefallen, geschweige denn müssen sie sich klein machen oder ihren Ehrgeiz zügeln, um sich der Unsicherheit einer potenziellen Partnerin anzupassen.

Tatsache ist, dass Männer nicht zwischen Macht, kreativer Erfüllung, Unabhängigkeit und Liebe wählen müssen. Frauen müssen wählen, mussten es schon immer, aber die Überlegungen, die diese Wahl leiten, ändern sich. Dass das Wohl einer heterosexuellen Frau vollständig davon abhängt, ob sie sich die Zuneigung eines Mannes sichern kann, kommt nicht mehr so häufig vor wie in der Generation unserer Großeltern.

Es stimmt nicht so ganz, dass selbstbewusste, tüchtige heterosexuelle Frauen, die alt genug sind, um in eine anständige Matratze investiert zu haben, gar niemanden finden könnten, der sie mit ihnen teilt. Es gibt durchaus Möglichkeiten, die allerdings oftmals eher reizlos oder gar gefährlich sind.

Es ist auch nicht so, dass hetero- und bisexuelle Frauen keine Beziehung mit Männern haben wollten. Die meisten wünschen sich das durchaus, allerdings nicht so sehr wie all das, was sie aufgeben müssten, um einen Mann zu bekommen. Die meisten meiner alleinstehenden, erfolgreichen, selbstbewussten Freundinnen haben eine ziemlich genaue

Vorstellung davon, warum ihnen geeignete Männer nicht gerade die Tür einrennen: Denn das, was Männer abschreckt, mögen sie an sich selbst am meisten.

Heute wird Frauen erlaubt, etwas anderes wichtiger zu finden als die Liebe und Anerkennung eines Mannes, und dieser Wandel stellt die Gesellschaft, wie sie sie kennen, langsam auf den Kopf. Doch ich habe es wirklich satt, so lange noch zusehen zu müssen, wie die genialsten Frauen, die ich kenne, in nicht enden wollenden unbezahlten Praktika der heterosexuellen Liebe ihre Kraft und Zeit vergeuden, wie sie sich quälen, damit ein Mann sie endlich in ihr Herz lässt, obwohl sie doch wissen, dass er ihnen dann umgehend Wischmopp und Eimer in die Hand drückt, damit sie mit dem Schrubben beginnen können. Ich habe es satt, mir ansehen zu müssen, wie sich meine sensibelsten und einfühlsamsten Freundinnen an ihren glanzlosen Partner anpassen, wie sie Fürsorge und Emotionsarbeit darauf verwenden, die Versehrten des Spätkapitalismus aufzurichten, als könne eine Frau die Welt nur Mann für Mann verändern. Wie im Rest der Gig Economy ist auch hier die ideale Arbeiterin jung, verletzlich und leicht auszubeuten.

Genau wie Männer strengen sich Schriftstellerinnen, Künstlerinnen, Kreative und Berufstätige aller Metiers an, auf ihrem Gebiet den Durchbruch zu schaffen. Wir müssen den Stress, harte Arbeit, lange Nächte, Sehnsucht und lähmende Selbstzweifel wegstecken. Wir müssen all das bewältigen, was auch Männer bewältigen müssen – und dann müssen wir uns noch mit den Männern herumschlagen. Wir müssen ihre Erwartungen erfüllen, genial genug sein, um von ihnen wahrgenommen zu werden, aber auch wieder nicht so interessant, dass wir sie verärgern. Wenn wir behindert, neurodivers, queer, Indigen, Schwarz oder of Colour sind, tun wir uns noch schwerer, ihren Maßstäben gerecht zu werden. Und je stärker wir vom romantischen Liebesideal abweichen, desto weniger Spielraum bleibt für einen einzigen Fehler, egal in welchem Bereich unseres Lebens.

Über die Jahrhunderte haben Männer ein gesellschaftliches, wirtschaftliches und politisches System geschaffen, das es Frauen fast unmöglich macht, sie zurückzuweisen. Eben deshalb löst auch der Gedanke, der *Consent* einer Frau könne tatsächlich relevant sein, eine solche kognitive Dissonanz aus.

Es ist nicht so, dass Männer Frauen nichts mehr zu bieten hätten, im Gegenteil. Aber das, was sie zu bieten haben, entspricht eben nicht dem, was man ihnen als wertvolle Attribute beigebracht hat. Jon Birger legte 2015 in seinem berühmten Buch *Date-onomics* dar, dass der Dating-»Markt« aufgrund der relativen Knappheit an heiratsfähigen Männern mit College-Ausbildung zugunsten der Männer verzerrt sei. Das Buch illustriert, was geschehen kann, wenn sich ein Statistiker an einem Softporno versucht: Der Autor behandelt die »College-Ausbildung« als wichtigsten Knappheitsfaktor, dabei suchen viele Frauen einen Partner mit stabiler Persönlichkeit, nicht mit stabiler Altersvorsorge. Der Collegeabschluss garantiert weder das eine noch das andere. Interessanterweise rechnet Birger in seinen statistischen Modellen die Absolventen heraus, die Frauen deshalb nicht zur Verfügung stehen, weil sie schwul sind, nicht aber diejenigen, die zum Beispiel nicht in Frage kommen, weil sie seelentötende hinterfotzige Idioten sind, die im Kindesalter stehen geblieben sind und in ihrer toxischen Scham nur so schwimmen. Diese wimmernden Riesenbabys spielen in der Statistik keine Rolle, weil man davon ausgeht, dass in einer Partnerschaft mit einer Frau, wie auch in vielen anderen Bereichen, der wirkliche Charakter eines Mannes keine Rolle spielt.

Ich weiß ja, die Sache mit dem Charakter ist auf niedliche Art retro. Ich weiß, wir befinden uns in der Zukunft, in der jede menschliche Fähigkeit in die Logik des Marktes eingepasst werden muss. Aber nach wie vor ringen Männer in ihrem Bemühen, »Männer« zu sein, auch darum, Menschen zu sein. Und wenn wir die Vorlieben der Menschen miteinbeziehen, wünschen sich die meisten in einer guten Beziehung menschlichen Anstand. Zumal durch die wachsende Unabhängigkeit heterosexueller Frauen all das, was sie traditionell und erziehungsgemäß von Männern erwartet haben – finanzielle Sicherheit, Schutz vor marodierenden Räuberbanden –, mittlerweile nicht mehr so verbreitet und vor allem nicht mehr so wichtig ist.

Das heißt, Männer müssen sich nicht zwischen Macht und Unabhängigkeit einerseits und Liebe andererseits entscheiden, Frauen aber sehr wohl. Hinter der Angst vieler Männer vor erfolgreichen, vielseitigen Frauen könnte die berechtigte Furcht stehen, dass auch sie vielseitiger werden müssen. Wenn ihnen ihre Beziehungen und ihre Brieftasche nicht mehr weiterhelfen, müssen sie womöglich an ihrem Charakter arbeiten.

Frauen, die sich in ihrem Leben oder in der Partnerschaft mit Mittelmäßigkeit nicht mehr zufrieden geben, begehen damit einen stillen, privaten Akt der Rebellion. Den mir bekannten Frauen, die so erfolgreich, glücklich und selbstbewusst sind, wie es in einer Zeit der globalen Krise eben geht, haben vor allem eines gemeinsam: Sie geben sich nicht einfach zufrieden, und zwar in keinem Lebensbereich. Sie kennen ihren Wert oder haben gelernt, so zu handeln, als ob sie ihn kennen. Sie wollen einen Platz an der Tafel, ein Stück vom Kuchen; sie begnügen sich nicht mit Krümeln am Katzentisch. Die meisten haben sich diese Denkweise über Jahre antrainiert. Warum sollten sie sie jetzt für einen Mann ändern, der sie eines Tages im Stich lassen könnte? Ein Posten an der Uni lässt uns nicht sitzen, weil er auf Instagram eine kennengelernt hat, die ihm wirklich zuhört. Und wenn uns der Job doch abhandenkommt, nimmt er zumindest nicht das gute Porzellanservice mit. Unsere Ersparnisse mögen nur so verlässlich sein wie das globale Finanzsystem, sind damit aber deutlich verlässlicher als viele Männer der Generation Y.

Wenn sich Frauen entscheiden müssen zwischen der Liebe eines Mannes auf der einen und Sicherheit, Unabhängigkeit und persönlicher Macht auf der anderen Seite, wählen viele Letzteres. Das ist keine leichte Entscheidung. Eine solche Entscheidung erregt immer noch Mitleid. Aber für immer mehr von uns ist es eine positive Entscheidung – und eine, die die Machtverhältnisse zwischen den Gendern für alle Zeiten ändern kann.

Wenn Frauen aus dem Hamsterrad ausbrechen und nicht weiter versuchen, einen heiratsfähigen Mann zu ergattern, bevor in dem großen Glücksspiel der modernen Dating-Stuhlpolonaise die Musik aufhört, wenn Frauen Liebe nicht mehr zu den Bedingungen der Männer begehren müssen, wenn wir bereit sind, verletzende, demütigende und strapaziöse Liebe hinter uns zu lassen, dann ist das mehr als *Empowerment.* Es ist eine neue Form der Tarifverhandlung für die Liebesarbeit.

Vielen Frauen fällt es immer noch schwer, sich von Männern zu trennen, aber es ist nicht mehr so schwer wie früher. Wenn eine heterosexuelle Frau Pech in der Liebe hat, wird ihr gern eingeredet, das liege an ihren eigenen Unzulänglichkeiten oder falschen Entscheidungen: Sie müsse sich einfach mehr anstrengen, besseres »Girlfriend-Material« abgeben und beim nächsten Mal klüger entscheiden. Dieses Narrativ blendet die Möglichkeit aus, dass Frauen womöglich nicht allein schuld sind, sondern dass sehr viele heterosexuelle Männer als Partner einfach nicht taugen, weil sie gelernt haben, dass man eine Beziehung erwirbt, nicht, dass man sich darum bemühen muss. Die sexuelle Revolution zielt nicht darauf ab, dass Frauen die klügeren Entscheidungen treffen.

Die sexuelle Revolution zielt darauf ab, dass Frauen mehr echte Wahlmöglichkeiten erhalten.

Einigen ist das zu viel. Ihnen ist es zu radikal, wenn Frauen *en masse* lieblose Beziehungen beenden dürften, in denen ihre Liebe nicht aktiv erwidert und ihnen die Behutsamkeit, Anständigkeit und Autonomie, die sie verdienen, verweigert werden. Aber jedes Mal, wenn eine Frau das Problem nicht nur bei sich selbst sucht, wenn sie Geringschätzung, Feigheit und Gewalt als Preis für die Liebe nicht hinnimmt, wird es für alle anderen einfacher, ihrem Beispiel zu folgen. Schon heute lösen sich Frauen und Mädchen aus gefährlichen, unbefriedigenden, strapaziösen heterosexuellen Beziehungen, unabhängig von den gesellschaftlichen Nachteilen, die für sie damit einhergehen, und stellen die eigene Freiheit über die oft unzuverlässige Sicherheit, die ihnen die Liebe eines Mannes angeblich bietet. In der entwickelten Welt gibt es bereits mehr alleinstehende Frauen, die für sich selbst sorgen, als zu irgendeinem anderen Zeitpunkt in der überlieferten Geschichte. Das ist sexuelle Revolution.

Mit den sinkenden Eheschließungs- und Geburtenraten macht sich in immer mehr Staaten der Welt Panik breit, und rechtsextreme Parteien werben in ihren Wahlprogrammen offen dafür, Frauen in ihre traditionelle Rolle als Mutter und Ehefrau zurückzudrängen. Die Heterosexualität geht für die Frauen nicht auf, warum also sollten sie sich wieder in die Küche verbannen lassen? Die offensichtliche Antwort auf diese Frage kommt Konservativen aber offenbar nicht in den Sinn: *Die Heterosexualität muss Frauen mehr bringen*, mit all den Anstrengungen und der wirtschaftlichen Infrastruktur, die dafür erforderlich sind. Heterosexuelle Männer würden, scheint es, alles tun, um Frauen zur Liebe zu zwingen, nur nicht das, was Frauen eigentlich wollen: sie im Gegenzug auch zu lieben und mit einem Mindestmaß an Respekt zu behandeln.

Die einzige gesellschaftlich akzeptable Lösung scheint stattdessen darin zu bestehen, dass heterosexuelle Frauen ihre Erwartungen herunterschrauben. Der Gedanke, dass Männer tatsächlich daran arbeiten müssen, bessere Partner zu sein, ist in der modernen Politik immer noch dermaßen tabu, dass zur Verschleierung dieses grundlegenden Versagens fantastische Euphemismen bemüht werden. Aber Frauen geben sich nicht mehr mit Männern zufrieden, die diese Arbeit verweigern, und jedes Mal, wenn eine Frau zu dem Schluss gelangt, dass sie sich lieber gut fühlen als gut sein möchte, geht in der Welt eine kleine, aber unwiderrufliche Veränderung vor sich.

Die heterosexuelle Liebe wird erst dann wirklich frei sein, wenn sich Frauen für eine Partnerschaft mit einem Mann entscheiden können, weil sie es wollen, nicht weil sie es müssen. Wenn Liebe nicht mehr ein Dienst ist, den ein Geschlecht am anderen leistet, sondern wenn alle Menschen jeglichen Genders ermutigt werden, sich der Liebesarbeit zu stellen. Das ist eine romantische Vorstellung, im ursprünglichen Sinne von Romantik, die mit Blumen, Banalitäten oder dem verbissenen Wettbewerb einer Stuhlpolonaise nichts zu tun hat. Romantik ist der Triumph des Möglichen über das nur Wahrscheinliche.

Wie wäre es, in einer Welt zu leben, in der es genug Liebe, genug Lust, genug Fürsorge für alle gibt? In der Menschen einander Zuneigung nicht mit Intrigen, Tricks und Schikanen abluchsen müssen? In der sich Männer, Frauen und alle anderen auf Augenhöhe, von Angesicht zu Angesicht begegnen können, mit all unseren Fehlern und gebrochenen Herzen und wunden Stellen, und versuchen, gemeinsam Mensch zu sein in dieser sich verändernden Welt? Wie wäre es, wenn wir einander ohne Gender-Zwangsjacke lieben könnten? Vielleicht bin ich ja eine Romantikerin, aber ich glaube immer noch, dass wir es eines Tages erfahren werden.

7

Arbeitskörper

In praktisch jeder nur denkbaren Branche wird Sexualität gegen das Fortkommen von Frauen in Stellung gebracht. In männerdominierten Arbeitsumgebungen bringt man Frauen mittels sexueller Gewalt bei, wo ihr Platz ist und welche Rolle sie zu spielen haben: Halt den Mund und lächle, sonst setzt es was. Auf jeden berühmten Mann, der seinen Job verloren hat, weil er die Finger nicht von den Praktikantinnen lassen konnte, kommen Hunderte begabter, genialer Frauen und Mädchen, die nie aufsteigen, nie ihre Fähigkeiten ausschöpfen oder ihren Beitrag zur Kultur leisten konnten. Das bleibt oft unausgesprochen in der Debatte über Arbeit und darüber, wessen Arbeit zählt.

Die #MeToo-Bewegung begann als Kampagne gegen sexuelle Belästigung am Arbeitsplatz. Als Erstes meldeten sich in der relativ exklusiven Welt der Medien, Unterhaltung, Politik und Technologie Frauen zu Wort und schilderten, wie sie erniedrigt und zum Schweigen gebracht wurden, wenn sie die Aufgaben erledigen wollten, für die man sie eingestellt hatte. Dann stellten mit etwas weniger öffentlicher Begleitmusik Frauen in schlechter bezahlten, weniger glamourösen Branchen Forderungen. Beschäftigte in Fast-Food-Restaurants. Arbeiterinnen in der Landwirtschaft. Haushaltshilfen. Militärangehörige. Bald verloren Männer in aller Welt ihren Job wegen sexueller Gewalt – und das hat bis heute enorme Folgen.

Herkömmliche Rechtssysteme haben sich als völlig ungeeignet erwiesen, um gegen sexuelle Gewalt, Sexismus und institutionellen Rassismus vorzugehen. Deshalb fällt den Arbeitgeber*innen die Aufgabe zu, für eine Form der Wiedergutmachung zu sorgen und als Bannerträger des Kulturwandels aufzutreten. Seit ein paar Jahren ist es wahrscheinlicher, dass einzelne Männer, die sexueller Übergriffe, der Belästigung oder der offenen Diskriminierung beschuldigt werden, ihren Job verlieren oder von einflussreichen Positionen zurücktreten müssen, als dass ihnen juristische Konsequenzen entstehen. Das Image von Unternehmen hat sich zu einem Ersatz für eine gemeinsame Ethik entwickelt.

Verliert ein Mann seinen Job, weil sein Verhalten für seine Firma oder die Kolleg*innen untragbar geworden ist, so nimmt die breite Gesellschaft dies als kollektiven Angriff wahr – besonders, wenn es sich um einen einflussreichen *weißen* Mann handelt. In einer Kultur, die Arbeit als überragende moralische Disziplin wertschätzt und berufliche Erfolge mit persönlichen Tugenden gleichsetzt, ist Degradierung oder Arbeitsplatzverlust in mehrfacher Hinsicht demütigend. Wenn Männer und *weiße* Frauen plötzlich auf höhere ethische Standards am Arbeitsplatz verpflichtet werden können, ist das ein Signal für einen Wandel der sozialen Normen und löst eben deshalb Abwehr aus.

In den Fällen der letzten fünf Jahre, in denen prominente Menschen in Medien, Kultur, Universitäten, Finanzen, Politik und Unterhaltung zurücktreten mussten oder entlassen wurden, kreiste der Protest meist um den Verlust, um die wertvollen Beiträge, die diese Männer und (seltener) *weißen* Frauen hätten leisten können, wenn sie ihre Arbeit unbehelligt hätten fortsetzen dürfen.

Dieses Argument ist aus zwei Gründen unsinnig. Erstens geht es davon aus, dass ein Mensch, der rassistischen oder sexistischen Grundsätzen folgt, ein Werk erschaffen oder dazu beitragen könnte, ohne auf diese Werte zurückzugreifen. Zweitens wird der größere Verlust übersehen, den Wirtschaft und Kultur in den Jahrhunderten systematischer Vorurteile erlitten haben.

Der kapitalistische Arbeitsplatz war *schon immer* ein Mittel zur Durchsetzung sexistischer und rassistischer Normen. Wenn Schwarze Menschen oder People of Colour und *weiße* Frauen bei der Beförderung regelmäßig übergangen, durch Belästigung von ihrem Arbeitsplatz verdrängt oder schlicht erst gar nicht eingestellt werden, so ist das nicht nur ein Verlust für einzelne Betroffene – es ist ein Verlust für die Gesellschaft als Ganzes, weil Talent und Innovation systematisch unterdrückt werden, um Macht, Geld und Einfluss in den Händen von *Weißen* und von Männern zu konzentrieren. In den Vereinigten Staaten erreichen die Antidiskriminierungsbehörde Equal Employment Opportunity Commission (EEOC) jährlich über 100.000 Beschwerden wegen Diskriminierung am Arbeitsplatz aufgrund von *Race*, Geschlecht, Gender oder Behinderung, doch nicht einmal in jedem fünften Fall gibt es eine Entschädigung.[1]

Während die feine Gesellschaft gegen die »Cancel Culture« wettert, beklagen die Reichen und Erfolgreichen Entlassungen aufgrund von Vorurteilen als »Mobjustiz« und sprechen sogar von »Hexenjagd« und »Lynchmord«. Es ist schon bezeichnend, wenn *Weiße* und Reiche, die sich ungerecht behandelt fühlen, eine Sprache verwenden, die echte physische, blutige Gewalt beschreibt, die seit Menschengedenken an den Körpern von Schwarzen, People of Colour und *weißen* Frauen verübt wird.

Die Erwartung, dass alle weiblichen Personen in einem Arbeitsverhältnis unerwünschte sexuelle Avancen als festen Bestandteil ihrer Arbeit akzeptieren, hätte schon vor langer Zeit mit einem Pflock im Herzen begraben werden müssen. Doch sie hält sich, weil sexuelle Gewalt – einschließlich sexueller Belästigung am Arbeitsplatz – eine disziplinarische Maßnahme ist. Sie ist ein Werkzeug der sozialen Kontrolle.

Sie demonstriert, wer kollektiv Macht besitzt, wer an einen Arbeitsplatz gehört und wer nicht. Und in dieser Haltung äußert sich das Missfallen darüber, dass sich Frauen, Mädchen, Queere und Männer of Colour an einem Ort aufhalten, der seit vielen Generationen als privilegierter Raum *weißer* Männer kodiert ist. Die Behauptung, Frauen hätten »am Arbeitsplatz« nichts zu suchen, sie hätten den »natürlichen« Status und die Verdienstmöglichkeiten der Männer an sich gerissen, ist natürlich nicht vereinbar mit der Tatsache, dass Frauen schon immer gearbeitet haben und ihre Arbeit immer notwendig war.

Sexuelle Belästigung am Arbeitsplatz erfüllt dieselbe Funktion wie die Belästigung auf offener Straße: Sie ruft uns ständig in Erinnerung, dass wir, egal, wer wir sind und was wir leisten, an erster Stelle ein Körper sind und dass dieser Körper nicht vollständig uns gehört. Eine 2009 erschienene Studie der Cornell University ergab, dass in den Vereinigten Staaten Kellnerinnen mit blondem Haar, eher schmaler Taille und eher großen Brüsten mehr Trinkgeld bekamen als Frauen ohne diese Merkmale.[2] Die Ergebnisse kursierten in den Personalabteilungen und im Management von Restaurants, die bestrebt waren, in der 799 Milliarden Dollar starken Gastronomiebranche die Umsätze zu steigern. Ähnlich wie Hollywood-Schauspielerinnen erleben Kellnerinnen sexuelle Belästigung in endemischen Ausmaßen: 90 Prozent der Frauen in der US-Gastronomie geben an, bei der Arbeit unerwünschten sexuellen Avancen ausgesetzt zu sein, und mehr als 50 Prozent, dass diese wöchentlich vorkommen, so ein Bericht des Restaurant Opportunities Center aus dem Jahr 2014.[3] Das ganze Ausmaß sexueller Belästigung in der Gastronomie – eine Branche, in der 10 Prozent aller US-Beschäftigten tätig sind und doppelt so viele Frauen wie Männer arbeiten – lässt sich nur schwer ermessen, zumal es für die meisten Restaurantangestellten kaum Arbeitsschutz gibt.

In Amerika stocken Servicekräfte ihren Lohn mit den Trinkgeldern auf, das heißt, ihr Einkommen hängt davon ab, dass sie das schlechte Benehmen ihrer Gäste dulden.

Nicht alle Beschäftigten können sich über schlechte Behandlung beschweren. Das gilt besonders in der Landwirtschaft und im Haushalt. In den Vereinigten Staaten wurden Hauspersonal und landwirtschaftliche Arbeitskräfte schon vor Jahrzehnten nicht nur vom National Labor Relations Act von 1935 ausgenommen, der Beschäftigten das Recht einräumt, sich zu organisieren und Tarifverhandlungen zu führen, sondern auch vom Fair Labor Standards Act von 1938, der einen Mindestlohn und Überstundenregelungen festlegt.[4] Mit diesen Ausnahmen reagierte die Regierung auf den Druck von Abgeordneten aus den Südstaaten; ein Großteil der Beschäftigten in Landwirtschaft und Haushalt waren – und sind – Schwarze und People of Colour. Derzeit arbeiten auf amerikanischen Farmen mehr als 700.000 Frauen, in den Haushalten sind mehr als 2 Millionen Menschen beschäftigt, in der Mehrzahl ebenfalls Frauen.[5] Das Armutsrisiko ist für diese Menschen dreimal so hoch wie für andere Arbeitnehmer*innen.[6]

Die Arbeit in Landwirtschaft und Haushalt ist häufig unsichtbar und isoliert, da sie hinter den verschlossenen Türen privater Anwesen oder auf den Feldern und in den Packanlagen des ländlichen Amerika verrichtet wird. Daher ist die Gefahr sexueller Übergriffe und Belästigung für Frauen in diesen Bereichen besonders groß. Immerhin acht von zehn weiblichen Beschäftigten in der Landwirtschaft, die in einer Studie von Human Rights Watch befragt wurden, berichteten von sexueller Belästigung.[7] Der neoliberale »*Choice*-Feminismus«, der die Befreiung der Frau als eine Frage besserer Lebensentscheidungen und härterer Arbeit darstellt, hat Frauen und Mädchen, die bereits so hart arbeiten, wie ein Mensch es nur kann, und die immer noch wenig bis gar keinen Schutz genießen, so gut wie nichts zu bieten.

Feminismus wurde lange als ein Lebensstil verkauft, den frau anstreben sollte: Arbeite hart, häng dich rein, bis du flach auf der Nase liegst, tusch dir die Wimpern und kaschier deine Persönlichkeit, dann kannst auch du eine dieser tollen Geschäftsfrauen mit wippendem Haar und einem Handy mit Kurzwahlnummer fürs Kindermädchen sein, die in ihren zwölf Minuten Freizeit pro Woche einsam an einem Salat knabbert. Das Recht darauf, Männerarbeit zu verrichten, so wurde Frauen vermittelt, sei das einzige relevante Menschenrecht. In Wahrheit ist die Annahme, dass bezahlte Arbeit, egal welche, egal, wie körperlich verheerend und schlecht entlohnt sie sein mag, Freiheit bringe, einer der großen Trugschlüsse unserer Zeit.

Das Jahresdinner im Presidents Club war früher eine der exklusiven Veranstaltungen im Kalender der Londoner Gesellschaft. Die extravagante Festivität für Politiker und Träger maßgeschneiderter Anzüge, die ausschließlich männlichen geladenen Gästen vorbehalten war, galt lange als Inbegriff des gebilligten Hedonismus – bis 2017 bei einer verdeckten Recherche herauskam, was dort wirklich ablief. Die Journalistin Madison Marriage von der *Financial Times* hatte sich als Servicekraft ausgegeben und berichtete, was für ein schäbiges und erbärmliches Ereignis das Dinner war. Unter anderem wurde eine Auktion zu wohltätigen Zwecken durchgeführt, bei der als Preis unter anderem eine Schönheitsoperation ausgelobt wurde, zum »Aufpeppen der Ehegattin«, wie der Gastgeber witzelte.[8]

Den jungen weiblichen Servicekräften wurde vorab nicht explizit erklärt, dass sie nicht nur Essen servieren sollten. Zwischen all der derben Anmache und dem plumpen Gegrapsche sticht ein Detail ins Auge: wie oft Marriage zufolge die Gäste den Mädchen die Hand hielten und streichelten. Verstörende Intimität und übergriffige Sexualität, gepaart mit der Erwartung einer Fürsorge, die aus Sicht der Männer mit der Macht einhergeht – das ist für den Arbeitslohn eines Abends schon eine Zumutung. Die jungen Frauen mussten nicht nur über die Witze reicher Männer lachen und ihre Prahlereien ertragen, sondern sich auch noch ihre Probleme anhören. Der Bericht wirft kein gutes Licht auf diese Männer. Der Abend wurde als modernes Walhalla eines maskulinen Ablasshandels verkauft, wo die Männer ihr schlechtes Benehmen mit großzügigen wohltätigen Gaben verrechnen und mit ihrem Geld einen moralischen Persilschein erwerben konnten.

Frauen kommt in solchen Situationen seit jeher die Aufgabe zu, so zu tun, als fänden sie diese Sorte Mann beeindruckend. Das Debakel im Presidents Club erinnert an die beruflichen Anforderungen an Flugbegleiterinnen in den 1960er Jahren, ehe die Gerichtsprozesse um Pan Am der Welt den Begriff sexuelle Belästigung am Arbeitsplatz beibrachten. Flugbegleiterinnen bei Pan American Airlines zählten zu den Ersten, die ihren Arbeitgeber vor Gericht brachten und eine weniger erniedrigende Behandlung am Arbeitsplatz einklagten. In einer Zeit, in der es in vielen Branchen noch Restriktionen für die Beschäftigung von Frauen gab, waren diese Jobs damals sehr begehrt, doch »Stewardessen« der amerikanischen Fluglinien hatten übertrieben freizügige Kostüme zu tragen und sich mit Fummelei, Anmache und häufig auch Übergriffen seitens der Passagiere abzufinden. Letztere wurden ausdrücklich darüber informiert, dass der erotisierte Bordservice im Ticketpreis inbegriffen war. In den Sechzigern versprach eine Anzeige, die sich an Geschäftsleute richtete: »Hier finden Sie Herzlichkeit, Freundlichkeit und besondere Aufmerksamkeit. Und vielleicht auch eine Ehefrau.«[9]

Die Frauen wurden regelmäßig gewogen und konnten bei einem Gewicht über siebzig Kilogramm entlassen werden – es sei denn, natürlich, sie hatten das Alter von zweiunddreißig überschritten, denn dann verloren sie ihren Job automatisch (Der ehemaligen Flugbegleiterin bei American Airlines, Jeri Fonté, zufolge, lautete der passende Spruch: »Thirty-two-skidoo«, »zweiunddreißig und ab mit dir«).[10]

Als sich die Flugbegleiterinnen schließlich gewerkschaftlich organisierten und mehr Respekt am Arbeitsplatz einforderten, hatten sie einige Schwierigkeiten, den Schlichtern zu erklären, dass ihre Arbeit, wie die im Gastgewerbe, tatsächlich ein eigener Beruf ist. Heute sind Jobs, die »feminisiert« sind – die also Organisation, Reinigung, Erziehung und Versorgung anderer beinhalten –, immer noch grundsätzlich unterbezahlt, obwohl gerade sie für eine funktionierende Gesellschaft am wichtigsten sind.

Als in den Covid-19-Lockdowns »systemrelevante Beschäftigte« in aller Welt weiter ihre Arbeit tun durften, während sich der Rest der Gesellschaft zu Hause verkroch, wurde die Diskrepanz zwischen der »Systemrelevanz« einer Arbeit und ihrer Bezahlung ziemlich schnell sichtbar.

Viele heterosexuelle Frauen stecken heute in Beziehungen fest – auch solchen mit einfühlsamen und liebevollen Männern –, in denen die patriarchalen Traditionen der letzten Jahrhunderte mit voller Wucht auf die unbarmherzigen Anforderungen des modernen Arbeitsmarktes prallen. Das ist beileibe keine abstrakte Behauptung. Dass Kindererziehung und Hausarbeit in der Wirtschaft nicht anerkannt und unterstützt werden, hat schlimme Folgen. Wenn es keine Unterstützung für Elternarbeit und häusliche Pflege gibt, sind die Menschen, die sie verrichten müssen – überwiegend Frauen aus der Arbeiterklasse –, finanziell weiterhin von Männern abhängig. Im Verlauf des letzten Jahrzehnts sind die Löhne real gesunken, das Sozialsystem wurde beschnitten. Gleichzeitig sind die Kosten für die Kinderbetreuung in Großbritannien so weit gestiegen, dass sie für viele arbeitende Frauen unerschwinglich ist – es sei denn, sie hungern, um sie sich leisten zu können, wie es ein Drittel der arbeitenden Britinnen tut.[11]

Das führt dazu, dass in der Lohnwirtschaft wie auch zu Hause viele Frauen und ihre Angehörigen darauf angewiesen sind, die Männer in ihrem Umfeld zufrieden zu halten – ein extrabreites Lächeln aufzusetzen und ein gewisses Maß an Plackerei zu dulden, sei es als Beschäftigte oder als Partnerin. Woher soll eine chronisch Kranke, deren Krankenversicherung vom Arbeitsplatz abhängt und die sich einen Jobverlust daher nicht leisten kann, die Sicherheit nehmen, sich über Belästigung am Arbeitsplatz zu beschweren? Wie soll eine Frau mit Studienkredit, Hypothek und kleinen Kindern es sich leisten, einen Ehemann zu verlassen, der sie schlägt, einen Partner, der sie vergewaltigt, wenn sie doch weiß, dass sie und ihre Familie damit in die Armut stürzen?

Mehr als zwei Drittel der Opfer häuslicher Gewalt berichten, dass ihre Partner ihnen Geld vorenthielten, um sie zu kontrollieren und zu malträtieren, so eine neuere Studie der Wohltätigkeitsorganisation Women's Aid. »Die Frauen gaben an, aus Angst vor den finanziellen Folgen deutlich länger bei ihrem übergriffigen Partner geblieben zu sein, als sie es im Falle finanzieller Unabhängigkeit getan hätten«, so die Forscherinnen.[12]

Fast die Hälfte der befragten Frauen gab an, in der Beziehung mit ihrem gewalttätigen Partner nicht genug Geld für den täglichen Bedarf, etwa Lebensmittel und Rechnungen, gehabt zu haben, und mehr als zwei von fünf Frauen hatten sich wegen finanzieller Ausbeutung verschuldet, während ein Drittel wegen wirtschaftlicher oder körperlicher Gewalt des Partners aus ihrer Wohnung rausmussten.

Die politische Ökonomie der Heterosexualität ist darauf ausgerichtet, Frauen in Abhängigkeit von Männern zu halten. Das geschlechtsspezifische Lohngefälle rührt nicht nur einfach daher, dass Frauen für denselben Job weniger Geld bekommen, sondern daher, dass es nach wie vor fast unmöglich ist, Kindererziehung mit Vollzeitarbeit zu kombinieren, selbst wenn frau zu der glücklichen Minderheit gehört, die Geld für eigene Angestellte haben – meist andere, ärmere Frauen. Für diejenigen, die es sich leisten können, lautet das Ideal »Work-Life-Balance«, womit in der Praxis ein unsicherer Seiltanz zwischen verschiedenen Arbeitsbereichen gemeint ist, und wenn Frauen das Gleichgewicht verlieren, fängt kein Sicherheitsnetz sie auf. Natürlich schultern Frauen nach wie vor die klitzekleine Aufgabe, unsere Spezies zu erhalten, doch heutzutage wird von ihnen erwartet, dass sie die Zeit für diese riskante, gefährliche und ermüdende Arbeit von den kurzen Pausen zwischen den Arbeitsschichten der Lohnwirtschaft abknapsen, wo sich Frauen und Mädchen in den am schlechtesten bezahlten und unsichersten Jobs tummeln.

Im Schema des modernen Arbeitsplatzes sind Kinder nicht vorgesehen. In den Vereinigten Staaten ist Mutterschutz bei Lohnfortzahlung die Ausnahme, und in fast allen Industrienationen wird von Frauen erwartet, mit »Arbeit« und Kinderbetreuung spielend zu jonglieren. In der entscheidenden mittleren Karrierephase zwischen fünfundzwanzig und vierzig, wenn sich Männer ein berufliches Renommee aufbauen, können sich Frauen mit Kindern plötzlich nur noch an das Wenige klammern, was sie haben. Das wird hochtrabend als »Wahlfreiheit« dargestellt: Frauen entscheiden sich dafür, Babys zu bekommen, obwohl sie wissen, dass der Markt sie nicht dafür belohnt.

Im Lauf der Geschichte haben Wirtschaftskrisen meist eine Fixierung auf »traditionelle Genderrollen« und Ängste vor einer »Krise der Männlichkeit« ausgelöst. So geschah es in den 1980er Jahren unter Reagan und Thatcher. Es geschah in den 1930er Jahren in Europa und in Amerika. Es geschah Mitte des 19. Jahrhunderts, als der Globale Norden von Revolutionen aller Art überrollt und erschüttert wurde. Und es geschieht heute, da Klassenängste in den Kontext von Geschlecht und *Race* transponiert werden.

Frauen sind oft eher bereit, die miesen, schlecht bezahlten Servicejobs zu übernehmen und die »Emotionsarbeit« zu leisten, die Arlie Russell Hochschild in ihrer maßgeblichen Abhandlung über *Das gekaufte Herz* erstmals definierte.[13] Frauen, besonders junge Frauen, überrascht es nicht, wenn ihnen nichts anderes übrigbleibt, als sich durchkauen, hochrotzen und vom Balkon der Reichen-Party am Ende der Welt spucken zu lassen, denn so war ihre Rolle schon immer gedacht. Das gilt besonders für arme Frauen. Besonders für Schwarze Frauen und Frauen of Colour. Männer dagegen wurden so erzogen, dass sie im Beruf Würde und Anstand erwarten, außerhalb der Arbeit Respekt und Sicherheit, und wenn sich all das nicht einstellt, ist es doch viel einfacher, den Frauen die Schuld zu geben.

Frauen werden allerdings genauso betrogen wie Männer. Wenn sie heute das Recht haben, dieselben schlecht bezahlten, unsicheren Jobs zu übernehmen wie Männer, müssen sie dafür noch lange nicht dankbar sein. Auch Frauen haben Mühe, den Laden am Laufen zu halten, für sich und ihre Familien zu sorgen, und wenn sie auch nur einen Bruchteil der Liebe, Fürsorge und Aufmerksamkeit für sich fordern – oder gar, psst!, der Lust, die sie den Männern angeblich schuldig sind –, reicht die Reaktion von Ratlosigkeit bis zu nackter Gewalt.

Im Laufe des 20. und 21. Jahrhunderts wurde die nachdrückliche Behauptung, dass Mädchen alles tun dürfen, zur Behauptung umfunktioniert, dass Mädchen alles tun müssen, und zwar ohne Dank und ohne Lohn. In vornehmen liberalen Kreisen markierte das lange Zeit die Außengrenzen feministischer Emanzipation: Frauen besaßen nun die Freiheit, in der häuslichen Sphäre wie auch außerhalb zu arbeiten, dafür, so hieß es, hätten unsere Vorfahrinnen gekämpft, und nun sei dieser Kampf gewonnen. *Game over.* Geht nach Hause, Ladys: Eure Kinder warten schon aufs Abendessen, und vielleicht schafft ihr die Wäsche und bekommt trotzdem noch sechs Stunden Schlaf. Dass Frauen, die nicht den oberen Schichten angehörten, immer schon »außerhalb« des Haushalts gearbeitet haben, wurde praktischerweise ebenso sorgsam unter den Teppich gekehrt wie der Umstand, dass für die meisten arbeitenden Menschen die Freiheit, fünfzig Stunden in der Woche für anderer Leute Profit zu schuften, nicht die denkbar höchste Form von Freiheit war. Welche Bewegung geht schon für das Recht auf die Straße, weniger Zeit mit der Familie zu verbringen?

Entsprechend wuchs sich das Klischee, moderne arbeitende Frauen könnten »alles haben« – solange mit »allem« ein Leben gemeint ist, das konsequent dem Triumvirat Chef, Ehemann und Kindern gewidmet war –, zu der Verpflichtung aus, alles erledigen zu müssen, und zwar schneller und für zwei Drittel des Lohns. Wenn sie unglücklich waren, wenn es ihrer Erinnerung nach Jahre her war, dass sie mal Spaß hatten, wenn sie um vier Uhr morgens mit einem kranken Kind im Arm und einem Abgabetermin für den nächsten Tag vor Erschöpfung zitterten: Hatten sie dann nicht genau das, wofür der Feminismus gekämpft hatte? War das nicht die versprochene Freiheit? Wenn Frauen unglücklich waren, hatten sie nicht selbst die Schuld zu tragen, weil sie sich nicht genügend reingehängt, nicht hart genug gearbeitet hatten, weil sie nicht besser gewesen waren, nicht mehr geschafft hatten?

Das meinte der neoliberale »*Choice*«-Feminismus, und nach dieser Logik ist eine Frau, die seit Jahren jede Nacht wach ist, »woke«. Das Patriarchat knüpft das wirtschaftliche Potenzial und Handeln einer Frau an ihre mutmaßliche Fruchtbarkeit und Weiblichkeit. In ihrem Job kann sie nur gut verdienen, wenn sie auch der Aufgabe gerecht wird, eine »gute Frau« zu sein, wobei sich dieser gesellschaftliche Standard ständig verändert und, mit Absicht, weitgehend unerreichbar ist.

Begreifen wir den Frauenkörper als Schauplatz der Arbeit, so müssen wir uns auch klarmachen, dass Frauen von ihrem Körper genauso entfremdet sind wie alle Arbeitenden von ihrer Arbeit, und zwar aus denselben Gründen. Jeder Versuch einer Frau, ihren Körper wieder vollständig für sich zu reklamieren, sollte denselben Stellenwert haben wie eine Sitzblockade oder die Besetzung einer Fabrik.

In diesem Sinne ist es absolut entscheidend, dass sich jede einzelne Frau von der Illusion befreit, sie bleibe von struktureller wirtschaftlicher Ungerechtigkeit verschont, wenn sie nur hübsch, freundlich und folgsam genug ist. Genau dieses Hirngespinst bringt ja Arbeiter*innen in aller Welt dazu, sich weiter in Jobs abzurackern, die sie ihrer Würde berauben und körperlich zugrunde richten: weil sie es für möglich halten, einem Ausbeutungssystem zu entkommen, indem sie härter arbeiten. Sie kennen genug Geschichten, in denen harte Arbeit und Entschlossenheit belohnt werden, und obwohl sie wissen, wie unfair und ungerecht der Arbeitsmarkt ist, hoffen sie immer noch, vielleicht zu den Glücklichen zu gehören. Tatsächlich hat die soziale Mobilität – die schwache Chance, dass ein einzelner Mensch der sozialen Klasse entkommen kann, in die er hineingeboren wurde – in den letzten zehn Jahren abgenommen, während der Glaube an die soziale Mobilität zugenommen hat.

Je brutaler die Arbeitswelt wird, desto mehr klammern wir uns an dem Glauben fest, ihr nach ihren Bedingungen entfliehen zu können. Arbeit ist für meine erschöpfte Generation zu einer Religion geworden, obwohl wir doch die erste Generation in der Geschichte sein dürften, die weniger Geld verdient, weniger besitzt und früher stirbt als ihre Eltern.

Nur an einer Stelle erkennt der Mainstream-Feminismus an, dass die Arbeit selbst ein Problem sein könnte: bei der Sexarbeit. Seit Jahrzehnten wird im Feminismus erbittert darüber gestritten, ob Sexarbeit per se Missbrauch ist. In Kampagnen für die Abschaffung des Sexgewerbes wird oft argumentiert, Prostitution könne nicht als freie Wahl bezeichnet werden, weil niemand in eine Arbeit einwilligen könne, die er oder sie verrichten müsse, um zu überleben.

Aber kann man überhaupt ernsthaft in irgendeine Arbeit einwilligen, wenn man sie tut, um zu überleben? Dass das immer nur mit Blick auf die Sexarbeit bezweifelt wird, ist aufschlussreich. In Gesellschaften, die ansonsten dem freien Markt huldigen und es für Freiheit halten, wenn Menschen verkaufen können, was sie wollen und wie sie es wollen, werden Sexarbeiter*innen immer noch stigmatisiert und kriminalisiert. Viele staatliche und private Frauenrechtsorganisationen sind schnell dabei, wenn die Polizei einschreiten soll, um vor allem Frauen am Verkauf von Sex zu hindern. Die meisten Organisationen gegen Sexarbeit wollen, dass sich in erster Linie Männer strafbar machen, wenn sie Sex kaufen. Doch in der Praxis ist es fast unmöglich, den Freier zu kriminalisieren, ohne dass es Folgen für die Sexarbeiterin hätte, insbesondere, wenn sie keine Papiere hat. Manche Anti-Prostitutions-Gruppierungen arbeiten sogar mit der Grenzpolizei zusammen, um migrantische Sexarbeiter*innen aufzuspüren und abzuschieben.

Diese Kooperation mit dem Gefängnisstaat beruht auf einem einzigen moralischen Argument: Für Menschen in verzweifelter Lage sei einvernehmlicher Sex per se unmöglich, wenn sie das Geld brauchten.

»Die Annahme einer Wahlfreiheit [für Sexarbeiterinnen] führt zu dem Schluss, dass eine Einwilligung vorliege«, schreibt Rachel Moran, eine Prostitutionsgegnerin und ehemalige Sexarbeiterin, in ihrer Biografie *Was vom Menschen übrig bleibt: Die Wahrheit über die Prostitution.* Allerdings, fährt sie fort,

> sind Wahlfreiheit und *Consent* hier irreführende Begriffe. Das liegt daran, dass die Bereitschaft einer Frau, sich zu prostituieren, aus Umständen herrührt, die sie nicht unter Kontrolle hat, und so entsteht eine Situation, die eine echte Einwilligung von vornherein ausschließt. Zwischen Einwilligung und zähneknirschender Unterwerfung besteht ein Unterschied. Die Juristin und Forscherin Catharine MacKinnon sagt dazu: ›Wenn sie sich aus Angst und Verzweiflung fügt, und dieses Sichfügen als *Consent* gedeutet wird, ist *Consent* kein sinnvolles Konzept.‹«[14]

Das ist ein überzeugendes Argument. Aber warum geht es immer nur bei der Sexarbeit um *Consent* und nicht bei *jeder* Arbeit? Es ist unter anderem deshalb so wichtig, von »Sexarbeit« zu sprechen, weil der Begriff unterstreicht, dass es sich um Arbeit handelt und das Problem die Arbeit ist, nicht der Sex. Statt einer »sexpositiven« oder einer »sexnegativen« Position – den traditionellen feministischen Haltungen zu diesem Thema – ist mir eine »sexkritische« und »Anti-Arbeits«-Position lieber.

Wenn Sexarbeit per se nicht einvernehmlich sein kann, gilt das auch für viele andere Dinge, die Leute gezwungenermaßen tun, um zu überleben. Die Lösung ist aber nicht, die Sexarbeit abzuschaffen – die Lösung ist, jegliche Arbeit abzuschaffen, zumindest in ihrer derzeitigen Form, in der Menschen, um zu überleben, Schwerstarbeit verrichten müssen, die ihnen jede Energie raubt und sie körperlich auslaugt.

Wir dürfen auch nicht vergessen, dass der abolitionistische Feminismus – der im Kern auf die Eliminierung der Sexarbeit abzielt – seit jeher den peinlichen Touch *weißen* Heilsbringertums hat. Viele seiner Wortführerinnen sind wohlhabende *weiße* cis Frauen und betrachten sich als Retterinnen der Sexarbeiterinnen, die wiederum häufig aus der Arbeiterklasse stammen, transsexuell, migrantisch, Schwarz oder Indigen sind. Häufig schließt das abolitionistische Narrativ Sexarbeiter*innen, die *weiß*, cisgender und bürgerlich sind, sogar explizit aus. Das läuft auf die rassistische Vorstellung hinaus, dass – beispielsweise – eine mittellose Schwarze trans Frau auf keinen Fall in der Lage sein könne, eigene Entscheidungen zu treffen – und daher eine reiche *weiße* cis Frau einschreiten müsse, um das für sie zu erledigen.

Die Bewegung zur Abschaffung der Sexarbeit verbündet sich oft bereitwillig mit Ordnungskräften und staatlichen Einwanderungsbehörden, denn ein erheblicher Anteil der Frauen, die ihren Lebensunterhalt mit dem Verkauf von Sex bestreiten, tut dies, weil sie keine Papiere haben und ihnen der »legitime« Arbeitsmarkt daher verschlossen bleibt. Statt sich nun für ein menschlicheres Einwanderungssystem stark zu machen, das Geflüchtete und Migrant*innen nicht mit der Androhung von Abschiebung terrorisiert und aus der Wirtschaft ausgrenzt, machen Aktionsgruppen für die Abschaffung der Sexarbeit mit den Einwanderungsbehörden gemeinsame Sache, um Sexarbeiter*innen zu verhaften und abzuschieben und sie so angeblich vor der Schande der Prostitution zu »retten«.

Warum gilt der Verkauf von Sex gegen Geld immer noch als Schande, als ultimativer Beweis dafür, dass eine Frau »tief gesunken« ist? Warum hält sich dieses uralte Stigma so hartnäckig und verhindert die Schutzmaßnahmen, die für diesen Job so wichtig wären?

Eine Antwort lautet: Sexarbeiter*innen sind Störenfriede auf dem sexuellen Marktplatz.

Es ist ja so: Wenn alle Frauen, in Konkurrenz zueinander, bessere Bedingungen auszuhandeln versuchen, indem sie ihre Sexualität gegen männlichen Schutz eintauschen, dann untergraben Sexarbeiter*innen diese Verhandlungen, sind also im Grunde Streikbrecher*innen. Die seit Generationen übliche Stigmatisierung von Frauen in der Sexarbeit durch Frauen außerhalb der Sexarbeit ist nur logisch, wenn man begreift, dass erotische Abstinenz – für alle jene, die diese Möglichkeit hatten – lange Zeit eine Verhandlungsbasis war, eine der wenigen Möglichkeiten, mit denen Frauen bessere Lebens- und Arbeitsbedingungen aushandeln konnten. Frau sparte sich für den besten und am wenigsten brutalen Mann auf, und das funktionierte gut, solange auch alle anderen es so machten. Wenn aber alle anderen für Geld ins Bett hüpften oder aus Spaß oder weil es sie in den Lenden zwickte, verlor die freiwillige Abstinenz plötzlich ihren Sinn.

Emma Goldman, anarchistische Aktivistin Anfang des 20. Jahrhunderts, schilderte ihre eigenen kurzen und erfolglosen Sexarbeitversuche als junge Frau und zitierte den britischen Sexualforscher Havelock Ellis: »›Die Frau, die des Geldes wegen geheiratet hat, ist verglichen mit der Prostituierten die eigentlich Unglückselige‹, sagt Havelock Ellis. ›Sie bekommt weniger Geld, gibt aber viel mehr von ihrer Arbeitskraft und ihrer Fürsorge und ist dazu noch vollständig an ihren Herren gebunden.‹«[15]

Die Hurenphobie ist das Gegenstück zum Slutshaming, beide erfüllen im gesellschaftlich-sexuellen Skript dieselbe Funktion. Die Wut auf Sexarbeiter*innen erklärt sich oft daraus, dass sie für etwas bezahlt werden, das Frauen doch eigentlich umsonst geben müssten. Ironischerweise sollen Frauen im Büro und anderswo ihre Sexualität zwar fortwährend einsetzen, aber wer sexuelle Dienste explizit verkauft, ist immer noch sozialer Stigmatisierung, Kriminalisierung und staatlicher Verfolgung ausgesetzt. Von Frauen wird erwartet, dass sie für ihren Arbeitslohn mit der raubtierhaften männlichen Sexualität zurechtkommen – so ist es halt, das »wahre Leben«, es geht eben nicht anders, werd erwachsen, oder such dir einen anderen Job, Süße –, doch für Sex tatsächlich Geld zu fordern, bleibt ein Tabu. »Hure« ist nach wie vor eine Beleidigung. Sexualität und Liebe sollte frau nicht als Arbeit betrachten und sich nicht bezahlen lassen: Frauen sollen sie Männern umsonst geben, ohne eine konkrete Gegenleistung zu verlangen. Und das ist, davon bin ich überzeugt, einer der Gründe, warum Sexarbeiter*innen dermaßen stigmatisiert werden. Sie wagen es, Geld für etwas zu fordern, das, wenn überhaupt, in Form von Naturalien vergütet werden sollte.

Ja, Sexarbeit ist ein Job wie jeder andere, aber das ist nicht unbedingt etwas Gutes. Wie viele andere Jobs kann sie öde, ermüdend und prekär sein, schlecht für Gesundheit und Wohlbefinden, und den Betroffenen, die ihre Arbeit meist nicht deshalb tun, weil sie es wollen, sondern weil sie ihre Rechnungen bezahlen müssen, bringt sie keine Würde. Die Prostitution als »Arbeit« zu bezeichnen, wie man jeden anderen Job gegen Geld als »Arbeit« bezeichnet, ist unbequem für alle, die dem Glauben anhängen, bezahlte Arbeit sei stets ein uneingeschränktes moralisches Gut.

Das Problem ist, wie gesagt, nicht der Sex. Das Problem ist die Arbeit. Und Sexarbeit ist die einzige Branche, in der *Consent* der Arbeitenden überhaupt diskutiert wird. Wenn eine Person Sex verkaufen muss, um zu überleben, kann sie dann aus freien Stücken und in vollem Umfang einwilligen, diese Arbeit zu tun? Das ist eine entscheidende Frage. Wenn sie für jeden Job in jeder Branche gestellt würde, dürfte manch unbequeme Wahrheit ans Licht kommen.

Die Wahrheit ist: Feminisierte, unbezahlte, verpflichtende Hausarbeit ist echte Arbeit. Pflege ist echte Arbeit. Reproduktionsarbeit ist echte Arbeit. Sexuelle Dienstleistungen sind echte Arbeit. Diese Arbeitsformen mögen zum Teil unzuverlässig und in Naturalien entlohnt werden, sie mögen riskant, unsicher und schlecht bezahlt sein, aber bei allen handelt es sich um Arbeit – und wenn wir sie als Arbeit anerkennen, werden einige wichtige Punkte klar:

Erstens ist das System der Arbeit im Kapitalismus grundsätzlich nicht-einvernehmlich. Unsere Beziehung zur Arbeitswelt gründet auf Ausbeutung, und zwar buchstäblich und definitionsgemäß, weil unsere wirtschaftliche Struktur darauf beruht, dass mit unserer Arbeitskraft Profit erzielt wird. Dieses System ist von Natur aus missbräuchlich, und weil wir keine Alternative erkennen können, entwickeln wir uns zu Verfechtern unserer eigenen Ausbeutung. Wenn wir daher eine bessere Begriffsklärung für *Consent* – für echte Einvernehmlichkeit – verlangen, fordern wir unvermeidlich auch eine Neudefinition der Arbeit.

Zweitens ist die Struktur des modernen Arbeitsmarktes darauf ausgelegt, Frauen, Mädchen und andere feminisierte Körper in wirtschaftlicher Abhängigkeit zu halten, die sie persönlich *und auch* politisch in ihrer Macht einschränkt. Wirtschaftliche Gerechtigkeit ist ein Ding der Unmöglichkeit in einem Land, das sich weigert, Reproduktionsarbeit in der Erwerbswirtschaft zu berücksichtigen, in einem Staat, der darauf beharrt, dass Frauen und Mädchen, besonders Frauen und Mädchen of Colour, klaglos und gegen geringe oder ohne jede Bezahlung weiter den Löwinnenanteil der häuslichen, sexuellen, emotionalen, reproduktiven Arbeit leisten. Hier ihre Privilegien aufzugeben, sind Männer und Jungs am wenigsten bereit: das Privileg, über den Abwasch, die Kinderbetreuung, die losen Enden des sozialen Gefüges nicht nachdenken zu müssen, das Privileg, davon ausgehen zu können, dass Frauen und Mädchen schon alles erledigen werden, einvernehmlich oder nicht.

Und der letzte Punkt: Diese sexuelle Revolution ist grundsätzlich eine wirtschaftliche Revolution. Sie fordert einen Wandel, der über das private Schlafzimmer hinausgeht und die Arbeit und die Familie verändert. Autoritarismus kann von Haus aus mit einer Kultur des *Consent* nichts anfangen – und die bevorstehende sexuelle Revolution wird es nicht länger hinnehmen, dass Chefs, Ehemänner oder Familienoberhäupter die Autorität über sämtliche Entscheidungen für sich beanspruchen.

8

Die Front daheim

Früher oder später läuft jede Revolution auf die Frage hinaus, wer das Geschirr abwäscht. Trotz aller Fortschritte, die Frauen am »Arbeitsplatz« verzeichnen können, bleibt noch eine entscheidende Front, an der Ungleichheit nach wie vor tief verwurzelt ist: das Recht darauf, die Arbeit selbst anzugleichen. Überall auf der Welt erledigen Frauen das Gros der Arbeit, mit der die menschliche Gesellschaft maßgeblich zusammengehalten wird, und sie verrichten sie überwiegend unsichtbar und umsonst.

Immer noch sind es vor allem Frauen und besonders Schwarze Frauen und Frauen of Colour, die kochen und putzen, Kinder aufziehen, mithin die Aufgaben übernehmen, ohne die jede Volkswirtschaft auf Erden über Nacht kollabieren würde. Es sind meist Frauen, die sich um kranke und ältere Angehörige kümmern, Frauen, die zusätzliche Energie auf die Organisation des Familienlebens verwenden, sich um Arzttermine, den Austausch des defekten Rauchmelders, die Geburtstagsfeier kümmern, Popos abwischen und zornige Gemüter beruhigen. All das tun Frauen nicht deshalb, weil sie es besser könnten, sondern weil jemand es tun muss und die meisten Männer sich verweigern.

Um das Räderwerk aus Lohnarbeit, Macht und Profit am Laufen zu halten, muss sich jemand um andere kümmern, und das ist harte Arbeit. Jemand muss Babys kriegen und Kinder großziehen, die später die Maschinen bedienen. Jemand muss dafür sorgen, dass wir am Ende des Arbeitstages in ein Zuhause zurückkehren können, wo eine warme Mahlzeit auf dem Tisch steht. Jemand muss Gruppen und Familien zusammenhalten. Jemand muss diejenigen versorgen, die zu jung oder zu alt oder zu krank sind, um für sich selbst zu sorgen. Und für gewöhnlich sind das Frauen. Die Genderungleichheit ist im System der Weltwirtschaft fest verankert. Frauen und Mädchen müssen bestimmte Arbeiten nur deshalb verrichten, weil sie weiblich sind – und die Arbeit, die sie tun, gilt genau deswegen fälschlicherweise als wirtschaftlich unbedeutend. »Hausarbeit ist keine Arbeit. Sexarbeit ist keine Arbeit. Emotionsarbeit ist keine Arbeit«, schreibt Jess Zimmermann in ihrem Essay »Where's my cut?« (»Wo ist mein Anteil?«). »Warum eigentlich? Weil sie keine Mühe machen? Nein, weil von uns Frauen erwartet wird, dass wir sie aus reiner Herzensgüte unentgeltlich verrichten.«[1]

Wir haben bereits gesehen, wie das öffentliche Leben durch den Anspruch von Männern auf Dienste, sexuelle Zuwendung und Emotionsarbeit von Frauen vergiftet wird. Diese Anspruchshaltung endet nicht an der Bürotür oder der Hochschulpforte. Eine jüngere Studie schätzt den Wert unbezahlter Frauenarbeit weltweit auf 10,9 Billionen US-Dollar; diese Summe übersteigt die Jahreseinnahmen der fünfzig reichsten Konzerne der Welt, Walmart, Apple und Amazon eingeschlossen.[2] Mütter, die einer bezahlten Beschäftigung nachgehen, ertrinken seit Jahrzehnten still und leise in der Doppelbelastung von Job und häuslichen Pflichten. Wie die Hausarbeit wirklich verteilt ist, lässt sich nicht genau eruieren, weil die Zahlen auf Selbstauskunft beruhen und Frauen in den entsprechenden Umfragen – geplagt vom schlechten Gewissen, weil sie womöglich den Anforderungen nicht genügen – die Zahl der Hausarbeitsstunden oft zu niedrig einschätzen; Männer dagegen setzen ihren eigenen Beitrag oft zu hoch an. Im Jahr 2020 kamen diverse Studien zu dem Ergebnis, dass in den Covid-19-Lockdowns »ein Großteil der zusätzlich anfallenden Hausarbeit und Kinderbetreuung« den Frauen aufgelastet wurde.[3]

Leider wünschen sich Männer anscheinend nach wie vor eine Hausfrau. Wer kann es ihnen verdenken? Während sich in den vergangenen Jahrzehnten die Berufstätigkeit von Frauen an das Niveau der Männer angeglichen hat, ist die Beteiligung der Männer an der Hausarbeit kaum gewachsen. Im Gegenteil: Die Bereitschaft dazu sinkt, denn in der Generation Y ist fast die Hälfte der Männer der Ansicht, dass für Kochen, Putzen und Kinderbetreuung in erster Linie Frauen verantwortlich sein sollten. Viele dieser Männer, die sich selbst für progressiv halten und die Gleichberechtigung der Frau am Arbeitsplatz befürworten, wollen nicht auf ihr Privileg verzichten, die langweiligen häuslichen Routinearbeiten einer Frau zu übertragen. Die ungleiche Verteilung der Hausarbeit ist die letzte Schlacht, die in der Frauenemanzipation noch aussteht. Diesen Kampf zu führen war früher nahezu unmöglich, findet er doch in privaten Küchen, hinter Schlafzimmertüren, in individuellen Beziehungen statt, wo sich Frauen nicht kollektiv organisieren können.

Der Kapitalismus, wie wir ihn kennen, würde sich auflösen, wenn man Frauen nicht zuverlässig dazu nötigen könnte, diese Arbeit auch weiterhin umsonst zu verrichten. Daher muss man sich nicht wundern, dass im Kontext von Heim und Familie die sexuelle und wirtschaftliche Freiheit der Frau besonders unter Beschuss steht.

Vor Hunderten von Jahren arbeiteten so gut wie alle Menschen von zuhause aus. Vor der Industriellen Revolution wurde kaum unterschieden zwischen der Herstellung von Produkten, die eine Familie verkaufen konnte – Fleisch, Getreide, Stoffe, Handwerksprodukte –, und der Arbeit, die die Familie am Laufen hielt. Kochen, Putzen und Kindererziehung waren keine separaten Tätigkeiten. Erst in den letzten hundertfünfzig Jahren hat sich die Vorstellung durchgesetzt, dass die Arbeit von Männern und Frauen in »separaten Sphären« abläuft, von denen nur die eine in der Wirtschaft Wertschätzung erfährt. Erst in den letzten fünfzig Jahren wurde die Haushaltsführung einer einzigen Frau überlassen, ohne dass sie auf ein Netzwerk aus Erwachsenen und Dienerschaft zurückgreifen konnte – es ist gar nicht so lange her, dass eine Frau, die keine Hausangestellten beschäftigte, vermutlich selbst eine war.[4] Und erst seit zwei Generationen wird die »Emanzipation« der Frau als das zweifelhafte Privileg definiert, neben der unbezahlten Vollzeitarbeit zu Hause auch noch Vollzeit in der Bezahlwirtschaft zu arbeiten.

Über diese Art der Emanzipation heißt es oft, eine Frau könne heute »alles haben«, doch auch hier: Wenn sie nicht über eine Armee aus bezahlten Angestellten verfügt, treibt sie dieses »alles« eher in den Nervenzusammenbruch. In der Praxis kann sie nur dann »alles haben«, wenn sie eine *weiße*, heterosexuelle, nichtbehinderte Frau aus der Mittelschicht ist; sie kann nur alles haben, solange sie sich nicht mehr wünscht als einen Bürojob, eine monogame Ehe, Kinder und ein Haus in einer begehrten Wohngegend; sie kann nur alles haben, solange sie nie fragt, ob es noch etwas anderes gibt oder geben könnte.

Im Lauf meines Lebens wurde aus der scheinbar radikalen Idee, dass Frauen alles tun *könnten*, die Vorgabe, dass Frauen – scheinbar mühelos und mit allzeit perfekter Frisur – alles noch flinker erledigen *müssten*, und wenn wir das nicht schafften, waren wir selbst schuld.

In eben diesen dreißig Jahren wurden im gesamten Globalen Norden Sozialhilfeprojekte eingestellt, Löhne gesenkt und die Ausgaben für Sozialfürsorge, Gesundheitswesen, Altenpflege, Behindertenhilfe, Bildung und Kinderbetreuung zusammengestrichen, da nach wirtschaftlichem Dogma Bankenrettungen und Steuersenkungen für Reiche mittels Kürzungen der öffentlichen Ausgaben finanziert werden mussten. In diesem Bereich waren viele Frauen beschäftigt, und daher mussten nach der Finanzkrise 2008, als Sparprogramme über Europa und die USA hinwegfegten, Millionen von Frauen, die in Pflegeberufen arbeiteten, Einkommenseinbußen und Jobverlust hinnehmen. Da immer mehr Staaten für die Arbeit der »Lebenserhaltung« nicht mehr aufkommen wollten, fiel diese Last überwiegend Frauen zu – auch und vor allem, weil Männer und Jungs sich dagegen sperrten. Zusätzlich zur unbezahlten Kinderbetreuung und Hausarbeit übernahmen Frauen und Mädchen die Kosten für das Scheitern des Finanzsystems, hangelten sich mit unwürdigen Löhnen durch, machten Überstunden und noch mehr Schulden. Das bedeutet einen gigantischen Wohlstandstransfer von Arbeiterfamilien zu wohlhabenden Männern und ihren Familien.

Bei der Frauenemanzipation ging es schon immer um wirtschaftliche Gerechtigkeit. Doch der neoliberale Kapitalismus war nur an einem Feminismus interessiert, den man gegen Geld in einem Käfig tanzen lassen und gleichzeitig davon überzeugen konnte, dass er bereits frei war: Der ehrgeizige »Lean in«-Feminismus, den die Facebook-Co-Geschäftsführerin Sheryl Sandberg in ihrem gleichnamigen Buch (*Lean in: Frauen und der Wille zum Erfolg*) feinsäuberlich darlegte, richtete sich in erster Linie an wohlhabende *weiße* heterosexuelle Frauen im Globalen Norden. Alle anderen sollten sich anstrengen, mehr zu leisten und bessere Lebensentscheidungen zu treffen, um den wohlhabenden *weißen* heterosexuellen Frauen möglichst ähnlich zu werden.

Die Soziologin Arlie Russell Hochschild stellte fest:

> Die meisten kinderlosen Frauen arbeiten sehr viel länger im Haushalt als ihre Ehemänner; Mütter widmen sowohl dem Haushalt als auch den Kindern mehr Zeit.

> So wie am Arbeitsplatz ein Lohngefälle herrscht, so herrscht zu Hause ein »Freizeitgefälle«. Die meisten Frauen absolvieren eine Schicht in Büro oder Fabrik und eine »zweite Schicht« zu Hause.[5]

»Alles Haben«-Feminismus, »Choice«-Feminismus, Marktfeminismus: Das war und ist die einzige Form der Frauenemanzipation, die in der kommerzorientierten Gesellschaft als akzeptabel gilt. Ein solcher Feminismus lässt sich in ein Ziel ummodeln, das die Einzelne anstreben kann, das sich abspecken und in ein Paar Pumps zwängen lässt, für Frauen, die Make-up-Pinsel und Zeitschriftenabos verkaufen, Lächeln auf dem Gesicht, bis es krampft, unablässig auf Abruf für eine Wechselschicht für den Freund, den Ehemann, den Arbeitgeber. Dieses Modell vom zielstrebigen Frauendasein als ungewürdigte, seelentötende Endlosarbeit wurde zum *Empowerment* umgedeutet. Wo bleiben die emanzipatorischen Forderungen nach *weniger* Arbeit?

Moderne Frauen als politische Klasse verstehen Erschöpfung und Emanzipation mittlerweile als Synonyme. Zum Teil resultiert das aus einer Leitkultur, in der Leistungsbereitschaft ein moralisches Gebot ist: Keine moderne Frau, die etwas auf sich hält, würde offen zugeben, dass sie *weniger* arbeiten will. Stattdessen schätzt sich die »emanzipierte Frau« des 21. Jahrhunderts glücklich, so lang und hart für ihr Gehalt zu arbeiten wie jeder Mann. Sie bleibt so lange im Büro, wie es irgend geht, um zu beweisen, dass sie ihr Geld wert ist, eilt nach Hause, erledigt die Hausarbeit, erzieht die Kinder und kümmert sich um Freunde und Verwandte, die sie womöglich brauchen. Zwischen dem Schmieren von Pausenbroten und dem Bearbeiten von Tabellen widmet sie jede freie Minute dann noch ihrer äußeren Erscheinung, vollem Haar, einem straffen Körper und einer schicken, der Situation angepassten Garderobe, sei es, dass sie sich die Unternehmensleiter hinaufquält oder im Fitnessstudio auf dem Stepper eine Leiter ins Nirgendwo erklimmt. Wenn sie nachts aufwacht und sich fragt, wann sie sich das letzte Mal wie ein Mensch gefühlt hat, steht der nächste Termin, die nächste Verantwortung schon an; aber es gibt ja immer noch Betablocker und Botox.

»Der Kampf um Gleichberechtigung wird häufig missverstanden als das Bestreben, auf dem Papier dieselben Bedingungen geboten zu bekommen wie Männer«, schreibt die verstorbene Journalistin Dawn Foster in ihrem Buch *Lean Out*, einer Replik auf Sandbergs *Lean in.* »Vielfach haben wir die schon. Was wir nicht haben, ist Emanzipation: die Chance, sich von den gesellschaftlichen und externen Fesseln zu befreien, die die Ungleichheit perpetuieren.«[6]

Die Arbeit, die das Leben der Frau angeblich definiert und die in den frühen Morgenstunden die Frage beantwortet, ob sie sich den Sauerstoff für den Tag eigentlich schon verdient hat, diese Arbeit bleibt weitgehend unbezahlt und meist unbeachtet. Sie wird unsichtbar gemacht. Sie gilt überhaupt nicht als Arbeit, nicht einmal dann, wenn reichere Frauen ärmere Frauen dafür bezahlen, oft mit dem Gefühl, als Frau versagt zu haben. »Du kannst das einfach von Natur aus besser«, lautet der Universalrefrain der Ehemänner und Freunde, die nicht begreifen können, warum die Frau, die sie lieben, sie wegen ihres Anteils an der Hausarbeit ständig »nervt«. Dass das Thema der sozialen Reproduktion so unbequem ist, liegt unter anderem daran, dass wir über soziale Reproduktion nur sprechen können, wenn wir auch *Race* und Gender einbeziehen.

Seit Jahrhunderten werden sehr viele *weiße* Haushalte von Frauen of Colour und, je nach Land, von *weißen* Frauen und Mädchen aus der Arbeiterklasse geführt. Seit vielen Jahrhunderten lösen westliche und vom Westen kolonialisierte Gesellschaften das Problem der sozialen Reproduktion mit einer Armee unbezahlter oder unterbezahlter Arbeiterinnen, die in der Mehrzahl keine Alternative hatten, als der Mittelschicht das Leben zu erleichtern und das Trugbild von der autarken *weißen* Familie zu bewahren. Dies und dies allein hat *weißen* Männern ermöglicht, so viel Arbeit im Sinne von Hannah Arendts »Handeln« zu tun, zum Beispiel hat dieses »Handeln« darin bestanden, soziale Narrative festzuzurren oder diese Hierarchien als irgendwie »natürlich« zu rechtfertigen.[7]

Ausgerechnet die Natur zu bemühen, ist geradezu perfide. BIPoC und *weiße* Frauen, soll das heißen, dürften sich nicht beschweren, dass sie die langweilige, repetitive Drecksarbeit erledigen müssen, denn schließlich könnten sie das »von Natur aus« gut, während Männer »von Natur aus« besser kämpfen und Brände legen können. Frauen sollen sich nicht beschweren, dass sie zu viel zu tun haben, denn sie können doch von Natur aus besser »multitasken«. Wie diverse Studien belegen, ist das menschliche Gehirn egal welchen Genders viel besser darin, eine Aufgabe nach der anderen abzuarbeiten – und es kommt auch niemand mit der Fähigkeit zur Welt, Klos zu putzen oder Fläschchen zu sterilisieren. Aber die kollektive Weigerung von Männern, diese langweiligen, undankbaren »weiblichen Aufgaben« zu verrichten – die undankbar sind, eben weil sie feminisiert und rassifiziert wurden –, entspringt einer erlernten Hilflosigkeit, die irgendwann jeden Widerstand aufweicht. Es ist das häusliche Äquivalent zu einer Belagerung: Wenn er sich nur lang genug weigert oder pfuscht oder immer wieder daran erinnert werden muss oder sich hinreichend dumm anstellt, dann wird sie irgendwann zu dem Schluss gelangen, dass die ganze Chose den Ärger nicht wert ist. Sie wird kapitulieren und die Sache selbst erledigen.

Soziale Reproduktion wird nicht als Arbeit anerkannt, sondern meist zu einem natürlichen Aspekt des Frauseins umgedeutet; sie ist Bestandteil der Abgabe, die Frauen und Mädchen für das Privileg zu entrichten haben, in einem Körper geboren worden zu sein, der als weiblich gilt. Soziale Reproduktion ist keine nachhaltige Arbeit, sondern eine, die immer und immer wieder getan werden muss. Sie generiert keinen unmittelbaren Gewinn. Aber für den Kapitalismus, ja für alle Wirtschaftssysteme ist sie ebenso unentbehrlich wie der Bau von Infrastruktur, das Schlachten von Nutztieren und der Leerverkauf von Aktien. Obwohl sie überwiegend umsonst geleistet wird, ist sie relevanter als die meisten bezahlten Arbeiten in der sogenannten »Realwirtschaft«. Soziale Reproduktion ist unsichtbar und stützt gleichzeitig alles andere. Sie ist die chaotische Rückseite der hübschen Stickerei des öffentlichen Lebens, dank ihr haben Menschen ein sauberes Hemd zum Anziehen oder einen Familienverband im Rücken: Sie ist die engagierte Arbeit, für uns und für einander zu sorgen.

Die Globalisierung bringt eine, wie die Theoretikerin Nancy Fraser es nennt, »Sorgekrise« mit sich.[8] In den mehr als zehn Jahren seit der Finanzkrise 2008 hat sich bei sinkenden Einkommen und steigenden Mieten der Druck auf die Kernfamilie verstärkt, die entstandenen Lücken zu füllen. In Ländern wie Großbritannien geht die Sparpolitik überproportional zu Lasten von Frauen, weil Sozialleistungen und Hilfen für Altenpflege und Kinderbetreuung zusammengestrichen wurden, um das Geld, das der Staat für die Bankenrettung verprasst hatte, wieder einzusparen.[9]

In den USA, deren Arbeitsgesetze zu den familienfeindlichsten der Welt zählen, haben viele Haushalte Mühe, die Kosten für die Kinderbetreuung aufzubringen, die sich auf ein Drittel oder gar die Hälfte vom Jahreseinkommen eines Elternteils belaufen können. Angesichts fehlender Elternzeit und einem Flickenteppich an Sozialleistungen müssen Familien notgedrungen entscheiden, wessen Karriere sie opfern

– und da es bei dieser Entscheidung letztlich ums Geld geht, muss meist der Job der Frau daran glauben. In sämtlichen Branchen lassen massenhaft weibliche Arbeitskräfte ihren Job sausen, nicht weil sie nicht arbeiten wollen, sondern weil sie es sich nicht leisten können, mit Kindern weiter zu arbeiten.[10]

In den Medien wird berichtet, dass Frauen die Kinderbetreuung noch weitgehend allein schultern, als wäre das eine moralisch neutrale Aussage – als gehörte zu dieser Information nicht auch dazu, dass neben diesen Frauen Millionen von Männern stehen, die einfach zu faul, zu sexistisch und zu egoistisch sind, sich um sich selbst und ihre Familie zu kümmern. Als in der Covid-19-Krise Schulen und Kinderbetreuungseinrichtungen geschlossen wurden, waren es überwiegend die Mütter, die sich den lieben langen Tag um Bildung und Betreuung ihrer Kinder kümmerten, häufig zusätzlich zur Erwerbsarbeit. So gaben auch überwiegend Frauen ihren Job auf, oftmals dauerhaft, um in der globalen Pandemie die notwendige Sorgearbeit für die Erhaltung der Spezies zu leisten. In der öffentlichen Diskussion hieß es, Frauen litten besonders unter Covid-19, doch das stimmte nicht. Nicht Covid-19 vertrieb die Frauen von ihrem Arbeitsplatz. Nein, das waren die Männer: Sie sabotierten die Karriere ihrer Frauen, indem sie ihren Anteil an der Haus- und Familienarbeit nicht einmal in der Krise übernahmen, als es notwendiger war denn je.

Doch selbst wenn von der ungerechten Aufteilung der Hausarbeit oder von der mangelnden Unterstützung dieser Arbeit durch die Wirtschaft die Rede ist, wird zwar immer darauf verwiesen, wie schwer es Frauen doch haben, aber nie gefragt, wessen Schuld das eigentlich ist. Die offen geäußerte Forderung, Männer oder die Gesellschaft sollten mehr tun, um den Frauen zu helfen, ist ein großes Tabu. So erstickt die kollektive Frustration der Frauen unter Scham und

Selbstzweifeln. Es gibt ja so viele Gründe dafür, dass eine Frau, die unter der Doppelbelastung von sozialer Reproduktion und Erwerbsarbeit leidet, einfach so weitermacht. Da ist zum einen die schlichte Erschöpfung: Welche Frau hat schon die Zeit, sich zu organisieren und zu protestieren, wenn sie ohnehin kaum schläft? Dann ist da die Angst, man könnte sie für eine Versagerin halten, sie könnte als Mutter und Partnerin nicht gut genug sein. Da ist das enorme kulturelle Stigma, als »Nervensäge« zu gelten. Und schließlich sind da die Beziehungen selbst, die Beziehungen zu Männern, die in einer unsicheren Welt so wichtig sind für Identität und Sicherheit.

Wieder und wieder hält unsere Kultur uns vor Augen, dass wir, wenn wir einen Mann zur Verantwortung ziehen, seiner Liebe nicht mehr würdig sind. Für Frauen, die es wagen, Grenzen zu setzen, gibt es unzählige Schimpfwörter: Bitch, Nervensäge, Drache, Kratzbürste, Schlampe. Aber keins für Männer, die ihre Frau oder Freundin manipulieren, damit sie ihnen als unbezahlte Köchin, Dienstmagd und persönliche Assistentin zur Verfügung steht.

Für die moralische Feigheit von Männern zahlen Frauen auf unterschiedlichste Weise, vor allem aber mit Geld. Sogar eine Frau, die in der Familie das Haupteinkommen erarbeitet, leistet im Haushalt meist mehr als ihr Ehemann.[11] Das belegen Daten, die oft präsentiert werden, als sei die Uneinsichtigkeit der Männer keine kollektive Charakterschwäche, sondern ein unvermeidliches Faktum, das eben zu berücksichtigen sei. Es gibt leider keine Daten darüber, wie viel unbezahlte Mehrarbeit Frauen leisten, wenn sie mit einem rückgratlosen Neandertaler verheiratet sind, der sich dermaßen gegen die Hausarbeit abschottet, dass er sich sogar weigert zu lernen, wie man die Waschmaschine bedient.

Wenn eine Frau gezwungen ist, Arbeit zu verrichten, die sie sich nicht ausgesucht hat, und wenn sie weder eigene

Grenzen setzen noch ihre Arbeitszeiten frei aushandeln kann, so ist das dieselbe Art von Ausbeutung, wie wenn man einer LKW-Fahrerin den Lohn vorenthält oder der Servicekraft in der Gastronomie das Trinkgeld klaut, um einen Bonus für den Chef zu finanzieren. Doch traditionell wird der Begriff der Ausbeutung auf den Diebstahl von Zeit, Rechten und Arbeitskraft von Männern angewandt. Wenn von Frauen erwartet wird, dass sie Herz und Körper in den Dienst anderer stellen, wenn sie bloßgestellt und mit Ausgrenzung bedroht werden, falls sie sich weigern, und mit roher Gewalt rechnen müssen, falls sie sich beschweren, so sollten wir uns klarmachen, dass wir es mit einem Ausbeutungssystem zu tun haben.

Die Annahme, im Feminismus sei es je darum gegangen, den Frauen die »Freiheit« zu erstreiten, dass sie arbeiten gehen können, ist ohnehin der größte Irrtum der modernen Genderpolitik. Natürlich sind und bleiben gleiche Bezahlung und der Zugang zu traditionell männlichen Arbeitsplätzen wichtige Anliegen, weil der gesetzliche Anspruch einer Frau, für sich selbst sorgen zu können, Voraussetzung für ihre Unabhängigkeit von einem Mann ist. Aber historisch betrachtet haben die meisten Frauen ja immer gearbeitet.

Durch Automatisierung und technologischen Fortschritt wurden Frauen ebenso wenig von unbezahlter Arbeit befreit, wie Erwerbstätige von der Notwendigkeit befreit wurden, für ihr Überleben zu malochen. Vielmehr hat sich das Arbeitspensum noch erhöht. Technische Erfindungen, die Frauen die Arbeit im Haushalt erleichtern sollten – etwa der Staubsauger und die Waschmaschine –, haben die von Frauen verrichtete Arbeit beileibe nicht reduziert, sondern lediglich eine Anhebung der Maßstäbe oder, in größeren und reicheren Haushalten, eine Verkleinerung des Hauspersonals nach sich gezogen.

Hausarbeit wird weder fair verteilt noch aus freien Stücken gewählt. Besonders Frauen werden bedrängt oder drangsaliert oder mit passiv-aggressiven Appellen an ihr schlechtes Gewissen dazu verdonnert, die wichtige soziale Reproduktionsarbeit zu leisten, denn sie wissen ja, wenn sie es nicht tun, wird es auch sonst niemand erledigen. Ohne soziale Reproduktion würde der Kapitalismus zusammenbrechen. Aber wenn im Geldsystem die soziale Reproduktion anständig anerkannt, wertgeschätzt und unterstützt würde, dann würden – oh Wunder – auch die derzeit gültigen Wachstumsmodelle des Kapitalismus zusammenbrechen. Deshalb ist das bedingungslose Grundeinkommen – ein von der Gesellschaft kollektiv bezahlter Betrag, der allen Menschen eine würdevolle Existenz sichert – seit jeher eine feministische Forderung. Die Bewegung »Lohn gegen Hausarbeit« in den 1980er Jahren, die gerade eine Renaissance erlebt, stellte die Forderung nach Anerkennung und Wertschätzung der von Frauen geleisteten Arbeit in den Mittelpunkt. Selma James, eine führende Figur der Bewegung, schrieb:

> Die […] Hausfrauen sind mit der Produktion und (was dasselbe ist) Reproduktion von Arbeitern beschäftigt, von *Arbeitskraft*, wie Marx sagt. Sie dienen denen, die jeden Tag von ihrer Arbeit für einen Lohn zerstört werden und täglich erneuert werden müssen. Und sie sorgen für diejenigen, disziplinieren diejenigen, die einmal arbeiten müssen, wenn sie erwachsen sind.[12]

Das Privileg, sich die langweilige, undankbare Arbeit im Haushalt abnehmen zu lassen, sind die wenigsten Männer bereit aufzugeben, auch in der Generation Y.

Weil Männer an diesem Privileg festhalten, sind sie unmittelbar dafür verantwortlich, dass ihre Frauen oder Freundinnen aus der Erwerbsarbeit verdrängt werden. Seit Mitte der 1980er Jahre geben einer jüngeren Studie zufolge gerade einmal 2 Prozent der Highschool-Absolventinnen (siebzehn bis achtzehn Jahre alt) an, mit dreißig einmal Vollzeit-Hausfrau sein zu wollen.[13] Doch wenn sie dieses Alter erreichen, haben 15 bis 18 Prozent von ihnen die Erwerbsarbeit aufgegeben, um ihre Kinder großzuziehen, auch wegen der steigenden Kosten für die Kinderbetreuung. Sehr viele Frauen, die ihren Job gekündigt, Arbeitszeit reduziert oder ihre Freizeit eingeschränkt haben, wurden praktisch dazu gezwungen: von der Unnachgiebigkeit ihres Mannes und einem Wirtschaftssystem, das der essenziellen Sorgearbeit keinerlei Wert zumisst.[14]

Wie wir bereits gesehen haben, fördern zahlreiche Bedingungen auf struktureller Ebene die Dominanz der Männer; in solchen Bereichen kann der einzelne Mann im Grunde nichts dafür, dass Frauen über ihr Leben nicht selbst bestimmen können. Hier ist das anders, denn die Probleme an der Haushaltsfront werden von der erlernten Faulheit der Männer verursacht. Wenn Männer und Jungs das Privileg, ihre häuslichen Bedürfnisse von jemand anderem erfüllen zu lassen, nicht aufgeben wollen, stehen sie dem Fortschritt im Weg. Wie Studien belegen, reagieren Männer, die behaupten, sie hätten eben »andere Vorstellungen von Sauberkeit«, gereizt oder sogar aggressiv, wenn Frauen diesen anderen Vorstellungen nicht gerecht werden. Junge Mütter meiner Generation haben schwer damit zu kämpfen, mindestens zwei Vollzeitjobs gleichzeitig zu bewältigen, ohne dass ihnen ihr Leben aus dem Ruder läuft. Nur weil die meisten Mütter kleiner Kinder unglaublich viel arbeiten und mehr opfern, als man sich überhaupt vorstellen kann, heißt das noch lange nicht, dass die harte Arbeit und ihre Opfer notwendig, nützlich oder unvermeidlich wären.

Die grausame und greifbare Folge ist, dass sich viele heterosexuelle Frauen, die eine Familie in Betracht ziehen, entscheiden müssen: entweder für ein Familienleben, in dem sie womöglich ausgerechnet von denen, die sie lieben sollten, ausgebeutet werden und das sie zwingt, jahrelang ohne Dank zu schuften, möglichst ohne jemals aus der Haut zu fahren – oder gegen ein Familienleben im traditionellen Sinne. Frauen sind deshalb Geiseln ihrer eigenen Beziehung, und die meisten können einen egoistischen und lieblosen Partner eben nicht »einfach verlassen«.

Junge Frauen lernen nach wie vor, stillschweigend oder durch Vorbilder, dass man unter einer guten Ehe eine versteht, in der die Frau nicht der Gefahr ausgesetzt ist, verstümmelt oder getötet zu werden – nicht etwa eine, in der sie wie ein Mensch behandelt wird, dessen Leben, Energie und Zeit tatsächlich etwas zählen. In heterosexuellen Beziehungen wird diese Maßgabe nur deshalb nach wie vor toleriert, weil die Latte so niedrig liegt. Manch eine Frau hat mir schon unter Tränen erzählt, sie hätte sich unter einer Ehe nie vorgestellt, dass sie jahrelang einen scheinbar gebildeten erwachsenen Mann nerven müsse, damit er seine Sachen aufhebt. »Aber er ist ein guter Mensch«, fügen viele hinzu, »er würde mich nie schlagen.« Von Frauen wird erwartet, sich in heterosexuellen Beziehungen auf Jahrzehnte der Missachtung einzurichten, während man Männer höflich ersucht, doch bitte keinen Mord zu begehen. Frauen müssen sich mit einem gewissen Maß an Unglück in der Ehe abfinden, wohingegen Männer einfach das Weite suchen können und genau das auch häufig tun, sobald es ein bisschen schwierig wird.

Mit verlässlicher, anständig bezahlter und bezahlbarer Kinderbetreuung, die für Geringverdienende kostenlos und für alle anderen steuerlich absetzbar wäre, würde dieses Problem vollständig verschwinden. Wenn die meisten Staaten dazu nicht bereit sind, so liegt das nicht nur an den Kosten: Frauen würden durch öffentlich zugängliche Kinderbetreuung deutlich mehr Verhandlungsmacht erhalten, als man ihnen zugestehen will. Frauen und Femmes, die Kinder haben wollen, müssten sich nicht mehr an lustlose, unzuverlässige Männer ketten, nur weil sie sich ohne ein zweites Elternteil ein Kind nicht leisten können.

In der Arbeitswelt findet sich das größte Gefälle zwischen Männern und Frauen heute in der Zeit, die weder mit Erwerbsarbeit noch mit häuslichen und reproduktiven Aufgaben verbracht wird, also der Freizeit.[15] Wenn in einer Mann-Frau-Beziehung beide einer Vollzeitarbeit nachgehen, hat der Mann dennoch deutlich mehr Stunden zur Verfügung, um das zu tun, »was er will«: Zeit, etwas zu lernen oder herzustellen, zu spielen oder demonstrieren zu gehen, Zeit für *Vergnügungen.* In der Popkultur hört man im Zusammenhang mit der unbezahlten Hausarbeit immer noch oft die alte Geschichte von der nervenden Ehefrau oder der gestressten Freundin, die ihren Partner ankeift, obwohl der doch einfach nur Spaß haben will. In dieser Geschichte ist sie nicht etwa erschöpft und frustriert, hat nicht mehr Arbeit und Verantwortung am Hals als vereinbart – sondern sie ist die Böse, die Spielverderberin, die ihm die Laune verdirbt, weil sie von Natur aus einfach nicht locker sein kann.

Der Kampf um die Hausarbeit ist die große noch ungeschlagene Schlacht des modernen Feminismus. Viele von uns haben zugesehen, wie unsere Mütter und Großmütter diesen Kalten Krieg zu Hause geführt und verloren haben; viele von uns leben mit dem bedrückenden Erbe der über Generationen hinuntergeschluckten Wut. Ich trage die Erinnerung an den richtungslosen Zorn meiner Mutter mit mir herum, den aufgestauten Verdruss meiner Großmutter, die von der Liebe, den Umständen, dem Mangel an Alternativen und Geld dazu gezwungen wurde, das Waschbecken zu schrubben und Abendessen zuzubereiten für einen undankbaren Mann, der als Gegenleistung für seine unverzichtbare Anwesenheit erwartete, auf Lebenszeit bedient zu werden. Diese

Familiengeschichte ist nichts Ungewöhnliches. Sie steckt auch dahinter, wenn ein Mann seiner Partnerin, häufig mit anklagendem Unterton, erklärt, seine Mutter sei eine starke Frau gewesen: Sie hat getan, was sie tun musste, sie hat gelitten und gearbeitet und sich nicht beschwert. Warum kannst du das nicht auch?

Ich finde, keine Frau sollte so stark sein müssen, um geschätzt und geliebt zu werden. Wie viele Frauen und nonbinäre Menschen meiner Generation bin ich in meiner Familie die Erste, die diese Stärke nicht entwickeln musste, um zu überleben. Schon von klein auf habe ich miterlebt, wie unglücklich es die Frauen in meiner Familie machte, tagtäglich die Kraft für eine Arbeit aufzubringen, die sie nicht mochten, Arbeit, die nie anerkannt wurde, Arbeit, die sie nicht die »Freiheit« hatten abzulehnen.

Es ist ein gewaltiger Unterschied, ob eine Frau diese Arbeit freiwillig verrichtet oder ob sie dazu gezwungen ist, weil niemand anders sie übernehmen will, weil der Partner die Unordnung »nicht sieht«, weil sie ihrem Ehemann ständig sagen muss, was zu tun ist, ihn jedes Mal loben muss, wenn er selbstständig die Spülmaschine ausgeräumt hat, denn er hat ja gelernt, dass das nicht seine Aufgabe ist und eines Tages jemand – idealerweise eine Frau – des Weges kommt und sie für ihn erledigt.

Der Haushalt ist für sehr viele Frauen und besonders für viele Mütter eine destruktive Arbeitsumgebung. Die vom Feminismus der zweiten Welle ausgehende Gefahr einer sexuellen Revolution hat der neoliberale Kapitalismus gebannt, indem er Frauenarbeit unsichtbar gemacht und den Anforderungen der Kernfamilie zugeordnet hat.

Die Kernfamilie – ein heterosexuelles Ehepaar, das mit Kindern und sonst niemandem zusammenwohnt – beschreibt mein Leben und das vieler Gleichaltriger nicht. Auch unsere Kindheit war davon weit entfernt. Etwa die

Hälfte der Generation Y ist mit Alleinerziehenden aufgewachsen oder mit Eltern, die sich trennten oder scheiden ließen. Deshalb wissen die meisten von uns aus erster Hand, wie kläglich die Kernfamilie scheitern kann – und wie schwer es ein Elternteil womöglich hat, sich allein durchzuschlagen. So steht für uns dem Anspruch, dass ein erfolgreiches Erwachsenenleben eine dauerhafte und verbindliche Liebesbeziehung voraussetzt, das Wissen gegenüber, dass das langfristig eben oft nicht so läuft. Die Kernfamilie, das haben wir gelernt, steht nicht unbedingt für Sicherheit, aber trotzdem wollten wir geborgen sein, lieben, geliebt werden und eine Familie gründen.

In den USA, in Großbritannien und anderen Ländern lebt die Mehrheit der Erwachsenen nicht mit einem Liebespartner oder einer Liebespartnerin in einem Haushalt. Besonders die Generation Y teilt sich die Wohnung eher mit Freund*innen, Familienmitgliedern oder anderen Mitbewohner*innen als mit einer Person, die sie lieben. Das liegt nicht daran, dass wir kollektiv beschlossen hätten, die sozialen Normen unserer Eltern zu zerstören. Es ist eine wirtschaftliche Notwendigkeit.

Um wirtschaftliche Notwendigkeit ging es aber auch immer in der Kernfamilie. Die »traditionelle« Kernfamilie, die im Grunde nur in der Mitte des 20. Jahrhunderts drei Jahrzehnte lang eine kurze Blüte erlebte, war nicht nur ein gesellschaftliches Ideal, sondern eine wirtschaftliche Strategie, die Gesellschaft zu organisieren und die Produktion zu maximieren. Sie sollte sicherstellen, dass Aufgaben wie Kochen, Putzen, Kinderbetreuung und Familienmanagement in jedem Haushalt erledigt wurden. Jahrzehntelang strebten Frauen die traditionelle Ehe in erster Linie deshalb an, weil sie ihnen am ehesten finanzielle Sicherheit und die Möglichkeit versprach, auch die Kinder durchzubringen in einer Gesellschaft, in der es keine Kinderbetreuung gab und nur wenige Frauen einer – schlecht bezahlten – Erwerbsarbeit nachgehen konnten. Männer strebten die Ehe vor allem deshalb an, weil sie ihnen faktisch eine kostenlose Arbeitskraft zur Seite stellte, eine Person, die ihnen den Alltag organisierte, saubermachte, den Haushalt führte und die Kinder aufzog, während der Mann, zumindest in der Theorie, die Brötchen verdiente.

Die Ideologie der romantischen Liebe und der Grundsatz, dass heterosexuelle Menschen heiraten und einen aus zwei Erwachsenen bestehenden Haushalt gründen, weil sie »ihre Liebe« gefunden haben, ist eine überraschend neue Erfindung. Für die Kernfamilie birgt sie Risiken, denn wenn jeder Haushalt auf einer einzigen Liebesbeziehung zwischen Erwachsenen gründet, ist die Familie erledigt. Dazu kommt, dass Menschen an diese Beziehung gebunden sind. Besonders Frauen, die bis heute weniger Geld verdienen und häufiger Teilzeit oder umsonst arbeiten, haben ein starkes Interesse daran, in einer Beziehung zu bleiben, die sie unter anderen Umständen verlassen würden, hängt doch ihre finanzielle Zukunft davon ab, dass diese eine Partnerschaft hält.

Das traditionelle Alleinverdienermodell ist wirtschaftlich wie kulturell schon seit Jahrzehnten unhaltbar: Bei sinkenden Löhnen kann es sich niemand mehr leisten, mit einem einzigen Gehalt einen Haushalt zu bestreiten. Wenn aber beide Erwachsenen Vollzeit außer Haus arbeiten und niemand sonst die soziale Reproduktionsarbeit übernehmen kann, wird die Kernfamilie als Wirtschaftsmodell uninteressant. Dennoch herrschte in unserer Kultur an der Stelle, wo Alternativen zur Kernfamilie entwickelt werden könnten, lange Zeit nichts als gähnende Leere.

Da es immer schwieriger wird, einen verantwortungsbewussten Mann zu finden, mit dem frau eine Familie gründen kann, entscheiden sich junge heterosexuelle Frauen immer häufiger dafür, ihre Kinder gemeinsam aufzuziehen. Alleinstehende Mütter gründen einen gemeinsamen Haushalt, um sich gegenseitig zu helfen und beizustehen.

Angeblich gewährleistete die Ehe immer Sicherheit, Stabilität und Freiraum. Für sehr viele Menschen ging das aber viele Jahrhunderte lang nicht auf, und so blieb ihnen nichts anderes übrig, als den Schmerz hinunterzuschlucken und ihr Herz auszuhöhlen. Im Haus des Vaters gab es verbotene Räume, in deren Wänden Gewalt und Gräuel wisperten, in deren ungekehrten Ecken die Schande lauerte, und wer dort lebte, litt unter Angst, manchmal auch unter Schmerzen, doch Exil wäre noch schlimmer gewesen. Heute scheitert die Kernfamilie augenscheinlich an ihren eigenen Bedingungen: Die meisten verheirateten Menschen finden in der gesetzlichen Ehe nicht einmal mehr das Minimum an wirtschaftlicher Sicherheit, das am Anfang fest dazugehörte.

Meine Generation Y hat gelernt, ohne Sicherheit auszukommen, aber deswegen müssen wir noch lange nicht auf Vertrauen, Gemeinschaftssinn oder Geborgenheit verzichten. Die Theoretikerin Sophie Lewis spricht von einem »vollständigen Ersatz«: einer radikalen Alternative zur patriarchalen Familieneinheit.[16]

Wenn wir uns abseits »der Familie« ein Leben organisieren, in dem Intimität, Fürsorge und Vertrauen einen Platz haben, so ist das nicht nur wirtschaftlich, sondern auch gesellschaftlich vernünftig. Von der kulturellen Seite sieht das allerdings völlig anders aus. Der Einwand, die heterosexuelle Kernfamilie mit zwei Elternteilen – so wird die Familie in den meisten modernen Gesellschaften nach wie vor definiert – sei womöglich nicht für alle ideal, ist und bleibt tabu. Dasselbe gilt für den Hinweis, dass für viele Frauen, Kinder und queere Jugendliche »die Familie« kein Balsam gegen eine gleichgültige Welt ist, wie das gern dargestellt wird, sondern ein Ort der Gewalt und des Missbrauchs. Da gesellschaftliche Versorgungsstrukturen außerhalb der individuellen Familie wegbröckeln, ist der Gedanke, dass uns die Familie auch noch im Stich lassen könnte, doppelt unangenehm.

Die Ideologie »der Familie« ist grundsätzlich autoritär. Der heterosexuelle Kernhaushalt mit einem Mann an der Spitze ist ein zentrales konservatives Ideal. Das Gesellschaftsmodell des »strengen Vaters« dient, so der Linguist und Forscher George Lakoff, als einigendes Bild, das unsere kollektive politische Vorstellungskraft leitet. Es ist eine ordnende Metapher, ein *Frame*, ein Deutungsrahmen also, der vorgibt, wie Menschen die Welt sehen, wie sie ihre Funktion darin begreifen und wie sie Recht und Unrecht definieren. Das Modell des »strengen Vaters« ist eben autoritär. Die Verfechter dieses Modells betrachten die Welt als gefährlich und von Rivalität beherrscht. »In dieser Welt«, so Lakoff, »braucht es einen starken strengen Vater, der die Familie beschützt [...], vom Kind wird Gehorsam gefordert«.[17]

Der heterosexuelle Kernhaushalt, in dem sich Frau und Kinder der Autorität einer strengen männlichen Figur unterwerfen, ist somit ein Ideal, und zwar nicht nur praktisch und individuell, sondern es dient in menschlichen Gesellschaften zudem als prägende Metapher. Konservative sehen sich heute als Vertreter einer Welt, die von »strengen Vätern« geführt und diszipliniert werden sollte, und damit haben wir schon fast buchstäblich die Bedeutung des Wortes »Patriarchat«, das ja nicht für »Männerherrschaft«, sondern für »Väterherrschaft« steht.

Lakoff verweist auf den expliziten »Zusammenhang zwischen der Weltsicht des strengen Vaters und dem Kapitalismus des freien Marktes. Das Bindeglied zwischen beiden ist die Moral des Eigeninteresses, der Kapitalismus des Adam Smith nach konservativem Verständnis«.[18] In einer Welt, in der aus einem erbitterten Wettbewerb Gewinner und Verlierer hervorgehen, sind strenge Väter notwendig, um Disziplin herzustellen und die Kinder vor Schaden zu bewahren. Entsprechend sollte auch die ideale Regierung verfahren, weshalb Konservative nicht per se gegen den Staat sind: Sie unterstützen oft umfassende Ausgaben für Polizei, Strafsystem und Militär. Was Konservative laut Lakoff ablehnen, ist »Zuwendung und Fürsorge. Sie sind gegen soziale Maßnahmen, die sich der Menschen annehmen: frühkindliche Bildung, Gesundheitsfürsorge für die Armen, eine Anhebung des Mindestlohns, Arbeitslosengeld [...]. All das versuchen sie aus moralischen Gründen abzuschaffen.«[19]

Die patriarchale Morallehre ist noch immer die beherrschende Ideologie, und sie setzt die moderne Welt schrecklichen Gefahren aus. In den letzten Jahrzehnten wurde immer deutlicher, dass das Modell des »strengen Vaters« den Interessen der Menschheit weder metaphorisch noch tatsächlich förderlich ist. Ohne verlässliche Unterstützungssysteme für gegenseitige Fürsorge und Zuwendung können menschliche Gesellschaften nicht gedeihen; eine Gesellschaft, die auf Dominanz, Gewalt und kurzfristigem Wettbewerb gründet, zerfetzt sich irgendwann selbst.

Das System des strengen Vaters scheitert gerade an sich selbst, während die Welt noch vor den erratischen Fäusten autoritärer Kraftmeier zittert, die wir gewählt haben, um den Planeten aus der Bahn zu werfen. Aus Angst vor der Zukunft hat sich der Westen für »strenge Väter« entschieden, die uns in die furchteinflößenden fiebrigen Flegeljahre des 21. Jahrhunderts führen sollten, doch diese strengen Väter haben sich als unzuverlässige, ungehobelte Kotzbrocken entpuppt, völlig ungeeignet für die Verantwortung, die mit ihrer Macht einhergeht. Männer wie Trump, Pence, Johnson, Bolsonaro und Modi und vor ihnen George W. Bush, David Cameron und Scott Morrison: Solche Männer verstehen sich meisterhaft auf die Morallogik des Egoismus, beherrschen nichts anderes als Schikane, Lug und Betrug und mogeln sich an die Macht, die ihnen vermeintlich qua Geburt zusteht. Im Privatleben sind sie ebenso brutal und unzuverlässig wie an der Spitze ihres Staates, und vor den Augen von Abermillionen Bürger*innen, die unter ihrer unberechenbaren Grobheit leiden, breitet sich eine Sprache privater Scham und Angst über den gesamten Globus aus. Die »strengen Väter« behandeln ihre Untertanen wie übergriffige Männer ihre Frauen und Kinder: mit grausamer, anmaßender Verachtung. Frauen, Migrant*innen, Menschen aus der Arbeiterklasse, junge, behinderte Menschen, Queere, Schwarze Menschen und People of Colour unterstehen zwangsweise dem staatlichen Regime des »strengen Vaters«, nicht anders als misshandelte Frauen und Kinder, die unter der Ägide einer unberechenbaren Vaterfigur zu leben lernen: Sie hangeln sich durch, ziehen sich in Scham und Selbstvorwürfe zurück und reiben sich bei dem Versuch auf, grausame und launische Machtstrukturen abzumildern. Wir lernen, den eigenen Wünschen zu misstrauen, den kleinen heulenden menschlichen Kern in uns zu fürchten, der uns sagt, dass wir wertvoll sind und Wünsche haben dürfen.

Es gibt natürlich eine Alternative. Man kann das Haus des Vaters auch verlassen. Wir können weggehen, ohne uns noch einmal umzusehen. Wir können uns weigern, dem Diktat der obligatorischen Häuslichkeit zu folgen, können uns weigern, eine gehorsame Tochter oder eine leidgeprüfte Ehefrau zu sein. Wir können Familienformen anstreben, in denen wir nicht schweigend leiden und unser Selbst zerquetschen müssen. »Wenn die Familie, aus der du kommst, ätzend war, dann erfinde eine neue«, schreibt Lidia Yuknavitch in ihrem mitreißenden Überlebensmemoir *The Chronology of Water*. »Schau dir doch nur an, unter wie vielen Leuten du wählen kannst. Wenn dir deine Familie wehtut, steig in den Bus. Jetzt zum Beispiel.«[20]

»Frausein« wird als Arbeit kodiert, und wie bei jeder Arbeit wird den Menschen, die am wenigsten entscheiden können, weisgemacht, die Freiheit, die eigene Unterdrückung zu wählen, sei die einzige Freiheit, die es sich vorzustellen lohnt. Wenn Frausein Arbeit ist, dann ist diese Arbeit im Spätkapitalismus unsicherer, prekärer und gefährlicher denn je geworden. Wenn Frausein Arbeit ist, dann müssen sich Frauen organisieren und für bessere Bedingungen streiken.

Und genau das geschieht gerade. Während ich diese Zeilen schreibe, verändert sich etwas. Die Covid-19-Krise hat offenbart, wie wichtig die »Frauenarbeit« für das tagtägliche Funktionieren der Gesellschaft ist, wenn etwa Quarantänevorschriften einzelne Familien dazu zwingen, die gesamte Last der Bildung und Betreuung ihrer Kinder, die Fürsorge für Arme, Ältere und Einsame allein zu übernehmen. Millionen von Frauen mussten ihren Arbeitsplatz aufgeben, weil ihre männlichen Partner nicht einmal in einer globalen Pandemie bereit waren, die Ärmel hochzukrempeln und ihren Teil zu übernehmen. In Großbritannien haben Schätzungen zufolge Frauen mit Kindern zweieinhalbmal so viel Hausarbeit geleistet wie Männer. In den USA waren Tausende von Frauen zur Aufgabe ihres Berufs gezwungen, weil Männer und Väter die Kinderbetreuung nicht übernehmen und der Staat sie nicht unterstützen wollte. Viel zu lange schon müssen Frauen die fehlenden sozialen Sicherheitsstrukturen ersetzen.

Und sie haben die Nase voll. In Internetforen, auf Twitter, auf Facebook, in Diskussionsforen geben immer mehr Frauen und Mädchen ihre Erschöpfung ehrlich zu und merken, dass sie damit nicht allein sind – und dass sie etwas dagegen tun können und sollten.

Dass das Leben im privaten Heim nicht politisch sein könne, wurde durch die sozialen Netzwerke als Illusion entlarvt. Plötzlich ist es sowas von von gestern, nur so zu tun, als kämen wir schon über die Runden. Auf Instagram dürfen Millionen von Müttern mit Hochglanzmähne ihr eingefrorenes Grinsen ablegen und endlich ehrlich zugeben, dass sie am Ende ihrer Kräfte sind. Dass Frauen zum allerersten Mal über die Technologie verfügen, ihre Erfahrungen über einen kleineren Kreis hinaus auszutauschen, könnte alles ändern, genau wie in der #MeToo-Bewegung, dank der Frauen in nie dagewesener Einigkeit die persönliche intime Ungerechtigkeit sexueller Gewalt artikulieren konnten. Die Straße finde ihre eigene Verwendung für die Technologie, so der Scifi-Romancier William Gibson – und das tut auch der Haushalt. Es ist höchste Zeit, dass die Hausarbeit ihre #MeToo-Bewegung bekommt. Es ist höchste Zeit, dass diese private Ungerechtigkeit zu einer Angelegenheit von öffentlichem Belang wird.

Zuallererst müssen Männer einzeln und kollektiv zur Verantwortung gezogen werden, weil sie nicht einmal das Mindestmaß an Sorgearbeit übernehmen, das das Zusammenleben in einer Gemeinschaft allen Beteiligten abfordert. Die Gesellschaft muss einsehen, dass Frauen nicht von Natur aus besser darauf eingerichtet sind, Popos abzuwischen, und dass Liebe niemandem abverlangt, sich unbezahlt abzurackern. Dass ein Mann, der nicht einmal unaufgefordert eine Spülmaschine bedienen kann, für komplexere Aufgaben wie die Führung einer Firma oder eines Landes auch nicht geeignet ist. Dass die Erwartung an die Partnerin, klaglos und ohne Bezahlung den Großteil der Hausarbeit zu schultern, nicht nur respektlos, sondern auch skrupellos ist. Dass wir nicht nur ein Problem haben, weil Frauen zu viel Arbeit erledigen müssen, sondern weil Männer ihren Anteil nicht übernehmen wollen, und dass sie damit endlich anfangen müssen, und wenn sie nicht wissen, wie es geht, dann müssen sie es eben lernen.

Zweitens muss der Staat endlich die Haus- und Sorgearbeit als Arbeit behandeln, als Bestandteil der Volkswirtschaft anerkennen und diese Anerkennung mit Geld ausdrücken. Die Infrastruktur für Bildung, Gesundheit, soziale Sicherheit, Altenpflege und Kinderbetreuung, die in den vergangenen vierzig Jahren durch Privatisierung und Mittelkürzungen ausgedünnt wurde, muss wieder aufgebaut und anständig finanziert werden, damit die Reproduktion von Leben in bestimmten Schichten oder Gruppen nicht mehr zulasten von Frauen of Colour, Migrantinnen und Arbeiterinnen geht. Die Sorgearbeit, die Arbeit also, die das gemeinsame Überleben sichert, war nie so wichtig wie heute. Und wie alle monumentalen Aufgaben werden wir die Arbeit, die es macht, unsere Spezies in den kommenden hundert Jahren am Leben zu halten, einfacher bewältigen, wenn wir es endlich schaffen, sie unter uns aufzuteilen.

9

Die Reproduktionsmittel

Sind Frauen Menschen, oder sind sie Sachen?

Schwangerschaft ist etwas Grausames. Jedes Jahr werden in Großbritannien zehntausend Frauen wegen Posttraumatischer Belastungsstörungen infolge der Geburt eines Kindes behandelt,[1] Zehntausende weitere ziehen sich beim Geburtsvorgang Verletzungen zu. Für den Menschen sind Schwangerschaft und Geburt gefährlich, riskant, anstrengend, beängstigend und schmerzhaft. Trotz moderner medizinischer Fortschritte stirbt immer noch etwa jede zehntausendste Frau bei der Geburt, viele weitere erleiden dauerhafte und schwere Verletzungen.[2] Häufig tragen Gebärende bleibende Nervenschäden oder lebenslange Schmerzen davon. Ihr PTBS-Risiko entspricht dem amerikanischer GIs, die sich für einen Auslandseinsatz melden.[3]

Die Frage der Fortpflanzung und das Recht auf Abtreibung stehen im Mittelpunkt der sexuellen Revolution. Eine Gleichstellung der Gender setzt voraus, dass Frauen das uneingeschränkte Recht haben, eine Schwangerschaft sicher und legal zu beenden. Ohne Abtreibung und Empfängnisverhütung werden Frauen niemals sexuelle, soziale oder wirtschaftliche Freiheit genießen. Genau deshalb steht die Abschaffung des Abtreibungsrechts im moralischen Zentrum des Backlashs gegen die Frauenemanzipation.

In der Debatte über das Recht der Frau auf einen Schwangerschaftsabbruch, die im Globalen Norden derzeit tobt, und in den Beschlüssen reiner Männergremien, die weltweit mit sadistischen Regelungen die Möglichkeit eines Schwangerschaftsabbruchs rechtlich immer weiter einschränken, kommen die körperlichen Aspekte von Schwangerschaft und Geburt so gut wie nie zur Sprache. Die öffentliche Diskussion um Abtreibung dreht sich immer noch darum, ob ein Fötus Menschenrechte hat, ob ein Fötus Schmerzen empfinden kann, ob ein Fötus ein Mensch ist. Die Frage, ob ein Fötus ein Mensch ist, kann die Wissenschaft nicht beantworten. Die Frage, ob eine Frau ein Mensch ist, steht jedoch nicht zur Debatte – dabei müssten das weibliche Menschsein und der weibliche Schmerz den Ausschlag geben.

Manchmal allerdings setzen sich Männer zusammen und entscheiden anders. Im Juni 2019 beschloss im US-Bundesstaat Alabama ein Gremium aus fünfundzwanzig *weißen* Männern und null Frauen ein gesetzliches Abtreibungsverbot. Zeitgleich fanden auch in Georgia, Ohio und Missouri drakonische neue Maßnahmen gegen Abtreibung breite Zustimmung. Während ich dies schreibe, werden im Zuge eines sadistischen panamerikanischen Handstreichs gegen die reproduktiven Grundrechte von Frauen immer mehr solcher Gesetze bis hinauf in die höchsten Gerichte der weltweit führenden Supermacht vorbereitet; Ziel ist es, das wegweisende Supreme-Court-Urteil *Roe v. Wade* von 1973 zu kippen, das in den Vereinigten Staaten die Abtreibung als verfassungsmäßiges Recht festschrieb.

Diese Gesetze sollen kein »Recht auf Leben« etablieren. Sie sollen die Maximalkontrolle über Frauen als Kernprinzip konservativer Herrschaft verankern. Sie sollen Frauen als Besitz markieren. Sie sollen Frauen als Sachen definieren.

Worauf das alles hinausläuft? Ebenfalls im Juni 2019 wurde in Ohio ein elfjähriges Kind entführt, vergewaltigt und geschwängert. Nach dem neuen Abtreibungsrecht des Bundesstaates hätte dieses Kind gebären müssen. Mit einem Mindestmaß an Moral und gesundem Menschenverstand lässt sich unschwer erkennen, dass ein System, das ein Kind zwingt, eine Schwangerschaft zu ertragen, monströs, herzlos und unmoralisch ist. Und ebenso klar liegt auf der Hand, dass ein Staat, der einem Kind androht, es zu töten oder einzusperren, falls es eine solche Schwangerschaft nicht austrägt, moralisch einem Vergewaltiger gleichkommt, denn er beraubt das kleine Mädchen seiner Handlungsmacht, erklärt ihren Schmerz für irrelevant und spricht ihr das Recht ab, selbst zu entscheiden, wer auf ihren Körper zugreifen darf.

Aber der entscheidende Punkt, der in den Kulturkriegsfloskeln der Abtreibungsempörten gern untergeht, ist folgender: Es ist nicht minder monströs, diese Strafe einer Frau über dreißig aufzuerlegen, die, nur weil beim Tinder-Date das Kondom gerissen ist, noch lange nicht Mutter werden will. Auch diese Frau hat Anspruch auf körperliche Autonomie. Sie sollte nicht darum betteln müssen, nur weil ein paar religiöse Extremisten und viagrabenebelte Republikaner Angst vor Frauen haben, die frei und ohne Reue vögeln. So gesehen ist der Gebärzwangextremismus die logische Erweiterung der *Rape Culture.*

Am Anti-Abtreibungs-Backlash ist nichts Lebensbejahendes, von wegen »*Pro Life*«. Ich weigere mich, durch eine solche Formulierung eine Bewegung anzuerkennen, die sich auf einen Berg aus Frauenkörpern stellt und das als moralische Überlegenheit ausgibt. Vor allem lehne ich die Bezeichnung »*Pro Life*« deshalb ab, weil die Gebärzwangbewegung viel mehr daran interessiert ist, Menschenleben zu steuern und zu kontrollieren, als sie zu retten. Natürlich ist die Behauptung »Abtreibung ist Babymord« in der globalen Anti-Abtreibungs-Bewegung ein zentrales Dogma, und Millionen von Wähler*innen, die damit aufgewachsen sind, sind tatsächlich überzeugt, dass das Leben mit der Empfängnis beginnt. Sie haben ein Anrecht auf diesen Glauben – solange sie ihn nicht zu einer Waffe umfunktionieren, um ihnen völlig fremde Menschen zu bestrafen.

Mit Fakten gegen Glaubensgrundsätze vorzugehen, ist reine Zeitverschwendung. Keine noch so verständlich erklärte wissenschaftliche Studie kann dem wahren Gläubigen ausreden, dass ein Fötus ein Mensch mit einer Seele ist. Wir sollten wohl besser überlegen, was wir sonst noch wissen. Anstatt zu entscheiden, ob Abtreibung »wirklich« dasselbe ist wie Mord, wäre es produktiver – und ehrlicher – zu fragen, ob die Gewalt einer Abtreibung gerechtfertigt ist.

Denn die Antwort muss lauten: ja. Ja, ist sie. Nur weil bei einer Abtreibung ein Leben genommen wird – sofern man das wirklich glaubt –, ist das noch lange keine Rechtfertigung dafür, ein kleines Mädchen ins Gefängnis zu werfen, weil es hat abtreiben lassen. Es gibt zahlreiche Umstände, unter denen das US-Recht einer Person zugesteht, einer anderen das Leben zu nehmen: Hausfriedensbruch, Selbstverteidigung, Mitgliedschaft in den Streitkräften. Und wie 58 Prozent der Amerikaner*innen[4] und ein Großteil der medizinischen Fachwelt vertrete auch ich die Ansicht, dass der Abbruch in einem frühen Schwangerschaftsstadium nicht mörderischer ist als eine Biopsie. Ich bin nun mal der Meinung, dass ein sechs Wochen alter Fötus mit Herzschlag, aber ohne limbische Hirnaktivität weniger empfindungsfähig ist als das, was die meisten Republikaner*innen in einem der konstitutionell fleischfressenden Bundesstaaten des amerikanischen Südens so zum Frühstück zu sich nehmen.

Aber das tut nichts zur Sache. Niemandes persönliche Gefühle zur Beschaffenheit des Lebens sind hier relevant. Relevant sei die Freiheit der Frauen, ihr Leben selbst zu kontrollieren, so die Philosophin und Rechtswissenschaftlerin Judith Jarvis Thomson. Die Schwangerschaft sei grundsätzlich die einzige Situation, in der jemand qua Gesetz genötigt werde, auch gegen den eigenen Willen seine Gesundheit für jemand anderen zu opfern. »Niemand«, erklärt Thomson, »ist moralisch dazu verpflichtet, große Opfer zu erbringen, um das Leben eines anderen Menschen zu erhalten, und dieser hat auch kein Recht, das zu verlangen.«[5]

Das heißt, selbst wenn mit der Abtreibung ein Menschenleben beendet wird, ist es noch schlimmer, jemanden zur Geburt zu zwingen. Kein Staat sollte ermächtigt werden, dies mit vorgehaltener Waffe zu tun, so wie kein Staat ermächtigt werden sollte, eine Person zu entführen und ihr literweise Blut abzuzapfen, damit jemand anders eine Transfusion erhalten kann.

Trump bekam die Schlüssel zum Weißen Haus von den *weißen* Evangelikalen, vor allem, weil er ihnen versprochen hatte, Abtreibung zu kriminalisieren und Grundrechte schwangerer Menschen zu kassieren. Ich spreche hier von »schwangeren Menschen«, weil selbstverständlich auch trans Männer und nonbinäre Menschen schwanger werden können. Für traditionelle Konservative aber ist ein Mensch mit Gebärmutter grundsätzlich eine Frau und somit eine Person, deren Sexualität per Definition staatlicher Kontrolle unterliegt.

Auch nachdem Trump aus dem Amt geschieden war, setzte sich in den USA und anderswo die konservative *Anti-Choice*-Euphorie fort. Im Bundesstaat Texas unterstützte der republikanische Abgeordnete Tony Tinderholt 2019 einen Gesetzentwurf, nach dem auf Abtreibung die Todesstrafe stehen soll – so viel zum Grundsatz »*Pro Life*«. Er wolle, so räumte Tinderholt ein, Frauen »zwingen«, in ihrem Sexualleben »mehr persönliche Verantwortung zu übernehmen«.[6] Ziel ist und bleibt die explizite staatliche Kontrolle über die weibliche Fortpflanzung.

Ähnliches geschah und geschieht in anderen Teilen der Welt, sei es in Polen, Spanien oder Brasilien, überall dort also, wo die Bevölkerung einen Rambo gewählt hat, der implizit versprochen hatte, Frauen und BIPoC in ihre Schranken zu weisen. Diese Kraftprotze bemänteln ihren Blutrausch mit affektierter Frömmelei und streicheln die Seele ihrer Basis mit geheuchelter Betroffenheit: Alles Leben sei heilig, viel zu heilig, um es dummen Frauen oder armen Frauen oder Frauen of Colour anzuvertrauen. Gebärzwangextremist*innen sind noch nicht mutig genug, ihre Position klar darzulegen. Daher sollten wenigstens wir anderen deutlich sagen, was wir meinen.

Meiner Ansicht nach dürfte es für Abtreibungen keinerlei gesetzliche Einschränkungen geben. Null. Der Schwangerschaftsabbruch sollte allen, die es wünschen, leicht und frei zugänglich sein. Niemand sollte einen guten Grund – oder überhaupt einen Grund – für einen Schwangerschaftsabbruch angeben müssen. Darüber müsste Einverständnis herrschen. Es ist durchaus vernünftig, wenn die Abtreibung wie jedes andere medizinische Verfahren geregelt wird – wenn wir also wieder davon ausgehen, dass Frauen keine Sachen sind.

Die Kriminalisierung der Abtreibung verwandelt die sexuelle Handlungsmacht der Frau in ein Verbrechen. Das ist das Ziel. Darum geht es. Halten wir den Tony Tinderholts dieser Welt ihre Offenheit zugute: Sie sagen frank und frei, dass sie nicht Babys schützen, sondern Schlampen bestrafen wollen, die meinen, sie könnten einfach so, ohne gesellschaftliche Folgen, Sex haben. Die Konsequenzen ereilen sie in Gestalt eines neun Pfund schweren schreienden Ausbunds an Bedürftigkeit, der bei vorgehaltener Waffe im Schatten des elektrischen Stuhls entbunden wird. Würden solche Maßnahmen nicht darauf abzielen, Frauen für Sex zu bestrafen, könnten auch vor Selbstzufriedenheit strotzende Republikaner*innen die widerliche Scheinheiligkeit der wenigen verbleibenden »Ausnahmen bei Vergewaltigung und Inzest« nicht übersehen.

Wir leben in einer Kultur, die Männern sexuelle Gewalt, Frauen aber keinesfalls einvernehmlichen Sex durchgehen lässt. Männer, die glaubhaft sexueller Übergriffe beschuldigt werden, erhalten von weiten Teilen der Gesellschaft trotzdem bereitwillig große exekutive und judikative Macht – Hauptsache, sie nutzen sie, um die Macht der Frauen, über ihre Sexualität selbst zu bestimmen, zu konfiszieren.

Die sexuelle Freiheit der Frau ist der moralische Skandal, der die religiöse Rechte und die Neokonservativen eint. Beide wollen den Sozialstaat schrumpfen, bis er klein genug ist, um in die Unterwäsche einer Frau zu schlüpfen. Moderne Konservative dreschen Phrasen von persönlicher Freiheit und Freiheit vor staatlicher Einmischung, doch diese persönliche Freiheit sollte nie für Frauen gelten. Menschen, denen die Entscheidungsfreiheit von Frauen Angst macht, springen auf deren Beschwörung nicht an. Ein Kernargument der Anti-Abtreibungs-Kampagne ist die Sündhaftigkeit von Frauen, die aus »sozialen Gründen« abtreiben lassen, das heißt, weil sie einfach nicht schwanger sein wollen. Diese Frauen werden als hoffnungslos egoistisch hingestellt. Ja, einige von ihnen sind egoistisch, wenn man unter »egoistisch« versteht, dass sie sich aktiv dafür entscheiden, ihre eigenen Bedürfnisse und Wünsche über die eines möglichen Kindes zu stellen. Selbstlosigkeit sollte keine gesetzliche Verpflichtung sein, die Frauen unter Androhung des Todes oder einer Gefängnisstrafe auferlegt wird. Wenn eine Frau beschließt, ein Baby zu bekommen, das sie eigentlich nicht großziehen möchte, mag sie das zu einem netten Menschen machen, aber keine Frau sollte eine Haftstrafe befürchten müssen, weil sie nicht nett ist.

Die größten Lügen über die Rechte der Frauen erzählen Leute, die versuchen, sie ihnen wegzunehmen. In unsicheren, brutalen Zeiten, in denen die Unterdrückung unter einer ohrenbetäubenden Propagandaflut vonstattengeht, ist es wichtig, auf die Stille zu achten, also auf das, was die größten Krakeeler nicht sagen. Die Kakofonie der Entrüstung umhüllt ein schmerzliches Schweigen, das uns daran hindert, auszusprechen, was wirklich auf dem Spiel steht.

Tatsache ist ganz einfach, dass es durch nichts zu rechtfertigen ist, einer Frau gegen ihren Willen eine Schwangerschaft aufzuzwingen. Dennoch sind sich Regimes männlicher Rassisten und religiöser Extremisten auf der ganzen Welt einig, dass ein sechs Wochen alter Zellklumpen mehr Mensch ist als jede erwachsene Frau. Immerhin könnte dieser Zellklumpen der nächste Mozart, der nächste Mandela sein. Die Möglichkeit, eine Schwangere könnte der nächste Mozart oder der nächste Mandela sein, scheint in solchen Überlegungen nicht vorzukommen.

Diese ungeheuerliche Entschlossenheit, den Körper von Frauen maximal zu beherrschen, erklärt unter anderem, warum die US-amerikanische Anti-Abtreibungs-Bewegung so koordiniert, schnell und brutal agiert. Nachdem die rein männliche Senatsmehrheit von Alabama 2018 dafür gestimmt hatte, Frauen gegen ihren Willen zum Gebären zu zwingen, gingen ihre Kollegen in Georgia noch einen Schritt weiter und beschlossen lebenslange Haftstrafen auch für diejenigen, die Abtreibungen durchführen.[7] Im Jahr 2020 nutzte Texas die Covid-19-Krise, um sämtliche Abtreibungskliniken im Bundesstaat zu schließen, während das konservative Wahlvolk auf sein verfassungsmäßiges Versammlungsrecht pochte und gegen Abstandsregeln demonstrierte. Wieder einmal galten nur die verfassungsmäßigen Freiheiten von Männern als verteidigenswert.

Die *Anti-Choice*-Bewegung war zudem schon immer rassistisch.

Weiße Rassist*innen sind seit jeher bestrebt, die menschliche Spezies gewaltsam umzuformen, indem sie Abtreibung und Empfängnisverhütung kontrollieren und entscheiden, welcher Körper schützenswert ist und welcher sterben darf. In Georgia waren es evangelikale Abtreibungsgegner*innen, die 2018 – unterstützt von einer zeitlich gut abgestimmten Kampagne zur Behinderung bestimmter Wahlberechtigter – Gouverneur Brian Kemp einen hauchdünnen und umstrittenen Sieg über seine Schwarze Gegnerin Stacey Abrams von der Demokratischen Partei bescherten. Kemp hielt einfach das Versprechen, das er den *weißen* Evangelikalen gegeben hatte, nicht anders als der damalige Präsident Donald Trump, der auf Wahlkampfveranstaltungen die wilde Behauptung aufstellte, Babys sollten, wenn es nach den Demokraten ginge, bei der Geburt hingerichtet werden. In weiten Teilen der USA und Europas waren Konservative gern bereit, die Freiheit der Frau zu opfern, um an die Macht zu kommen.

Das war nicht immer so. Viele gehen davon aus, Abtreibung und Empfängnisverhütung seien wie andere Aspekte der schmuddelig-schaurigen Überlieferung der Frauengeschichte bis in die 1960er Jahre stets streng überwacht worden, und *Roe v. Wade* sowie die verbesserte Verfügbarkeit der Pille, die beispiellose Freiheiten mit sich brachten, seien historische Ausreißer, die Frauen gnädigerweise ein paar Jahrzehnte lang Entscheidungsfreiheit geschenkt hätten.

Vielfach herrscht die Ansicht, die Abtreibung werde heute gesetzlich lockerer gehandhabt denn je. In Wahrheit ist das Gegenteil der Fall. Die Abtreibungsgesetze sind *restriktiver* denn je. Neuartig ist vor allem das Ausmaß der staatlichen Kontrolle über die reproduktiven Entscheidungen von Frauen. Das liegt daran, dass bis vor relativ kurzer Zeit eine Schwangerschaft medizinisch nicht vor dem vierten Monat festgestellt werden konnte. Schwangere konnten auch nicht zum vaginalen Ultraschall gezwungen werden, der heute in mehreren US-Bundesstaaten für alle Abtreibungswilligen vorgeschrieben ist. Eine sadistischere staatliche Überwachung der weiblichen Sexualität hat es in der Menschheitsgeschichte in diesem Umfang bisher nie gegeben.

Bis in die 1920er Jahre standen zuverlässige medizinische Schwangerschaftstests nicht zur Verfügung. Auch Ärzte mussten sich auf begründete Vermutungen verlassen. Wenn es also gesetzliche Einschränkungen für den Schwangerschaftsabbruch gab, so setzten diese normalerweise ab dem Zeitpunkt ein, an dem die Frau die Bewegungen des Fötus spüren konnte; danach war nach übereinstimmender Ansicht vieler Religionen das ungeborene Kind »beseelt«. Dieser Zeitpunkt, der irgendwo zwischen der sechzehnten Woche und dem sechsten Monat oder noch später angesiedelt war, wurde von der Schwangeren aufgrund ihres Körpererlebens bestimmt, und wer eine Abtreibung wollte, hatte oft einen gewissen Spielraum.

In den Vereinigten Staaten waren vor dem Bürgerkrieg Abtreibung und volkstümliche Verhütungsmethoden weitgehend unreguliert und wurden stillschweigend akzeptiert, allerdings nur für freie *weiße* Frauen. Die ersten Abtreibungsgesetze zielten denn auch nicht auf den Schutz des Fötus ab, sondern auf den Schutz von Frauen vor zwielichtigen Ärzten, die ohne Lizenz oder ohne hinreichende Kenntnisse der Keimtheorie operierten. Wie nicht anders zu erwarten, wurden an reproduktive Entscheidungen *weißer* Frauen stets andere Maßstäbe angelegt als an die von Migrantinnen, Schwarzen Frauen und Frauen of Colour. Versklavten Frauen war die Abtreibung verboten,[8] und wenn eine Frau verdächtigt wurde, eine Schwangerschaft zu vermeiden, setzte es Strafen, denn die *weißen* Sklavenbesitzer waren an der Geburt neuer Leibeigener interessiert, besonders, als nach dem Ende des nordatlantischen Sklavenhandels die Frage des Nachschubs Schwarzer Körper für die Knechtschaft dringlicher wurde.

Weiße Sklavenhalter hatten unterdessen ein absolutes Anrecht auf den Körper Schwarzer Frauen, die sie gewohnheitsmäßig vergewaltigten und denen sie Empfängnisverhütung untersagten.[9] Immerhin war jedes Kind, das eine Sklavin gebar, ein Vermögenswert, das unbestrittene Eigentum ihres »Herrn«. Das änderte sich nach der Abschaffung der Sklaverei, als sich im *weißen* Amerika die panische Furcht breitmachte, die nicht-*weiße* Bevölkerung könnte womöglich schneller wachsen als sie. Plötzlich machte man sich große Sorgen, dass freie Schwarze Frauen zu viele Babys bekommen und *weiße* Frauen, die sich nicht ausreichend fortpflanzten, »Rassenselbstmord« begehen könnten, ein Begriff, der seit der Industrialisierung in rechtsextremen und rassistischen Gruppierungen immer wieder auftaucht. Mitte bis Ende des 19. Jahrhunderts traten überall in der entwickelten Welt gesetzliche Abtreibungsbeschränkungen in Kraft, die Entscheidungen über die Frauengesundheit in staatliche Hände legten, und Anfang des 20. Jahrhunderts entstanden experimentelle Eugenikprogramme, mit denen die nicht-*weiße* Bevölkerung klein gehalten werden sollte. Insbesondere für *weiße* Frauen wurden Gesetze zur Regulierung von Abtreibung und Empfängnisverhütung verabschiedet, für Schwarze Frauen und Migrantinnen Programme zur massenhaften Zwangssterilisation eingeführt. Heute löst der Begriff Eugenik zu Recht Empörung aus. Aber man vergisst leicht, dass vor dem Zweiten Weltkrieg in vielen nominell liberalen Demokratien die Eugenik als seriöse Wissenschaftsdisziplin und politisches Verfahren galt. Margaret Sanger und andere Verfechter*innen der Empfängnisverhütung bemühten bekanntlich eugenisches Vokabular, um die *weißen* Männer an der Macht davon zu überzeugen, dass nur mittels Geburtenkontrolle ein gesunder, starker – und *weißer* – »Volksbestand« entstehen könne. Und eine der ersten Persönlichkeiten des öffentlichen Lebens, die in den USA in diesem Zusammenhang vom »Rassenselbstmord« sprachen, war Theodore Roosevelt.[10]

Seit den Anfängen der kolonialen Expansion hängen die politischen Entscheidungen zu Abtreibung und Verhütung eng mit rassistischen Ansichten zur nationalen Identität und Bevölkerungskontrolle zusammen. Rechtsextreme Bewegungen waren schon immer auf die sexuelle Kontrolle »ihrer« Frauen fixiert. Einer der wenigen ideologischen Refrains, den fast alle repressiven Regimes gemeinsam singen, ist das Prinzip, dass der Frauenkörper Eigentum des Staates und die reproduktive Entscheidungsfreiheit kein Anrecht, sondern ein Luxus sei, den Frauen bereitwillig zum Wohle der Nation zu opfern hätten – sonst gibt's Ärger.

Diese panische Sicht auf die demografische Entwicklung verbreitet sich heute in ganz Europa und Amerika wie ein Krebsgeschwür. Seit einiger Zeit ist der Ausdruck »*weißer* Genozid« gebräuchlich und gärt in den Güllegruben der Internethetze, wo er schlicht bedeutet, dass »nicht genug *weiße* Babys geboren werden«.

»[Ich] habe unlängst getwittert, man könne eine Zivilisation nicht mit dem Nachwuchs fremder Leute erhalten«, wird der republikanische Abgeordnete Steve King aus Iowa in einer ultrarechten österreichischen Zeitschrift zitiert. »Wenn wir damit weitermachen, unsere Babys abzutreiben und dafür Ersatz in Form von jungen, gewalttätigen Männern herbeischaffen, ruinieren wir unsere Zivilisation.«[11]

Man kann es nicht oft genug sagen: Es macht moralisch kaum einen Unterschied, ob ein Mann eine Frau gegen ihren Willen zum Sex zwingt oder ob der Staat – oder ein herrschsüchtiger Partner – sie gegen ihren Willen zu einer Schwangerschaft zwingt. Vergewaltigungsapologeten sind da wenigstens etwas ehrlicher. Und dieses Ausmaß an staatlicher Kontrolle stellt einen neuen und historisch beispiellosen Angriff auf die körperliche Autonomie von Frauen dar.

Vorstellungen zu *Race*, Nation und Herrschaftsraum sind und waren in der *Anti-Choice*-Bewegung ebenso tief verankert wie eine bösartige Doppelmoral in der Frage, wessen Leben zählt. Dem Bundesstaat Alabama zum Beispiel liegen Menschenleben dermaßen am Herzen, dass er, gemessen an der Bevölkerungszahl, mehr Gefangene hinrichtet als fast alle anderen US-Bundesstaaten. Auch als Gouverneur Kay Ivey das Abtreibungsverbot unterzeichnete, war für den nächsten Tag eine Hinrichtung angesetzt.[12]

Die Gebärzwangbewegung riecht auch in anderer Hinsicht nach Heuchelei. Leute, die der Mutterschaft einen so hohen Wert zumessen, entreißen nicht an der Grenze Eltern ihre Kleinkinder, um sie in glühend heiße Käfige zu stecken.[13] Leute, denen die Heiligkeit des Lebens so wichtig ist, würden nicht dafür plädieren, den freien Verkauf von Schusswaffen in Einkaufszentren zu erlauben. Leute, denen Ungeborene so am Herzen liegen, würden nicht ausgerechnet die Gesetze torpedieren, die verhindern sollen, dass der Planet, den diese Kinder einmal erben, in Flammen aufgeht.

Doch trotz all dieser erdrückenden moralischen Widersprüche sind Gebärzwangextremist*innen gar keine Heuchler*innen. Ganz im Gegenteil. Hinter den frömmelnden und unredlichen Schlachtrufen ihres Kreuzzugs verbirgt sich eine erschreckende logische Folgerichtigkeit, die Grenzparanoia mit militärischem Fetischismus und einer obsessiven staatlichen Kontrolle des Frauenkörpers verzurrt. Das ist ein Chauvinismus im Albtraummodus: Verängstigte Kindmänner erzählen die düstere Mär von starken Vätern, strengen väterlichen Anführern und ihrem Recht, ihre Ressourcen zu beschützen. In dieser Geschichte sind Frauenkörper eine Ressource, auf die Männer freien Zugriff haben sollten, und Frauen haben nicht das Recht, Männern den Sex zu verweigern oder das Baby abzutreiben, das ihnen ein Mann eingepflanzt hat.

Beim Thema Abtreibung dürfen Frauen bitteschön nicht wütend werden. Eine wütende Frau ist, mehr oder weniger definitionsgemäß, eine verrückte Frau, und einer verrückten Frau kann man keine körperliche Autonomie überantworten, auch wenn man ihr, wie es scheint, ein Baby durchaus anvertrauen kann. Stattdessen sollen wir den Verantwortlichen, auch den Fanatikern, die weltweit die staatliche Agenda kapern, leise und höflich erklären, dass das Abtreibungsverbot unsere Autonomie beschneidet – als ob sie das nicht schon wüssten.

Natürlich beschneidet das Abtreibungsverbot die Autonomie der Frauen! Das ist ja der Sinn des Abtreibungsverbots. Darum geht es doch.

Mit einer Kriminalisierung verhindert man ja auch keine Abtreibungen. In Ländern, in denen nur eingeschränkt abgetrieben werden darf, gibt es nicht weniger tote Babys, dafür aber viel mehr tote Frauen. Weltweit resultieren 13 Prozent der Müttersterblichkeit aus riskanten Abtreibungen.[14] Man sendet damit eine klare Botschaft aus: Freche Flittchen durften schon viel zu lange über die Stränge schlagen, und jetzt sind mal Konsequenzen fällig. Es ging nie darum, dass Babys wichtig wären. Es geht darum, dass Frauen unwichtig sind.

Wir sollen lächeln und höflich sein, während uns Männer, die kleine Mädchen dazu zwingen möchten, unter Schmerzen und Schrecken Kinder zu gebären, jede Menschlichkeit absprechen. Wer das Patriarchat überleben will, muss darüber schweigen, wie sehr es schmerzt, das Patriarchat zu überleben. Wer doch darüber reden muss, spricht leise. Man redet nicht über Wut. Und definitiv redet man nicht über Schmerzen. Die Schmerzen von Frauen, besonders die Schmerzen von Frauen of Colour, sind absichtlich unsichtbar.

Patriarchale Revisionisten, insbesondere solche der politisch einflussreichen evangelikalen Rechten, verfolgen seit langem die Strategie, Frauen und Mädchen ihre Würde zu nehmen und sie zu zwingen, im Namen des religiösen Gehorsams unerwünschte Kinder zu gebären. Gehorsam gegen die religiöse Autorität – gegen den Vater als Familienoberhaupt, gegen Gott und gegen den Staat – bildet den Kern evangelikalen Denkens, und in diesen Gehorsamsmodellen haben Frauen das Leid als Teil ihres natürlichen Schicksals zu akzeptieren. Auch im nicht-religiösen Kontext wird von Frauen erwartet, Schmerzen zu ertragen, besonders von Schwarzen Frauen und Frauen of Colour, deren Schmerzen in der Medizin des Globalen Nordens gern als übertrieben abgetan werden; das hat schwerwiegende Folgen, auch für die Gesundheit von Müttern. In den Vereinigten Staaten sterben Schwarze Frauen dreimal so häufig bei der Geburt wie *weiße*, Schwarze Kinder sterben im ersten Lebensjahr doppelt so häufig wie *weiße*.[15] Wie Professor Tressie McMillan Cottom schreibt, liegt das unter anderem daran, dass die Aussagen Schwarzer Frauen über ihre eigenen Körpererfahrungen als unzuverlässig gelten. Als McMillan Cottom in den Wehen lag, wurde sie im Krankenhaus vom medizinischen Personal zunächst mehrere Schichten lang ignoriert:

> Nach mehreren Tagen Wehenschmerzen, die nicht diagnostiziert wurden, weil der Schmerz im Po saß statt im Rücken, hielt ich die Wehen nicht mehr aus. […] Ich bettelte um eine Epiduralanästhesie. Nach einer gefühlten Ewigkeit traf ein Anästhesist ein. Er starrte mich wütend an und erklärte, wenn ich nicht still sei, würde er wieder gehen, und ich bekäme gar keine Schmerzlinderung. […]
> Als ich aufwachte, presste ich, und dann war meine Tochter da. Sie starb kurz nach ihrem ersten Atemzug. Die Krankenschwester fuhr mich aus dem Operationssaal zurück zur Station. Den ganzen Weg hielt ich mein Baby im Arm, anscheinend ist das so üblich. Nachdem wir besprochen hatten, was mit den sterbli-

> chen Überresten geschehen solle, sagte die Krankenschwester zu mir: »Nur damit Sie es wissen: Wir hätten nichts tun können, Sie haben uns ja nicht gesagt, dass Sie Wehen haben.«
> Schwarze Frauen sind Superheldinnen, wenn es darum geht, anderer Leute Erwartungen zu erfüllen oder jemandem beziehungsweise etwas anderem zu dienen. [...] Wenn wir den Männern, dem Kapital, der politischen Macht, den *weißen* Frauen den einen oder anderen existenziellen Dienst erweisen, [...] erfüllen wir unseren Zweck in der natürlichen Ordnung der Dinge.[16]

Schwarzen Frauen und Frauen of Colour bleibt nichts anderes übrig, als die reproduktive Ungerechtigkeit hinzunehmen, die ihr Leben und das ihrer Kinder in Gefahr bringt, so wie sämtlichen Frauen nichts anderes übrig bleibt, als über die schlimmen, erschütternden Details der Reproduktion zu schweigen: die Schmerzen, das Blut, die Risse, die Erschöpfung, die Unsicherheit, die Armut. In einer von Männern geprägten und geführten Wirtschaft sollen wir die harten und entwürdigenden Begleiterscheinungen von Schwangerschaft, Geburt und Mutterschaft für uns behalten.

Als ich jünger war, glaubte ich, was mir Lehrer*innen und andere Erwachsene erzählten: dass die Geburt zwar mal kurz sehr schmerzhaft sei, Frauen aber schnell »alles vergessen«. Bis heute wird das Hirngespinst verbreitet, dass es eine Art natürlicher Amnesie gäbe, die Qual und Trauma selbst einer komplikationslosen Schwangerschaft und Geburt auf wundersame Weise aus der Psyche löscht. Ich begriff, dass es ein paar Dinge gibt, über die man einfach nicht spricht und die ein Geheimnis bleiben sollen, Dinge, die mit Wehen, Schwangerschaft, Abtreibung und vor allem mit Fehlgeburten zu tun haben.

10 bis 20 Prozent aller Schwangerschaften enden mit einer Fehlgeburt, und dieses Erlebnis kann eine Schwangere zutiefst traumatisieren. Dennoch ist es gesellschaftlich immer noch tabu, über eine Fehlgeburt zu sprechen oder eine Schwangerschaft überhaupt vor dem vierten Monat zu erwähnen, wenn das Risiko einer Fehlgeburt stark abnimmt. Angeblich soll dieses Tabu Frauen und Mädchen, die ein ersehntes Kind verloren haben, emotional schützen, doch in Wahrheit werden sie auf diese Art isoliert, und den Menschen um sie herum bleibt das Unbehagen erspart, die alltäglichen Tragödien der menschlichen Fortpflanzung zur Kenntnis zu nehmen.

Die mit der Schwangerschaft verbundenen Tabus sollen Frauen nicht schützen, sie sollen die Gesellschaft davor bewahren, über das Leid von Frauen nachdenken zu müssen. Schwangere sollen schweigen über Schmerz, Trauma und Angst, die mit Schwangerschaft und Wehen einhergehen. Sie sollen kleinlaut Blut und Scheiße wegwischen und monatelang im Fitnessstudio schwitzen, um wieder auszusehen wie vor der Schwangerschaft. Wenn sie eine Fehlgeburt erlitten haben, dürfen sie es nicht erwähnen, am besten kein Aufhebens machen. Wenn sie die Kardinalsünde eines Schwangerschaftsabbruchs begangen haben, sollen sie es nur flüsternd zugeben und ihre Scham zur Schau tragen – genau wie sie sich für einvernehmlichen Sex schämen sollen, wie sie sich schämen sollen, wenn sie eine Vergewaltigung überlebt haben.

Aber das Menschsein einer Frau ist nicht an Bedingungen geknüpft, und die weibliche Sexualität ist nichts Beschämendes. Das einzig Beschämende, das Einzige, was keine Bürgerin, die auch nur ansatzweise an Freiheit glaubt, tolerieren sollte, ist eine Welt, in der Frauen wie Sachen behandelt werden.

10

Weiße (Not-)Lügen

Es gibt sehr spezielle Umstände, unter denen das Patriarchat der *Weißen* – nach eigener Aussage – die Sorge um sexuelle Gewalt tatsächlich umtreibt. Das geschieht ausschließlich unter diesen besonderen Umständen. Im gesamten Globalen Norden rekrutieren rechtsextreme Bewegungen heute mit dem uralten Mythos des »fremden Vergewaltigers« neue Anhänger. Stimmt, sagen sie, Frauen sind in Gefahr – aber nicht von unserer Seite. »Unsere« Frauen – *weiße* Frauen – werden bedroht, von Schwarzen Männern, Migranten, muslimischen Männern, und »wir« müssen sie beschützen.

Die Frau schreit. Von allen Seiten greifen dunkle, behaarte Hände – Männerhände – nach ihrem Körper und packen sie an den langen, rotblonden Haaren. Die Frau war Model, das Foto war gestellt, und das Bild prangte im Februar 2016 auf dem Cover der polnischen Zeitschrift *wSieci.* Thema war die syrische Flüchtlingskrise. Die Schlagzeile lautete: »Islamische Vergewaltigung Europas«.[1] Immer, wenn Rassismus instrumentalisiert wird, um die Macht von Autokraten zu stärken, wird die bloße Präsenz von Migrant*innen oder Communitys of Colour symbolisch mit Vergewaltigung gleichgesetzt.

Warum sind *weiße* Rassisten nur dermaßen auf Vergewaltigung fixiert? Eine Bewegung, die so zutiefst frauenfeindlich ist, die, wie wir gesehen haben, ihre Anhänger aus denselben schmierigen Foren rekrutiert, in denen tobsüchtige Tastenberserker ihrer sexuellen Frustration Luft machen, eine Bewegung, die ihre jungen männlichen Anhänger mit dem Versprechen radikalisiert, *weiße* Frauen würden künftig wieder ihnen gehören, eine Bewegung, die Frauen of Colour ihre Menschlichkeit vollkommen abspricht: Wie kann eine solche Bewegung so versessen darauf sein, Vergewaltigungen zu verhindern? Von den »mexikanischen Vergewaltigern«, die hinter der imaginären Mauer von Ex-Präsident Trump lauern, bis hin zur urbanen Legende von den »*No-Go-Areas*« für *weiße* Frauen in Nordeuropa: Die Neonationalisten von heute sind darauf bedacht, »ihre« Frauen und Mädchen vor eben der sexuellen Gewalt zu beschützen, die sie in ihrer restlichen Freizeit Feministinnen im Netz androhen.

In Europa werden junge Schwarze Frauen und Frauen of Colour heutzutage ebenso oft Opfer sexueller Nötigung, Vergewaltigung und sexueller Ausbeutung wie *weiße* Frauen; muslimische Frauen, die religiös konnotierte Kleidung tragen, sind in der Öffentlichkeit sogar noch deutlich häufiger genderspezifischer Belästigung ausgesetzt.[2] Dennoch hält sich das Hirngespinst, dass an allen Grenzen Horden muslimischer Migranten nur darauf warten, die Tugend unschuldiger *weißer* Mädchen zu besudeln. Ereignisse wie die Attacken auf Partygängerinnen in der Silvesternacht 2015 in Köln haben im öffentlichen Bewusstsein Kultstatus erlangt.[3] Die zwei Frauen pro Woche, die deutschlandweit von ihrem häuslichen Partner ermordet werden, finden die Beschützer weiblicher Tugend derweil offenbar der Beachtung nicht wert.[4] In der Logik des Eigentums, die dieser Haltung zugrundeliegt, ist das nur folgerichtig: Männer ausländischer Herkunft oder Männer aus Minderheiten sind eine Gefahr für *weiße* Frauen, die der gemeinsame Besitz *weißer* Männer sind; *weiße* Männer jedoch dürfen ihre eigenen Frauen misshandeln, ermorden und verstümmeln, wie sie es für richtig halten.

Dieser neue Chauvinismus hat mit den Interessen der Frauen nichts zu tun, dafür aber viel mit der fragilen Männlichkeit von *Weißen*. In den Vereinigten Staaten werden mit dem Schreckgespenst des Schwarzen Vergewaltigers seit Jahrhunderten rassistische Angriffe gerechtfertigt. Am 28. August 1955 wurde der vierzehnjährige Emmett Till in Money, Mississippi, gefoltert und ermordet aufgrund des unwahren Gerüchts, er habe einer *weißen* Frau hinterhergepfiffen. Sechzig Jahre später, im Jahr 2015, schrie der rassistische *weiße* Terrorist Dylann Roof, als er in einer Kirche in Charleston neun Schwarze Gemeindemitglieder ermordete: »Ihr vergewaltigt unsere Frauen, und ihr reißt unser Land an euch, und ihr müsst gehen.«[5] Dieses »ihr« war an keine spezifische anwesende Person gerichtet. Selbst Roofs verdrehter Verstand kann nicht auf die Idee gekommen sein, dass die Großmütter, die er in der Kirche abschlachtete, Sexualstraftäterinnen wären. Da ähnlich absurde Vorwürfe auch gegen Opfer barbarischer rassistischer Lynchmorde erhoben wurden, ist es doppelt ekelhaft, wenn von der #MeToo-Bewegung öffentlich benannte Täter, die sich endlich für ihr Verhalten verantworten müssen, immer wieder von einer gegen sie gerichteten »Lynchjustiz« sprechen. Es ist nicht so lange her, da war Lynchjustiz in den USA noch alles andere als eine Metapher.

Der Impuls, die *weiße* Weiblichkeit vor Schwarzen oder Sexualtätern of Colour zu schützen, ist tief verwurzelt, aber nicht etwa in der Faktenlage. Statistisch betrachtet waren im Lauf der Geschichte immer Schwarze Frauen und Frauen of Colour am stärksten von sexueller Gewalt durch Täter einer anderen *Race* bedroht, weil *weiße* Männer über die Jahrhunderte kaum Konsequenzen fürchten mussten, wenn sie diesen Frauen Gewalt antaten, auch dann nicht, wenn sie rechtlich nicht als ihr Eigentum galten. Die Fantasievorstellung, man müsse *weiße* Frauen vor gefährlichen fremden Tätern schützen, ist jedoch eine bewährte Taktik, strukturellen Rassismus – auch für die Rassisten selbst – als fortschrittlich durchgehen zu lassen.

Im wurmstichigen Plot der Geschichte des *Weißseins* klaffen unzählige logische Löcher. *Weißsein* ist, wie Männlichkeit, selbstverständlich eher eine politische als eine biologische Kategorie. Die Genderbinarität ist ein Machtsystem, das nicht auf chromosomalen oder epigenetischen Fakten, sondern auf politischer Kategorisierung beruht. Ganz ähnlich gibt es auch für das *Weißsein* kein erkennbares Gen, und im Laufe der Jahrhunderte wurden verschiedene ethnische Gruppen mal in den großen gesellschaftlichen Topf der »*Weißen*« hineingeworfen, mal wieder rausgeschmissen. *Weißsein* ist eine Idee, die aber, nur weil sie faktisch nicht stimmt, nicht weniger real oder gefährlich ist. *Weißsein* ist eine glorreiche Geschichte der Dominanz, die verängstigte Menschen einander erzählen, um der eigenen Gewalt ihren Schrecken zu nehmen. Und die Fragilität der *weißen* Frau ist in dieser Geschichte die romantische Nebenhandlung.

Auf den ersten Blick wirkt es widersinnig, dass Neonationalisten die *weiße* Weiblichkeit so tapfer vor Vergewaltigungen durch »Fremde« schützen, dieselben Reaktionäre aber viel Zeit darauf verwenden, »Vergewaltigungsmythen« zu entlarven und die *Rape Culture* zu negieren. So sehr sie darauf bedacht sind, ausländische Männer von der Schändung »ihrer« Frauen abzuhalten, wollen sie doch auch sicherstellen, dass sie selbst diese Frauen weiter ungestraft ausbeuten können.

Doch in Wahrheit ist das überhaupt kein Widerspruch. Hier geht es um *Entitlement*. Es geht um den männlichen Besitzanspruch auf Frauenkörper. Es geht um die Erotisierung *weißer* männlicher Macht, die Instrumentalisierung menschlicher Sinnlichkeit und Intimität für eine Dominanzagenda. In diesem Sexualitätsverständnis bleibt keinerlei Raum für Lust, Begehren oder Einvernehmlichkeit. Einem solchen Sexualitätsverständnis ist die Bedeutung dieser Worte unbekannt, weil es nur die Sprache des Besitzes kennt. Sex ist hier explizit ein Besitzakt – genau wie damals, als die Vergewaltigung im Westen erstmals verboten wurde: nicht als Gewaltverbrechen gegen einen Mitmenschen, sondern als Sachbeschädigung, als Verstoß gegen das territoriale Besitzrecht eines anderen Mannes.

Wenn *weiße* Rassisten von »Vergewaltigung« sprechen, meinen sie nicht etwa nicht-einvernehmlichen Sex, sondern sie meinen *jeden* Sex, der in ihrem fiktiven *weißen* Ethnostaat nicht sanktioniert wäre. Wie Ta-Nehisi Coates in seinem Buch *We were eight years in power: Eine amerikanische Tragödie* klug dargestellt hat, verbirgt sich dahinter die Idee, dass sich *weiße* Männer jeder Klasse und Herkunft vereinen lassen hinter der Verteidigung desjenigen Eigentums, das ihnen ihrer Vorstellung nach zusteht: *weiße* Frauen.[6] Deshalb reden heutige Faschisten über Frauenkörper genau so wie über den Nationalstaat: Sie seien korrupt, dekadent und nur mit Gewalt noch zu retten.

Vor allem aber begreifen solche Männer den »Feminismus« als ausschließlich *weiße* Idee. In ihren Augen sind Feministinnen *weiße* Frauen, die *Race* und Gender verraten haben. Die Vorstellung einer Schwarzen Feministin ist diesen Männern völlig fremd, denn Schwarze Feministinnen stellen den simplen Kuhhandel in Frage, der ihren *weißen* Schwestern angeboten wird: das patriarchale Tauschgeschäft, nach dem sie als Preis für ihren Anteil am *Weißsein* die eigene Unterordnung schlucken müssen.

Viele *weiße* Frauen lassen sich auf diesen Deal ein. Mit dem Sexismus, den sie seit Geburt verinnerlicht haben, nehmen *weiße* Frauen auch jede Menge rassistischer Ideen auf, und wenn sie sich die Mythen zu eigen machen, die das *weiße* Patriarchat für und über sie geschaffen hat, wenn sie sich der besonderen Art von narzisstischem Selbsthass verschreiben, den die Gesellschaft unter Weiblichkeit versteht, dann setzen sie auch die speziellen Vorgaben dafür um, was *weiße*

Frauen sind und welche Art von Schutz sie von *weißen* Männern erwarten können. Schauen wir uns dazu einmal eines der bekanntesten Zitate aus dem frühen Schwarzen Feminismus an, das aus einer Rede der Abolitionistin Sojourner Truth überliefert ist:

> Dieser Mann sagt, dass Frauen beim Einsteigen in eine Kutsche geholfen werden müsse, und auch beim Überqueren von Gräben und dass ihnen überall der beste Platz zustehe. Mir hat noch nie jemand in einen Wagen geholfen oder über eine Schlammpfütze oder den besten Platz überlassen! Bin ich etwa keine Frau? Sehen Sie mich an! […] Ich habe dreizehn Kinder geboren und erlebt, wie die meisten in die Versklavung verkauft wurden, und wenn ich um sie weinte, hörte mich keiner außer Jesus! Bin ich etwa keine Frau?[7]

Seit vielen Jahrhunderten wird *weißen* Frauen beigebracht, sich diese dämliche Vorstellung verhätschelter, behüteter Weiblichkeit zum Vorbild zu machen, eine Vorstellung, die die meisten der real auf der Erde lebenden weiblichen Menschen zwangsläufig ausschließt. Eine *weiße* Frau bekommt nach diesem Zerrbild stets den besten Platz, wird über Gräben getragen und in die Kutsche geleitet, muss nicht in jungen Jahren an Überarbeitung sterben und weiß die Kinder in Sicherheit; mit wenigen Updates wird dieses Märchen *weißen* Frauen immer noch allenthalben eingebläut. Tu dies, und du wirst gerettet. Tu das, und du bist sicher. Du musst dich nur an der Seite der *weißen* Männer über alle anderen stellen, dann werden sie dich beschützen. Aber wer beschützt dich vor ihnen?

Als ich als Schülerin Sojourner Truth las, fehlte mir der Kontext ihrer Geschichte. Ihre berühmte Rede hielt sie vor *weißen* Aktivistinnen, die zu ihrer Frauenwahlrechtstagung keine Schwarzen Frauen eingeladen hatten. In Amerika entstand die Massenbewegung für Frauenrechte ursprünglich aus dem Abolitionismus. Die frühen Feminist*innen jeglicher Herkunft oder Klasse waren fest davon überzeugt, dass die Frauenemanzipation nur gemeinsam mit der Abschaffung der Besitzsklaverei zu erreichen sei. Nach dem Bürgerkrieg erfasste jedoch ein neuer *weißer* Rassismus die junge Republik. *Weiße* Kolonisten fürchteten, von befreiten Sklav*innen und ihren Nachkommen abgehängt zu werden, ihren Status und ihre Souveränität einzubüßen in dieser Nation, die bis heute darum ringt, sich ihrer schuldhaften Geschichte zu stellen.

Die männlich-suprematistischen *Weißen* in Amerika sind dermaßen darauf fixiert, sich selbst als die Guten zu begreifen, dass sie sich ihrer eigenen Erbsünde nicht stellen können. Und *weiße* Weiblichkeit war schon immer eine Geschichte, die von *weißen* Männern für *weiße* Männer erzählt wurde, eine Geschichte über Schutz, Besitz und Fragilität. Das gilt noch heute. Anderthalb Jahrhunderte nach dem Ende der Sklaverei in den USA erzählen die gleichen Leute immer noch die gleiche Geschichte.

Wie ich mit einiger Verwunderung festgestellt habe, bekomme ich, wenn ich mich in der Öffentlichkeit zur Frauenemanzipation äußere, von Rechtsextremen immer und umgehend zu hören, dass ich nicht nur lüge, sondern dass es für meine Lügen eine spezielle Strafe gibt: Ich gehöre brutal vergewaltigt, und zwar von Migranten oder Muslimen. Dass versucht wird, Frauen mit der Androhung von Vergewaltigung und Fantasien sexueller Gewalt zum Schweigen zu bringen, ist nichts Neues, aber die Form, die diese Fantasien derzeit annehmen, verdient Beachtung. Ich gelte schließlich als *weiße* Frau, zumindest in den Ecken und Winkeln des Alt-Right-Universums, in denen der Antisemitismus noch nicht vollständig Einzug gehalten hat. Eigentlich gehöre ich also der Bevölkerungsgruppe an, die angeblich beschützt wird – aber zur gewaltbereiten Heterosexualität der *weißen* Vorherrschaft gehört auch die Entscheidung darüber, wer diesen Schutz verdient hat und wer nicht. Ob eine bestimmte *weiße* Frau aus der fiktiven Zone hinter dem Schutzzaun Einlass erhält, hängt davon ab, wie gut sie ihre Rolle spielt: Ist sie fügsam, respektvoll und, ganz wichtig, sexy? Wenn nicht, kann man sie den Außenseitern zum Fraß vorwerfen, mal schauen, wie ihr das gefällt.

Die Verbreitung und der Detailreichtum der Fantasiegeschichten, in denen Feministinnen und andere widerspenstige Frauen von männlichen »Außenseitern« geschändet werden, kann man nur damit erklären, dass sich irgendjemand daran aufgeilt. Das soll nicht heißen, dass es Vergewaltigung und sexuelle Nötigung nicht auch außerhalb der *weißen* Mehrheitsgesellschaft gibt – aber *weiße* Rassisten dürften auch kaum Schlange stehen, um Projekte für Frauen und LGBTQ-Jugendliche of Colour auf die Beine zu stellen oder Asyl zu fordern für Menschen, die vor sexueller Gewalt und Homophobie fliehen.

Das Konzept von der Vergewaltigung durch »Fremde« hat für die patriarchale Vorherrschaft der *Weißen* symbolischen Wert. Wenn der Körper *weißer* Frauen immer noch *das* Herrschaftsgebiet ist, das alle *weißen* Männer gemein haben, werden *weiße* Männer durch die Verteidigung *weißer* Frauen vor Angriffen von außen zu einer eigenen Klasse, die ihre gemeinsamen Interessen verteidigt. *Weiße* Frauen erhalten kein Mitspracherecht darüber, ob sie diesen Schutz wollen oder nicht – schließlich sind sie keine Menschen, sondern Eigentum. Eigentum gibt keine Widerworte.

Ich habe noch nie so viele Männer auf einmal für Frauenrechte demonstrieren sehen wie 2018 bei der Kundgebung zur Verteidigung der Frauen Europas. Es war ein kalter Apriltag an der Speakers' Corner in London. Die neonationalistische Gruppierung »Generation Identity« hatte zu einer öffentlichen Demonstration gegen sexuelle Gewalt aufgerufen, und zwar speziell gegen sexuelle Gewalt muslimischer Männer gegen *weiße* Frauen. Es nahmen fast nur Männer teil, Dutzende waren an diesem Sonntagmorgen gekommen, in Anzug und Krawatte und Bomberjacken, mit halbgaren verquasten Ansichten im Gepäck und Gesichtern in beunruhigendem Formschnitt.

Ich bin zu meiner Zeit auf manch frauenbewegter öffentlicher Veranstaltung mitgeschlurft und mitgestampft, immer die Frage im Kopf, wo wohl die nächste Toilette sein mochte. Ich bin in der zornigen millionenstarken Meute mitmarschiert, die in Washington gegen die heimtückische neue Weltordnung demonstrierte. Ich habe auf Gedenkmärschen mit Hunderten der üblichen Verdächtigen Plakate, Snacks und bissige Kommentare ausgetauscht, habe auf *Slut Walks* meine besten Stiefel verschlissen, habe an beschwerlichen kleinen Akten öffentlicher Renitenz mitgewirkt, nicht ohne mich im Dunkeln vor Regierungsgebäuden nassregnen zu lassen. Das einzige Merkmal, das all diese Frauenproteste gemeinsam hatten, war, dass überwiegend Frauen daran teilnahmen. Aber auf dieser Demonstration waren die Männer zehn zu eins in der Mehrzahl. Eine junge *weiße* Frau, die eine vorformulierte Rede ablas, war umgeben von konzentrischen Kreisen wütender Männer, die wirklich alles getan hätten, um sie vor Schaden zu bewahren – alles, außer einmal einen Blick in den Spiegel zu werfen.

Die *weißen* Frauen, die Neoreaktionäre heute angeblich schützen wollen, sind weitgehend erfunden. Diese Männer haben für die meisten der real existierenden *weißen* Frauen, denen sie tatsächlich schon mal begegnet sind, nichts als Verachtung übrig, weil sie nicht den blonden unterwürfigen Gehilfinnen ihrer traurigen Tagträume entsprechen. Diese besondere Art von Abscheu muss man unterscheiden von der rituellen Entmenschlichung, die BIPoC-Frauen vorbehalten ist. Der Hass *weißer* Rassisten auf *weiße* Frauen wie mich ist milder und persönlicher: Sie wollen uns nicht platt machen, sie wollen uns nur rund machen, bis wir barfuß und schwanger die Küche ihrer kryptonationalistischen Tagträume putzen. Wenn eine Frau in einer Welt, in der Frauen nur die Nebenfiguren männlicher Abenteuergeschichten sind, grundlegende Menschenrechte einfordert, kann das doch nur einen einzigen Grund haben: weil sie Männern auf den Sack gehen will. Wenn wir hartnäckig und zickig auf unserem Wahlrecht, sexueller Handlungsmacht und einem Recht auf subkutanes Fett bestehen, wird das als eine persönliche Beleidigung sämtlicher heterosexueller Männer dieser Welt interpretiert. *Weiße* Frauen, die eine ungenügende Darbietung *weißer* Weiblichkeit abliefern, haben Strafe statt sexuellen Schutzes verdient – wobei es natürlich auch dabei um erotische Dominanz geht.

Wir dürfen nicht vergessen, dass es eine solche *weiße* Frau nie wirklich gegeben hat. Sie ist ein Weiblichkeitsmärchen, das *weiße* Männer einander erzählen, eine sexuelle Fantasie, durchtränkt von rassistischer Paranoia. Doch nur weil es sich um eine Fiktion handelt, ist sie noch lange nicht ungefährlich. Da draußen laufen Männer herum, die in ihrem Namen morden, und Frauen, viele Millionen Frauen, die versuchen, wie sie zu sein.

Wenn der Neofaschismus mit seiner Unmenschlichkeit auch *weißen* Frauen Schaden zufügt, so sollte das aber nicht der ausschlaggebende Faktor sein, der Leute von der Couch auf die Straße treibt, um ihm ein Ende zu bereiten. Auch wenn es unter den *weißen* Frauen kein einziges Opfer zu beklagen gäbe, müssten wir den Neofaschismus trotzdem bekämpfen. Da aber der *weiße* Frauenkörper für die *weiße* Vorherrschaft eine so große symbolische Bedeutung in sich birgt, hat es auch großes symbolisches Gewicht, wenn echte

Frauen, die zufällig mal gerade *weiß* sind, im Widerstand gegen den Rassismus ihren echten Kopf hinhalten. Warum tun dann so viele das Gegenteil?

Der Antifeminismus gehört zum Weltbild *weißer* Rassisten, seit es die extreme Rechte gibt. Seit es die extreme Rechte gibt, spielen dort auch Frauen mit. Und seit Frauen dort mitspielen, fungieren sie als Lockvögel, geben im Baritonchor der Fanatiker die Solosopranistin, die für die geschützte Kategorie *weißer* Weiblichkeit besondere Rechte anmeldet. Die extreme Rechte war nie eine feministische Bewegung, und in Führung und Anhängerschaft ihrer Gruppierungen sind solche Alibifrauen ausnahmslos in der Minderheit.

Warum schlägt sich eine Frau auf die Seite von Männern, die ihr ihre Menschlichkeit absprechen, nur um anderen Leuten ihre Menschlichkeit abzusprechen? Der Grund dafür ist natürlich Rassismus, aber Rassismus kommt in einer Vielzahl unappetitlicher Geschmacksrichtungen daher. Wenn sich *weiße* Frauen auf die Seite der *weißen* Vorherrschaft schlagen, wenn sich *weiße* Frauen auf Kosten ihrer Persönlichkeit für das rassistische Patriarchat entscheiden, wenn Lockvögel wie das Alt-Right-Postergirl Lauren Southern behaupten, »Im Westen gibt es keine *Rape Culture*«,[8] treffen sie eine explizite Entscheidung darüber, auf welcher Seite ihr kostbarer *weißer* Körper stehen soll. In den Vereinigten Staaten stimmte bei den Präsidentschaftswahlen 2016[9] und bei den Zwischenwahlen 2018 fast die Hälfte der *weißen* Wählerinnen für Donald Trumps Republikaner, ein Schema, das sich 2020 wiederholte. Warum nur?

Diese Frauen wählten Trump, um zu überleben, und sie wählten ihn aus Feigheit. Wie Andrea Dworkin in ihrem Buch *Right-Wing Women* schreibt, schlagen sich konservative *weiße* Frauen aus Selbstschutz auf die Seite der Männer, weil sie hoffen, dass ihnen dadurch Gewalt erspart bleibt. »Die meisten Frauen«, so Dworkin, »können es sich aus materiellen und psychischen Gründen nicht eingestehen, dass all die Gehorsamsbezeugungen, mit denen sie um Schutz betteln, die wütenden kleinen Götter in ihrer Umgebung nicht besänftigen können.«[10] Konservative Frauen wachsen mit der Überzeugung auf, sie seien dank ihrer Weiblichkeit und ihres *Weißseins* den männlichen »Schutz« wert, auch wenn dieser Schutz für sie ein Leben mit sexistischen Stereotypen mit sich bringt. Dass Frauen ihre sexuelle Unterordnung als Preis für das *Weißsein* hinnehmen, hat eine lange Tradition. So wie männliche *weiße* Rassisten eine unwirkliche Fantasieversion *weißer* Weiblichkeit verehren, streben viele *weiße* Frauen danach, sie zu verkörpern, wollen also in die Rolle der Prinzessin schlüpfen, die der ihr versprochenen Fürsorge und Geborgenheit würdig ist. Wenn sie trotzdem Gewalt von Männerhand erfahren, sind sie natürlich selbst schuld, haben sie es doch nicht geschafft, das Fantasiebild angemessen zu verkörpern.

Jede ehrliche Debatte über Vergewaltigung, sexuelle Gewalt und Einvernehmlichkeit muss unter explizit antirassistischen Bedingungen geführt werden. Vergewaltigung dient der *weißen* Vorherrschaft seit jeher als Waffe, das Hirngespinst von der »Vergewaltigung durch Fremde« als Daseinsberechtigung. Rassismus hängt nicht nur eng mit der *Rape Culture* zusammen, er ist auch ein wichtiger Bestandteil der pseudopatriotischen Logik, der zufolge der Frauenkörper nicht nur als Eigentum, sondern auch als Territorium gilt. Wenn selbsterklärte Patrioten postödipale Masturbationsfantasien über das Mutterland entwickeln, stellen sie sich das Land weiblich vor, damit klar ist, dass sie das Land besitzen und nicht umgekehrt.

Weiße Frauen können der *weißen* Weiblichkeit oder der Geschichte der Komplizenschaft, in die sie hineingeboren wurden, nicht entkommen, aber wir können und sollten aktiv versuchen, sie uns vom modernen rassistischen Antifeminismus zurückzuerobern. Unter *weißer* Vorherrschaft erhalten *weiße* Frauen das Angebot, ihre Emanzipationsforderungen zu drosseln und stattdessen ihren Platz auf dem Sockel einzunehmen, errichtet auf und von Frauen, die nie den Status eines schützenswerten Opfers erlangen.

Ungeachtet ihres Gefasels vom Schutz der Frauen machen moderne Rechtsradikale, wie schon die Sklavenhalter der amerikanischen Südstaaten, unmissverständlich klar, welcher Sorte Frau Würde, Schutz und Respekt zusteht. In Großbritannien fallen seit einigen Jahren muslimische Frauen besonders oft rassistischer Gewalt auf der Straße zum Opfer, vor allem, wenn sie sichtbare Kennzeichen des islamischen Glaubens wie Hidschab oder Nikab tragen. In Deutschland, wo die Kölner Silvesternacht 2015 landesweit Ängste vor migrantischen Männern schürte, die Jagd auf *weiße* deutsche Frauen machten, haben Übergriffe auf Muslime und Muslimas sprunghaft zugenommen; die meisten Opfer sind einzelne Frauen oder Frauen mit ihren Kindern. Die deutschen Behörden registrierten 2017 mindestens 950 Gewaltakte gegen Muslime, Muslimas und muslimische Einrichtungen wie Moscheen, wobei vor allem Muslimas mit Hidschab belästigt, bedroht, angeschrien, bespuckt, gedemütigt, gewürgt, geohrfeigt, begrapscht, niedergestochen, verprügelt oder überfahren wurden, überwiegend von Anhängern rechtsextremer Gruppierungen.[11] Viele der Täter gehörten nach Angaben der Behörden rechtsextremen und rassistischen Organisationen an, doch eine bundesweite Sorge um die Migrantinnen, die vor Krieg und Unruhen geflohen waren und in Deutschland auf Sicherheit hofften, blieb aus. Denselben politischen Gruppierungen, die so sehr darauf bedacht sind, uns die angeblich große Gefahr muslimischer Männer für *weiße* Frauen vor Augen zu führen, sind nicht-*weiße* Frauen nicht nur egal, sondern sie gehen sogar gezielt auf Frauen oder Mädchen los, die sie für minderwertig halten.

So viel zu den tapferen Beschützern der Weiblichkeit. Eines der hervorstechenden historischen Merkmale des Rassismus ist seit jeher, dass *weiße* Männer – insbesondere, wenn sie wirtschaftliche Macht ausüben – ein unbestreitbares Zugriffsrecht auf die Körper Schwarzer Frauen haben. Das ist ein altes Lied, und die meisten Männer, die es seit Jahrhunderten singen, fühlen sich wie die Helden, die in ihren Köpfen herumgeistern – und alle leben sie in der Angst, sich eines Tages ihrer Heuchelei stellen zu müssen.

Angela Davis beschrieb diese Dynamik in ihrem bahnbrechenden Essay »Der Mythos vom schwarzen Vergewaltiger«, in dem sie darauf hinwies, dass »in den USA und anderen kapitalistischen Staaten Vergewaltigungsgesetze in der Regel ursprünglich zum Schutz von Männern der Oberschicht erlassen wurden«. Während *weiße* Männer selten vor Gericht kamen, »richtete sich die Anklage wegen Vergewaltigung unterschiedslos gegen die Schwarzen – ob sie nun schuldig oder unschuldig waren. Im Ergebnis waren von den 455 Männern, die zwischen 1930 und 1967 auf Grund von Vergewaltigungsdelikten verurteilt wurden, 405 Schwarze«, so Davis.[12] Das lag nicht etwa daran, dass Schwarze Männer eher Frauen vergewaltigen. Vergewaltigungsgesetze orientieren sich, wie wir schon gesehen haben, nicht an den tatsächlichen Erfahrungen von Frauen, sondern daran, wie viel Zwang Männer, und zwar fast immer *weiße* Männer, für angemessen halten.

Der Widerstand gegen die perfide neue Politik des verwundeten *weißen* Patriarchats muss antirassistisch und antisexistisch sein, denn die Logik der Frauenfeindlichkeit, die die sexuelle Unterdrückung in Gang hält, basiert auf *weißer* Vorherrschaft. Frauen jeglicher *Race* und Herkunft sind sexueller Gewalt und Belästigung ausgesetzt, der Gefahr einer Vergewaltigung, den Mechanismen des *weißen* suprematistischen Patriarchats, die realiter auf ihre Körper wirken. In unserer Erzählung aber sind Frauen Menschen mit Handlungsmacht, und kein Mann hat ein Besitzrecht über ihren Körper, egal, wie reich er ist, wie *weiß* er ist oder wie mächtig er ist. Die Heldinnen dieser Geschichte sind Frauen, und sie werden umso strahlender, je besser sie es schaffen, einander die Hand zu reichen und zusammenzuarbeiten.

Es ist beileibe nicht nur die extreme Rechte, die sich ausschließlich um Sicherheit und Würde *weißer* weiblicher Körper kümmert. Natürlich gibt es einen Unterschied zwischen einem Rassismus, der gezielt verletzen und zerstören will, und einem gutgemeinten Rassismus der Unterlassung, der aus gelehrter Ignoranz erwächst – aber für die Menschen, die vom Rassismus betroffen sind, ist diese Unterscheidung kaum relevant. Leider gibt es in der feministischen Bewegung nach wie vor eine rassistische Strömung, die versucht, dem *weißen* Patriarchat auf Kosten Schwarzer Frauen Zugeständnisse abzuringen, und die Erfahrungen *weißer* Frauen aus dem Westen unermüdlich in den Mittelpunkt rückt. Die Anfänge dieser Strömung reichen weit zurück bis in die Zeit, in der sich die ersten Initiativen für Frauenwahlrecht und Reproduktionsfreiheit von der abolitionistischen Bewegung abwandten und ihre Sache mit Argumenten aus der Eugenik voranzutreiben versuchten. Auch heute vereinnahmen unzählige Bewegungen wie die der Identitären die Frauenemanzipation als Deckmäntelchen für die eigene Bigotterie für sich.

Reni Eddo-Lodge schreibt in *Warum ich nicht länger mit Weißen über Hautfarbe spreche*: »Wenn man sich ansieht, wer in den konkurrierenden Kämpfen um Rechte für Frauen und Rechte für Schwarze unter den Tisch fiel, waren es fast immer *schwarze Frauen*. […] Die weiße feministische Abscheu vor Intersektionalität entwickelte sich rasch zu einem Hass auf das Konzept des White Privilege – vielleicht, weil die Anerkennung von strukturellem Rassismus darin resultiert hätte, ihr eigenes *Weißsein* einzugestehen.«[13]

Die Einsicht, dass wir als *Weiße* eine moralische Mitschuld tragen, ist unbehaglich, und historisch gesehen geht die Behaglichkeit *weißer* Menschen auf Kosten Schwarzer Menschenleben. Jede *weiße* Person, die über Politik schreibt, trägt intellektuell *weiße* Scheuklappen, und ich bin mir sicher, dass auch in diesem Buch trotz aller Bemühungen diverse Versäumnisse stecken, Passagen, in denen ich über die Erfahrungen von Frauen geschrieben und in meinem Kopf nur *weiße* Frauen gesehen habe. Ich habe Männer aufgefordert, Unbehagen zuzulassen, aber das gilt auch für *weiße* Feministinnen, die mit ihrer eigenen brutalen Ignoranz konfrontiert werden: Sie müssen möglichst schnell dazulernen, ihre Fehler erkennen und gutmachen, sich klarmachen, dass es nicht in jeder Debatte nur um ihre Gefühle geht und dass es zwar zutiefst peinlich sein kann, wenn man auf die eigenen Vorurteile gestoßen wird, ein Opfer von Vorurteilen zu sein aber viel schlimmer ist.

Die Welt neu aufzubauen, lohnt sich nur, wenn es jeder und jedem Einzelnen gelingt, dem Unbehagen über eigene Irrtümer Raum zu geben, es zuzulassen, und diese unsere sexuelle Revolution kann nur etwas bewegen, wenn sie auch intersektional ist. *Race* und Gender als Vektoren der Unterdrückung sind weder dasselbe, noch lassen sie sich getrennt voneinander betrachten. Jede Bewegung zur Beendigung der Ausbeutung, die den Rassismus nicht in den Mittelpunkt stellt, ist nicht nur ethisch suspekt, sie ist auch intellektuell unsinnig.

11

Wütende junge Männer

Wenn die echten Faschisten aufkreuzen, seid ihr dann vorbereitet?

Rechtsextreme Bewegungen haben in den letzten Jahren weltweit an Bedeutung und Macht zugelegt. Viele wohlmeinende nicht-faschistische Menschen glauben immer noch, dass sie, wenn die Bösewichte in Schwarz anfangen, Türen einzutreten und ihre Nachbarn zu verschleppen, schon das Richtige tun werden, genau wie ihre Großeltern und Urgroßeltern vor ihnen. Sie warten, bis sie jemand um Hilfe bittet, und leisten dann Widerstand. Das Problem ist, dass die Zeit des Wartens vorbei ist. Sie war schon lange vor dem 6. Januar 2021 vorbei, als Hunderte schwer bewaffneter *weißer* Rassisten das US-Kapitol stürmten.

Niemand muss sich heute noch fragen, wie sie oder er reagieren würde, wenn die neuen Nazis aufmarschieren, denn es geschieht bereits. Diesmal tragen nur nicht alle Knobelbecher und Uniform. Nicht alle sind Mitglieder einer einschlägigen Partei, und viele scharen sich auch nicht um einen eindeutigen Führer. Den brauchen sie gar nicht. Die neue extreme Rechte ist dezentral organisiert, gut vernetzt und kommerziell ausgerichtet. Die neue extreme Rechte ist Faschismus im Gig-Economy-Format, und neue Anhänger rekrutiert sie vor allem mit Sexismus.

Frauenfeindlicher Extremismus ist die Fahrstuhlmusik unserer Zeit. Es begann mit einem fast unhörbaren Winseln, einem Unterton rachsüchtiger männlicher Verzweiflung, den nur hören konnte, wer sich zufällig in der Nähe aufhielt:

Netzaktivist*innen, Antirassist*innen, People of Colour, die in der Öffentlichkeit standen, und Feminist*innen.

Im August 2017 sah die Welt entsetzt zu, wie junge Männer in weißen Polohemden und Khaki-Hosen mit Fackeln durch Charlottesville, Virginia, marschierten und skandierten: »Juden werden uns nicht ersetzen«.[1] Hinter diesem gruseligen Slogan steckt eine zentrale These der hasserfüllten extremen Rechten im Netz: Eine internationale Verschwörung aus reichen Jüdinnen, Juden, Bankern sei entschlossen, die »arische Rasse« zu zerstören, indem sie unter anderem »dem Feminismus und der Genderideologie« Vorschub leiste. Diese These, auch als »Großer Austausch« bekannt, bezieht sich auf sinkende Geburtenraten in wohlhabenden westlichen Ländern wie den USA und Großbritannien, starke Zuwanderung aus nicht-*weißen* Ländern und hohe Geburtenraten unter den Migrant*innen aus diesen Ländern. Als Beweis für den Erfolg dieses »Großen Austausches« wird vom modernen Rechtsextremismus darauf verwiesen, dass Frauen im gesamten Westen weniger Kinder bekommen.

In der Woche, in der ich mit der Arbeit an diesem Buch begann, wurden in den USA bei zwei unterschiedlichen Anschlägen insgesamt einunddreißig Menschen erschossen. Beide Attentäter waren *weiße* Männer Anfang zwanzig, die schon vor diesen Taten ein extrem sexistisches und gewalttätiges Verhalten an den Tag gelegt hatten. Einer war zudem ein militanter Rassist, der auf einer Gaming Site in einem »Manifest« gegen die »hispanische Invasion« in Texas wetterte (einem Bundesstaat, der noch vor zwei Jahrhunderten zu Mexiko gehörte). Die meisten Männer, die solche Morde verüben, werden im Netz rekrutiert und sind schon in der Vergangenheit durch gewaltbereite Frauenfeindlichkeit aufgefallen. Der Mann, der 2016 in einem Nachtclub in Orlando neunundvierzig Menschen niedermetzelte, hatte seine Frau geschlagen, als sie schwanger war. Der Mann, der 2017 in einer Kirche im texanischen Sutherland Springs sechsundzwanzig Menschen ermordete, war wegen häuslicher Gewalt verurteilt worden.

Diese Morde geschehen nach einem Muster, sie folgen einem Schema. Wie die Interessenvertretung für schärfere Waffengesetze, Everytown in America, für 240 Anschläge mit 1363 Todesopfern im Zeitraum vorrechnet, schoss »in mindestens 53 Prozent der Anschläge mit Schusswaffen zwischen 2009 und 2020 der Täter im Zuge des Anschlags auf seine aktuelle oder eine frühere Partnerin oder ein Familienmitglied«. Darüber hinaus war »bei mindestens 71 Anschlägen beim Schützen eine Vorgeschichte häuslicher Gewalt bekannt«. Solche mit häuslicher Gewalt assoziierten Attentate forderten im genannten Zeitraum 632 Todesopfer.[2]

Die Anti-Defamation League veröffentlichte 2018 einen Bericht zur Schnittstelle von Frauenfeindlichkeit und *White Supremacy*; darin heißt es, Frauenhass sei häufig der »Einstieg in die Welt der *weißen* Vorherrschaft«.[3] Antifeminismus ist für die Alt-Right-Bewegung keine Nebensache, sondern er zieht sich durch ihre gesamte Kritik an der modernen Welt. Die Welt, so lautet eine der Kernthesen, sei in Gefahr und könne nur von starken gewaltbereiten Männern gerettet werden. Der Feminismus zerstöre die Zivilisation, weil er die natürliche Rolle der Frau konterkariere, die darin bestehe, Kinder zu bekommen, Männern zu dienen und sich ihnen zu unterwerfen.

Nach diesem Narrativ stehen heterosexuelle *weiße* Männer auf der Opferseite der Identitätspolitik: Während Frauen, LGBTQ und ethnische Minderheiten jeweils eine klare Identität und somit formelle und informelle Rechte besäßen, gelte das nicht für heterosexuelle *weiße* Männer. Diese haben daraufhin eine eigene unterdrückte Identität konstruiert:

den jungen »Beta-Mann«, der keine Sexualpartnerin finden kann, weil Frauen die ganze Zeit Sex mit sogenannten »Alpha-Männern« haben. Das ist natürlich eine lachhaft unreife Interpretation der Heterosexualität, die allerdings eines der Grundprinzipien des Neoliberalismus auf die logische Spitze treibt: Menschen seien biologisch ungleich, und der Markt spiegle diese Ungleichheiten wider, indem er die Stärksten mit Erfolg belohne.

Wie eine Studie 2018 aufzeigte, ist neben den Merkmalen *weiß* und männlich einer der stärksten Indikatoren dafür, dass Menschen mit der Grundgesinnung der Alt Right einverstanden sind, ihre Einstellung zur Scheidung.[4] Natürlich wird die extreme Rechte von ihrer Haltung zu *Race* und Nation zusammengehalten, aber der Einstieg geschieht oft über verletztes *Entitlement*, das heißt, die Wahrnehmung eines Mannes, ihm werde sein männliches Geburtsrecht und die damit verbundene Macht über Frauen und Kinder vorenthalten. Solche Männer sind von ihrer Frau oder Partnerin verlassen worden, oder sie sind noch jünger und unverheiratet und fühlen sich – um mit Ta-Nehisi Coates zu sprechen – um die einzige Ware betrogen, die allen *weißen* Männern angeblich gleichermaßen zusteht: der Körper *weißer* Frauen.

Sie ist beileibe keine Randgruppe, diese Bewegung gefühlskalter patriarchaler Rachsucht, diese Armee aus schwachen Vätern, deren einziges Argument für die eigene Macht eine Tautologie ist: Wir sind keine Verlierer, deshalb steht uns der Sieg zu, egal, wen wir dafür hintergehen und vernichten müssen.

In dieser Logik schwingt ein apokalyptischer Oberton mit. Die Männer und Frauen, die diesem Kult angehören, streben die Auflösung der modernen Zivilisation an, bereiten sich aktiv und eifrig auf eine Zeit vor, in der Verderbtheit und Verfall der modernen Welt hinweggefegt werden. Das kollektive Fantasiegebilde, von dem man in den Foren der

»Incels« (von *involuntary celibate,* unfreiwillig enthaltsam) und »Pickup-Artists« besonders häufig liest, ist der bevorstehende Zusammenbruch der Zivilisation – nach dem Männer wieder echte Männer und Frauen dankbar sein werden. Es wird dann keine Abtreibung, keine Scheidung, keine anmaßenden Weiber mehr geben, die herumheulen, weil sie weniger verdienen als Männer – wenn die Zombiehorden kommen, wenn die Plünderer vor den Toren stehen, wenn Flut und Feuer und Seuchen alle unsere Gewissheiten zerstört haben, werden sich die Frauen wieder darauf besinnen, dass sie schwach sind und Männer brauchen, die sie beschützen. Wir haben es hundertmal im Fernsehen gesehen. Wenn dekadente moderne Gesellschaften zusammenbrechen, öffnet sich ein Raum für die Männer, die endlich die Helden ihrer Träume sein können. Unterdessen haben sich jedoch einige auf die Schurkenseite geschlagen.

Die brutale Frauenfeindlichkeit der Alt-Right stützt sich auf eine Reihe alter Vorurteile, die sie mit neuen ökonomischen Inhalten füllt und in wirtschaftlich schwierigen Zeiten mit einer neuen Opfermentalität verknüpft. Die ultrarechte Community schwimmt in einer Suppe barbarischer rassistischer und frauenfeindlicher Propaganda, prallvoll mit Vergewaltigungsfantasien und mörderischer Rachsucht. Diese Misogynie hat deutlich paranoide Tendenzen. Laut einer Studie des Institute for Family Studies finden *weiße* Männer mit zwei bestimmten Merkmalen den *weißen* Nationalismus besonders attraktiv: Geringverdiener und Geschiedene.[5] Diese Männer fühlen sich als Verlierer – und nach den erdrückenden Männlichkeitsvorgaben, mit denen sie aufgewachsen sind, könnten sie damit Recht haben.

Dieses Loser-Gefühl macht moderne Männer anfällig für die Rekrutierungsversuche der Alt-Right, die oft am Gefühl von gekränktem *Entitlement* ansetzen, besonders dem Anspruch auf weibliche Zeit, Zuwendung und Zuneigung. Einsame, unsichere junge Männer, die sich nur eine Freundin oder wenigstens einen Fick wünschen, werden mit der Behauptung angefixt, Sex sei ein Spiel und eine Frau der Gewinn, und ein echter Mann beherrsche den Sexmarkt wie ein glotzäugiger Aktienhändler, indem er Frauen austrickse, damit sie ihm geben, was ihm gebührt. Wenn diese Strategie nicht aufgeht oder wenn sie aufgeht, sich die Männer danach aber hohl und betrogen vorkommen, oder wenn sie tief in Ressentiments versinken, weil sie die ihnen zustehende Gehilfin nicht kriegen, sind sie leichte Beute.

Der Eintritt in diese Communitys verläuft oft absolut harmlos. Das muss auch so sein, denn wer hat schon ausdrücklich vor, ein gewalttätiger frauenhassender *weißer* Rassist zu werden? Das klingt viel zu sehr nach Bösewicht, und das Letzte, was diese Männer sein wollen, ist ein Bösewicht: Sie sind doch nette Jungs, die Guten, oder zumindest nicht die Bösen. Und so werden stattdessen zunächst vage Gespräche über Stolz, über Rechte, über die Wiederherstellung von Ordnung und Gerechtigkeit in der Welt geführt – die SS-Runen und die roten Schnürsenkel kommen später. Hussein Kesvani vom *Mel Magazine* erklärt es so:

> Die »Manosphere« besteht aus einer Vielzahl von Gruppen – seien es Incels, »Men Going Their Own Way« oder »Pickup Artists« –, die alle dieselbe Botschaft verbreiten, nämlich dass die Männer, die ihre Websites besuchen, von Frauen und der Gesellschaft insgesamt ungerecht behandelt würden, erklärt Annie Kelly, Doktorandin an der University of East Anglia, die den Einfluss der digitalen Kultur auf die extreme Rechte erforscht.
>
> Es gebe zwar auch mehr als eine Ursache dafür, dass sich Männer zu »Red-Pill-Communitys« hingezogen fühlten, doch [die »Manosphere«] sei als eine hyper-

vernetzte Internet-Subkultur in der Lage, ihre Botschaften und Weltanschauungen einem deutlich breiteren Publikum mitzuteilen. Somit sind Klagen über den Mangel an Sexual- und Liebespartnerinnen in denselben Räumen angesiedelt wie rechtsradikale Propaganda zum Beispiel zur Flüchtlingskrise und zur Transsexualität. Wird die Propaganda in diesen Foren wie auch auf den Facebook- und YouTube-Kanälen der Mainstream-Medien intensiviert, so sind ihr die Männer stärker ausgesetzt und übernehmen schließlich einige der Maximen, ohne dass es ihnen bewusst wäre. Die Netzwelt wird zum Bestandteil ihrer gelebten Welt.[6]

Schon bald wird die Sprache finsterer. Rassistische Memes und homophobe Propaganda verfließen zu einem Fiebertraum, in dem junge Männer einander als Soldaten rekrutieren für einen fortwährenden blutigen Kampf gegen alles, was ihnen an der modernen Welt nicht passt. Zwar bildet die sexuelle Frustration das zornige Zentrum dieser Ideologie, doch hegen Incels durchaus keinen Hass auf sexuell erfolgreichere Männer – zumindest nicht, wenn diese *weiß* sind. Vielmehr respektieren sie deren Können und akzeptieren nihilistisch ihre eigene Position als »Beta-Mann«, der dazu verdammt ist, unbefriedigt zu sterben, und sich höchstens darauf freuen kann, Rache zu üben. Der ultimative »Alpha-Mann« ist natürlich Donald Trump, der sexuelle und politische Silberrücken, der seine Feinde mit Gewalt und Drohungen beherrscht, der lügt und betrügt und sich nimmt, was er will, egal, wer dabei verletzt wird. Für Extremisten im Todeskult der modernen Männlichkeit macht genau das den echten Mann aus.

Der Gedanke, die Einwilligung von Frauen könnte irgendeine Relevanz haben, ist für diese Extremisten reinste Blasphemie. Für viele ist Vergewaltigung kein »großes Ding«, denn es sei doch wohl genauso ungerecht, wenn nicht ungerechter, dazu gezwungen zu werden, ohne Sex auszukommen, wie gezwungen zu werden, Sex zu haben – oder besser gesagt dazu, ihn über sich ergehen zu lassen. Diese frigide Sexualphilosophie steht im Zentrum der »Manosphere«-Denke: Frauen haben keine eigene Sexualität und versuchen lediglich, den Männern im Austausch für »vaginalen Zugang« das Maximum an Ressourcen zu entziehen.

Wenn wir mit dem Kotzen fertig sind, sollten wir uns mal die Sprache genauer anschauen. Hier fällt nämlich eine unheimliche Ähnlichkeit mit den Phrasen von Spin-Doktoren, Politiker*innen und Meinungsforscher*innen ins Auge, und das ist auch kein Wunder. Genau wie die meisten Leute in Wahlkampfteams betrachten auch Pickup-Artists die Selbstbestimmung anderer Menschen als Hindernis, das es zu überwinden gilt. In den einschlägigen Foren lernen junge Männer, ihre Ressourcen zu bündeln und ihre Zielperson zu zermürben, bis sie kriegen, was sie wollen. Und was sie wollen und was ihnen ihrer Meinung nach zusteht, ist der ungehinderte sexuelle und emotionale Zugriff auf Frauen, die sie »heiß« finden, also meist junge, schlanke *weiße* Frauen. Die Frage, was Frauen wollen, kommt in der Gleichung gar nicht vor. Nach der Logik der »Pickup-Kunst« sind Wünsche und Grenzen der Frauen lediglich Hürden, die man überspringen muss, und der künftige Alpha-Mann übt oft in bezahlten Privatkursen, wie er den »Widerstand in letzter Minute« bricht und den »Bitch-Filter« der anvisierten Frau überwindet.

Die krassesten frauenfeindlichen Anwürfe kommen aus den Incel-Foren, in denen junge Männer, geeint durch ihren Hass auf alle Frauen, weil sie nicht mit ihnen schlafen, auf das gesamte Geschlecht schimpfen, weil es vermeintlich die Schuld an der unfreiwilligen sexuellen Enthaltsamkeit der Incels trägt. Wie jedes Rekrutierungssystem für Extremisten schlägt die Incel-Bewegung Kapital aus Einsamkeit und Verzweiflung. Ihre Vertreter fetischisieren den Selbstmord und reichen all jenen die Hand, die ein Ventil für ihre Selbstverachtung und ihre düstersten Impulse suchen.

Die Rekrutierung verläuft schrittweise. Einsame junge Männer, die Rat und Anleitung suchen, stoßen auf neue Freunde, die ihnen versprechen, ihnen beim Aufbau ihres Selbstvertrauens zu helfen, oder ihnen Tipps geben, wie man sich auf einer Party mit Mädchen unterhält. Aber die Sache driftet schnell ab ins wirklich Fiese. In einem mittlerweile verbotenen Incel-Forum beschwerte sich ein Nutzer, sein vierzehnjähriger Bruder habe ein Mädchen mit nach Hause gebracht, während ihm nichts anderes übrigblieb, als Pornos zu schauen. In den Kommentaren riet man ihm umgehend zu Vergewaltigung und Mord.

Am 22. April 2018 tötete Alek Minassian in Toronto mit einem Lieferwagen zehn Menschen. Minassian, der im März 2021 wegen Massenmordes verurteilt wurde, hatte Stunden vor seiner Tat auf Facebook gepostet: »Gefreiter (Rekrut) Minassian Infanterie 00010, bittet um ein Gespräch mit Sgt 4chan. C23249161. Die Incel-Rebellion hat begonnen! Nieder mit allen Chads und Stacys! Heil dem Supreme Gentleman Elliot Rodger.«[7]

Elliot Rodger war ein Terrorist, der 2014 in Isla Vista, einem Stadtteil von Santa Barbara, sechs Menschen tötete, als »Rache« dafür, dass keine Frau mit ihm ins Bett gehen wollte. Rodger gilt in der Incel-Community als Held und Märtyrer.

Immer wieder haben junge Männer mit Verbindungen zu diesem Gifttrog der Misogynie, der sich Incel-Community nennt, tödliche Anschläge begangen, und unerklärlicherweise wurde die Öffentlichkeit jedes Mal dazu aufgerufen, doch bitte ein wenig Verständnis aufzubringen und sich mal zu fragen, ob die wütenden jungen Männer nicht vielleicht legitime Sorgen hätten, auch wenn dieser eine ein bisschen zu weit gegangen sei, als er beschloss, zehn Menschen kaltblütig zu ermorden.

Als das Subreddit »r/Incels« 2017 endlich geschlossen wurde, hatte es 40 000 aktive Mitglieder. Alles deutet darauf hin, dass Minassian dort radikalisiert wurde, und kurz nach seiner Amokfahrt reklamierten ihn die beliebtesten Incel-Foren als Soldaten im blutigen Kampf gegen die Realität. Dass erst in jüngster Zeit begonnen wurde, diese toxische Subkultur als Keimzelle terroristischer Gewalt überhaupt ernst zu nehmen, ist eine Anklage gegen uns alle. Es ist eine Anklage gegen unsere Gesellschaft, die ein ums andere Mal für jede Gewalttat, die sie zur Kenntnis nimmt, immer neue Entschuldigungen findet.

Ich habe mich jahrelang mit der Mentalität in den Communitys für Incels, »Männerrechte« und »Verführung« befasst und versucht, sie zu verstehen. Die Foren sind, offen gesagt, ein gefährlicher Schützengraben verblendeten Selbstmitleids, in dem junge und nicht mehr ganz so junge meist *weiße* Männer einander kreiswichsend zu kollektiver Tollwut aufgeilen und zu Gewalttaten gegen sich und andere anstacheln. Das Problem spitzt sich immer weiter zu. Und weil wir als Kultur offenbar nicht in der Lage sind, junge Männer für ihre Taten zur Rechenschaft zu ziehen, wird auch das wieder den Frauen angelastet.

Glaubt man dem konservativen Blogger Robin Hanson, Professor an der George Mason University, sind es in Wahrheit die Incels, die unterdrückt werden – weil Frauen keinen Sex mit ihnen haben wollen. Hanson schlägt vor, »Sex könnte direkt umverteilt werden, oder als Ausgleich könnte man auch Bargeld umverteilen«.[8] Er meint damit, dass Frauen endlich nicht mehr so eingebildet sein und sich von gewalttätigen Männern vögeln lassen sollen.

Mit anderen Worten: Das alles hätte sich verhindern lassen, wenn nur ein weibliches Wesen diesen jungen Männern ein wenig Liebe, Empathie und Freundlichkeit und eventuell ihre Genitalien geschenkt hätte. Wenn sich Frauen und Mädchen nicht so darauf versteift hätten, dass ihr Recht auf ein Mindestmaß an Menschenwürde ebenso wichtig sei wie der sexuelle Zugriff von Männern auf ihren Körper. Wenn sie ein bisschen höflicher darum gebeten hätten, nicht mehr verprügelt und vergewaltigt, begrapscht und belästigt zu werden. Wenn sie ihrer Pflicht als Frau nachgekommen wären, hätte niemand zu Schaden kommen müssen. Wenn Männer kaputt sind, ist es Aufgabe der Frauen, sie zu reparieren.

Nur weil jemand verkorkst und verbittert ist, rechtfertigt das aber keine Gewalt, und nur weil wir diese ganz besondere Verzweiflung anerkennen, die einen Menschen in den politischen Extremismus treiben kann, heißt das nicht, dass wir das entschuldigen. Die Betroffenen bekommen bereits mehr Empathie und Verständnis, als sie verdient haben. Egal, ob sie auf rassistischen Demonstrationen mitmarschieren, Neonazis wählen, Frauen reihenweise misshandeln oder sich gegenseitig zu Gewalttaten gegen eine »thot« – »that ho over there«, »die Nutte da drüben« – oder eine »Stacy« anstacheln, die ihnen bösartigerweise den »vaginalen Zugang« verweigert hat: Die Argumente kenne ich alle, habe immer wieder gehört, Einsamkeit, Frust und Depression seien schuld an allem, und ich stelle fest: Das ist mir egal. Es ist mir egal, weil Menschen sterben.

Wann werden endlich andere an der Reihe sein, wann wird man sich um sie sorgen, ihnen Verständnis entgegenbringen? Wann werden die frustrierten Mannkinder und die hysterischen Rassisten, die lautstark Rücksicht auf ihre »legitimen« Anliegen einfordern, anderen auch nur einen Bruchteil der Empathie und Achtung schenken, die sie unter Androhung von Gewalt für sich beanspruchen?

Da die Zahl der Todesopfer weiter steigt, lässt sich mit Empathie und Verständnis für junge Männer, die durch das

Kaninchenloch rassistischer, sexistischer Rachefantasien abgetaucht sind, wahrlich nicht mehr viel erreichen. Die einzig mögliche Reaktion ist Null Toleranz. Ich wünschte, Empathie und Verständnis reichten aus. Aber ich kenne genug Frauen, die sich zugrundegerichtet haben bei dem Versuch, Mitgefühl für Männer aufzubringen, die sie immer weiter verletzt, belästigt und misshandelt haben. *Eigentlich ist er ja ein netter Kerl. Er leistet hervorragende Arbeit. Er hatte so eine schreckliche Kindheit. Er ist einsam und deprimiert. Er braucht nur Liebe. Wir sind schuld, weil wir ihm nicht genug Liebe gegeben haben. Vielleicht, wenn wir uns noch mehr anstrengen?*

Wenn das funktionieren würde, lebten wir jetzt in einer völlig anderen Welt. Das weiß ich aus Erfahrung. Ich habe es probiert. Ich habe um Toleranz und Verständnis für gewalttätige Männer geworben, die ich geliebt habe, und zugesehen, wie diese gewalttätigen Männer das nächste Opfer ansteuerten und das übernächste. Genau wie bei der #MeToo-Bewegung ließ sich ein solches Verhalten nur durch die Schaffung eines Klimas ändern, in dem es nicht mehr hingenommen wurde.

Wenn Gewalt damit entschuldigt wird, dass die Täter einsame, schüchterne, frustrierte Nerds sind, so ist das unweigerlich ein Affront gegen all die anderen einsamen, schüchternen, frustrierten Nerds. Wir sind viele. Die meisten von uns nehmen Einsamkeit oder Frust nicht als logisches Vorspiel für blutige Gewalt. Einige der nettesten, süßesten Männer, die ich je kennengelernt habe, leben buchstäblich im Keller ihres Elternhauses, verbringen erschreckend viel Zeit mit Videospielen, kommen kaum raus und haben selten Sex. Massenhaft Menschen abzuschlachten kommt ihnen trotzdem genauso wenig in den Sinn, wie sich freiwillig ein Körperteil abzuhacken. Hören wir doch auf mit den Ausflüchten. Hören wir auf, diese Epidemie des frauenfeindlichen Extremismus als etwas anderes hinzustellen, als sie ist.

Gibt es da draußen eigentlich auch Leute, die nicht einsam und deprimiert sind? Die nicht wütend sind, die sich nicht betrogen fühlen? In den Jahren, in denen ich in diesen Communitys recherchiert habe, ist mir deren absolute Unfähigkeit aufgefallen, die vage Vorstellung auch nur in Betracht zu ziehen, dass es anderen genauso gehen könnte. Dass andere überhaupt so etwas wie ein Seelenleben haben. Dass auch Frauen und Mädchen einsam oder deprimiert oder wütend sein und sich betrogen fühlen könnten, dass ein Mangel an Lust und Respekt womöglich unser kleinstes Problem ist.

Das soll nicht heißen, dass diese verbitterten Hass-Nerds mit Schaum vor dem Mund kein Recht auf ihre Gefühle hätten. Ihre Gefühle sind berechtigt, genau wie meine und eure. Ihre Angst ist berechtigt, ihr Schmerz ist berechtigt, ihre Frustration ist berechtigt. All diese Gefühle sind berechtigt – und keins davon entschuldigt auch nur eine Sekunde lang einen einzigen Gewaltakt gegen einen anderen Menschen.

Die einfache, ungefilterte Wahrheit lautet, dass ein Mensch andere zwar schikanieren, traktieren und einschüchtern kann, bis sie ihm Gehorsam erweisen oder sich sogar ficken lassen, dass er aber niemanden zur Liebe zwingen kann. Oder zum Respekt. So funktioniert das nicht. Niemand hat einen Anspruch auf Sex. Niemand hat einen Anspruch auf die Zeit und Zuwendung anderer. Ich weiß schon, der abgrundtiefe emotionale Analphabetismus, den unsere Kultur bei Männern und Jungs fördert, verwischt den Unterschied zwischen dem, was sie unbedingt haben wollen, und dem, was die Welt ihnen schuldig ist, aber glaubt mir, es gibt diesen Unterschied, und wir anderen müssen endlich damit anfangen, das klarzustellen. Nicht nur, weil wir damit die Grundlage für eine mutigere und menschlichere Kultur legen, sondern auch, weil das toxische, mörderische *Entitlement* nicht die einzige Domäne von Terroristen war und ist.

Dass die mit Anspruchsdenken gepaarte Frauenfeindlichkeit terroristische Gewalttaten nach sich zieht, ist so schwer anzuerkennen, weil sie in unserer Kultur so verbreitet ist. Die meisten Menschen würden die Ansichten der Incels als extrem und die von ihnen propagierten Lösungen als gewalttätig und widerlich bezeichnen, aber die Grundprämisse – dass Frauen Männern Sex schuldig sind und Männer das Recht haben, ihn sich zu nehmen – ist tief in der Gesellschaft verwurzelt.

Viele Jahre lang wurde in Europa und Nordamerika die wachsende Gefahr für die öffentliche Sicherheit durch den Rechtsextremismus von der Polizei weitgehend ignoriert, die sich, wie vorhersehbar, lieber auf die Gewalt durch »Fremde« konzentrierte und daher nur Terrorakte von People of Colour, Schwarzen und im Ausland geborenen Männern als solche ernst nahm. Übersehen wurde die Gefahr von rechtsaußen nicht nur, weil es sich um ein innenpolitisches Problem handelte, sondern auch, weil dieselbe Logik, die der rechtsextremen Weltanschauung zugrunde liegt, den *weißen* suprematistisch-patriarchalen Staat zusammenhält – Rechtsextreme treiben sie lediglich auf die Spitze. Der Staat ist nicht darauf ausgelegt, Frauen und People of Colour vor der Gewalt zu schützen, die ihre Unterdrückung fortschreibt, sondern er übt diese Gewalt oftmals in etwas gesitteterer Form ebenfalls aus, sei es vor Gericht, auf dem Wohnungsmarkt oder im Gefängnissystem.

Misogynie und Anspruchsdenken sind allgegenwärtig. Was ich in den Incel-Foren vorgefunden habe, ist nur die extreme Wiederholung einer Mentalität, die viele scheinbar normale, nicht-terroristische Männer teilen. Diese Denke geht wie folgt: Frauen sind Männern Zeit, Liebe und erotische Zuwendung schuldig. Wird dies verweigert und sind Männer mit Zurückweisung, Einsamkeit oder sexueller Frustration konfrontiert, werten sie das als Gewaltakt, der Bestrafung verlangt. Sexuell unattraktiven Frauen steht keine Menschenwürde zu, aber Frauen, die tatsächlich Sex haben, sind Schlampen. Wenn eine »Femoid« nicht mit dir ins Bett gehen will, *fuck that bitch*. Die kriegt ihr Fett schon noch ab.

Die Annahme, Frauen müssten Schmerzen, Angst und Frustration aushalten, männliche Schmerzen aber seien unerträglich, quillt aus jeder Pore der heterosexuell-patriarchalen Kultur. Einsamkeit, Depression und Frustration von Männern, insbesondere *weißen*, heterosexuellen Männern, werden als Offenbarung wahrgenommen, mit Ehrfurcht behandelt, als Entschuldigung und Rechtfertigung für schlimmste Bigotterie und schwerste Gewaltexzesse angeführt. Allein die Tatsache, dass ein Mann Schmerzen leidet, ist schon eine hinreichende Erklärung dafür, warum er anderen Schmerzen zufügt. Ja, sein Schmerz begründet den *Anspruch*, anderen Schmerzen zuzufügen.

Der Lärm kommt aus dem eigenen Haus. Auch wenn die Logik des gewaltbereiten Extremismus direkt aus dem verstopften Herzen der westlichen Kultur kommt, ist es trotzdem Terrorismus. Nur weil genau diese einsamen, frustrierten Mörder Söhnen und Brüdern, Partnern und Kollegen aus der *weißen* Bevölkerung irritierend ähnlich sehen, nur weil sie ähnlich klingen und reden, heißt das nicht, dass wir ihre bösartige Propaganda einfach so hinnehmen sollten. Und nur weil sie fest an ihre eigene Fantasiewelt glauben, in der die Frau dem Mann wieder untertan ist, heißt das nicht, dass die Entstehung einer solchen Welt unvermeidlich oder wünschenswert wäre – oder auch nur wahrscheinlich.

Im März 2020 brachte Covid-19 die Welt zum Stillstand, und die wütenden jungen Männer im Netz bekamen endlich die weltumstülpende Zivilisationskrise, auf die sie immer gewartet hatten. Aber es ging etwas schief. Es war nicht die erhoffte Apokalypse, nicht die Rückkehr in bessere, einfachere Zeiten, in denen Männer wieder echte Männer und Frauen dankbar sind. In einer globalen Pandemie hatten nicht Kämpfer oder Soldaten das Heldentum für sich gepachtet, sondern Ärzt*innen, Krankenschwestern, Pflegekräfte und Engagierte in den Gemeinden. Das waren die Menschen, die sich tagtäglich um die anstrengende Aufgabe gekümmert haben, anderer Leute Gesundheit und Sicherheit zu erhalten. Die extreme Rechte findet sich nur in einer Welt zurecht, die sich selbst zerstört, und wer andere verletzt, mag sich allgemeiner Aufmerksamkeit sicher sein – aber wenn man auf dieser Basis eine ganze Bewegung aufbaut, errichtet man nur der eigenen Bedeutungslosigkeit ein Denkmal.

12

Heldendämmerung

Was bedeutet es, ein guter Mann zu sein?

Im Moment scheint das niemand zu wissen, und das ist ein Problem. Es ist ein Problem für jede Gesellschaft, die auf der Vorstellung männlicher Unfehlbarkeit gründet. Können Männer gut sein? Sind sie von Natur aus gewalttätig? Wenn ja, kann man sie für ihre schlimmsten Instinkte verantwortlich machen? Und wenn Frauen derzeit den gesellschaftlichen Wandel vorantreiben, sind Männer dann der Feind, ob sie es wollen oder nicht?

Irgendwie ist aus der Debatte über das Leben von Frauen ein Referendum über die Seelen der Männer geworden. Für Unruhe sorgt nicht nur, dass das Bild vom »guten Mann« neu definiert wird. Beängstigend scheint vor allem zu sein, dass Männern die Kontrolle über das Narrativ entgleitet, jedenfalls teilweise. Und das ist etwas Neues, etwas sehr Neues. Früher waren es Männer, die über Moral bestimmen und festlegen konnten, was unter einem anständigen Kerl oder einem netten Mädchen zu verstehen ist – und nette Mädchen hatten diese Regelung nicht in Frage zu stellen.

Aber wenn ein Gewaltschema erst Kontur angenommen hat, lässt es sich kaum mehr ausblenden. Überall auf der Welt beginnen Frauen und queere Menschen, das Schloss zu ihrer Selbstbestimmung zu knacken und die massiven Schäden zu begutachten, die sie erlitten und erlebt haben. In der Debatte über sexuelle Gewalt und männliche Privilegien geht es nicht darum, was Männer *sind*. Es geht darum, was Männer *tun* und was sie vielleicht anders tun könnten. Und es geht auch um Mut. Der Mut, den unsere modernen Zeiten Männern und Jungs abverlangen, ist zutiefst untraditionell.

Seit ich vor zehn Jahren als feministische Autorin anfing, erhalte ich von Männern, die ich nicht oder nicht gut kenne, jede Menge E-Mails: Fragen, Bekenntnisse, Wutausbrüche. Der Maileingang der meisten Autorinnen, die ich kenne, ist ähnlich vollgestopft mit Zuschriften ihnen unbekannter Männer: beklemmende Geschichten, die triefen vor Scham und Schmerz und Zorn, weil sich die Welt neu erfindet, ohne *weißen* Männern automatisch die Hauptrolle zuzuweisen. Dauernd schreiben mir Männer, sie fühlten sich wie Gefangene ihrer eigenen toxischen Männlichkeit, sie kämen sich vor wie Verlierer und Versager, der moderne Feminismus wirke auf sie wie die Vivisektion ihrer eigenen Unzulänglichkeiten, und sie wüssten nicht, ob sie nun den Feminismus, sich selbst oder beides hassen sollten.

Viele dieser Männer haben Schwierigkeiten, ihre Wahrnehmung der Welt von der Welt, wie sie ist, zu unterscheiden. Sie nehmen sich als Versager wahr, also sind sie Versager. Sie haben das Gefühl, dass der Feminismus die Welt zerstört, also ist der Feminismus »zerstörerisch«, denn heute gilt es mehr denn je als markig und männlich, die eigenen Gefühle als belegte Fakten wahrzunehmen. In diesem Strudel verwirrender Botschaften wissen Männer und Jungs nicht, was sie tun sollen. Sie wissen nicht, wie sie gut sein können. Und von Männern wird erwartet, dass sie so etwas wissen. Ein starker Mann ist niemals unsicher. Ein echter Mann braucht keine Fragen zu stellen. Ein guter Mann muss nie überlegen, was es eigentlich heißt, gut zu sein. Er ist es einfach.

Je lauter die moderne Kultur unter der Last ihrer eigenen Widersprüche ächzt, desto stärker hängen wir offenbar der Vorstellung an, männliche Güte sei etwas Geheiligtes, das unabhängig vom tatsächlichen Verhalten existiere. *Normalerweise ist er nicht so. Er wusste ja nicht, was er tat. Das hat er bestimmt nicht gemacht. Er ist doch ein guter Kerl.* Der Gedanke, dass Menschen, die wir kennen, Menschen, die wir lieben, gewalttätig, sexistisch oder grausam gewesen sein könnten, ist uns unangenehm. Wenn man sich der eigenen Komplizenschaft stellen muss, ist das immer mühsam und unangenehm, und derzeit unterziehen viele Männer und Jungs ihre Sexual- und Sozialgeschichte einer Prüfung und fragen sich, ob sie sich noch als durch und durch gute Menschen betrachten können.

Seit fünf Jahren und besonders seit Beginn der #MeToo-Bewegung sitzen mir oft Männer gegenüber, die der sexuellen Nötigung und Vergewaltigung bezichtigt worden sind: Männer, die wütend und verängstigt sind und keine Ahnung haben, was sie jetzt tun sollen. Männer, die in Schuldgefühlen ertrinken, weil sie wissen, dass es einen gewaltigen Unterschied macht, ob man sich deshalb schrecklich fühlt, weil man jemandem Leid zugefügt hat, oder deshalb, weil man Leid erfahren hat. Männer, die beschuldigt und angeprangert worden sind und sich fragen, wie es mit ihrem Leben nun weitergehen soll. Aber, um mit Ms. Marvel zu sprechen: Gut ist man nicht, Gutes tut man.[1]

In jedem repressiven System, ja, in jedem System, in dem die Freiheit des einen Menschen zulasten eines geknechteten anderen geht, müssen sich die Mitglieder der herrschenden Klasse mit sich selbst arrangieren. Lässt sich etwas nicht einfach ausblenden – etwa sexuelle Gewalt oder struktureller Rassismus –, zieht man alternative Erklärungen heran, damit Leute, die sich für vernünftig und verständig halten, in ihrem Alltag nicht gestört werden.

Wenn wir Gewalt und Ungerechtigkeit erstmals wahrnehmen, verschlägt uns das Entsetzen die Sprache und schnürt uns das Herz ab. Der Übergang von einer Realität zur anderen ist jäh und schockierend. Überall, wo ich hinschaue, übernehmen Frauen die Aufgabe, Männern diesen

Übergang zu einem besseren und weniger brutalen Leben und Lieben zu erleichtern. Das ist harte Arbeit, die allerdings nicht als solche anerkannt, sondern vor allem verübelt wird. Frauen und Mädchen, die diese undankbare Pflicht übernehmen und Männern helfen, sich zu bessern, sehen sich wütenden Anschuldigungen ausgesetzt, weil sie angeblich zu weit gehen, zu grausam sind und Männer so lange quälen, bis sie um sich schlagen oder zusammenbrechen. Die moderne Männlichkeit ist offenbar so fragil, dass sie schon beim kleinsten Anzeichen eines Wandels zerbricht.

Die Behauptung, Männer seien zu schwach, um mit Veränderungen fertig zu werden, ist offen gesagt ziemlich beleidigend – doch leider gibt es kaum alternative Männlichkeitsmodelle. Im kartierten Territorium der Männlichkeit klafft ein Fantasiedefizit. Die Geschichten, die man sich über Männer erzählt, darüber, was sie sind und was sie tun, sind grandios und ausladend und tiefschürfend und ohrenbetäubend. Sie sind etwas völlig anderes als die seichten nebensächlichen Geschichten, die man sich traditionell über Frauen erzählt. Frauen wurden in den Geschichten männlichen Heldentums stets zu Nebenfiguren degradiert – jedenfalls bis vor kurzem. Mittlerweile schafft die Kultur endlich Raum für neue Vorbilder für Frauen und queere Menschen. Heterosexuelle Männer dagegen stecken nach wie vor in der Zwangsjacke erdrückender patriarchaler Narrative.

Die moderne Männlichkeit lässt wenig Raum für Geschichten, die sich nicht um Eroberung und Gewalt drehen, und noch weniger Raum für geschmeidige Geschichten über Unsicherheit, Sanftmut und die unentdeckten Gebiete des menschlichen Herzens. Die moderne Männlichkeit ist ein Käfig, in den Männer eingesperrt sind – und wir anderen gleich mit. Geöffnet wird dieser Käfig erst, wenn es weniger wichtig erscheint, kleine Jungs zu Männern zu erziehen, als sie zu Menschen zu erziehen.

Hass auf diese Männlichkeit und den Käfig, zu dem sie sich entwickelt hat, wird oft mit Hass auf Männer verwechselt. Es ist schon wahr, einigen Menschen wurde in ihrem Leben so wehgetan, dass sie für das männliche Geschlecht in Gänze die Hoffnung verloren haben, und das ist schade. Ich für meinen Teil halte es aus Respekt vor Männern für wichtig, die Debatte über toxische Männlichkeit, *Rape Culture* und Patriarchat weiterzuführen.

Moderne Männlichkeit ist spröde und fragil. Sie reagiert auf jede mutmaßliche Bedrohung, indem sie wild um sich schlägt oder dichtmacht. Sie ist per definitionem nicht nur gegen Veränderungen resistent, sondern schon gegen den bloßen Gedanken an Veränderung. Diese Aspekte der Männlichkeit stoßen mich ab, weil ich zu viele Männer kenne, die sich mit aller Macht, mutig, ohne Drehbuch, ohne Sicherheitsleine und ohne Aussicht auf Heldenbelohnung gegen die Behauptung gestemmt haben, dass Männer von Natur aus so wären. Ich verzweifle manchmal daran, und Verzweiflung ist ermüdend, und ich werde mich nicht damit abfinden. Ich möchte immer noch begreifen, warum Männer tun, was sie tun, und wie sie dahin gelangen können, den Wandel selbst anzupacken.

Denn im Moment scheinen allzu viele Männer und Jungs einen Wandel für unmöglich zu halten. Unter anständigen Männern, die in diesen modernen Zeiten darum ringen, in einem männlichen Körper eine ethische Existenz zu führen, herrscht die weit verbreitete Angst, ihrer Männlichkeit könnte von Natur aus etwas Hasserfülltes und Destruktives anhaften, sie als Männer trügen somit womöglich eine Art Urmakel in den Genen, was die Frauen im Großen und Ganzen richtig erkannt hätten. Der erste und schlimmste Vorwurf, der Männern einfällt, wenn Frauen um die eigene Emanzipation kämpfen, ist daher der des »Männerhasses«: Wer von Männern eine Verhaltensänderung fordert, muss ja all das hassen, was Männer in ihrem Innersten ausmacht.

Aber wenn einer ein guter Kerl sein will, geht es nicht darum, wer er ist. Es geht darum, was er tut. Männer, die Gewalt verübt haben, seien es Prominente oder gewöhnliche Jungs, verteidigen sich oft reflexartig mit dem Hinweis, »so einer« seien sie nicht. Dabei ist jeder so einer – jeder, der im Patriarchat aufgewachsen ist und gelernt hat, dass Sex beides ist: etwas Schreckliches, das Frauen eines Tages zu ertragen bereit sind, und etwas, das ihre Identität als Mann prägt. Mit dieser Spannung zu leben, ist furchtbar.

Irgendwo am Fransenrand meines zweiten Lebensjahrzehnts wurde mir klar, dass ich mich in Bezug auf Männer geirrt hatte. Ich hatte ihre Bedürfnisse und Gefühle über meine eigenen gestellt, nicht weil ich ein besonders netter Mensch bin, sondern weil ich gehört hatte, dass ich so auf der sicheren Seite wäre. Ich hatte da etwas falsch verstanden. Wie viele andere war ich davon ausgegangen, dass populistische Tyrannen und ultrarechte Demagogen die Welt überrennen und mit der Clownskarre der Kultur in den Klimakollaps steuern, weil Männer unglücklich sind. Vor allem *weiße* Männer. Vor allem bourgeoise *weiße* Männer. Ich dachte, ihr Wohlbefinden sei einfach wichtiger als die Einwilligung von uns anderen. Ich habe mich geirrt.

Einer der zentralen Irrtümer moderner Männlichkeit ist die Annahme, Männer würden emotional unterdrückt. In Wahrheit sind Männer und Jungs emotionale Analphabeten, wird doch den meisten von ihnen in ihrer Erziehung beigebracht, emotionale Kompetenz sei etwas Unmännliches. Wie sonst konnten wir in dieser toxischen, verqueren Welt landen, in der Männer gewohnheitsmäßig ihre Gefühle mit Fakten verwechseln, in der Männer ihre eigene Liebe oder Lust als übermächtige Befehle erleben, denen sie zu gehorchen haben?

Männer haben nicht von Natur aus weniger emotionale Fähigkeiten als Frauen. Doch von Mädchen wird schon sehr früh erwartet, dass sie lernen, die eigenen Gefühle zu zügeln und auf die anderer Rücksicht zu nehmen. In den vielen Jahrzehnten, in denen nun schon menschliche Gehirne seziert und untersucht werden, hat man keine Drüse für menschliche Empathie und Gefühlskontrolle finden können, die bei den männlichen Exemplaren unserer Spezies fehlte. Entscheidend ist hier nicht, dass so viele Männer nicht in der Lage sind, mit ihrem Unbehagen fertig zu werden, sondern dass die Gesellschaft insgesamt nicht in der Lage ist, mit ihrem Unbehagen fertig zu werden, weil es als unmännlich gilt, wenn einer auch nur die einfachsten Bewältigungsstrategien erlernt, die ihm in Zeiten des Wandels und der Unsicherheit helfen würden. Während das mögliche Unbehagen von Männern ein Problem ist, das gelöst werden muss, wird der Schmerz von Frauen als normal hingestellt, unsichtbar gemacht und – zumindest bis zu einem gewissen Grad – als unser Schicksal in Natur und Schöpfung hingenommen.

Es ist nicht antifeministisch, wenn wir die Gefühle von Männern ernst nehmen. Antifeministisch ist es, wenn gefordert wird, die Gefühle von Männern privilegiert zu behandeln, wenn männliche Erfahrungen ernster genommen und Frauen schikaniert oder einschüchtert werden, damit sie das Wohbefinden der Männer über die eigene Sicherheit stellen. Es ist nicht falsch, wenn wir Männern helfen, ihre Blessuren zu behandeln und sich weiterzuentwickeln, doch wir dürfen beides nicht über Sicherheit und Entwicklung einer ganzen Community stellen.

Eine ernsthafte, ehrliche Debatte über die Gefühle von Männern könnte allerdings wehtun. Es könnte sein, dass wir an den weichen und schmerzhaften Stellen unter dem Panzer männlichen Gebarens herumstochern müssen. Es könnte sein, dass wir das gesamte emotionale Spektrum besprechen müssen, einschließlich Verletzlichkeit, Enttäuschung, Einsamkeit, Verlegenheit und Angst, dieser »unmännlichen« Gefühle, die zur Kenntnis zu nehmen Männern und Jungs ausgetrieben wurde.

Heterosexuelle Männer leiden oft unter dem erdrückenden Widerspruch, das hassen zu müssen, was sie begehren. Wie wir bereits gesehen haben, versuchen gebrochene Männer auf sehr spezielle und unvorhersehbare Art, ihren Selbsthass im Körper einer Frau zu begraben und Intimität in einen Akt der Dominanz zu verdrehen, und wer einer Frau so etwas antut, kann sie unmöglich gleichzeitig als Individuum mit einem eigenen, gleichermaßen wertvollen Leben respektieren. Die mir bekannten Männer, die Frauen – auch mir persönlich – den größten Schaden zugefügt haben, zählen zu den gestörtesten Menschen, die ich kenne. Das ist keine Entschuldigung, ganz und gar nicht. Verletzte Menschen verletzen nicht immer und unweigerlich auch andere. Wir wissen das, weil es vielen männlichen Missbrauchs- und Traumaopfern gelingt, den Gewaltkreislauf zu durchbrechen. Sie haben den Mut aufgebracht, sich ihr Leben nicht vom eigenen Trauma diktieren zu lassen. Sie wissen, dass diejenigen, die sich dieser Aufgabe stellen, ein besseres Leben und bessere Welten erschaffen können.

Die sexuelle Revolution verlangt von Männern und Jungs nicht, dass sie sich selbst hassen. Scham und Selbsthass sind keine hilfreichen Gefühle. Sie machen aus niemandem einen besseren Menschen, einen besseren Partner oder einen besseren Mann. Auf diesem Planeten hausen 7 Milliarden Menschenseelen, und die Wahrscheinlichkeit, dass wir, du oder ich, die besten oder schlechtesten von ihnen sind, ist verschwindend gering. Meistens behindert Selbsthass den raschen und positiven Wandel, den unsere Spezies gerade jetzt so dringend braucht. Wir alle kennen Leute, die dermaßen in ihre eigene Selbstverachtung verliebt sind, dass man sich über kleine, alltägliche, menschliche Fehler mit ihnen gar nicht unterhalten kann. Leute, die sich so darauf versteifen, ein schlechter Mensch zu sein, dass sie nicht in der Lage sind, ein besserer Mensch zu werden.

Aber Männer sind, als politische Klasse betrachtet, durchaus nicht zu fragil, um mit den Folgen ihres Tuns fertig zu werden. Es ist keine freundliche Geste, wenn wir niedrige Erwartungen an einen Mann haben oder ihm ständig die emotionale Arbeit abnehmen. Es ist keine freundliche Geste, wenn wir den Drohungen nachgeben, die in Missbrauchsbeziehungen üblich sind: Wenn du nicht machst, was ich will, tue ich mir oder dir oder uns beiden Gewalt an. Lange dachte ich, es sei ein Beweis meiner Liebe, wenn ich von einem Mann nicht so viel erwartete. Falsch gedacht. Das war keine Liebesbezeugung. Es war keine freundliche Geste. Ich war einfach nur nett – und Nettigkeit ist nicht genug.

Im Kern vieler Männlichkeitsparadigmen steckt schonungsloser Selbsthass. Die meisten mir bekannten Männer, die Frauen verletzt haben, empfinden tiefe Scham, auch für die betroffenen Frauen. Sexuelle Gewalt eröffnet die Möglichkeit, die Scham in den Körper eines anderen Menschen zu verdrängen. Diese Scham – die Vorstellung, dass Männer nicht Schlechtes *tun*, dass Männer schlecht *sind* – hat nicht der Feminismus in die Welt gesetzt. Sie entspringt dem Patriarchat. Und im Mittelpunkt dieser Scham steht die Angst, »erwischt zu werden«. Denn die meisten Männer und Jungs wissen ja, dass ihr Verhalten bisweilen problematisch ist. Und die meisten Männer und Jungs haben auch ein schlechtes Gewissen. Schwierig wird es, wenn sie sich einreden, dass das schlechte Gewissen schon ausreicht.

Unterdessen kümmern sich Frauen und Mädchen um die Rehabilitation der Männer – und leiden darunter. Wenn Frauen und Mädchen mit Männern deren schwierige Gefühlslage zu der von ihnen begangenen Gewalt besprechen, leisten sie emotionale Arbeit. Viele dieser Frauen und Mädchen haben selbst Gewalt erfahren, konnten aber, als das geschah, nicht auf solche Unterstützung zählen. Ihnen wurde implizit oder explizit zu verstehen gegeben, sie sollten besser schweigen, oder sie würden schon sehen, was passiert. Wenn man sie aus ihrer Community ausschloss oder das, was sie erlebt hatten, für unwichtig erklärte, interessierte sich niemand für die psychischen Folgen.

Ich habe viel dabei gelernt. Ich habe gelernt, dass manche Männer wirklich und ehrlich nicht wissen, was sie falsch gemacht haben, und auch nicht wissen, was sie nun tun sollen, und dass Schmerz, Schuld und Scham tief sitzen. Aber nur, weil sie leiden, ist der Prozess, den wir kollektiv durchlaufen, nicht ungerecht. Gerechtigkeit heißt nicht, Männer in ihrem Unbehagen zu verhätscheln.

Als in den letzten Jahrzehnten das Anrecht der Männer auf die Herrschaft im Haus und im öffentlichen Leben immer mehr ins Wanken geriet, galt es, neue Begründungen zu finden. Wer sich die Geschichte nicht mehr so zurechthämmern kann, dass sie die eigene Scham verhüllt, versucht sein Verhalten auf andere Weise wegzuerklären. Ein Freifahrtschein, den sich das Patriarchat gern ausstellt, ist der Hinweis auf die Natur und vor allem auf eine spezielle Form der Evolutionsbiologie, die mehr mit magischem Denken als mit wissenschaftlicher Präzision zu tun hat. In der männlichen Dominanz, heißt es, manifestiere sich die natürliche Auslese, in der *Rape Culture* ein evolutionärer Vorteil. Männer und Jungs kämen eben gewalttätig und egoistisch zur Welt, und wenn nicht Gott sie so geschaffen habe, dann sei es die Natur gewesen.

Diese Interpretation der Evolution wird als »Soziobiologie« oder »biologischer Determinismus« bezeichnet. Einfach und verführerisch, wie die Theorie ist, hat sie sich in der Volksweisheit mittlerweile etablieren können. Der Aktienhandel der Ideen befindet sich derzeit im freien Fall, es wimmelt nur so von zwielichtigen Händlern und faulen Krediten. Mit dem biologischen Determinismus lassen sich lausige Ideen bequem waschen und wieder auf den Markt werfen.

Nach diesem konfusen Männlichkeitsbild sind Männer nichts anderes als testosterongesteuerte Tiere und folgen Naturgesetzen, die den Prinzipien des Spätkapitalismus bemerkenswert ähnlich sind: Nimm dir, was du haben willst, und zieh den anderen über den Tisch. Diese simple Geschichte halluziniert eine Welt des Heldentums und der Hierarchien, in der sich jede mögliche moralische oder ethische Schwierigkeit im Dreiklang Kämpfen-Ficken-Töten auflöst.

Wieder einmal ist es ein Rätsel, warum sich nicht mehr Männer beleidigt fühlen von der These, der Besitz eines Penis lege von vornherein ihre ethischen Fähigkeiten lahm. Vielleicht liegt es ja daran, dass Tiere unschuldig sein dürfen. Tiere dürfen ihren Instinkten gehorchen. Wenn die Natur für das einstehen muss, was die Kultur verbockt hat, können sich moralische Memmen dadurch berechtigt fühlen, ihre persönliche Verantwortung abzugeben. Vor allem junge Männer behaupten, wenn es ihnen gerade in den Kram passt, mit seltsamer Verve, sie seien nicht besser als Tiere. Mit soziobiologischen Argumenten werden alle möglichen genderspezifischen Ungerechtigkeiten wegerklärt, seien es ungleiche Bedingungen am Arbeitsplatz (Männer haben eben ein größeres Gehirn und sind deshalb intelligenter) oder moderne Schönheitsideale (weil die Natur Frauen geschaffen hat, damit Männer sie sexuell reizvoll finden, müssen sie unbedingt auf das ideale Verhältnis von Taillen- und Hüftumfang achten). Wie Cordelia Fine und andere Wissenschaftler*innen akribisch aufgedröselt haben, ist »entgegen der Ansicht, dass das männliche und weibliche Gehirn auffallende Unterschiede aufweisen, kein Unterschied wirklich grundlegend. Selbst bei den größten Differenzen war die Überschneidung bei den Geschlechtern so groß, dass etwa jedes fünfte Frauengehirn ›männlicher‹ war als das des durchschnittlichen Mannes.«[2]

Die Theorie der Evolution durch natürliche Auslese ist umfangreich, komplex und großartig, aber wenn sie etwas nicht ist und nie war, dann ein wie auch immer geartetes moralisches Argument. Von Anfang an aber wurde versucht, sie in ein solches umzuformen. Die Entstehung der Eugenik, nach der »schlecht angepasste« Exemplare der Spezies Mensch an der Fortpflanzung gehindert werden sollten, erlebte Darwin noch selbst, und er wandte sich angewidert ab. Trotzdem berufen sich kleinkarierte »neomaskulinistische« Pop-Philosophen und YouTube-Televangelisten gern auf Darwins Theorie, um die eigene Bigotterie zu legitimieren – eine Fehlinterpretation, die den Wissenschaftler wie auch seine Arbeit beleidigt.

Nicht, dass sich unter dem Morast der Evolutionsmystik keinerlei Fakten verbergen würden. Nicht, dass es keine solide Forschung, keine plausiblen Theorien gäbe, aber diese hauchdünnen Scheibchen echter wissenschaftlicher Forschung sind im schweren Frittierteig zweckmäßiger Fiktionen gewälzt, in überliefertem Wissen ausgebacken und mit der Spezialsoße populärer Vorurteile übergossen, damit sie für all jene, die den Mund schon mit tröstlichen Lügen voll haben, leichter zu schlucken sind. Das Zeug ist nicht gut für uns. Am Ende setzt es sich als Verkalkung am Herzen ab.

Die Behauptung, das männliche Menschentier neige von Natur aus zu Dominanz, Gewalt und Sadismus, ist reine Propaganda. Essenzialismus ist seit jeher konservativ, aber es lohnt sich, den Schlachtruf der schwächlichen Misogynie-Apologeten – »Nicht alle Männer sind so!« – einmal umzudrehen: Nicht alle Männer beschwören inständig die eigene Biologie. Nicht alle Männer sind unfähig, sich zu ändern. Wenn Männer Frauen kacke behandeln, so geschieht das nicht, weil Männer so sind, sondern weil Männer so fühlen und kaum Methoden für eine gewaltfreie Emotionskontrolle an der Hand haben.

Seit Menschengedenken gelten nicht Männer, sondern Frauen als ungezügelt und sexuell entfesselt. Im 19. Jahrhundert hielt man den weiblichen Sexualtrieb für animalisch und steuerungsbedürftig. Im Gegensatz dazu stellt sich die moderne Kultur die Frau als eine leere sexuelle Leinwand vor, ein erotisches Gefäß ohne ernst zu nehmendes eigenes Begehren. Wenn Frauen doch Gelüste verspüren, werden sie angehalten, sie zu behandeln wie jeden anderen Hunger, der sich in ihrem widerspenstigen Körper meldet: als etwas Gefährliches, das sie umgehend unterdrücken müssen, ehe es sie in Schwierigkeiten bringt.

Die falsche These von den natürlichen Anlagen entschuldigt nicht nur Verbrechen gegen Frauen, sie macht auch Verbrechen gegen Männer und Jungs vollständig unsichtbar. Wenn die Verhaltensweisen, die gemeinhin als männlich gelten, wirklich so natürlich wären, müssten sie nicht mit solcher Gewalt durchgesetzt werden. Wenn Sanftheit und Gefühle bei kleinen Jungs wirklich so anormal wären, würde man sie ihnen nicht wie den Teufel austreiben. Wenn aus kleinen Jungs automatisch Männer würden, müsste man sie nicht dazu anhalten, ihren Mann zu stehen. Der biologische Determinismus ist eine Ausrede: Wir erkennen dahinter das Wrack der modernen Männlichkeit, zucken mit den Schultern und sagen, tja, so haben wir das vorgefunden. Das war schon kaputt, als wir kamen.

Die langgehegte Annahme, dass Gewalt – einschließlich sexueller Gewalt – ein unvermeidlicher Fortsatz männlicher Sexualität und ein grundlegender Bestandteil männlicher Identität sei, gehört zu den perfidesten Lügen, die derzeit eine vollständige Gesundung der menschlichen Spezies verhindern. Der Sozialdarwinismus hat die Unmenschlichkeit gegen den Menschen zu einem moralischen Gebot umgedeutet. Die Sicht der »Natur« orientiert sich meist an den sozioökonomischen Normen unserer Zeit, und im Moment hört man allenthalben, Gewalt, sexuelle und rassistische Ungerechtigkeit und erbarmungsloser Wettbewerb hätten nicht nur ihre Berechtigung, sondern seien gewissermaßen eine biologische Pflicht.

Der Versuch, menschliches Verhalten zu erklären, indem man es mit tierischem Verhalten vergleicht, erinnert an die Weissagung der Zukunft durch eine Begutachtung von Vogeleingeweiden, wie sie die alten Römer kurz vor der Plünderung einer Stadt praktizierten. Nehmen wir trotzdem einmal eine Minute lang an, das alles wäre so. Nehmen wir an, Männer wären infolge natürlicher Auslese tatsächlich brutal, sexuell ungezügelt, aggressiv, dominant und destruktiv, wohingegen Frauen ihrer Veranlagung nach passiv bleiben, hegen und pflegen und Männer ertragen. Angenommen, das wäre wirklich »natürlich«: Wäre es deshalb etwas Gutes? Hinter dem Plädoyer für die Natur steht die allgemeine Annahme, Geschichte und Biologie wären abgeschlossen, Anpassung und natürliche Auslese hätten ihre Arbeit getan, und das Endprodukt wäre der moderne Mensch.

Einige fühlen sich durch diese Vorstellung getröstet. Wer die Gegenwart verwirrend findet und die Zukunft fürchtet, verurteilt jeden Fortschritt als unnatürlich, denn das Persönliche ist nicht nur politisch. Es ist auch historisch, ökonomisch und materiell.

Im August 1941 verfasste die Schriftstellerin Dorothy Thompson für *Harper's Magazine* eine Taxonomie des Nationalsozialismus. Darin stellte sie einen einfachen Test vor, mit dem sich feststellen lasse, welche der Anwesenden eines beliebigen gesellschaftlichen Ereignisses mutmaßlich der faschistischen Versuchung nachgeben würden. »Aus freundlichen, guten, glücklichen, weltläufigen, selbstsicheren Menschen wird nie ein Nazi. [...] Aber der frustrierte und gedemütigte Intellektuelle, der reiche und verunsicherte Spekulant, der verwöhnte Sohn, der tyrannische Arbeitgeber, der Bursche, der es mit dem richtigen Riecher zu Erfolg gebracht hat: Sie alle würden sich in einer Krise den Nazis anschließen.«[3] Das klingt plausibel. Und es gibt reichlich Belege dafür, dass auch heute Kummer und Verzweiflung viele Menschen den nihilistischen Sekten des Rassismus und des Sexismus in die Arme treiben.

Leider erschöpft sich die Geschichte nicht im Stereotyp. Zahlreiche verunsicherte, heterosexuelle *weiße* Gentlemen, die sich mit unwürdigen, wenn auch erwartbaren Ängsten um ihren Status in der Welt herumschlagen müssen, haben nicht von dem kryptofaschistischen Kool-Aid getrunken, so erfrischend es allen jenen, die sich in der Wüste der modernen Männlichkeit verirrt haben, auch vorkommen mag. Von solchen sanften, oft verzweifelten Seelen hören wir nichts, aber es gibt sie, irgendwo da draußen. Ich weiß das, weil ich welchen begegnet bin. Ich weiß es, weil einige meiner besten Freunde depressive, verunsicherte *weiße* Männer sind, die selten Sex haben und es dennoch irgendwie schaffen, sich menschlichen Anstand zu bewahren. Wenn mal wieder die Eilmeldung von einem grauenhaften Massaker über den Panikticker läuft, bekommt man von ihnen oft zu hören, in einem anderen Leben hätten sie das sein können. Aber sie waren es nicht. Warum nicht? Als ich vor ein paar Monaten mal wieder gelangweilt und gedankenschwer durchs Netz surfte, bat ich einige dieser Männer – Freunde und Fremde –, mir zu erklären, was genau sie vor diesem Weg bewahrt hat. Und sie erzählten es mir.

Es war meine Mutter, schrieb ein Mann. Sie hat mich dazu erzogen, Frauen zu respektieren. Es war mein Vater, schrieb ein anderer. Ich habe erlebt, wie er meine Mutter und meine Schwestern behandelte, und da habe ich mir geschworen, nicht zu werden wie er. Ich bin aus einer repressiven evangelikalen Gemeinde geflohen, schrieb wieder ein anderer, und habe einfach alles in Frage gestellt. Es war die Liebe zu Jesus Christus, schrieb einer. Meine Freundin auf dem College brachte Geduld für mich auf. Meine Frau hatte die Nase voll. Ich habe eine Tochter. Ich bin ein Sohn. Es waren die Mädchen in meiner Online-Gaming-Gruppe. Es war mein Karatelehrer. Ich trinke nicht mehr. Ich wurde verlassen. Ich habe mich gebessert.

Jede Antwort war anders. Gemeinsam war diesen Männern, dass sie alle eine *erzählen* konnten. Der eine oder andere Anlass hatte sie dazu bewegt, die Geschichte ihres Lebens umzuschreiben. Sexistische und nicht-sexistische Männer unterscheiden sich nicht dadurch, wie depressiv sie sind, sondern wie gut sie gelernt haben, damit umzugehen. Obwohl ihnen der Wegweiser fehlt, obwohl sie schreckliche Angst haben, halten sich viele Männer und Jungs von toxischer Männlichkeit fern und schreiben die Verluste ab. Und das ist mutig. Das ist Widerstand, zumindest ist es ein Anfang. Jeder Idiot kann sich eine weiße Kutte anziehen und die Fackel schwingen. Um den hasstriefenden harten Männern mit ihren lässigen Sprüchen und dem Versprechen, Männern ihren Schmerz und ihre Angst zu nehmen, ungerührt ins Gesicht zu sagen: »Heute nicht«, braucht es schon deutlich mehr. Feiglinge entscheiden sich lieber für ein Leben in brutaler, paranoider Pöbelei, weil sie davor zurückscheuen, sich einfach mal in ihr Zimmer zu setzen und auf ihre verdammten Gefühle zu hören. Echte Rebellion ist nicht, wenn man hinter jedem aalglatten faschistischen Hetzer hermarschiert, der zufällig des Wegs kommt und glorreiche Zeiten verspricht; echte Rebellion ist, wenn man sich nicht geistig zermalmen oder vereinnahmen lässt. Und vielleicht fühlt man sich danach nicht besser, aber man hat wenigstens nicht aufgegeben, und das ist heldenhaft.

Die Männer, die ich besonders achte, sind nicht perfekt. Sie sind menschlich, und sie machen Fehler. Sie haben das Rückgrat, sich zu ändern, Verantwortung für ihr Tun zu übernehmen, Irrtümer zu riskieren und darauf zu achten, dass ihre persönliche Entwicklung nicht zulasten anderer Menschen geht. Für Fehler ist ausreichend Raum da, man muss nur bereit sein, sie zuzugeben, sich wieder aufzurappeln und weiterzustolpern. Auch wenn man fürchtet, es womöglich zu vermasseln. Auch wenn man sich aus Angst, erwischt zu werden, lieber in seinem sicheren kleinen Panzer verschanzen würde. Das ist Mut.

Mut ist, wenn man weiß, dass emotionaler Schmerz kein Wettbewerb ist. Wenn man begreift, dass jeder Mensch ein anderes Trauma hat, dass jedes Trauma relevant ist und dass der Feminismus an dem Leid von Männern und Jungs in dieser Gesellschaft nicht schuld ist. Dass Männlichkeit nicht toxisch sein muss, aber dass toxische Männlichkeit die Welt zerstört. Dass wir gemeinsam da durchkommen oder gar nicht.

Was bedeutet es also, ein guter Mann zu sein? Die Antwort, die richtige Antwort, die mehr Männer bereit sein müssten sich anzuhören, lautet: *Es spielt keine Rolle.* Es spielt keine Rolle, weil »böse Männer« gar nicht das Problem sind.

Das wahre Problem ist eine ungerechte Gesellschaftsstruktur, in der Männer egal welchen moralischen Charakters den Großteil der Macht innehaben, weshalb der Verlauf eines Frauenlebens oft davon abhängt, wie vielen »bösen« Männern sie unterwegs begegnet. Die meisten Frauen meines Bekanntenkreises, die einen »guten« Mann zum Partner haben, schätzen sich glücklich, einen gefunden zu haben, der kein frauenfeindlicher feiger Kontrollfreak ist, aber Glück brauchen sie auch, wenn es an die Familie, Kollegen,

Lehrer, Ärzte, Arbeitgeber und politischen Vertreter geht; und wenn die Würfel zu ihren Ungunsten fallen und ethische Dysphorie anzeigen, müssen sie eine Überlebensstrategie entwickeln.

Männer nehmen mit ihren moralischen Entscheidungen immer noch einen unverhältnismäßig großen Einfluss auf das Leben von Frauen. Wenn Frauen und Mädchen derselbe Anteil an Macht und Ressourcen in der Gesellschaft zukäme, wäre es nicht mehr so wichtig, ob ein Mann »gut« ist. Und das ist der Knackpunkt. Diese sexuelle Revolution zielt nicht darauf ab, dass sich Männer bessern. Diese sexuelle Revolution peilt eine Welt an, in der ein Frauenleben nicht davon abhängt, ob alle Männer um sie herum »gut« sind.

13

Wahrheit und Konsequenzen

Sexuelle Gewalt hat immer Konsequenzen. Bislang mussten überwiegend die Opfer diese Konsequenzen tragen. Schon im Ersten Buch Mose wurden Frauen für die schlechten Entscheidungen von Männern verantwortlich gemacht und bestraft, weil sie zu viel wussten – vor allem, weil sie zu viel über Männer wussten.

Wie sollte unsere Kultur also jetzt, da sexuelle Ungerechtigkeit und Rassismus nicht mehr zu übersehen sind, damit umgehen? Wenn sich Männer und Frauen ein anderes Leben wünschen, wird Machtmissbrauch andere Folgen nach sich ziehen müssen. Sexuelle Gewalt, häusliche Gewalt, Frauenfeindlichkeit und Scheinheiligkeit müssen Konsequenzen haben. Dass sich Generationen von Männern den Konsequenzen, die heute gezogen werden, nicht stellen mussten, mag unfair erscheinen. Aber erst wenn man Gewalt benennt, wird sie auch sichtbar. Vor wenigen Generationen wurde sexuelle Gewalt noch als normal betrachtet, und das arbeiten wir erst heute nach und nach auf. Aber vor wenigen Generationen war auch vieles andere normal, was wir heute schrecklich und untragbar finden. Sozialer Wandel ist schmerzhaft. Er geht immer auch auf Kosten von Menschen, doch noch schlimmer sind die Folgen, wenn man sich dem Wandel widersetzt.

Machtmissbrauch wird seit vielen Jahrhunderten von den Mächtigen definiert und verhandelt. Stets durften Männer entscheiden, was Vergewaltigung ist und wer es verdient, dafür bestraft zu werden. In der klassischen Mythologie tragen die Opfer Scham und Stigma der Vergewaltigung. Eines von ihnen ist Kassandra, die Tochter des trojanischen Königs Priamos, die sich dem Gott Apollo verweigert und zur Strafe mit einer nutzlosen Weissagungsgabe geschlagen wird: Sie kennt die Zukunft, aber niemand glaubt ihr. Die meisten jungen Frauen, die in sexistischen Gesellschaften leben, wissen auch ohne von einer Gottheit persönlich verflucht worden zu sein, wie es ist, wenn einem niemand glaubt. Kassandra versucht trotzdem, ihr Volk vor der bevorstehenden Invasion Trojas zu warnen. Niemand hört auf sie, und am Ende wird sie vergewaltigt und wie der Rest ihrer Familie ermordet.

Aus dem antiken Rom ist die Sage der Lucretia überliefert. Lucretia war, wie der Historiker Livius erzählt, eine Adlige, die von einem Königssohn vergewaltigt wurde und sich das Leben nahm, um den Eindruck zu vermeiden, sie hätte sich der Gewalt bereitwillig ergeben. Um Lucretia zu rächen, stürzten daraufhin die Männer Roms die Monarchie und gründeten eine Republik. In späteren Jahrhunderten wurde Lucretia als Vorbild weiblicher Keuschheit mythologisiert, ihr Selbstmord als vornehmste Reaktion auf sexuelle Gewalt hochgehalten. Dichter von Chaucer bis Shakespeare haben sie romantisiert, Maler wie Tizian, Botticelli und Dürer haben sie gemalt, nackt und unter Schmerzen und bis ins kleinste lüsterne Detail. Doch ihr Part in der Geschichte war schnell erledigt, wie Sandra Joshel in »The Body Female and the Body Politic« schreibt: »Kaum hat die Frau ihre Rolle gespielt – kaum hat sie den Bösewicht angelockt, der mit seinem Tun andere aktive Männer in Bewegung setzt, die wiederum den Staat, das Reich und damit die römische Geschichte errichten –, muss sie gehen [...]. ›Wie tragisch!‹, seufzen Autor und Leserschaft und ergötzen sich am Schmerz des edlen Verlustes.«[1]

Die Zeiten haben sich geändert, und auch die von Männern dominierte Massenkultur erkennt gnädigerweise an, dass Frauen, die männliche Gewalt überleben, in dieser Geschichte womöglich anderes zu tun haben, als zu sterben. Noch immer geben Vergewaltigung und Ermordung einer Geliebten oder einer Angehörigen dem männlichen Helden standardmäßig eine Aufgabe an die Hand, für die er kämpfen kann, aber hin und wieder dürfen sich Frauen nun auch selbst darüber beklagen – solange sie es in der Sprache und zu den Bedingungen der Männer tun. Wenn man sich die unzähligen Filme ansieht, in denen Rache für sexuelle Gewalt geübt wird, scheint die Männerwelt zwei Reaktionen auf Vergewaltigung für angemessen zu halten: einen Ohnmachtsanfall, gefolgt von lebenslangem Commitment gegen Vergewaltiger, oder einen blutrünstigen Amoklauf.

Männliche Gewalt ist in den Geschichten, die Männer über Frauen erzählen, nach wie vor allgegenwärtig, was Männer seltsamerweise nicht dazu veranlasst, die Existenz von Vergewaltigungen einzugestehen, geschweige denn dagegen vorzugehen. In der modernen Kultur hat sich ein geschmackloses Muster herausgebildet: Erwachsene Männer, die urplötzlich das Phänomen der Gewalt gegen Frauen entdecken, finden daraufhin allerlei Gründe dafür, sie einmal genauer unter die Lupe zu nehmen. In der Regel geht das mit dem absurden Hinweis einher, man müsse ein »Bewusstsein schaffen« – dabei haben Frauen und Mädchen ein sehr waches Bewusstsein dafür, weil sie sich einen Mangel an Bewusstsein nämlich gar nicht leisten könnten. Immer wenn in unserer Kultur Gewalt gegen Frauen fetischisiert wird, ohne dagegen zu kämpfen, müssen sich die männlichen Kreativen schon mal fragen lassen: Bist du hier, um zu helfen, oder bist du nur hier, um zu gaffen?

Anfang der nuller Jahre, als ich noch im Teenageralter war, fegten von Männern erfundene Filmheldinnen mit Schmollmündern in hautengem Elasthan durch die Popkultur und rächten sich blutig an ihren Unterdrückern. Frauen, die im Film vergewaltigt wurden, waren beschädigte Ware und nahmen auf die einzige Art und Weise Rache, die sich das Patriarchat vorstellen konnte: Sie drehten hohl und ballerten wild in der Gegend herum. Die Sorte wütende Frau, mit der ein Mann am besten zurechtkommt, ist sehr leicht bekleidet, betreibt tragische Selbstzerstörung und macht ihm vor allem keine Vorwürfe.

Der Film, den sich meine Freund*innen und ich anschauten, als wir alt genug waren, die sexuelle Machtdynamik zu verstehen, jedoch noch keinen Schimmer hatten, was wir damit anfangen sollten, war *Kill Bill.* Im Rückblick hat es eine gewisse ätzende Ironie, dass die rasante Vergewaltigungs- und Rache-Fiktion ausgerechnet von Serienvergewaltiger Harvey Weinstein produziert wurde. Am Set von *Kill Bill* wurde die Hauptdarstellerin Uma Thurman so lange drangsaliert, bis sie eine Stuntszene drehte, in der sie schwer verletzt wurde. Als Thurman 2017 auf dem roten Teppich von *Access Hollywood* gefragt wurde, was sie über die Entlarvung Harvey Weinsteins als Sexualtäter zu sagen habe, war ihre Reaktion zurückhaltend, bedächtig, ja unterkühlt. Mit einem vor Selbstbeherrschung schon maskenhaften Gesicht sagte sie der Reporterin: »Ich habe gelernt, dass ich, wenn ich mich mit Wut im Bauch äußere, meine Worte hinterher meist bereue. Deshalb warte ich ab, bis meine Wut nachlässt, und wenn ich so weit bin, werde ich sagen, was ich zu sagen habe«.[2]

Da war kein Schwert, kein glänzender Catsuit. Da war nur Wut, echte Wut, die Art Wut, die sich nicht stilisieren und weiterverkaufen lässt, klar und ruhig und furchteinflößend. Solche Wut fürchten mächtige Männer weit mehr als die rachsüchtige Heldin seichter Sagen: Die Wut einer Frau, die nicht schreit und mit Gegenständen um sich wirft, sondern unmissverständlich klarstellt, wie enttäuscht sie ist. Dass sie Besseres erwartet hat. Eine solche Wut hält dem Täter den von ihm angerichteten Schaden so deutlich vor Augen, dass er nicht wegschauen kann. Eine solche Wut zielt nicht darauf ab, dass er stirbt, sondern dass er anders lebt.

Die Frage, was wir mit Sexualtätern in unserer Mitte machen, mit Tätern, die einige von uns womöglich lieben, zerreißt seit Jahren ganze Communitys, denen ich nahestehe. Ich habe das immer wieder erlebt. Wahrheiten, die lange Zeit verborgen waren, werden ausgesprochen, und schon bald gibt man ausgerechnet den Menschen die Schuld, die diese Wahrheiten in Worte fassen – in der Regel Frauen –, und dann wird ihnen nicht etwa vorgeworfen, dass sie lügen, sondern dass sie Schaden anrichten – als wäre nicht bereits Schaden entstanden, und zwar jahrelang. Ich habe Communitys und Freundschaften zerbrechen sehen, weil sie kollektiv unfähig waren, sich der Tatsache zu stellen, dass »gute« Männer nicht immer Gutes tun. Ich war in aktivistischen Gruppierungen an *Restorative-Justice*-Verfahren beteiligt, außergerichtlichen Wiedergutmachungsverfahren. Ich weiß, das Klima ist Männern, ausnahmsweise einmal, gerade nicht sonderlich gnädig. Ich weiß, Männer haben Angst. Ich weiß auch, dass es keine andere Möglichkeit gibt.

Ich möchte nicht in einer Welt leben, in der sich Männer erst ändern, wenn man alles zu zerstören droht, was ihnen lieb ist. Ich wollte ja glauben, Männern wären Frauen so wichtig, dass sie von sich aus bereit sind, sich zu ändern. Ich wollte ja glauben, männliche und *weiße* Unschuld würden nicht weiter mit dem Schmerz aller anderen erkauft. Aber Glaube reicht ohne einen Beweis durch Taten nicht aus.

Der Spruch »Jungs sind halt Jungs« ist keine moralisch angemessene Reaktion auf fünfzehnhundert Jahre Grausamkeit. Diese Geisteshaltung ist aber im populären Bewusstsein noch fest verankert, und es lohnt sich zu fragen, warum. Was soll das heißen, Jungs sind halt Jungs? Und wann entschuldigt Jugend Grausamkeit?

Diese Frage begann ich mir vor drei Jahren ernsthaft zu stellen, als ich junge Männer interviewte, die dem »Alt-Right-Provokateur« Milo Yiannopoulos auf seiner Tour durch die USA folgten, wo er an Universitäten rassistischen Hass schürte. Mich überraschte nicht nur, wie jung diese Männer waren, sondern auch, wie jung sie wirkten, wie krass und gefährlich unreif sie waren, und wie fern ihnen die Vorstellung lag, dass ihr Handeln Folgen haben könnte. In dem Artikel nannte ich diese jungen Männer »verlorene Jungs«, und ich zog mir aus dem politisch linken Spektrum mehr Schmähungen und Drohungen zu als mit jedem anderen journalistischen Text, den ich je verfasst hatte. Dennoch, am erschreckendsten fand ich wirklich die katastrophale Unreife dieser jungen Männer: Sie waren auf eine spezielle Weise jung, wie nur Jungs und in der Regel auch nur *weiße* Jungs jung sein können.

Mir wurde damals erst richtig bewusst, wie unterschiedlich unsere Erfahrungen und unser Verständnis von Jugend ausfallen können, je nachdem, wer wir sind und woher wir kommen. In älteren Formen des Englischen und in vielen anderen Sprachen ist mit dem Wort *youth* als Bezeichnung für Einzelpersonen ausschließlich ein junger Mann gemeint, ein »Jüngling«. Frauen sind nur selten »*youths*«, sie erreichen so gut wie nie diesen Zustand noch unreifen und fast anbetungswürdigen Potenzials. Jungen Frauen und sehr vielen nicht-*weißen* jungen Männern wird aus unterschiedlichen Gründen Potenzial gar nicht zugeschrieben. Das »Potenzial« junger Männer of Colour wird ignoriert, weil in vielen Kulturen das Leben von People of Colour und besonders Schwarzer Menschen keine Wertschätzung erfährt. Erwachsenen Frauen wird kein »Potenzial« zugebilligt – schließlich haben sie mit der Pubertät mutmaßlich schon den Höhepunkt ihres gesellschaftlichen und kulturellen Wertes erreicht.

»Wir schätzen junge Frauen für das, was sie sind«, sagt man, »und junge Männer für das, was aus ihnen wird.« Jugendsünden, die jungen Männern im Allgemeinen billigend zugestanden werden, dürfen gleichaltrige Frauen gemäß öffentlicher Meinung nicht begehen. Ein einundzwanzigjähriger *Weißer*, der in den Augen der Welt noch ein halbes Kind ist, verdient unsere Toleranz und einen Vertrauensvorschuss; eine einundzwanzigjährige junge Frau sollte besser keine Fehler machen, muss sie doch sonst für jeden einzelnen auf Jahre hinaus bezahlen.

Jugend und Unwissenheit sind armselige Ausreden für Grausamkeit. Eine junge Frau, die ich seit Kindertagen kenne, hatte schon als Kind mit ihrem Zorn zu kämpfen. Sie platzte fast vor aufgestauter Energie, und sie war auch größer und stärker als viele Gleichaltrige. Wenn sie vor Wut kochte, ging sie oft auf andere los. Manchmal schlug oder schubste sie andere kleine Mädchen, häufiger schüchterte sie sie ein, ohne recht zu begreifen warum, denn sie war ja noch ein Kind. Da sie aber ein weibliches Kind war, wurde von ihr erwartet, ihren Zorn zu zügeln.

Schlagen und Schubsen wurde nicht toleriert. Jugend oder Kummer waren keine Entschuldigung. Jahrelang sah ich zu, wie meine Freundin darum rang, ihren Hang zur Gewalt in den Griff zu bekommen. Mit etwa fünfzehn hatte sie es geschafft. Jetzt, mit Mitte zwanzig, neigt sie noch zu Sturheit und ist schnell frustriert – das liegt eben in ihrer Natur –, und wenn sie Stress hat, flackert in ihren Augen manchmal noch das kleine Mädchen auf, das kurz vor einem lautstarken und hemmungslosen Tobsuchtsanfall steht. Aber weil sie diesen Teil ihres Charakters unter Kontrolle gebracht hat, ist sie geduldiger und rücksichtsvoller als die meisten meiner besten Freund*innen. Ich bewundere sie für ihre Zurückhaltung und Friedfertigkeit mehr als andere, die sich nicht darum bemühen mussten. Ich weiß, wie schwer das für sie war, und ich weiß auch, sie konnte damals nicht anders, und ein bisschen Wut kann Frauen manchmal nicht schaden. Doch die Gesellschaft toleriert keine zornigen Mädchen, die zu körperlicher Gewalt neigen. Wie wäre es, wenn wir auch von Jungs verlangten, ihre Gefühle mit fünfzehn Jahren vollständig im Griff zu haben?

Hier ist unser Verständnis davon, was jung zu sein wirklich bedeutet, auf eine Art und Weise unausgewogen, die sich durch Privilegien nicht hinreichend erklären lässt. Jeder junge Mensch hat eine zweite Chance verdient, die Chance zu lernen, sich zu bessern und zu entwickeln, zu wachsen und zu experimentieren, und sie sollte auch jungen Frauen zugestanden werden. Aber kein junger Mensch sollte seine Jugend als Entschuldigung dafür anführen dürfen, dass er oder sie keine Verantwortung für das eigene Handeln übernimmt oder anderen ihre Menschlichkeit abspricht.

Für Mädchen vergeht die Zeit anders. Jung zu sein oder zumindest jung zu wirken, ist für Frauen maßgeblicher Teil der sozialen Währung, mit der wir uns, wie man uns erklärt, Respekt und Sicherheit erkaufen. Kaum sind wir mündige Erwachsene, können wir keine Wertschätzung mehr erwarten. Wertvoll ist die saftige Kraft unserer Jugend. Ab fünfundzwanzig beginnen wir zu verrotten, wir »bringen's nicht mehr«, wie es im Jargon der Pickup-Artists und der Alt-Right heißt.

Das wirkmächtige Bild von der biologischen Uhr bezieht sich nicht nur auf die Fruchtbarkeit, sondern auf sämtliche Aspekte eines Frauenlebens. Gerade wenn wir endlich begriffen haben, wo es langgeht, wird uns gesagt: Das war's, mehr ist nicht drin. Das liegt einfach daran, dass sich die Welt vor erwachsenen Frauen fürchtet, vor dem Erwachsensein von Frauen, obwohl sie sich gleichzeitig darauf verlässt, dass diese Frauen den Großteil der Arbeit erledigen, die unsere Gesellschaft am Laufen hält – obwohl sie ihnen nicht zugesteht, jemals wirklich jung zu sein.

Frauen haben jung auszusehen, aber sie dürfen so gut wie nie jung *sein*, jung sein mit all der Unbeholfenheit, den Irrtümern und den Zugeständnissen, die mit der Jugend einhergehen. Das ist nicht nur unfair, es ist auch eine gigantische Verschwendung menschlichen Talents. Jeder Mensch sollte Zeit haben, sich zu entwickeln, zu lernen und Fehler zu machen. Wenn wir Frauen weniger Zeit bekommen, fehlt uns etwas Entscheidendes. Dass sich die Vorstellung, Frauen seien mit dem Beginn der Pubertät vollständig erwachsen und mit dem Nachlassen der Fruchtbarkeit sozial und kulturell schon wieder bedeutungslos, so hartnäckig hält, schadet allen.

Die Frage ist, was richtet gesellschaftlich den größeren Schaden an: die ausgedehnte Schonfrist, die vielen jungen Männern gewährt wird, oder die Zeitverkürzung für Frauen, die weniger experimentieren und kaum wirklich jung sein dürfen? Beides, die emotionale Verkrüppelung von Männern wie auch die Verschwendung von Frauentalenten, schlägt klaffende Wunden in unsere Kultur. Zusammengenommen führen sie in die gesellschaftliche Katastrophe: Diejenigen, denen die Zeit zum Erwachsenwerden gewährt wird, müssen kaum je wirklich erwachsen werden, und diejenigen, von denen viel zu früh erwartet wird, die Verantwortung einer Erwachsenen zu schultern, haben keine Zeit für die Entwicklung der Fähigkeiten, die sie als Erwachsene eigentlich bräuchten.

Hinter all dem steckt ein kaputtes Wertesystem – eine menschliche Metrik, nach der Männer und Jungs als Menschen, Frauen und Mädchen aber, unabhängig von ihrem Alter, als Körper eingeordnet werden. Frauen gelten als reif genug, um in sexuelle Handlungen einzuwilligen, sobald sie körperlich als postpubertär gelten. Mit diesem Argument werden immer wieder Vergewaltiger von Kindern vor Gericht freigesprochen, wobei die bloße, äußerlich wahrnehmbare Geschlechtsreife an und für sich häufig schon als Einwilligung interpretiert wird.

Wenn in der Öffentlichkeit von Reife die Rede ist, wird oft auf wichtige traditionelle Wegmarken verwiesen, Dinge also, die eine Person tun und vor allem besitzen sollte. Bei Männern wird das Erwachsensein vor allem mit externer Verantwortung assoziiert: für die Ehefrau, die Familie, einen anständigen Vollzeitjob, das Haus, das Auto. Wie jede Krise kapitalistischer Akkumulation in den letzten Jahrhunderten erwächst die moderne »Männlichkeitskrise« auch daraus, dass es plötzlich nicht mehr möglich ist, all das zu erlangen. Wenn Männlichkeit über etwas definiert wird, das man kaufen kann, was geschieht, wenn es sich die meisten jungen Männer nicht mehr leisten können?

Bei einem Mädchen wird Reife hingegen daran gemessen, inwieweit sie sich um andere kümmern kann. Das heißt, die Voraussetzungen für das Erwachsensein werden streng genderbinär aufgeteilt. Allgemein heißt es immer, Mädchen seien »früher reif als Jungs«, doch in Wahrheit wird bei Mädchen einfach nur vorausgesetzt, dass sie schneller erwachsen werden, dass sie also in der Lage sind, ihre Emotionen zu kontrollieren und die Bedürfnisse anderer zu antizipieren – Fähigkeiten, die von Männern und Jungs, wenn überhaupt, erst viel später erwartet werden. Dieses männliche Privileg – der ewige Jugendliche bleiben zu dürfen, der quengelt und um sich schlägt, sobald er auf anderer Leute Gefühle Rücksicht nehmen soll – verdirbt den Charakter. Und das Privileg, Verletzungen, die man anderen zugefügt hat, zu ignorieren, wirkt sich noch verheerender aus. Unsere Kultur erwartet von *weißen* Männern nur selten die Reife, zwischen Habenwollen und Haben zu unterscheiden, also wie ein Erwachsener die eigenen Wünsche gegen die Autonomie anderer abzuwägen. Wer hat nicht schon mal versucht, einem Kleinkind einen Teddy oder einen Lutscher, der ihm nicht gehört, sanft aus den Händen zu winden und ihm freundlich zu erklären, dass nicht alles, was es unbedingt haben will, ihm auch gleich gehört. Raffgier und Gebrüll, die Impulse also, die ungefiltert aus dem unbewussten Es kommen, sollten »unschuldigen« Kindern vorbehalten bleiben – werden aber anscheinend immer öfter auch erwachsenen Männern in Machtpositionen nachgesehen.

Das kollektive Bekenntnis zur Unschuld *weißer* Männer kommt unsere Spezies viel zu teuer zu stehen. Jede Gesellschaft, in der die persönliche Verantwortung für die eigenen Gefühle und Verhaltensweisen in umgekehrtem Verhältnis zu Machtfülle und Privilegien stehen, jede Gesellschaft, in der arme Mädchen schnell erwachsen werden müssen, damit sie sich um andere kümmern können, reiche Männer dagegen ewig Kinder bleiben, sich aufplustern und auf andere eindreschen dürfen, wird sich letztendlich selbst zerstören.

Nur wenn Sexualtäter echte gesellschaftliche und berufliche Konsequenzen erwarten müssen, kann sich der erforderliche Wandel einstellen. In den mir bekannten Fällen waren die Männer, die wegen ihrer Taten zur Rechenschaft gezogen wurden, meist jung und ziemlich pleite und hatten daher auch keine Karriere, die hätte zerstört werden können. Schließlich arbeiten die wenigsten von uns in einem glamourösen Hollywood-Studio oder einem altehrwürdigen Regierungsgebäude, es sei denn, wir leeren dort die Mülleimer. Wenn einer einen Null-Stunden-Vertrag hat, ist es seinem Chef wahrscheinlich egal, wie viele Leichen er unter der Terrasse begraben hat, Hauptsache, er kreuzt pünktlich auf und rackert sich für einen Lohn ab, der unter dem Existenzminimum liegt. Seinem Freundeskreis dagegen ist es nicht egal. Seiner Familie auch nicht. Der Ruf, den man sich erworben hat, wirkt sich nicht nur auf die Lohnarbeit aus – tatsächlich verliert man den Job oft als Letztes. Für den Arbeitsplatz und in Institutionen gibt es zumindest Verfahren, die bei sexueller Belästigung befolgt werden können, auch wenn sie selten zur Anwendung kommen, weil es einfacher ist, die Opfer einfach zum Schweigen zu bringen. Aber in unserem Gemeinwesen sind die Verfahren, mit denen sich Gerechtigkeit herstellen lässt, per se nicht formalisiert. Wer entscheidet, wann und ob eine Person, die sexualisierte Gewalttaten begangen hat, wieder in die Gemeinschaft aufgenommen wird?

Soziale Ächtung ist brutal. Sie weckt Urängste, ist älter und härter als alle modernen rechtlichen Sanktionen. Sie ist dermaßen primitiv und rabiat, dass schon die bloße Erwähnung tabu sein kann, weil immer die kindliche Angst mitschwingt, wir könnten etwas, indem wir es aussprechen, womöglich selbst heraufbeschwören. Oft wird Ächtung von Gruppierungen vorgenommen, die in ihrem Kampf gegen Fehlverhalten die Gesetze ihrer Kultur und Community aus dem einen oder anderen Grund als unzureichend erachten. Angstbesetzt und unangenehm ist die Ächtung nicht nur für den Geächteten – betroffen sind auch sein Freundes-, Familien- und Kollegenkreis, seine Follower, denn sie alle sind hin- und hergerissen, ob sie ihren Freund verteidigen oder Konsequenzen für sich selbst lieber vermeiden sollen.

Ächtung ist keine neue Lösung. In vielen Communitys und Szenen kommt sie seit langem zur Anwendung, wenn eine Gewalttat geschehen ist. Allerdings waren es bis vor kurzem die Opfer, die geächtet wurden. Rede nicht mit der da – die ist durchgeknallt. Die macht nur Ärger. Das ist eine Zecke. Wir wissen doch alle, wie er auf Partys drauf ist, und die ist sowieso eine Schlampe. Wenn wir sie einfach wie Luft behandeln, haut sie vielleicht ab.

Wenn jemand, den man mag, etwas Schreckliches getan hat, kann es wehtun, mit ansehen zu müssen, was er durchmacht. Ich weiß, wie schlimm Ächtung ist, weil ich sie selbst erlebt habe. Ich wurde auch schon von meinem Freundeskreis ausgegrenzt, zum Beispiel, als ich so unklug war, nach einer Vergewaltigung durch einen beliebten und einflussreichen älteren Mann den Mund aufzumachen. Man lud mich von Partys wieder aus. Man vertraute mir nichts mehr an. Man redete hinter meinem Rücken gerade so laut über mich, dass ich noch mitbekam, wer mich für eine manipulative, labile Lügnerin hielt. Ich war neunzehn und besuchte das College, daher fiel es mir damals noch nicht so schwer, mir einen neuen Freundeskreis aufzubauen.

Der Sinn einer Strafe ist, dass antisoziales Verhalten Konsequenzen hat, und diese Konsequenzen sollen die Bestraften dazu veranlassen, ihr Verhalten zu ändern. Ich wünschte, Frauen hätten überall auf der Welt so viel Wertschätzung erfahren, dass man ihre Forderungen nach einem Wandel beherzigt hätte, bevor sie auf Ächtung und Ausgrenzung setzen mussten. In dieser unangenehmen Übergangsphase sitzt die Angst bei vielen Männern und Jungs sehr tief. Aber es ist falsch verstandene Freundlichkeit, wenn wir über Dinge hinwegsehen und Grenzüberschreitungen vergeben, bevor wir sie richtig verstanden haben. Wenn wir es zulassen, dass Menschen sich den Folgen ihres Tuns entziehen, zeugt das weder von Freundlichkeit noch von Respekt. Es ist höchstens nett – und in der Vergangenheit ist schon viel zu viel Schaden entstanden, weil von Frauen und Mädchen erwartet wurde, zu Männern um jeden Preis nett zu sein.

Egal, wie wir unser Zusammenleben künftig gestalten, wir müssen jedenfalls eine neue gesellschaftliche Infrastruktur errichten und lernen, den Schmerz und das Unbehagen, die wir früher lebendig begraben mussten, tatsächlich zu verarbeiten. Und ja, das wird chaotisch. Nein, das wird nicht nett. Aber es wird menschlich, es wird ethisch ablaufen, und es wird sich am Ende lohnen.

Wenn sich Männer, die ich kenne und liebe, unter größter Panik einer persönlichen Abrechnung stellen müssen, wenn sich die Zeit zusammenschiebt wie ein Fernrohr und eine wie auch immer geartete Zukunft für sie unvorstellbar wird, dann sage ich ihnen, dann möchte ich ihnen als Allererstes sagen: Du wirst es überleben. Das verspreche ich dir. Wir werden es gemeinsam überleben. Ich kann dir nicht versprechen, dass dir vergeben wird, aber ich wette mit dir, dass du eine zweite Chance auf Nähe und Sicherheit bekommst, vorausgesetzt, du strengst dich jetzt an, sie dir zu verdienen. Ein wenig geschmälert wird mein Mitleid allerdings von der Doppelmoral, die hier am Werke ist, denn immerhin werden Frauen wie ich, die ein bisschen nerven, gesellschaftlich genauso ausgegrenzt und bloßgestellt wie Männer, die Sexualstraftaten begangen haben.

Denn wisst ihr, was schlimmer ist, als der Vergewaltigung beschuldigt zu werden? Vergewaltigt zu werden. Wisst ihr, was schlimmer ist, als befürchten zu müssen, dass man vielleicht nicht mehr so flirten kann wie früher? Um die persönliche Sicherheit fürchten zu müssen, sobald man Begehren artikuliert. Sich anhören zu müssen, die eigene Sexualität sei eine Einladung zur Gewalt. Immer eingehämmert zu kriegen, dass einem Selbstbestimmung nicht zusteht, indem man behandelt wird wie wandelndes Fleisch.

Du hast womöglich Angst, alles zu verlieren, aber das wird nicht geschehen. Über deinen Charakter entscheidet nicht nur das, was du damals getan hast, sondern vor allem das, was du jetzt tust. Das wirkt sich nicht nur auf eine Einzelperson oder eine Community aus. Auch für unsere Gesellschaft insgesamt ist es entscheidend, dass du hier bleibst an diesem Ort des Unbehagens. Wie wir bereits gesehen haben, können rechtsextreme, antidemokratische Ideologien mit dieser kollektiven Stimmung sehr viele junge Männer rekrutieren. Emotional ist das durchaus nachvollziehbar. Wenn dich eine Gruppe hinauswirft, rennst du zur nächsten, die bereit ist, dich aufzunehmen; ich habe das auch schon so gemacht und es bereut, wenngleich für mich nie so viel auf dem Spiel stand. Die Neue Rechte sammelt junge und nicht mehr so junge Männer ein, die sich ungerecht behandelt und missverstanden fühlen. Die braten dein Herz und essen es auf. Trau denen nicht.

Ich sage das so direkt, weil es mir wichtig ist und weil ich weiß, wovon ich rede. Wirklich. Ich weiß, wie es dir geht, wenn die ganze Welt schlecht von dir denkt und dir das auch unverblümt ins Gesicht sagt. Ich wurde auch schon öffentlich angeprangert. Ich wurde im Netz von allen Seiten niedergemacht, Leute haben versucht, meinen Ruf zu zerstören. Manchmal hatte ich tatsächlich einen Fehler gemacht, manchmal nicht, aber jedes Mal kam es mir vor, als würde man mir mein Selbstwertgefühl bei lebendigem Leib abziehen. Nicht alles, was ich verloren habe, wenn ich mal wieder gnadenlos an den Pranger gestellt wurde, bekam ich später zurück. Aber man kann das überleben, und manchmal schafft man es sogar mitten in einem Shitstorm, den Zorn anderer Leute über sich ergehen zu lassen und daraus zu lernen.

Zum Erwachsenendasein gehört unter anderem dazu, dass wir langsam und schmerzhaft lernen müssen, eigene Fehler zu korrigieren, wiedergutzumachen und dann hinter uns zu lassen. Viele von uns üben das ein Leben lang im engsten Kreis, und manche lernen es nie. Die schreckliche Wahrheit aber ist, dass die Entwicklung zum politischen Menschen im öffentlichen Leben heute völlig anders verläuft als in früheren Generationen. Wir müssen schneller, intelligenter und flexibler sein, als es unseren Eltern und Großeltern je abverlangt wurde.

Um Margaret Atwood zu paraphrasieren: Männer haben Angst, dass Frauen sie canceln, und Frauen haben Angst, dass Männer sie umbringen.[3] Das soll nicht heißen, dass diese Angst der Männer unmaßgeblich wäre, aber Gefühle sind eben keine Fakten. Jemand, der in unserer Kultur Einfluss hat, mag sich nichts Schlimmeres vorstellen können, als »gecancelt«, also nicht mehr beachtet, in der Öffentlichkeit ausgelöscht zu werden, doch deswegen ist das »Canceln« objektiv betrachtet noch lange nicht die gefährlichste Tendenz in der Politik unserer Zeit.

Wer nicht lernt, mit Anstand das eigene Verhalten zu ändern, kann nicht erwachsen werden, geschweige denn erwachsene Politik betreiben. Ja, es ist peinlich und schmerzlich für alle Beteiligten, wenn jemand Mist baut. Es ist aber auch unvermeidlich. Es gehört dazu, wenn wir lernen wollen, in dieser unbeständigen und schnelllebigen politischen Kultur Mensch zu bleiben. Wenn wir zu einer Sache beitragen wollen, die größer ist als wir, bauen wir unweigerlich auch mal Mist – es sei denn, wir gehören zu der seltenen Untergruppe der menschlichen Spezies, die schon mit perfekten politischen Ansichten aus dem Mutterleib purzelt. Ich weiß daher, wie sich das anfühlt, und es ist Mitgefühl und auch Liebe im Spiel, wenn ich sage, dass uns bisweilen nichts anderes übrigbleibt, als das Unbehagen und die Angst auszuhalten und dann loszulassen.

Und zwar alles loszulassen: den Unmut über die Ungeduld der Frauen loszulassen, den verletzten Stolz loszulassen, die nutzlose Scham loszulassen und die Vorstellung, ein »guter Kerl« zu sein. Die Welt teilt sich nicht sauber in gute und schlechte Menschen. Das war noch nie so, und wir müssen auch diese Vorstellung loslassen, damit wir endlich besser miteinander umgehen können und endlich lernen, unseren Scheiß wie Erwachsene geregelt zu kriegen in dieser seltsamen neuen Stadtlandschaft, in der wir gemeinsam dem Licht entgegenkriechen. Nur so gelangen wir aus einer Gegenwart, in der Sexualtäter zur Rechenschaft gezogen werden, in eine Zukunft, in der sexuelle Gewalt nicht mehr so wahrscheinlich ist.

Männern, die Frauen verletzt und Schmerz zugefügt haben und nicht bereit sind, sich aktiv zu ändern, kann ich nur sagen: Es tut mir leid. Es tut mir leid, dass ihr andere verletzt habt. Es tut mir leid, dass ihr es nicht besser hingekriegt habt. Es tut mir leid, dass ihr die gute Arbeit, die ihr in der Welt schon geleistet habt, gefährdet, nur weil ihr es nicht schafft, Frauen in eurem Umfeld wie Menschen zu behandeln.

Es tut mir leid für die Menschen, die ihr verletzt habt, und für diejenigen, bei denen die Enthüllungen über euer Verhalten alte Wunden aufreißen. Es tut mir leid, dass nichts, was ich sagen oder tun könnte, euch vor den Konsequenzen bewahren kann. Lange habe ich mir eingeredet, ihr hättet das getan, weil ihr krank wart, immer noch krank seid. Alle, die euch mögen, machen sich schon seit längerem Sorgen um euch, lange, bevor das hier losging. Aber dass ihr euch jetzt hasst, macht das Leid, das ihr angerichtet habt, nicht wieder gut. Auch wenn es euch schlecht geht, auch wenn ihr leidet: Ihr werdet trotzdem zur Rechenschaft gezogen. Vielen der Menschen, die ihr verletzt habt, geht es auch schlecht, viele leiden, und durch das, was ihr ihnen angetan habt, ist es noch schlimmer geworden.

Privater Selbsthass ist kein Ersatz für öffentliche Gerechtigkeit. Männer und Jungs, die Schwierigkeiten haben, ihr Selbstempfinden mit den sich ändernden gesellschaftlichen Erwartungen in Einklang zu bringen, dürfen nicht vergessen: Selbstkasteiung hilft nicht weiter.

Die meisten gewalttätigen Männer, die ich kennengelernt habe, trugen eine tiefe Selbstverachtung in sich. Die meisten glaubten, diese Selbstverachtung sei Strafe genug – ihr Leid erkläre nicht nur ihr Verhalten gegenüber Frauen und anderen Menschen, die schwächer waren als sie, sondern entschuldige es auch. Das Unangenehmste an den Enthüllungen ist, dass sie gar keine echten Enthüllungen waren. Sehr viele Menschen wussten Bescheid. Vielleicht wussten sie nicht alles, aber sie wussten genug, um sich mitschuldig zu fühlen, und diese Mitschuld schmälerte ihr Mitgefühl.

Wir haben es hier ja nicht mit einzelnen Monstern zu tun. So war das nie. Hier geht es um strukturelle Gewalt, um eine Kultur, die schon vor langem entschieden hat, die Handlungsmacht und Würde von Frauen zu opfern, um das Ansehen mächtiger Männer zu schützen und das der Institutionen, die die Ansprüche dieser Männer bestärken und ermöglichen. Alle, einschließlich der »guten Jungs«, wussten, was da ablief. Man fand es nur einfach nicht so schlimm oder zumindest nicht schlimm genug, um etwas dagegen zu unternehmen.

Das allerdings scheint sich jetzt wirklich zu ändern. »Alte Dinosaurier« fragen sich, wie sie den heranrasenden Asteroiden aufhalten sollen, und jetzige oder einstige »dumme Jungs« schieben Panik, weil sie demnächst mit dem Konzept der »Konsequenzen einer Tat« bekanntgemacht werden sollen, was zu der Frage führt: Ab welchem Alter wird von Männern erwartet, die Verantwortung für ihr Verhalten zu übernehmen?

Für manch einen mag es Neuland sein, wenn der Selbstbestimmung und der Würde von Frauen mehr Bedeutung zugemessen wird als dem Recht der Männer, sich nach Lust und Laune wie raffgierige Kleinkinder zu benehmen, doch einige von uns bewohnen dieses Neuland schon die ganze Zeit. Männer und Jungs, die sich hier noch nicht auskennen, wissen nicht genau, wie sie sich jetzt verhalten sollen. Der Ehemann einer Freundin möchte wissen, ob es wohl richtig war, einem Vorgesetzten Kontra zu geben, der angekündigt hatte, keine »sexy Frauen« mehr einzustellen, weil er sich womöglich an ihnen vergreifen würde. Ein befreundeter Fotograf fragt sich, warum er die Gerüchte über Sexualtäter in seiner Branche nicht ernst genommen hat und ob er das jetzt wiedergutmachen kann. Ein anderer Freund, ein Umweltaktivist, macht sich Sorgen, dass die Dummheiten, die er als Teenager begangen hat, seine heutige Arbeit disqualifizieren könnten.

Niemand will diese Gespräche führen, aber sie sind notwendig. Unsere Kultur zeichnet sich durch das Vermeiden solcher Gespräche aus, denn eine Kultur wird nicht nur von den Geschichten bestimmt, die sie erzählt, sondern auch von denen, die sie verschweigt. Wir haben rund um das Ausbleiben dieser Gespräche ganze Leben, Familien, Gemeinschaften aufgebaut. Nun führen wir sie doch. Wir wissen Einiges darüber, wie Frauen seit langem behandelt werden: Wie sollen wir jetzt mit diesem Wissen umgehen?

Diese Frage zielt in zwei Richtungen. Zum einen geht es darum, wie sich Männer jetzt zu Frauen im Besonderen und zu ihrer eigenen Sexualität im Allgemeinen stellen sollen. Zum anderen geht es darum, wie wir alle mit den Folgen umgehen. Was fangen wir nun an mit unseren Vermutungen, was fangen wir an mit dem Wissen über eigene Verfehlungen? Zuallererst müssen wir dafür sorgen, dass dieses Wissen bleibt, dass wir es aktiv bewahren und nicht im Spam-Ordner des kollektiven Bewusstseins ablegen. Wir müssen hier bleiben, an diesem schwierigen Ort. Wir müssen uns ansehen, was wir anderen angetan haben und was wir andere haben tun lassen, und zwar standhaft und ohne Ausreden.

Viele der Männer, mit denen ich gesprochen habe, sagen mittlerweile aus eigenem Antrieb, sie wollten »Frauen nicht mehr objektivieren«. Sie fragen sich, ob sie hübsche Frauen besser gar nicht mehr ansehen sollten, wenn schon der Akt des Begehrens Gewalt in sich birgt. Dass dieses Missverständnis entstehen konnte, ist traurig. Immerhin sollte es doch wohl möglich sein, eine Person zu begehren, ohne sie zu entmenschlichen. Aber offenbar haben wir eine Welt geschaffen, in der es für einen Mann unglaublich schwierig ist, eine Frau zu begehren und sie gleichzeitig wie einen Menschen zu behandeln.

Einige Männer, mit denen ich mich unterhalte, treibt die Sorge um, sie könnten sich, wenn sie nun »fragen müssen«, häufiger eine Abfuhr einhandeln. Hier fällt aber doch auf, dass in diesen Zeiten, in denen Frauen allenthalben Gewaltverbrechen gegen sie öffentlich machen und von einem Leben voller Demütigungen und Verletzungen berichten, einigen Männern gleich als Zweites oder Drittes die Angst durch den Kopf schießt, es könnte künftig womöglich weniger Sex für sie abfallen.

Zurückweisung ist etwas Schreckliches. Sie ist so schrecklich, dass Männer ganze Festungen aus Gewalt, Demütigungen und Schuldzuweisungen errichten, um sie zu vermeiden. Wenn das Begehren der Frauen in dieser Debatte fehlt – wenn Frauen nicht als begehrende Wesen gelten, wenn weibliches Begehren so furchtbar ist, dass man nur mit einem nervösen Lachen darüber sprechen kann –, dann, ja, dann werden Verführung und Nötigung auch weiterhin verwechselt. Diese Verwechslung liegt aber nicht in der menschlichen Natur. Die menschliche Natur ist eine faule Ausrede derer, die die Mühe scheuen, sich zu ändern, und ich habe es satt, mir das anzuhören.

Männer, die meinen, sich nicht ändern zu können, werden tagtäglich von der wachsenden Zahl ihrer männlichen Mitmenschen eines Besseren belehrt, die sich eben doch geändert haben, die sich noch ändern. Wir können es umschreiben, das sexuelle Skript der Menschheit.

Leider ist dies einer der seltenen und seltsamen Momente, in denen wir nach Jahrzehnten des Schmerzes und der Ungerechtigkeit auch einmal unfair und verletzend sein müssen. Wir wollten nie ein Exempel statuieren. Wir haben es mit freundlichen Bitten um Menschlichkeit und Würde versucht. Wir haben es mit sanften Formulierungen probiert, aber unsere Sanftmut wurde mit Schwäche verwechselt, und niemand scherte sich darum. Jetzt, da es Konsequenzen hagelt und so etwas wie eine Strafe droht, wenn einer eine Frau wie ein beliebiges Stück Fleisch behandelt und dann von romantischer Liebe faselt, hören Männer plötzlich zu.

Wenn Frauen auch nur eine Sekunde lang ihre Bedürfnisse voranstellen, implodiert die feine Gesellschaft vor Entrüstung. Nein, ausnahmsweise sind wir einmal nicht sanft und versöhnlich. Ja, es ist unfair, dass an einigen Männern, die Frauen verletzt haben, in ihrer Community oder an ihrem Arbeitsplatz ein Exempel statuiert wird, während die gleiche Tat für andere folgenlos bleibt. Es erscheint uns unfair, dass einige Männer wegen ihrer Jugendsünden jetzt berufliches Ansehen, Arbeitsplatzsicherheit, Geld und Macht einbüßen. Aber noch viel unfairer war es, dass sich all jene, die von diesen Männern so lange verletzt und gedemütigt, missachtet und erniedrigt wurden, entscheiden mussten, ob sie beschämt schweigen oder den Mund aufmachen und damit ihre Karriere und ihren Freundeskreis zerstören sollten.

Im Jahr 2016 wurde Brock Turner, Student an der Stanford University, zu sechs Monaten Gefängnis verurteilt, von denen er nur drei absaß; sein Vater hatte beklagt, man »ruiniere« das Leben seines Sohnes wegen einer »Handlung von zwanzig Minuten«. In den fraglichen zwanzig Minuten hatte Turner eine Frau hinter einem Müllcontainer brutal vergewaltigt. In ihrer Aussage vor Gericht erklärte die junge Frau Turner und der Welt, was die Justiz nicht artikulieren konnte:

> Du hast mir meine Würde, meine Privatsphäre, meine Energie, meine Zeit, meine Intimität, mein Selbstvertrauen, meine Stimme geraubt, bis heute. [...] Der

> Schaden ist da, niemand kann ihn rückgängig machen. Und jetzt haben wir beide die Wahl. Wir können uns davon zerstören lassen, ich bin weiter wütend und verletzt, und du streitest weiter alles ab, oder wir sehen der Sache ins Auge, ich akzeptiere den Schmerz, du akzeptierst die Strafe, und wir schließen damit ab.[4]

Es ist ein moralischer und ethischer Unterschied, ob es einem deswegen schlecht geht, weil man jemandem Leid angetan hat, oder deswegen, weil einem jemand anders Leid angetan hat. Doch die Pädagogin Nora Samaran merkt an:

> Schuldgefühle haben eine lähmende Wirkung. Schlimmer noch, sie treiben die Betroffenen dazu, auf andere loszugehen wie ein Python, wie ein wildes Tier, das ein Nest aus Selbstverachtung bewacht. Schau dir den Mann hinter dem Vorhang nicht an, sagen die Schuldgefühle, sonst werde ich dich zerstören, damit du dem Kern meiner Scham nicht zu nahe kommst.[5]

Derzeit fragen sich viele Männer, ob Vergebung möglich ist. Ob sich am Horizont eine Begnadigung abzeichnet. Wenn sie ihr Unrecht aus der Vergangenheit fischen und tropfend vor uns ausbreiten: Werden wir Frauen das akzeptieren, werden wir ihnen vergeben und ihnen wieder Einlass gewähren zu diesem liebevollen weiblichen Ort, von dem es immer hieß, er sei die einzige Zuflucht vor den Schrecken der Welt?

Am Ende lautet die Antwort ja. Das heißt, *meine* Antwort lautet am Ende ja. Ich kann nicht für alle sprechen, denn ich bin ein pathologisch versöhnlicher Mensch und musste mir von Leuten, die um mein Wohlbefinden besorgt sind, schon des Öfteren sagen lassen, dass ich besser dran wäre, wenn ich den Männern um mich herum nicht so viel durchgehen ließe, nur weil ich ohnehin nicht mehr von ihnen erwarte. Dennoch wird meine Antwort am Ende immer ja lauten, ja, dir sei vergeben.

Für Entschuldigungen ist noch jede Menge Zeit. Wir haben den ganzen Rest unseres Lebens, um es anders zu machen. Ihr habt genügend Zeit, denen die Hand zu reichen, denen ihr Unrecht getan habt, und ihnen zu erklären, dass ihr damals ein jüngerer und anderer Mensch wart, dass es euch leidtut, dass ihr es nicht besser wusstet, es absichtlich nicht besser wusstet, nun aber alles begreift. Es ist genug Zeit, alles in Ordnung zu bringen, aber genau das wird es brauchen: Es wird Zeit brauchen.

Und wir haben Zeit. Zeit, in der wir es alle besser hinkriegen. Zeit, in der wir eine Welt erschaffen, in der Liebe nicht mehr so leicht mit Gewalt verwechselt wird. Zeit für eine Sexualität, die keine Jagd ist und die Frauen und Mädchen nicht zur Beute macht, die sich jemand blutend an die Schlafzimmerwand hängen kann.

Und es muss Raum für Wut geben. Freiraum für Frauen und Mädchen und Queere, damit sie auch mal wütend und unvernünftig sein können, obwohl unsere Wut durchaus vernünftig ist. Es muss Raum für Schmerz und Entrüstung geben, weil das Patriarchat alles, was uns im Leben kostbar war, davon abhängig gemacht hat, dass wir uns nicht so anstellen. Weil wir gezwungen waren, die Bürde aller Schmerzen dieser Welt zu tragen. Weil man uns abwürgte, wenn wir es wagten, uns zu beschweren, und uns anschließend dafür lobte, dass wir stark und stumm waren. Diese Stärke wollen und sollten wir nicht mehr aufbringen müssen.

14

Machtmissbrauch

Sexuelle Gewalt ist wesentlich für die Logik des Autoritarismus. Wer die Gewalt beschreibt, die im Zentrum der Sexualität steht, beschreibt automatisch auch die Grausamkeit, die die Arterien unserer sozialen Systeme verstopft. Deshalb ist es ein Akt des politischen Widerstands, die *Rape Culture* zu beschreiben. Die meisten Opfer, die sich aufmachen, einen Täter vor Gericht zu bringen, sind nicht auf eine Revolution aus. Sie wollen nur verhindern, dass Vergewaltiger ungestraft davonkommen. Leider sind unsere Gesellschaften darauf ausgelegt, Vergewaltigung und Machtmissbrauch durchgehen zu lassen, und die Kampfansage an das eine ist unweigerlich eine Kampfansage an das andere.

Wie ein mächtiger Mann Frauen behandelt, ist nicht zuletzt deshalb ein wichtiger Punkt, weil er oft auch alle anderen Menschen so behandelt. Manchmal fällt die Maske. Manchmal kann man beobachten, wie sich die Nähte der scheinbar nahtlosen Geschichte auflösen, die mächtige Männer sich selbst erzählen, darüber, was unter Gerechtigkeit zu verstehen sei und wem sie zustehe. Die nackte und schamlose Demonstration dessen, wie wenig der Schmerz einer Frau zählt, wenn er gegen das Ansehen eines Mannes abgewogen wird, zieht sich wie ein roter Faden durch das letzte halbe Jahrzehnt im mit hohen Einsätzen gespielten schmierigen Reality-TV-Katastrophendrama namens Weltpolitik.

Im Jahr 2018 hatte das bedrängte Patriarchat seinen ultimativen Testfall. Der konservative Richter Brett Kavanaugh, den Donald Trump als Richter am Obersten Gerichtshof vorgeschlagen hatte, wurde von Frauen, die ihn als jungen Mann gekannt hatten, mehrfacher sexueller Übergriffe beschuldigt. Die Hauptbelastungszeugin trat vor den Senat, um gegen Kavanaugh auszusagen, ein patriotischer Akt, der an Anita Hill denken ließ: Hill, die in den 1990er Jahren Richter Clarence Thomas der Belästigung beschuldigt hatte, war öffentlich als »ein bisschen spleenig und ein bisschen schlampig« verunglimpft worden.[1]

Autorität mutiert zum Machtmissbrauch, wenn es unmöglich ist, sie ohne immense negative Folgen für die eigene Person anzufechten. Als Dr. Christine Blasey Ford schilderte, wie auf einer Highschool-Party im Jahr 1982 der junge Kavanaugh versucht hatte, ihr die Kleider vom Leib zu reißen, und ihr eine Hand auf den Mund presste, damit sie nicht schreien konnte, musste sie die Tränen zurückhalten.[2] Der Justizausschuss unterzog sie vor einem Millionenpublikum einer zermürbenden, mehrstündigen Befragung. Die republikanischen Senatoren machten deutlich, dass in ihren Augen, egal, was sich damals ereignet hatte, Kavanaugh das wahre Opfer war. Kritische Stimmen bemängelten, Blasey Ford gehe zu weit, tadelten, sie hätte mehr Mitgefühl für Kavanaugh und seine Kinder zeigen sollen, und fragten, warum sie denn so lange geschwiegen und zunächst versucht habe, anonym zu bleiben. Die Antwort lautet natürlich: aus Angst, nicht um ihren guten Ruf, sondern um ihr Leben. Kurz nachdem sie sich zu Wort gemeldet hatte, erhielt Ford Morddrohungen und musste mit ihrer Familie umziehen.[3] Es ist gefährlich, wenn eine Frau zwischen einen reichen, mächtigen Mann und seine Wünsche gerät. Wie Anita Hill vor ihr wird Blasey Ford für alle Zeit die Frau sein, die einen mächtigen Richter der versuchten Vergewaltigung bezichtigt hat, deren Verstand und Glaubwürdigkeit öffentlich angezweifelt, deren Sexualgeschichte seziert und deren Leben dauerhaft auf den Kopf gestellt wurde. Dass sie sich überhaupt dazu entschloss auszusagen, war ein mutiger Akt der Rebellion. Das ist immer so. Wenn eine Frau einen Täter beim Namen nennt, fordert sie unmittelbar die Macht heraus; je mächtiger der Täter, desto gefährlicher die Herausforderung. Wen also soll das Gesetz schützen? Soll es Frauen vor Gewalt schützen oder Männer vor den Folgen ihres Tuns?

Vor dem Senatsausschuss, der von *weißen* republikanischen Senatoren männlichen Geschlechts dominiert wurde, sagte Ford aus, sie habe »große Angst« gehabt, es aber als ihre »Bürgerpflicht« verstanden, sich zu melden. Ruhig, gefasst und freundlich wiederholte sie in der Befragung durch eine externe Anklägerin, sie habe »nur helfen« wollen. Kavanaugh hingegen schrie, spottete und schnaubte live vor einem Millionen-Fernsehpublikum, gereizt und zornig, weil ihm die Welt das Leben so schwer machte. Heute ist er Richter am Obersten Gerichtshof.

Wenn ein Mann seine Wut zeigt, ist das Stärke; wenn eine Frau Gefühle zeigt, ist das Schwäche und Hysterie. Man stelle sich nur vor, Hillary Clinton hätte bei einer Senatsanhörung gezetert, gezischt und die Zähne gebleckt. Das Faszinierendste an der Kavanaugh-Anhörung war jedoch, dass viele seiner Verteidiger nicht etwa behaupteten, es habe kein Übergriff stattgefunden, sondern dass es keine Rolle spiele, ob dem so war oder nicht.

Das war der Schlüssel zu der ganzen Affäre. Die Kavanaugh-Anhörung zwang das institutionelle Patriarchat in den USA, öffentlich zu erklären, wie wenig es sich um Frauen schert. Als die Anhörungen zu Ende gingen, behaupteten Scharen panischer Männer in Öffentlichkeit und Presse, Ford und die anderen Klägerinnen hätten die Vorfälle erfunden, vor allem aber unterstellten sie, *es tue eigentlich nichts zur Sache, ob Übergriffe stattgefunden hätten.* Jungs sind halt Jungs. Und wenn wir Kavanaugh aufgrund von Fords Aussage verurteilen, müssten wir dann nicht die Hälfte aller Männer in Amerika verurteilen? Unsere Väter, unsere Söhne, uns selbst? Solche Männer sind nicht etwa deshalb entrüstet, weil Frauen und Kinder Schaden genommen haben, sondern weil hoch angesehene Männer womöglich in eine unbequeme Lage gebracht werden.

Für Kavanaugh, der stets seine Unschuld beteuert hatte, war das wohl keine große Hilfe. Aber für diejenigen, die nicht recht wussten, wem sie ihre Loyalität schenken sollten, war es ein durchschlagendes Argument. In einem Interview auf Fox News klammerte sich auch Kavanaugh daran, als er erklärte, jeder »macht in der Highschool doch auch Fehler«. Klar. Aber wie viele von uns sind damit durchgekommen? Wie viele von uns hatten die Chance, daraus zu lernen und es hinter sich zu lassen? Hier geht es ja nicht darum, ob sich Teenager – oder auch Erwachsene – dumm und egoistisch aufführen. Es geht darum, wer für diese »Fehler« mit dem Leben und der Freiheit bezahlen muss und wer auch weiter als »unschuldig« gelten darf.

Nicht immer kann für jede*n die Unschuldsvermutung gelten, bis die Schuld bewiesen ist – jedenfalls nicht, wenn die männliche Unschuld zulasten einer Frau und ihres Schmerzes geht. Als Bezirksrichter hatte Kavanaugh versucht, einer siebzehn Jahre alten schwangeren Migrantin das Recht auf Abtreibung zu verweigern.[4] Ganz offensichtlich sollen die Folgen von Entscheidungen, die man als junger und rücksichtsloser Mensch fällt, Mädchen schwerer treffen als Jungs.

Tatsächlich gelten die Körper junger Frauen seit langem als Kollateralschäden, die den Weg zur Männlichkeit säumen. Von Kindheit an tragen Mädchen Verantwortung und Folgen für die Fehltritte und Fehleinschätzungen ihrer männlichen Altersgenossen, während Jungs, in Kavanaughs Worten,

»unschuldig« bleiben dürfen. Kavanaugh gab in seiner vorformulierten Erklärung selbst zu, er sei »in der High School nicht perfekt« gewesen. Natürlich nicht. Von jungen *weißen* Männern wird Perfektion ja auch nicht verlangt.

Schwarze Männer und Männer of Colour hingegen lernen, dass sie vor dem angeblich unparteiischen Gesetz keine Nachsicht erwarten können, nicht wegen ihrer Jugend, nicht wegen ihrer Hormone, der Fehlinterpretation einer Situation oder selbst völliger Unschuld an egal welchem Vergehen. Diese Doppelmoral dient sicher nicht dem Schutz von Frauen, sondern nur der Bestrafung Schwarzer Jugendlicher.

In New York wurden 1989 fünf Schwarze Teenager für ein Verbrechen verhaftet, das sie nicht begangen hatten. Der Fall der sogenannten Central Park Five, der für fünf junge Männer, alle Schwarz bzw. of Colour, mit einer unrechtmäßigen Gefängnisstrafe für die Vergewaltigung einer *weißen* Frau endete, hielt Amerika damals in Atem.

Donald Trump, damals Geschäftsmann in New York, schaltete in den Zeitungen der Stadt für 85.000 Dollar ganzseitige Anzeigen, in denen er die Hinrichtung der Teenager forderte. »Ich will und werde diese Räuber und Mörder hassen«, schrieb Trump in der Anzeige, die erschien, ehe die Jungs überhaupt angeklagt wurden. »Sie sollen leiden, und wenn sie töten, sollen sie für ihre Verbrechen hingerichtet werden.«[5]

»Sie müssen als Beispiel dienen, damit andere lange und gründlich nachdenken, ehe sie ein Verbrechen oder eine Gewalttat begehen. [...] Was geschehen ist«, schrieb Trump weiter, »ist der vollständige Zusammenbruch des Lebens, wie wir es kannten.«[6]

Wessen Leid also zählt? Wessen Körper verdient Schutz? Wer darf Fehler machen und welche? Wer kann Jugend und Torheit als Entschuldigung anführen, wer wird genau deswegen verurteilt? Und wenn ein reicher mächtiger Mann nicht noch mehr Reichtum und Macht anhäufen kann, ist der Verlust für die Gesellschaft dann größer, als wenn junge Frauen Leben und Würde verlieren?

»Das Rechtssystem«, erklärt Judith Lewis Herman, »ist darauf ausgelegt, Männer vor der überlegenen Macht des Staates zu schützen, nicht aber darauf, Frauen oder Kinder vor der überlegenen Macht der Männer zu schützen. Daher sind die Rechte des Angeklagten sehr gut abgesichert, die Rechte des Opfers aber so gut wie überhaupt nicht.«[7]

Wenn Sexualtäter ihre Taten nicht so einfach von der Hand weisen können, interpretieren sie die Problematik neu: Sie behaupten nicht etwa, die Tat habe nicht stattgefunden, sondern sie spiele keine Rolle. Denn wann hat sie je eine Rolle gespielt?

Wann hat es je eine Rolle gespielt, was Männer mit Frauen anstellen, die ihnen nahestehen oder -standen, oder die ihnen im Weg stehen? Was ist das Leid eines Mädchens im Vergleich zum möglichen Unbehagen eines Mannes, der sich ändern oder entschuldigen soll? Er war jung; er war noch ein Junge, und außerdem: Sie ist nur ein Mädchen. Er hat eine glänzende Zukunft vor sich. Oder er ist erwachsen und hat bis jetzt eine brillante Karriere hingelegt. Oder er ist schon älter und wird ein bedeutendes Vermächtnis hinterlassen. Er war doch nur ein Junge. Seine Geschichte zählt; und sie soll sich am Rand dieser Geschichte einrichten. So ist die Macht in einer *Rape Culture* verteilt. Und deshalb ist eine Kultur der sexuellen Gewalt, in der die Opfer gesellschaftlich ausgegrenzt werden, untrennbar mit dem Patriarchat verknüpft.

In höchsten Regierungskreisen wird männliche Gewalt schon sehr lange toleriert. Zum Missfallen der betreffenden Männer halten Frauen heute aber nicht mehr so bereitwillig den Mund wie früher. Deshalb weiß selbst diejenige Wählerschaft, der es eigentlich egal ist, ob männliche Politiker Frauen belästigen, dass es eben doch nicht egal sein dürfte, weshalb sich hektische Ausreden mittlerweile häufen. Niemand setzt so viel daran, den Kulturkampf zu gewinnen, wie derjenige, der die moralische Auseinandersetzung bereits verloren hat.

Das Verhalten dieser Männer gegenüber Frauen hängt mit ihrem Verhalten im Amt eng zusammen. Es ist keine Nebensache, keine Privatangelegenheit. Wie Politiker mit Frauen und Kindern umgehen, prägt auch ihre Einstellung zu allem anderen. Männer, die Frauen schikanieren, begrapschen und belästigen, weil sie sich dazu berechtigt fühlen, behandeln die Wählerschaft mit der gleichen brutalen Verachtung. Bei Institutionen, die sexuelle Gewalt vertuschen und stillschweigend dulden, ist das ähnlich. Sexuelle Gewalt und Missbrauch sind ein zentraler Bestandteil unserer politischen Kultur, nicht zuletzt, weil sie etwas mit sich bringen, auf das sich Männer wie Trump seit jeher stützen: Sie produzieren Komplizen, und über eine solche Komplizenschaft lassen sich die Truppen viel schneller sammeln als über Loyalität.

Auch der sexuelle Missbrauch von Kindern in einigen unserer ältesten und einflussreichsten Institutionen sorgte in den letzten zehn Jahren für Empörung – sei es in Kinderheimen, die eigentlich für die schwächsten jungen Menschen sorgen sollten, in Internaten, die den Wohlhabendsten Bildung angedeihen lassen sollten, oder sei es an der Spitze der katholischen Kirche selbst. Diese Institutionen, die ihre Existenzberechtigung aus der Mission ableiten, den Bedürftigen Hilfe und den Verirrten Orientierung zu geben.

Jahrzehntelang hatte der Kindesmissbrauch durch Lehrer und religiöse Oberhäupter Stoff für volkstümliche Komödien und Weisheiten geliefert: Wer hat nicht schon mal die Geschichte vom Ministranten und dem Messwein gehört? Doch die Männer, die diese Kinder verletzten, wurden nie für ihren schändlichen Missbrauch belangt. Von den Kindern wurde erwartet, die Schande schweigend zu schlucken, und als sich doch zu viele zu Wort meldeten, schlossen die Institutionen die Reihen und versetzten den Täter auf einen neuen Posten: Sie opferten die Opfer, um das Selbstbild der Mächtigen zu bewahren.

Für Männer verbindet sich sexuelle Gewalt mit Situationen absoluter Ohnmacht, vor allem institutioneller Ohnmacht. Internate, Gefängnisse, religiöse Einrichtungen. Jahrzehnte bevor der katholischen Kirche nichts anderes übrig blieb, als die endemische Verbreitung des Kindesmissbrauchs durch den Klerus endlich einzugestehen, war das Bild vom sexuell übergriffigen Pfarrer bereits so verbreitet, dass es Eingang in die Folklore gefunden hatte. Und anstatt dagegen vorzugehen, baut unser Gemeinwesen die unbequeme Wahrheit in sein Narrativ ein.

So wirkt die Macht im Patriarchat, und zwar bis ganz nach oben. Die britischen Internate, in denen einige der elitärsten Politiker meines Heimatlandes ausgebildet wurden, wurden in den letzten zehn Jahren als Brutstätten von Missbrauch und sexueller Nötigung entlarvt. Die rituelle Demütigung in der Kindheit gilt dort bis heute als notwendig und prägend für den späteren Charakter der Bürgerin und des Bürgers, und der obligatorische informelle Lehrplan sieht seit jeher sexuelle und genderspezifische Bloßstellung vor. In gemischten britischen Schulen sind sexueller Missbrauch und Belästigung von Mädchen mittlerweile dermaßen »endemisch«, dass sie niemand mehr zur Kenntnis nimmt, so die Aktivistin Soma Sara, die Tausende Berichte über entsprechende Fälle an Schulen gesammelt hat.[8] In Schulen und Colleges lernen Jungs, Männer zu werden, indem sie Frauen bloßstellen und demütigen, um nicht selbst bloßgestellt und gedemütigt zu werden. Indem sie Gewalt ausüben, um nicht selbst Gewalt zu erfahren.

Missbrauchsopfer lernen, den Missbrauch zu normalisieren, besonders, wenn sie noch sehr jung sind, und vor allem, wenn der Missbrauch von Menschen begangen wird, die eine Fürsorgefunktion und Autorität innehaben. Wenn jemand der Gewalt nicht entkommen kann, wird es gefährlich, die Wut gegen den Täter zu richten. Da ist es besser, Schuld und Schande auf die Opfer zu schieben. So bleibt man auf der sicheren Seite.

Diese umgelenkte Schande verhärtet sich zu einer Kultur des Schweigens. Oft haben Frauen die Aufgabe, dieses Schweigen zu erzwingen, und so nötigen sie andere Frauen, auch den Mund zu halten, und schützen die Männer, für die sie arbeiten oder die ihnen ihren Status sichern. Auch wenn ihnen das nicht gefällt, bleibt ihnen womöglich nicht viel anderes übrig. Meist werden Frauen für undankbare Jobs angeheuert, in denen sie letztlich jahrzehntelang nichts anderes tun, als männliche Egos zu trösten und die Rädchen der Macht zu schmieren, indem sie alles Schwierige und Schmutzige aus dem Weg räumen. Diese Frauen kommen mit dem Eimer, um das Chaos wegzuwischen, das Männer auch für andere Frauen angerichtet haben, und wenn sie sich weigern, kann es passieren, dass sie selbst weggeschrubbt werden.

Harvey Weinstein war von Assistentinnen umgeben, die ihm Schauspielerinnen ins Hotelzimmer lotsten oder ein Candlelight-Dinner mit der Frau arrangierten, die am jeweiligen Tag auf der Speisekarte stand. Immer wieder haben Frauen dem Ehemann, dem Chef, dem Vater beigestanden, statt einander beizustehen und Glauben zu schenken, und meist ist diese Entscheidung auch völlig nachvollziehbar. Oft ist es ungefährlicher, den Täter zu unterstützen, als sich den (Macht-)Missbrauch einzugestehen. Bestimmte gesellschaftliche Mechanismen haben Frauen voneinander isoliert und sie gegeneinander aufgehetzt, damit sie untereinander in Konkurrenz stehen und, nicht nur am Arbeitsplatz, um die Aufmerksamkeit und Gunst von Männern buhlen müssen. Viele Jahre lang hatten Frauen einfach keine Möglichkeit, sich ehrlich über das Geschehene auszutauschen, keine Räume, in denen sie eine andere Geschichte über Macht und Begehren hätten erzählen können.

Das spiegelt sich seit langem auch in der stillschweigenden Haltung von Institutionen aus dem gesamten politischen Spektrum, sei es die Republikanische Partei in den USA oder die Schwedische Akademie. Es wäre nicht richtig zu behaupten, dass diese Institutionen nie über Strategien für den Umgang mit sexueller Gewalt und Missbrauch verfügt hätten. Nur handelte es sich bei diesen Strategien bislang um Variationen des Themas »Sorgt dafür, dass keine den Mund aufmacht«. Die Strategie besteht darin, ein gewisses Maß an Gewalt als normal hinzunehmen, die Täter zu schützen und die Opfer zum Schweigen zu bringen.

Organisationen und Institutionen werden sich in den kommenden Jahren nicht daran messen lassen müssen, ob sie Täter in ihren Reihen aufspüren – sondern daran, wie sie mit denen verfahren, die sie finden. Mit dem Rauswurf einzelner gewalttätiger Männer unter extremem öffentlichen Druck lässt sich die institutionelle Frauenfeindlichkeit nicht eliminieren: Zunächst einmal dürfen die Konsequenzen dafür, Taten zu benennen und Opfer zu schützen, nicht schwerwiegender sein als die Konsequenzen für stille Komplizenschaft.

In unserem sanftmütigen, sehnsüchtigen, kleinen Herzen wissen wir doch fast alle, dass die Männer, die wir an die Spitze unserer Staaten gewählt haben – oder die uns aufgezwungen wurden –, aufgeblasene Kerle sind, direkt dem kollektiven Burschenschafts-Es entsprungen. Wir wissen alle, dass Donald Trump in einer gerechten Welt wahrscheinlich im Gefängnis säße. Aber wenn wir das laut aussprechen würden, müssten wir dieses enorme Maß an Ungerechtigkeit zur Kenntnis nehmen, uns aufraffen und etwas dagegen unternehmen, dabei sind die meisten von uns schon seit mindestens einem Jahrzehnt völlig erschöpft. Es ist daher einfacher, dem Täter zu glauben. Es ist einfacher, ihm das, was er haben will, einfach zu überlassen.

Seien wir doch mal eine Sekunde lang ehrlich zu uns selbst: Geben wir doch mal zu, dass niemand einen Donald Trump oder einen Boris Johnson oder einen Jair Bolsonaro deswegen wählt, weil er oder sie den Kandidaten für ein aufrichtiges und moralisch ehrbares Exemplar der menschlichen Spezies hält. Von diesen verwöhnten Rowdys erwartet die Wählerschaft nur, was schon immer von ihnen erwartet wurde: das absolute Minimum an glaubhafter Abstreitbarkeit, ein fadenscheiniges Feigenblatt, das es den eingeschüchterten Gatekeepern der Macht erlaubt, diese Männer wie seit jeher vom Haken zu lassen, egal, ob es sich bei dem mutmaßlichen Vergehen um einen saukomischen und natürlich völlig harmlosen – auf gar keinen Fall rassistischen – Witz über Afrika handelt oder um eine Vergewaltigung in der Umkleide. Es ist unangenehm, aussprechen zu müssen, was wir über diese Männer schon immer gewusst haben. Es ist eine unangenehme Wahrheit, aber wenn mächtige Männer behaupten, vergangene Sexualstraftaten seien »Privatsache«, meinen sie damit, dass sie irrelevant sind. Dass sie irrelevant sein sollten.

Irrelevant sollte zum Beispiel sein, was E. Jean Carroll in den 1990er Jahren mit Donald Trump erlebte:

> Er packt mich an beiden Armen und drückt mich ein zweites Mal gegen die Wand, und mir wird gerade bewusst, wie groß er ist, da presst er mich mit der Schulter an die Wand und schiebt die Hand unter mein Mantelkleid und zieht mir die Strumpfhose herunter. [...] Er knöpft seinen Mantel auf, öffnet den Reißverschluss seiner Hose, geht mit den Fingern an meinen Intimbereich und stößt seinen Penis halb – oder voll-

> ständig, da bin ich mir nicht sicher – in mich hinein. Das Ganze wird zu einem heftigen Kampf.[9]

Hier wird eine Vergewaltigung geschildert, und Carroll weiß genau, was sie aufs Spiel setzt, wenn sie das öffentlich macht. Die Benennung des Täters ist ein Widerstandsakt, zumal, wenn es das Markenzeichen des Täters ist, dass er mit allem durchkommt. Wie Carroll selbst anmerkte:

> Seine Bewunderer können gar nicht genug kriegen von den Geschichten, in denen er so reich, so lüstern, so mächtig ist, dass jede dahergelaufene Pornodarstellerin, jedes Playboy-Nacktmodel, das »sich meldet«, ihn verklagen und Schweigegeld kassieren kann, deshalb kann ich nur ahnen, wie entzückt die armen Trottel sein werden, wenn sie hören, dass ihr wandelnder Lieblingsphallus es im renommiertesten Kaufhaus der Welt mit einer älteren Dame getrieben hat.[10]

Ich bewundere diese Frau. Sie schafft es problemlos in meine Top 20 derer, die den ehemaligen Präsidenten der Vereinigten Staaten sexueller Gewalt beschuldigen. Aber sie spricht nicht wie ein gutes Opfer. Ein gutes Opfer ist bescheiden und schämt sich. Besser noch sollte das Opfer daran denken, dass es in einer Kultur, die den Komfort der Männer über das Leben von Frauen stellt, schlimmer ist, der Vergewaltigung und sexuellen Nötigung beschuldigt, als attackiert oder vergewaltigt zu werden. Das beste Opfer aber schweigt, damit der Mann, der ihr Schmerz zugefügt hat, frei von Gewissensbissen in immer lukrativere und politisch einflussreichere Positionen aufsteigen kann.

Es ist einfacher, wegzuschauen. Es ist einfacher, den Kaiser in seiner schrecklichen Nacktheit nicht anschauen zu müssen. Es ist einfacher, sich verzweifelt an den Glauben zu klammern, dass der Präsident kein Vergewaltiger ist, als sich eingestehen zu müssen, dass viele unserer Mitmenschen lieber einen Vergewaltiger als eine Frau wählen. Der vielleicht provokanteste Akt moderner Bewegungen gegen Sexismus, Rassismus und Imperialismus, der schockierendste Akt, auf den staatliche Kräfte mit größter Brutalität reagieren, ist schlicht und einfach, strukturelle Gewalt so zu beschreiben, wie sie ist. Damit werden die Mächtigen und Bequemen des Sonderrechts beraubt, das sie für ihren Nachtschlaf brauchen: Ihnen wurde das Privileg der Unwissenheit genommen.

Machtmissbrauch wird von einem Gerüst aus vorsätzlicher Ignoranz gestützt. In *Elemente und Ursprünge totaler Herrschaft* bezeichnet es Hannah Arendt als ein Kennzeichen eines tyrannischen Regimes, dass sich Despoten wie auch Unbeteiligte ihre Unschuld bewahren dürfen – Unschuld nicht im Sinne von Reinheit, sondern von Unwissenheit. Am Fallschirm ihrer ausgesetzten Ungläubigkeit (Coleridge) können Unbeteiligte über dem festen Boden moralischer Verantwortung schweben. Die Menschen haben die Möglichkeit, nicht zu wissen, was sie wissen.

Hört beim nächsten Mal genau zu, wenn ein Mann seine Tochter, seine Schwester oder eine Freundin davor warnt, sich allein in die eine oder andere Straße zu wagen, ein Date wahrzunehmen, mit Fremden zu sprechen. Achtet dann auf das Gesicht desselben Mannes, wenn ihr beklagt, dass Gewalt gegen Frauen eine unerträgliche gesellschaftliche Katastrophe sei, dass einige Frauen und Mädchen gute Gründe haben, Männer zu fürchten oder gar zu hassen. Er ist ein anständiger Mensch. Er meint es ernst. Er lebt nur schon so lange mit dieser Heuchelei, dass er sie mit einem moralischen Programm verwechselt. Er hat gelernt, dass männliche Gewalt allgegenwärtig und schrecklich, aber irgendwie auch natürlich und akzeptabel ist. Die einzige statthafte Lösung für männliche Gewalt ist mehr männliche Gewalt. Einem schlechten Mann kann nur ein besserer Mann Einhalt gebieten.

So geht seit langem die Logik der Gerechtigkeit in einer Welt, in der *weiße* Männer über die Macht verfügen, allen Frauen die Definition ihrer Erfahrungen abzunehmen, einer Welt, in der die meisten Vergewaltigungen nicht angezeigt werden und die meisten derer, die doch zur Anzeige kommen, ungestraft oder sogar ohne jede Ermittlung im Sande verlaufen, wohingegen jede Frau, die eine Vergewaltigung oder Körperverletzung zur Anzeige bringt, mit weiterem Leid rechnen muss.

Besonders zerstörerisch wirkt sich aus, dass Menschen, die sich selbst gern als unvoreingenommen und verständig betrachten, nicht selten zu der Annahme neigen, die Welt funktioniere genau so, wie sie funktionieren sollte. So jemand kann klug, freundlich, belesen sein, einer, der seinen Müll recycelt und nie sein Kleingeld wegwirft, und trotzdem der Illusion anhängen, dass die Gesellschaft, in der er lebt, im Wesentlichen gerecht und vernünftig sei, dass also Gewalt und Verfolgung, Verderbtheit und Niedertracht selten vorkommen.

In akademischen Kreisen spricht man vom »Gerechte-Welt-Glauben«, dem besonders politisch eher rechts orientierte Menschen zuneigen, für den aber alle anfällig sind, einschließlich derer, denen Gewalt angetan wurde. Wenn ich nicht verhindern kann, dass ein anderer mich verletzt, rede ich mir eben ein, dass es ja eigentlich gar nicht wehtut oder jedenfalls nicht wehtun dürfte.

Die Vorstellung, dass Menschen, denen Gewalt zugefügt wird, später selbst Gewalt ausüben, ist eine Volksweisheit, allerdings gehen Volksweisheiten oft zugunsten der Mächtigsten im Volke. Die überwiegende Mehrheit der Missbrauchsopfer begeht in Wahrheit später keinen Missbrauch. Missbrauch ist kein Makel, keine Schande, mit der sich andere bei Kontakt infizieren könnten und die sich unkontrolliert ausbreiten würde. Dennoch setzt sich der Aberglaube fort, dass man ähnlich wie bei Feen, Vampiren oder sagenhaften Ungeheuern Missbrauch womöglich schon allein dadurch heraufbeschwört, dass man ihn ausspricht.

Sexuelle Gewalt zur Sprache zu bringen, ist alles andere als ungefährlich: Eine der unmittelbaren Folgen ist oft, wie wir gesehen haben, dass die Täter ihre Opfer bloßstellen und dadurch zum Schweigen bringen. Aber es fordert auch schon seinen Preis, wenn man nur mit sich selbst oder mit geliebten Vertrauten über Gewalterfahrungen spricht: Wenn man erlittene Gewalt eingesteht, muss man den Schmerz und die Verletzungen verarbeiten und beschwört Erinnerungen an Traumata herauf, die man in wehrlosem Zustand erlitten hat. Um künftiges Leid und Unrecht zu verhindern, muss man sich vergangenem Leid und Unrecht stellen. Und das ist leichter gesagt als getan.

Der Journalist Milton Mayer verbrachte das Jahr 1948 damit, einen niederschmetternden Bericht über das Leben ehemaliger NSDAP-Mitglieder in einer deutschen Kleinstadt zusammenzustellen. Kein einziger dieser Menschen hatte gewusst, was den Juden angetan worden war. Alle hatten Gerüchte gehört. Sie hatten bemerkt, dass Nachbarn verschwanden. Aber niemand wusste es genau – niemand wusste es, und gleichzeitig wussten es alle. Sie konnten sich für die Unwissenheit entscheiden, weil es bequem war, nicht eins und eins zusammenzuzählen, aber, so ein ehemaliger NSDAP-Mann:

> Eines Tages, wenn es zu spät ist, stürmen deine Prinzipien alle auf einmal auf dich ein, falls du dir ihrer überhaupt je bewusst warst. Die Bürde der Selbsttäu-

> schung ist zu schwer geworden. Plötzlich bricht alles über dir zusammen. Du siehst, was du bist, was du getan hast oder genauer gesagt, was du nicht getan hast, denn nur das wurde ja von den meisten von uns verlangt: dass wir nichts tun.[11]

Es ist immer einfacher, nichts zu tun, als Stellung zu beziehen. Es ist immer einfacher, nichts zu wissen, als sich genau anzuschauen, was man da vor sich hat. In der dunklen Materie gelehrter öffentlicher Ignoranz wachsen Monster heran, und die Aussetzung der Ungläubigkeit öffnet seit langem allen möglichen Sexualverbrechern, Psychopathen und zweitrangigen Demagogen Tür und Tor. Als die #MeToo-Bewegung losbrach, wusste man in Hollywood nicht »wirklich«, was da los war, genau wie man es im Silicon Valley nicht »wirklich« wusste, genau wie man es in der Trump-Administration nicht »wirklich« wusste. Um richtig Bescheid zu wissen, hätten alle auf ihr Gewissen hören müssen.

Also wusste es niemand. Und gleichzeitig wussten es alle. Es war zu unangenehm, den Mund aufzumachen, das Risiko war zu groß, also sahen alle weg. Je länger alle wegsahen, desto peinlicher wäre es gewesen, doch nochmal hinzuschauen, denn mittlerweile sah das aus wie der Albtraum eines PR-Managers, der vor der Besetzungscouch eingeschlafen ist. Es war bequemer, wegzuschauen, die Opfer zu diskreditieren und den eigenen Sinnen zu misstrauen – bis niemand mehr wegschauen konnte. Bis alle gezwungen waren zu wissen, was sie wussten.

Die Kultur der Gewalt und der Mittäterschaft ist ein fester Bestandteil des Machtapparats. Es ist nicht nur die Frau selbst, die am Arbeitsplatz beleidigt und gedemütigt wird, oder der Vorgesetzte, der ihre Grenzen überschreitet. Da ist ihre Freundin, die aus Angst vor Jobverlust schweigt, ihr Kollege, der nicht nachvollziehen kann, worüber sie sich so aufregt, der Firmenchef, der zu dem Schluss gelangt, dass sie an dem ganzen Ärger schuld ist. Mit ihrem Psychodrama aus Geheimhaltung und Scham lässt diese Kultur ganze Branchen für sich arbeiten. *Alles dreht sich um die Vertuschung.*

Und dieses Muster wiederholt sich auf allen Ebenen der Gesellschaft, weil zwischen Staat und Bürger*innen ein strukturell missbräuchliches Verhältnis besteht. Die Ausbeutung von Frauen und die Unterjochung von People of Colour bilden den faulen Kern der Wirtschaftslogik, die unsere Gesellschaft trägt, und der Kultur, die unser Leben prägt. Diese Wahrheit ist nur schwer zu ertragen. Die meisten Menschen wollen gar nicht wissen, wie viel freier sie sein könnten. Sie gehen emotional lieber auf Nummer sicher und lassen sich belügen. Wenn wir zusehen müssen, wie sich kleinkarierte Despoten an die Macht mogeln und mobben, wenn wir das wahre Ausmaß von Vergewaltigung und Missbrauch, das rund um uns herum offenbar wird, nicht mehr ignorieren können, verlegen wir uns lieber auf die Behauptung, wir hätten uns das selbst ausgesucht, hätten es selbst so gewollt. Denn die Alternative ist schlimmer. Die furchtbare alternative Wahrheit lautet, dass es völlig egal ist, was die überwiegende Mehrheit von uns will, weil die Möglichkeiten, die uns offenstehen, gar nicht ausreichen, um uns, unsere Familie oder unser Umfeld vor Gewalt zu schützen. Denn die wichtigen Entscheidungen konnten wir von Anfang an gar nicht treffen. Denn wir leben nicht in einem Zeitalter der Einwilligung, nicht in einer *Consent Culture.*

Dieselben jungen Männer, die in dem Bewusstsein aufwachsen, dass sie das Recht haben, anderer Leute Körper auszubeuten und deren Menschlichkeit mit Füßen zu treten, leiten später die Institutionen und schreiben die Gesetze, die unser aller Leben bestimmen. Wir anderen lernen wegzuschauen, wenn wir es ertragen können. Es ist immer einfacher, Verständnis für die Täter aufzubringen als für die Opfer. Das ist im Patriarchat eine Überlebensstrategie. Es ist eine Strategie, die Millionen von uns Tag für Tag wählen. Wir müssen einfach nur nichts tun, das ist alles.

Schlussbemerkung: Traumapolitik

In der politischen Debatte hat Schmerz keinen Platz. So lautet die Regel, besonders, wenn mächtige Politiker dir Schmerzen zufügen. Du sprichst nicht über dein Trauma. Du verbirgst dein Leid. Du lächelst die Täter an, auch deinen eigenen. Du verzeihst sogar denen, die nicht einmal um Erlaubnis gebeten haben. Du machst es allen schön bequem. Egal, was dir und Menschen wie dir angetan worden ist: Du schluckst es klaglos runter und hakst es ab.

Im Januar 2021 stürmte eine bewaffnete Meute von *White Supremacists* das US-Kapitol. Die junge Kongressabgeordnete Alexandria Ocasio-Cortez aus New York schilderte später in einer Instagram-Live-Übertragung einem Millionenpublikum, wie sie den Aufstand im Kapitol erlebt hatte. Sie erzählte, wie sie vor bewaffneten Rassisten geflohen und fest davon ausgegangen war, sterben zu müssen. Und sie erklärte, warum dieser Tag so einen bleibenden Schrecken hinterlassen hatte und warum das so schlimm war. Konservative, einschließlich derer, die den Mob selbst angestachelt hatten, gingen vor Entrüstung in die Luft. Der Kongressabgeordneten wurde mitgeteilt, was sich auch Opfer sexueller Gewalt immer anhören müssen: *Komm jetzt mal drüber hinweg*. Setz dich hin, halt die Klappe und hör auf, uns anderen das Leben schwer zu machen. Hast du nicht genug damit zu tun, wieder auf die Beine zu kommen?

»Wenn diese Leute sagen, wir sollen das abhaken, weil es keine große Sache ist, wir sollen vergessen, was passiert ist, oder wenn sie *sogar verlangen, dass wir uns entschuldigen* – das sind dieselben Taktiken, die Sexualtäter anwenden«, sagte Ocasio-Cortez.[1]

Sie ließ wissen, sie habe, wie viele andere auch, sexuelle Gewalt erlebt. Die Taktik der Täter, ihr Opfer zum Schweigen zu bringen, verglich sie direkt mit dem Verhalten konservativer Apologeten, die bis heute fieberhaft versuchen, den unerbittlichen Vandalismus und Kryptofaschismus der vier Trump-Jahre, die im Putschversuch einer rassistischen *weißen* Horde gipfelten, in einen Mantel des Schweigens zu hüllen.

Der moderne Konservatismus bildet sich etwas auf seine Rationalität ein. Sämtliche Argumente, heißt es, beruhten auf unverfälschten Fakten. Dieser Anspruch auf evidenzbasierte Argumentation widerspricht aber jeder tatsächlichen Evidenz und wird umso problematischer, je verwirrter die konservativen Galionsfiguren agieren, je hysterischer ihre waffenklirrenden Anhänger kreischen, um nur ja immer im Mittelpunkt der Aufmerksamkeit zu stehen. Je chaotischer ihr losgelöstes Verhältnis zur Realität wird, desto lauter schreien sie, sie seien Geschöpfe der reinen Vernunft. Sie lassen sich nicht von Emotionen beeinflussen, *sie* nicht, im Gegensatz zu diesen schwachen Linksliberalen, die wie kleine Mädchen über erfundene Probleme wie Klimawandel, *Rape Culture* und Rassismus jammern.

Nach dem kulturellen Dogma der Konservativen sind es die Progressiven, die ausschließlich von Emotionen getrieben sind. »Den Fakten sind deine Gefühle egal«, lautet die unvermeidliche Replik, wenn eine BIPoC-Frau unaufgeregt schildert, was ihr passiert ist. Damit wollen sie sagen, dass sie sich um die Gefühle dieser Frau und das, was sie erlebt hat, nicht scheren. Es liegt auch nicht in ihrer Verantwortung, zu verhindern, dass es sich wiederholt.

Im Zusammenhang mit Trauma und Gewalt wird die Unterscheidung zwischen Leid und Einbildung gezielt verwischt. Bei einer Frau, insbesondere einer Schwarzen oder Woman of Colour, wird sichtbares Leid mit Einbildung gleichgesetzt. Wenn sie über Leid spricht, das ihr zugefügt wurde, ist sie von vornherein und per Definition verrückt, und man kann sie getrost ignorieren. Körperliche Schmerzen von Frauen werden routiniert abgetan, auch von medizinischem Fachpersonal. In den USA werden die Schmerzen Schwarzer Frauen so oft übersehen, dass den Betroffenen immer wieder eine potenziell lebensrettende Behandlung vorenthalten wird, was erklären dürfte, warum Schwarze Frauen dreimal so häufig bei oder nach der Niederkunft sterben wie ihre *weißen* Nachbarinnen.[2] Schwarze Frauen haben »stark« zu sein, damit man ihnen ihr Leid gar nicht erst anmerkt. Je mehr Schmerztoleranz die Gesellschaft von einer Frau erwartet, desto mehr wird sie für ihre Stärke gelobt.

Alexandria Ocasio-Cortez gehört zu einer wachsenden Kohorte von Frauen, die diese Form der Stärke um der sozialen Gerechtigkeit willen ablehnen. Der Gedanke, jemand könnte politische Prioritäten setzen, die wichtiger wären als die Besänftigung *weißer* Männer, ist nach wie vor schockierend. Immerhin wurden die meisten von uns dazu erzogen, auf die Gefühle *weißer* Männer zu achten und für eine entspannte Stimmung zu sorgen, weil es andernfalls gefährlich für uns werden könnte. So lässt sich leicht nachvollziehen, dass Menschen, die zufällig *weiß* und männlich sind, zu dem Eindruck gelangen können, ihr Seelenleben sei wichtiger als das anderer. Es lässt sich leicht nachvollziehen, dass diese Menschen irgendwann jedes kleine Vorurteil und das leiseste Gefühl zu einem unangreifbaren Fakt erheben.

Diese sture Unfähigkeit, Fakten von Gefühlen zu unterscheiden, zerstört die Politik. Autokraten auf der ganzen Welt haben diese Entwicklung in den letzten Jahren dazu genutzt, der Bevölkerung eine Reihe von »Fakten« zu präsentieren, aus denen sie jeweils auswählen kann, was ihr gerade passt. Seit einem Jahrzehnt schlagen populistische Politgrößen auf diese Weise aus Vorurteilen Kapital und werden von ihren fanatischen Gefolgsleuten dafür gepriesen, dass sie »sagen, wie es ist«. Als Trump die Menschen in den USA warnte, ihr Land werde von mexikanischen Vergewaltigern überrannt, »sagte er, wie es ist«, genau wie Jair Bolsonaro, der behauptete, nur »Schwuchteln« trügen mitten in einer Pandemie eine Gesichtsmaske.[3]

Diese Männer sagen nicht, wie es ist – sie sagen, wie es sich *anfühlt*. In einer Kultur, die von der seelischen Fragilität des Weißseins und der Hysterie der heterosexuellen Männlichkeit in Geiselhaft genommen wird, sind Gefühle offenbar wichtiger als die objektive Wahrheit.

In einer Zeit globaler Krisen liegt unsere Zukunft in den verschwitzten Händen von Männern, die sich hartnäckig weigern, ihre Gefühle wie Erwachsene zu kontrollieren, und auf dieser Weigerung eine Massenbewegung errichten. Je weiter sich die Neue Rechte vom Reich der Vernunft entfernt, je weniger sie die eigenen Emotionen noch im Griff hat, desto stärker versteift sie sich darauf, dass schon die zarteste Gefühlsregung wie eine heilige Tatsache zu behandeln sei.

Das alles ist durchaus nicht neu. Schon vor mehr als drei Jahrhunderten beschrieb Mary Wollstonecraft in *Eine Verteidigung der Rechte der Frau* diesen kulturell konstruierten Gegensatz. Wollstonecraft warnte davor, Empfindsamkeit und Vernunft zu verwechseln – also Gefühle und Fakten. Zudem zeigte sie auf, dass die Kultur Männer als vernünftige, denkende Wesen und Frauen als empfindsame Geschöpfe einstufe und dieser strenge Gegensatz politische Probleme bis auf die höchste Ebene verursache.[4]

Männer, die nicht in der Lage sind, ihre Emotionen als solche anzuerkennen, behandeln ihre Gefühle wie schlichte Tatsachen und ihre subjektiven emotionalen Reaktionen wie die objektive Wahrheit. Wollstonecraft zufolge geschah dies bereits in der revolutionären Ära des späten 18. Jahrhunderts. Was würde sie heute wohl sagen, da die Politik von einer toxischen Männlichkeit überrannt wird, die emotionale Inkontinenz zum moralischen Gut erhebt?

Wer fordert, Konservative sollten ein Mindestmaß an emotionaler Selbstbeherrschung üben, wird heute der Zensur beschuldigt. Aber die Bitte, anderen ein wenig Respekt entgegenzubringen, ist keine Zensur, genauso wie es nicht übergriffig ist, jemanden auf das von ihm angerichtete Leid aufmerksam zu machen. Zensur ist, wenn man nicht über sein eigenes Trauma sprechen kann, ohne mit Morddrohungen überzogen zu werden.

Die Natur hat Frauen durchaus nicht mit der besonderen Fähigkeit ausgestattet, Traumata und Gewalt klaglos zu ertragen, auch wenn diese Fähigkeit bei marginalisierten Menschen als »Stärke« definiert wird.

Gewaltsysteme fordern ihren Opfern einen letzten Dienst ab: Sie sollen die Täter davor bewahren, sich ihrer Vergehen bewusst zu werden. Damit Gewaltsysteme Bestand haben können, müssen sie zur Normalität werden. Damit sie normal werden können, müssen sie moralisch gerechtfertigt werden. Und damit sie moralisch gerechtfertigt werden können, müssen die Opfer mundtot gemacht werden, sodass sich die Täter den menschlichen Folgen des Leids, das in ihrem Namen verursacht wurde, nicht stellen müssen.

Wenn sich Menschen weigern, Gräueltaten an den Wegkreuzungen der Geschichte zu begraben, wenn sie es nicht zulassen, das Wohlbefinden der Täter über das Leben aller anderen zu stellen, so ist das ein Akt des Widerstands. Ocasio-Cortez hat durchaus nicht die Kontrolle über sich verloren. Sie war nur einfach nicht bereit, so zu tun, als spielte das, was ihr und so vielen anderen angetan wurde, keine Rolle. Sie tat das Unverzeihliche. Sie verweigerte die Vergebung.

Und gerade heute ist das unerlässlich: Wir müssen uns weigern, zu vergeben und zu vergessen. Wenn jemand zum Beispiel fordert, man solle nach der versuchten Entführung und Ermordung gewählter Volksvertreter*innen im Namen eines besiegten Präsidenten einfach wieder zur Tagesordnung übergehen – auch diejenigen, die dabei waren –, ist diese Forderung abstoßend, moralisch verwerflich und politisch irre. Die Welt hat sich viel zu lange von den Gefühlsregungen mächtiger Männer in Geiselhaft nehmen lassen.

Zwischen Gewalt in individuellen Beziehungen und systemischer Unterdrückung besteht ein unmittelbarer Zusammenhang. Deshalb können wir von Menschen, die Gewalt und Traumata im privaten Raum erforscht oder selbst überlebt haben, viel darüber lernen, wie wir uns gedanklich einen Weg aus der strukturellen Gewalt bahnen können. Die Gewalt- und Unterdrückungsmuster folgen einer ähnlichen Dynamik, sei es die Instrumentalisierung der Scham der Opfer mit dem Ziel, ihnen ihre Handlungsmacht zu nehmen, sei es das unermüdliche Bemühen der Täter, die öffentliche Wahrnehmung zu manipulieren, sei es der Versuch, den Opfern das Recht auf Würde und Sicherheit abzusprechen.

Der Kampf des menschlichen Geistes gegen den Terror zwischenmenschlicher Gewalt ist ein Kampf gegen die Tyrannei im Kleinen, ein Kampf zwischen *Consent* und Kontrolle. Und auch die Befreiung läuft ähnlich ab. Wir werden frei, indem wir grundlegende Sicherheit herstellen, die Erfahrungen der Verletzlichen und der Überlebenden in den Mittelpunkt rücken und verhindern, dass diejenigen, die ihre Macht missbrauchen, mithilfe dieser Macht die Realität verfälschen oder unsere kollektive Geschichte umschreiben. Die jahrzehntelange Arbeit, die im Bereich der individuellen Missbrauchs- und Traumabewältigung geleistet wurde, muss nun in den Dienst der langwierigen, schwierigen und notwendigen Genesung von kollektiver Ungerechtigkeit gestellt werden. Freiheit bedeutet nicht nur, dass man die Käfigtür aufmacht: Sie beginnt und endet mit der Überzeugung, dass niemand in einen Käfig gehört.

Für die Analyse kollektiver politischer Entwicklungen ist das Paradigma des Traumas wesentlich. Politische Macht, Foucaults »Bio-Macht«, die Macht also, »sterben zu machen oder leben zu lassen«, ist immer schon ausbeuterisch.[5] Sie ist ihrem Wesen nach missbräuchlich – mal mehr, mal weniger, aber immer missbräuchlich. Was sich in letzter Zeit geändert hat, ist nicht einfach nur die Art des Missbrauchs, sondern wie wenig sich die Mächtigen darum scheren, ihren Missbrauch zu verschleiern. Die gesamte geopolitische Praxis ist eindeutig und unverblümt missbräuchlich, wie immer, wenn Tätern die Kontrolle entgleitet.

Die Frage ist nicht, ob sich die Mächtigen ändern werden, jetzt, da wir ihr wahres Gesicht kennen, sondern wie lange wir noch zuschauen wollen, dass auf höchster Ebene aus Autorität Machtmissbrauch wird. Diese Männer haben uns von Anfang an gesagt, wer sie sind. Doch wir werden sie nicht einfach darüber bestimmen lassen, wer wir sind. Wir haben noch Zeit, wir können uns noch aussuchen, in was für einer Gesellschaft wir leben wollen. Wir können uns entschließen, nicht länger wegzusehen.

Die Männer, die uns regieren, haben jegliche Autorität, die sie sich einst verdient haben mögen, eingebüßt, und das treibt sie in den Wahnsinn. Die Spitzen der Politik und die gewählten Verantwortlichen sind offensichtlich weder in der Lage noch bereit, die Welt durch die von ihnen verursachte Krise zu steuern. Wir können uns nicht weiter vormachen, dass wir uns bei diesen Leuten auf irgendetwas anderes verlassen können als auf ihre übermenschliche Fähigkeit zur Selbsttäuschung.

Für all jene von uns, die erkannt und akzeptiert haben, dass wir missbraucht und terrorisiert werden, ist die Sache häufig schlimmer, weil wir noch nicht wissen, wie wir dem entkommen können, und nicht mehr daran glauben, dass es gelingt, außer vielleicht im Privatleben. Ich habe es zu meinem Beruf gemacht, den Mächtigen meine Version der Wahrheit ins Gesicht zu sagen, aber auch mir bleiben meine Wahrheiten manchmal zwischen den Zähnen stecken. Die längste Zeit konnte ich sie überhaupt nicht in Sprache verwandeln. Die Angst, welche Folgen es für mich hätte, wenn ich meinen Schmerz laut ausspräche, war so überwältigend, dass ich mein Leben rund um diesen leeren Raum eingerichtet hatte. Und wie viele andere musste ich auf die harte Tour lernen, was geschieht, wenn ich es Männern allzu unbequem mache. Wenn ich mich weigerte, mich klein und ohnmächtig zu machen, damit sich andere groß und mächtig fühlen können, hatte das Folgen für mich. Trotz meiner vielen Privilegien hatte es Folgen für mich – und wenn ich für meine Belange eintrete und mich dann nur meine Privilegien vor den Konsequenzen schützen, ist schon etwas schrecklich schief gelaufen.

Es tut weh, tut wirklich und wahrhaftig weh, wenn Menschen erkennen und sich eingestehen müssen, dass die Strukturen, auf die sie vertraut haben, und die Leute, die sich um sie kümmern sollten, in Wahrheit brutale Ausbeuter, eine akute Bedrohung für sie und ihre Kinder sind. Die meisten Menschen entkommen einer Missbrauchs- oder Gewaltsituation nicht beim ersten Fluchtversuch, erst recht nicht, wenn die Flucht keine Garantie für Sicherheit ist.

Ein solches chronisches Krisenbewusstsein erschüttert die eigene Existenz. Da die meisten dieses Krisenbewusstsein nicht über lange Zeiträume aufrechterhalten können, reden sie sich etwas ein und gaukeln sich Sicherheit vor, obwohl ihr Verstand ihnen sagt, dass keine da ist.

Die schwierige Aufgabe besteht nun darin, den Menschen gerade so viel Krisenbewusstsein zu ermöglichen, dass sie fliehen können: Sie müssen es sich bewahren, ohne zusammenzubrechen, zu verzweifeln oder sich mit der Lage abzufinden. Das bringt uns zurück zu den Standardreaktionen auf Traumata: Kampf, Flucht, Erstarrung oder Einschmeicheln. Den meisten marginalisierten Gruppen wurde die Kampfreaktion abtrainiert. Wenn man machtlos ist und ständig Gewalt fürchten muss, zieht der »Kampf« als Reaktion auf ein Trauma die Gefahr nach sich, dass man Schaden nimmt oder gar getötet wird.

Wie Menschen auf Traumata reagieren, hängt von ihrem Platz in der Gesellschaft ab. *Weiße* Männer begegnen einer existenziellen Bedrohung eher mit Gewalt und nach außen gerichteter Wut, weil das für sie ungefährlicher ist. Auch wer relativ wohlhabend und abgesichert ist, folgt eher dem Instinkt, zu kämpfen. Wir Übrigen müssen uns nun der Illusion entledigen, es wäre verboten und moralisch gewagt, etwas zu unternehmen, das dem Unterdrücker in irgendeiner Weise schaden könnte. Wir haben verinnerlicht, dass es falsch ist, zu kämpfen. Diese zum Teil erlernte Reaktion auf ein anhaltendes politisches Trauma sichert dem Täter seine Machtposition.

Wenn Missbrauchssysteme unter Druck geraten, setzen sie sich zur Wehr. Überlebende struktureller Gewalt werden, wenn sie Unrecht ansprechen, gewohnheitsmäßig als rückschrittliche Fanatiker einer »*Cancel Culture*« verunglimpft. So dreht man die öffentliche Debatte um, als wären diejenigen, die anderen Gewalt antun, die wahren Opfer. Überlebenden wird vorgeworfen, »die Opferrolle zu spielen«, als verfolge ein marginalisierter Mensch, der eigenes Leid öffentlich macht, per se unredliche Absichten. Wir müssen standhaft bleiben, wenn man versucht, uns die Worte derart im Mund umzudrehen. Die Scham und Gewalt aufbrechen zu wollen, die das verhärtete Herz der modernen Sexualität umschließen, ist nicht sexfeindlich. Wer gegen die starren Vorgaben fließbandartiger weiblicher Schönheit protestiert, leugnet nicht die Schönheit in der Welt. Wer beklagt, dass Liebe von der eigenen Unterordnung abhängig gemacht wird, verrät nicht die Liebe. Wer aber die sterile Logik erschüttert, die jede Lust, jedes Abenteuer zu einer schalen brutalen Transaktion abflacht, setzt der Macht Sex entgegen.

Die schönsten Akte der Rebellion entstehen, wenn eine Person, die gelernt hat, dass sie irgendwann so oder so einem Mann gehören muss, dass sie ihm ihren Körper und ihr Begehren schuldig ist, dass sie hübsch und freundlich und gut genug sein muss, um von ihm besessen zu werden, wenn sich diese Person plötzlich nicht mehr vorgeben lässt, was sie zu wollen und wen sie zu erfreuen hat, und stattdessen beschließt, zu tun, was ihr passt.

Jeder Mensch auf Erden hat ein Anrecht auf den eigenen Körper und die eigene Geschichte. Wenn sich eine Person, die nicht *weiß* oder hetero oder männlich ist, so verhält, als glaube sie fest an dieses Anrecht, beansprucht sie lediglich ihren bislang nicht eingeforderten Anteil, der ihr schon vom ersten Atemzug an gehört hat, und bereichert damit sich selbst ebenso wie die Gesellschaft.

Wir müssen anfangs auch gar nicht fest daran glauben. Wir müssen nicht warten, bis wir fest davon überzeugt sind, Raum in der Welt beanspruchen zu dürfen, niemandem unseren Körper schuldig zu sein, keinem Dogma folgen zu müssen, das uns unsere Menschlichkeit abspricht. Wir tun uns schwer mit dieser Überzeugung, zumal wir es anders gelernt haben. Ich erlebe Tage, an denen mich die Bürde dessen, was mir widerfahren ist, ans Bett fesselt, Tage, an denen mein Leben von Untertiteln überlagert wird, die alles, was ich sage, in die einst erlernte Sprache der Scham übersetzen.

Consent ist das Gegenteil von Autoritarismus und das Gegenteil von Scham. Für Einvernehmlichkeit brauchen wir kein neues Regelwerk. Wir brauchen eine neue Ethik der Einvernehmlichkeit, im öffentlichen wie im privaten Leben, für den sexuellen und den sozialen Umgang – überall dort, wo Zwang und Schikane als freier Wille verbrämt und als Freiheit verklärt werden.

Diese Ethik ist ganz simpel: Jeder Mensch darf frei über den eigenen Körper und die eigene Seele entscheiden. Keinem Menschen steht aufgrund des Körpers, mit dem er geboren wurde, weniger Fürsorge, Würde und persönliche Autonomie zu. Niemand kommt mit dem Recht zur Welt, den Körper einer anderen Person für die eigenen Bedürfnisse zu missbrauchen. Zwang und Schikane sind inakzeptabel, das Streben nach privatem Gewinn mittels Schikane und Zwang zerstört die Welt, und der Preis, den wir kollektiv bezahlen, um den Reichtum einiger mächtiger und das Wohlbehagen aller Männer zu bewahren, ist zu hoch. Eine Welt, die diese Kultur des Missbrauchs und des Zwangs hinter sich lässt, ist auf uns alle angewiesen. Männer und Frauen, Überlebende und Verbündete und alle anderen. Alle, die bereit sind, einen Versuch zu wagen, die mit der Hoffnung verbundene harte Arbeit anzupacken und sich unterwegs gegenseitig zu stützen.

Widerstand ist eine innige Kunst. Er wirkt von innen nach außen. Widerstand beginnt, wenn dir bewusst wird, dass dir, egal, wo du bist, egal, was du getan hast, ein Leben zusteht, dass es dir zusteht, Teil einer Gesellschaft zu sein, die das Leben fördert und lebenswert macht, und dass es nicht zu spät ist, diese Gesellschaft zu erschaffen. Dass du deinen Anteil an einer besseren, mutigeren Welt beanspruchen kannst, wenn du spürst, dass du es wert bist. Dass du genug bist für die Zukunft, die da kommt – bereit oder nicht.

Anmerkungen

Einleitung

1 Shulamith Firestone, *Frauenbefreiung und sexuelle Revolution*, übers. von Gesine Strempel-Frohner, Frankfurt a. M.: S. Fischer, 1974, S. 119.

2 Das englische Wort *consent* kann mit Einvernehmlichkeit, Einwilligung, Einverständnis übersetzt werden, wird aber in der deutschsprachigen feministischen Debatte zunehmend auch englisch belassen. In diesem Buch variiert die Übersetzung je nach Kontext (A.d.Ü.).

3 Paul Mason, *Klare, lichte Zukunft: Eine radikale Verteidigung des Humanismus*, übers. von Stephan Gebauer, Berlin: Suhrkamp, 2019, S. 119, S. 49.

4 Jessica Southgate und Lucy Russell, *Street Harassment: It's Not OK*, Plan International UK 2018, plan-uk.org/file/plan-uk-street-harassment-reportpdf/download?token=CyKwYGSJ

5 »›Half of women‹ sexually harassed at work, says BBC survey«, BBC News (25. Oktober 2017), bbc.co.uk/news/uk-41741615

6 »Violence Against Women: An EU-wide Survey«, FRA – European Union Agency for Fundamental Rights, 2014, fra.europa.eu/sites/default/files/fra-2014-vaw-survey-at-a-glance-oct14_en.pdf

7 Germaine Greer, *Der weibliche Eunuch: Aufruf zur Befreiung der Frau*, übersetzt von Marianne Dommermuth, Frankfurt a. M.: S. Fischer, 1974, S. 241.

8 Näheres zu Gamergate siehe en.wikipedia.org/wiki/Gamergate_controversy sowie de.wikipedia.org/wiki/Gamergate-Kontroverse

9 Frank Browning, *The Fate of Gender: Nature, Nurture, and the Human Future*, New York: Bloomsbury, 2016, S. 34.

10 Ebd., S. 92.

11 Dan Cassino, »Even the Thought of Earning Less than Their Wives Changes How Men Behave«, in: *Harvard Business Review* (19. April 2016), hbr.org/2016/04/even-the-thought-of-earning-less-than-their-wives-changes-how-men-behave

12 Amanda Marcotte, »What's destroying democracy around the world? At least in part, misogyny and sexism«, *Salon* (10. September 2019), salon.com/2019/09/10/whats-destroying-democracy-around-the-world-at-least-in-part-misogyny-and-sexism

13 Joshua Hawley, »The Age of Pelagius«, in: *Christianity Today* (4. Juni 2019), christianitytoday.com/ct/2019/june-web-only/age-of-pelagius-joshua-hawley.html

14 Franklin Leonard auf Twitter (8. September 2019), twitter.com/franklinleonard/status/1170646112123924480

15 Das englische Wort *entitlement* kann mit Anspruch, Berechtigung, Recht, Befugnis übersetzt werden, wird aber in der deutschsprachigen feministischen Debatte, ähnlich wie *consent*, zunehmend auch englisch belassen. In diesem Buch variiert die Übersetzung je nach Kontext (A.d.Ü.).

16 Associated Press und Ashley Collman, »Steve Bannon Says ›Time's Up‹ Is ›the Single Most Powerful Potential Political Movement in the World‹«, in: *Business Insider* (15. September 2018), businessinsider.com/ap-steve-bannon-times-up-is-most-powerful-political-movement-2018-9?r=US

17 Isobel Thompson, »Steve Bannon Is Obsessed with the Fall of the Patriarchy', in: *Vanity Fair* (28. Februar 2018), vanityfair.com/news/2018/02/steve-bannon-is-obsessed-with-the-patriarchy

18 Leigh Goodmark, »Stop Treating Domestic Violence Differently From Other Crimes«,in: *New York Times* (23. Juli 2019), nytimes.com/2019/07/23/opinion/domestic-violence-criminal-justice-reform-too.html

19 Elisabeth Mahase, »Covid-19: EU states report 60% rise in emergency calls about domestic violence«, *The BMJ* (11. Mai 2020), bmj.com/content/369/bmj.m1872

20 Zahlen des National Sexual Violence Resource Center, nsvrc.org/sites/default/files/2021-04/cv18.pdf

21 »Why are rape prosecutions falling?«, BBC News (15. März 2021), bbc.co.uk/news/uk-48095118; »Number of rape charges at lowest level for 10 years«, BBC News (26. September 2018), bbc.co.uk/news/uk-45650463

22 Firestone, *Frauenbefreiung und sexuelle Revolution*, S. 17.

23 Caitlin Johnstone, »Allowing #MeToo To Go Viral Is The Biggest Mistake The Establishment Ever Made«, *Medium* (10. November 2017), medium.com/@caityjohnstone/allowing-metoo

-to-go-viral-is-the-biggest-mistake-the-establishment-ever-made-1c706d16783b

24 Wilhelm Reich, *Die Massenpsychologie des Faschismus*, Kopenhagen u. a.: Verlag für Sexualpolitik, 1933, S. 53.

25 »Alyssa Milano calls for sex strike as protest over Republican abortion laws«, in: *The Guardian* (11. Mai 2019), theguardian.com/world/2019/may/11/alyssa-milano-sex-strike-protest-republican-abortion-bans

26 Carole Pateman, *The Sexual Contract*, Cambridge: Polity Press, 1988.

27 Karah Frank, »A Letter to My Abuser«, *The Establishment* (20. Oktober 2016), theestablishment.co/a-letter-to-my-abuser-ff705dfec5cc/index.html; Zitat Orwell in: Judith Lewis Herman, *Die Narben der Gewalt: Traumatische Erfahrungen verstehen und überwinden*, übers. von Renate Weitbrecht, Paderborn: Junfermann, 2018, S. 88.

28 Ebd.

29 Audre Lorde, »Vom Nutzen der Erotik: Erotik als Macht«, in: *Sister Outsider*, übers. von Eva Bonné und Marion Kraft, Berlin: Hanser, 2020, S. 57.

1 Nicht einvernehmlich

1 Carl Sagan, *Unser Kosmos*, übers. von Siglinde Summerer und Gerda Kurz, München: Droemer Knaur, 1989, S. 230.

2 »Violence Against Women in the United States: Statistics«, National Organization for Women, 2021, now.org/resource/violence-against-women-in-the-united-states-statistic/

3 »Statistics About Sexual Violence«, National Sexual Violence Resource Center, 2012, 2013, 2015, nsvrc.org/sites/default/files/publications_nsvrc_factsheet_media-packet_statistics-about-sexual-violence_0.pdf

4 Zoe D. Peterson und Charlene L. Muehlenhard, »A Match-and-Motivation Model of How Women Label Their Nonconsensual Sexual Experiences«, in: *Psychology of Women Quarterly* 35 (2001), Nr. 4, S. 558–570, journals.sagepub.com/doi/pdf/10.1177/0361684311410210

5 Genevieve F. Waterhouse, Ali Reynolds und Vincent Egan, »Myths and legends: The reality of rape offences reported to a UK police force«, in: *The European Journal of Psychology Ap-*

plied to Legal Context [online] 8, Nr. 1 (2016), S. 1–10, sciencedirect.com/science/article/pii/S1889186115000244

6 Nach amerikanischem Strafrecht kann ein*e Jugendliche*r, je nach Staat, bereits ab 16, 17, oder 18 Jahren nach Erwachsenenstrafrecht verurteilt werden (A.d.Ü.).

7 »Rape Case Judge Resigns Over ›Good Family‹ Remark; State Orders Training«, in: *New York Times* (17. Juli 2019), nytimes.com/2019/07/17/nyregion/judge-james-troiano-resigning.html

8 »Irish outcry over teenager's underwear used in rape trial«, *BBC News* (14. November 2018), bbc.co.uk/news/world-europe-46207304

9 Conor Gallagher, »Inside Court 12: the complete story of the Belfast rape trial«, in: *Irish Times* (28. März 2018), irishtimes.com/news/crime-and-law/inside-court-12-the-complete-story-of-the-belfast-rape-trial-1.3443620

10 Peter Walker, »Canadian judge who asked alleged rape victim why she didn't ›just keep knees together‹ resigns«, in: *Independent* (10. März 2017), independent.co.uk/news/world/americas/judge-robin-camp-canada-ask-rape-victim-keep-knees-together-calgary-resigns-alexander-wager-a7621881.html

11 Nancy L. Paxton, *Writing Under the Raj: Gender, Race, Rape and the British colonial imagination, 1830–1947*, Rutgers University Press, 1999, S. 9–12.

12 Cassidy L. Chiasson, »Silenced Voices: Sexual Violence During and After World War II«, University of Southern Mississippi, Honors Theses 340, aquila.usm.edu/cgi/viewcontent.cgi?referer=&httpsredir=1&article=1336&context=honors_theses;Silenced

13 Lauren Duca, »Donald Trump is Gaslighting America«, in: *Teen Vogue* (10. Dezember 2016), teenvogue.com/story/donald-trump-is-gaslighting-america

14 Peter Pomerantsev, *Nichts ist wahr und alles ist möglich: Abenteuer in Putins Russland*, übers. von Klaus Timmermann und Ulrike Wasel, München: DVA, 2015.

15 Alison Levitt und die Crown Prosecution Service Equality and Diversity Unit, »Charging Perverting the Course of Justice and Wasting Police Time in Cases Involving Allegedly False Rape and Domestic Violence Allegations« (März 2013), cps.gov.uk/sites/default/files/documents/legal_guidance/perverting-course-of-justice-march-2013.pdf

16 Helena Kennedy, *Misjustice: How British Law Is Failing Women*, London: Vintage, 2019, S. 128.

17 Katie Heaney, »Almost No One is Falsely Accused of Rape«, *The Cut* (5. Oktober 2018), thecut.com/article/false-rape-accusations.html; André De Zutter, Robert Horselenberg und Peter Koppen, »The Prevalence of False Allegations of Rape in the United States from 2006–2010«, in: *Journal of Forensic Psychology* 2 (April 2017), longdom.org/open-access/the-prevalence-of-false-allegations-of-rape-in-the-united-states-from-20062010-2475-319X-1000119.pdf

18 The Criminal Justice System: Statistics, rainn .org/statistics/criminal-justice-system

2 Der Horizont des Begehrens

1 Catharine A. MacKinnon, *Feminism Unmodified: Discourses on Life and Law*, Cambridge: Harvard University Press, 1987, S. 61.

3 Wir sind hier nämlich alle verrückt

1 Victims of Sexual Violence: Statistics, Rape, Abuse & Incest National Network (RAINN), rainn.org/statistics/victims-sexual-violence

2 »Harvey Weinstein speaks out: ›I'm not doing OK‹«, *ABC News*, abcnews.go.com/GMA/video/harvey-weinstein-speaks-im-50432725

3 Katie Benner, »Women in Tech Speak Frankly on Culture of Harassment«, in: *New York Times* (30. Juni 2017), nytimes.com/2017/06/30/technology/women-entrepreneurs-speak-out-sexual-harassment.html

4 Lundy Bancroft, *Why Does He Do That? Inside the Minds of Angry and Controlling Men*, New York: G. P. Putnam, 2002. Auf deutsch: Lundy Bancroft, *Warum tut er das? Einblicke in die Gedankenwelt von aggressiven und kontrollsüchtigen Männern*, ohne Angabe zur Übers., Kandern: Unimedica, 2021

5 Jeffrey M. Masson, »Freud and the Seduction Theory: A challenge to the foundations of psychoanalysis«, in: *The Atlantic* (Februar 1984). theatlantic.com/magazine/archive/1984/02/freud-and-the-seduction-theory/376313/

6 Sigmund Freud, »Zur Ätiologie der Hysterie«, in: *Gesammelte Werke*, Bd. 1, London 1952, S. 423–459, hier S. 440.
7 Brief an Fließ, 4.5.1896, in: *Aus den Anfängen der Psychoanalyse: Briefe an Wilhelm Fliess, Abhandlungen und Notizen aus den Jahren 1887–1902*, London: Imago, 1950, S. 174.
8 »One in eight of five to 19 year olds had a mental disorder in 2017 major new survey finds«, NHS Digital, 22. November 2018, digital.nhs.uk/news-and-events/latest-news/one-in-eight-of-five-to-19-year-olds-had-a-mental-disorder-in-2017-major-new-survey-finds
9 Denis Campbell, »Stress and social media fuel mental health crisis among girls«, in: *The Guardian* (23. September 2017), theguardian.com/society/2017/sep/23/stress-anxiety-fuel-mental-health-crisis-girls-young-women
10 Patrick Butler, »Male suicide rate hits two-decade high in England and Wales«, in: *The Guardian* (1. September 2020), theguardian.com/society/2020/sep/01/male-suicide-rate-england-wal es-covid-19

4 Schlechter Sex

1 Alys Harte, »A man tried to choke me during sex without warning«, BBC Radio 5 Live Investigations Unit, bbc.co.uk/news/uk-50546184
2 Rhitu Chatterjee, »›Tip Of The Iceberg‹ – 1 In 16 Women Reports First Sexual Encounter As Rape«, *National Public Radio* (16. September 2019), npr.org/sections/health-shots/2019/09/16/761201571/tip-of-the-iceberg-1-in-16-women-report-first-sexual-experience-as-rape
3 Christopher Ingraham, »The share of Americans not having sex has reached a record high«, in: *Washington Post* (29. März 2019), washingtonpost.com/business/2019/03/29 /share-americans-not-having-sex-has-reached-record-high/
4 »No sex please, we're millennials«, in: *The Economist* (4. Mai 2019), economist.com/united-states/2019/05/02/no-sex-please-were-millennials
5 Tribune collectif, »Nous défendons une liberté d'importuner, indispensable à la liberté sexuelle«, in: *Le Monde* (9. Januar 2018), lemonde.fr/idees/article/2018/01/09/nous-defendons-une-liberte-d-importuner-indispensable-a-la-libertesexuelle_5239134_3

232.html; nytimes.com/2018/01/09/movies/catherine-deneuve-and-others-denounce-the-metoo-movement.html.
Deutsches Zitat: »Pro und Contra zu Catherine Deneuve«, in: *taz* (1. November 2018), taz.de/Pro-und-Contra-zu-Catherine-Deneuve/!5476450

6 Andrew Sullivan, »It's Time to Resist the Excesses of #MeToo«, in: *New York Magazine* (Januar 2018), nymag.com/intelligencer/2018/01/andrew-sullivan-time-to-resist-excesses-of-metoo.html

7 Russell D. Clark und Elaine Hatfield, »Gender differences in receptivity to sexual offers«, in: *Journal of Psychology & Human Sexuality* 2, Nr. 1 (1989), S. 39–55, doi.org/10.1300/ J056v02n01_04

8 »Would You Go to Bed With Me?«, BBC Radio 4 (2. November 2018), bbc.co.uk/programmes/m0000z50

9 Clark und Hatfield, »Gender differences«; Gert Martin Hald und Henrik Høgh-Olesen, »Receptivity to sexual invitations from strangers of the opposite gender«, in: *Evolution and Human Behavior* 31, Nr. 6 (November 2010), S. 453–458, researchgate.net/publication/238504013_Receptivity_to_sexual_invitations_from_strangers_of_the_opposite_gender

10 Miss Cellania, »The Historical Horror of Childbirth«, *Mental Floss* (9. Mai 2013), mentalfloss.com/article/50513/historical-horror-childbirth

11 Colin Barras, »The real reasons why childbirth is so painful and dangerous«, *BBC Earth* (22. Dezember 2016), bbc.com/earth/story/20161221-the-real-reasons-why-childbirth-is-so-painful-and-dangerous

12 World Health Organization, »Maternal Mortality« (19. September 2019), who.int/news-room/fact-sheets/detail/maternal-mortality

13 Nina Martin und Renee Montagne, »U.S. Has The Worst Rate Of Maternal Deaths In The Developed World«, *NPR* (12. Mai 2017, npr.org/2017/05/12/528098789/u-s-has-the-worst-rate-of-maternal-deaths-in-the-developed-world?t=160 4872591938

14 Hannah Summers, »Black women in the UK four times more likely to die in pregnancy or childbirth«, in: *The Guardian* (15. Januar 2021), theguardian.com/global-development/2021/jan/15/black-women-in-the-uk-four-times-more-likely-to-die-in-pregnancy-or-childbirth/

15 Katie Zezima, Deanna Paul, Steven Rich, Julie Tate und Jennifer Jenkins, »Domestic slayings: Brutal and foreseeable«, in: *Washington Post* (9. Dezember 2018), washingtonpost.com/graphics/2018/investigations/domestic-violence-murders/

16 Khalida Sarwari, »Domestic Violence Homicides Appear to Be on the Rise. Are Guns the Reason?«, News@northeastern, (8. April 2019), news.northeastern.edu/2019/04/08/domestic-violence-homicides-appear-be-on-the-rise-a-northeastern-university-study-suggests-that-guns-are-the-reason/

17 Emily Nagoski, *Komm, wie du willst: Das neue Frauen-Sex-Buch*, übers. von Henriette Zeltner-Shane und Inka Marter, München: Knaur, 2015, S. 312.

18 Brian Alexander, »Sorry, guys: Up to 80 percent of women admit faking it«, *NBC News* (30. June 2010), nbcnews.com/id/wbna38006774

19 Angelique Chrisafis, Interview mit Virginie Despentes, »What is going on in men's heads when women's pleasure has become a problem?«, in: *The Guardian* (31. August 2018), theguardian.com/books/2018/aug/31/virginie-despentes-interview-baise-moi-vernon-subutex

20 Neil Strauss, *Der Aufreißer: So kriegt man(n) jede Frau rum*, übers. von Nina Pallandt und Kristof Hahn, Berlin: Ullstein, 2009.

21 Thomas Hobbes, »The Deregulation of the Sexual Marketplace«, *Return of Kings* (29. November 2014), returnofkings.com/48312/the-deregulation-of-the-sexual-marketplace

22 bell hooks, *The Will to Change: Men, Masculinity, and Love*, New York u.a.: Atria Books, 2005, S. 75.

23 Akeia A. F. Benard, »Colonizing Black Female Bodies Within Patriarchal Capitalism: Feminist and Human Rights Perspectives«, in: *Sexualisation, Media, & Society* (Oktober–Dezember 2016), S. 1–11, S. 3, journals.sagepub.com/doi/pdf/10.1177/2374623816680622

5 Beautiful Trouble

1 Sarah Berry, »This trait makes men more attractive to women«, in: *Sydney Morning Herald* (7. Juni 2016), smh.com.au/lifestyle/this-trait-makes-men-more-attractive-to-women-20160607-gpd5to.html

2 Karl Marx, *Ökonomisch-philosophische Manuskripte aus dem Jahre 1844*, in: *Werke*, Ergänzungsband 1, Berlin: Dietz Verlag, 1968, S. 465–588, hier S. 512, marxists.org/archive/marx/works /1844/manuscripts/labour.htm

3 Body image report: Executive summary, *Mental Health Foundation* (13. Mai 2019), mentalhealth.org.uk/publications/body-image-report/exec-summary

4 Naomi Wolf, *Der Mythos Schönheit*, übers. von Cornelia Holfelder-von-der-Tann, Sabine Hübner und Ursula Locke-Groß, Reinbek: Rowohlt 1991, S. 16.

5 National Association of Anorexia Nervosa and Associated Disorders (ANAD), Eating Disorder Statistics, anad.org/get-informed/about-eating-disorders/eating-disorders-statistics/

6 Kelsey Miller, »Study: Most Girls Start Dieting by Age 8«, in: *Refinery* 29 (26. Januar 2015), refinery29.com/en-us/2015/01 /81288/children-dieting-body-image

7 »›Too fat to be a princess?‹ Young girls worry about body image, study shows«, in: *Science Daily* (26. November 2009), sciencedaily.com/releases/2009/11/091124103615.htm

8 Sarah Marsh, »Eating disorders: NHS reports surge in hospital admissions«, in: *The Guardian* (2. Februar 2018), theguardian .com/society/2018/feb/12/eating-disorders-nhs-reports-surge-in-hospital-admissions

9 Wolff, *Der Mythos Schönheit*, S. 264.

10 Sarah Marsh, »Eating disorders: NHS reports surge in hospital admissions«

11 Siehe beateatingdisorders.org.uk/media-centre/eating-disorder-statistics

12 Candida Crewe, *Eating Myself*, London: Bloomsbury, 2006.

13 Wolf, *Der Mythos Schönheit*, S. 264.

14 Timothy A. Judge und Daniel M. Cable, »When It Comes to Pay, Do the Thin Win? The Effect of Weight on Pay for Men and Women«, in: *Journal of Applied Psychology* (20. August 2010), timothy-judge.com/Judge%20and%20Cable%20%28JAP %202010%29.pdf

15 Ruth Umoh, »Study finds you're less likely to get hired if you're overweight. Here's how to avoid this bias«, *CNBC* (3. November 2017), cnbc.com/2017/11/03/study-finds-youreless-likely-to-get-hired-if-youre-overweight.html

16 Jess Zimmerman, »Hunger Makes Me«, *Hazlitt* (7. Juli 2016), hazlitt.net/feature/hunger-makes-me

6 Liebesmühen

1 bell hooks, *Alles über Liebe*, übers. von Heike Schlatterer, Berlin: HarperCollins, 2021, S. 186.

2 Moira Weigel, *Dating: Eine Kulturgeschichte*, übers. von Anna-Nina Kroll, München: btb, 2018, S. 12.

3 Dalia Gebrial, »Decolonising Desire: The Politics of Love«, *Verso Blog* (13. Februar 2017), versobooks.com/blogs/3094-decolonising-desire-the-politics-of-love

4 Linda R. Hirshman und Jane E. Larson, *Hard Bargains: The Politics of Sex*, Oxford / New York: Oxford University Press, 1998, S. 258.

5 Miguel de Cervantes Saavedra, *Der geistvolle Hidalgo Don Quijote von der Mancha*, übers. von Susanne Lange, München: dtv, 2016, S. 127.

6 Kate Manne, *Down Girl: Die Logik der Misogynie*, übers. von Ulrike Bischoff, Berlin: Suhrkamp, 2020, S. 15.

7 Ebd., S. 23.

8 Hannah Arendt, *Vita activa oder Vom tätigen Leben*, Stuttgart: Kohlhammer, 1960.

9 Das belegen diverse Studien, u.a. Linda J. Waite und Maggie Gallagher, *The Case for Marriage: Why Married People Are Happier, Healthier, and Better Off Financially*, New York: Doubleday, 2000.

10 Rebecca Traister, *All the Single Ladies: Unmarried Women and the Rise of an Independent Nation*, New York: Simon & Schuster, 2016.

7 Arbeitskörper

1 Maryam Jameel und Joe Yerardi, »Workplace discrimination is illegal. But our data shows it's still a huge problem«, *Vox* (28. Februar 2019), vox.com/policy-and-politics/2019/2/28/18241973/workplace-discrimination-cpi-investigation-eeoc

2 M. Lynn, »Determinants and Consequences of Female Attractiveness and Sexiness: Realistic Tests with Restaurant Waitres-

ses« (2009), semanticscholar.org/paper/Determinants-and Consequences-of-Female-and-Tests-Lynn/2a084f30461d15d974293e30129e425841269fbb?p2df

3 *The Glass Floor: Sexual Harassment in the Restaurant Industry*, The Restaurant Opportunities Centers United Forward Together (7. Oktober 2014), chapters.rocunited.org/wp-content/uploads/2014/10/REPORT_The-Glass-Floor-Sexual-Harassment-in-the-Restaurant-Industry2.pdf

4 Ai-Jen Poo, »Female Domestic and Agricultural Workers Confront an Epidemic of Sexual Harassment«, *American Civil Liberties Union (ACLU)* (4. Mai 2018), aclu.org/blog/womens-rights/womens-rights-workplace/female-domestic-and-agricultural-workers-confront

5 Julia Wolfe u. a., »Domestic workers' chartbook«, *Economic Policy Institute* (14. Mai 2020), epi.org/publication/domestic-workers-chartbook-a-comprehensive-look-at-the-demographics-wages-benefits-and-poverty-rates-of-the-professionals-who-care-for-our-family-members-and-clean-our-homes/

6 Ebd.

7 *Cultivating Fear: The Vulnerability of Immigrant Farmworkers in the US to Sexual Violence and Sexual Harassment*, Human Rights Watch (2012), hrw.org/sites/default/files/reports/us0512ForUpload_1.pdf

8 Madison Marriage, »Men Only: Inside the charity fundraiser where hostesses are put on show«, in: *Financial Times* (23. Januar 2018), ft.com/content/075d679e-0033-11e8-9650-9c0ad2d7c5b5

9 Margarita Noriega, »13 sexist vintage airline ads from the '60s: ›Someone may get a wife‹«, *Vox* (7. August 2015), vox .com /2015/8/7/9113743/vintage-sexist-airline-ads

10 Mehr zu den Anforderungen für Aussehen und Gewicht siehe en.wikipedia.org/wiki/Flight_attendant#History

11 Maya Oppenheim, »Women being plagued with debt due to gender pay gap, skyrocketing childcare costs and sexism, campaigners say«, in: *Independent* (13. Dezember 2019), independent.co.uk/news/uk/home-news/women-debt-stress-mental-health-credit-payday-loan-pay-gay-a9235621.html

12 Sarah Davidge und Lizzie Magnusson, »The Domestic Abuse Report 2019: The Economics of Abuse«, Bericht der Women's

Aid Federation of England, S. 3, womensaid.org.uk/wp-content/uploads/2019/03/Economics-of-Abuse-Report-Summary-2019.pdf

13 Arlie Russell Hochschild, *Das gekaufte Herz: Zur Kommerzialisierung der Gefühle*, übers. von Ernst von Kardorff, Frankfurt a. M.: Campus, 1990.

14 Rachel Moran, *Was vom Menschen übrigbleibt: Die Wahrheit über die Prostitution*, übers. von Maria Heydel, Marburg: tectum, 2015. Das vorliegende Zitat hat Anne Emmert übersetzt.

15 Emma Goldman, »Frauenhandel«, in: *Anarchismus und andere Essays*, übers. von Katja Rameil, Münster: Unrast Verlag, 2013, S. 150–165, hier S. 159.

8 Die Front daheim

1 Jess Zimmerman, »›Where's My Cut?‹: On Unpaid Emotional Labor«, in: *The Toast* (13. Juli 2015), the-toast.net/2015/07/13/emotional-labor/

2 »Time to Care: Unpaid and underpaid care work and the global inequality crisis«, Oxfam (19. Januar 2020); Gus Wezerek und Kristen R. Ghodsee, »Women's Unpaid Labor is Worth $10 900 000 000 000«, in: *New York Times* (5. März 2020), nytimes.com/interactive/2020/03/04/opinion/women-unpaid-labor.html

3 Daniela Del Boca u. a., »Women's and men's work, housework and childcare, before and during COVID-19«, in: *Review of Household Economics* 18 (2020), S. 1001–10017, doi.org/10.1007/s11150-020-09502-1

4 Ester Bloom, »The Decline of Domestic Help«, in: *The Atlantic* (23. September 2015), theatlantic.com/business/archive/2015/09/decline-domestic-help-maid/406798/

5 Arlie Hochschild und Anne Machung, *Der 48-Stunden-Tag: Wege aus dem Dilemma berufstätiger Eltern*, übers. von Andrea Galler, Wien/Darmstadt: Zsolnay, 1990, S. 26.

6 Dawn Foster, *Lean Out*, London: Watkins Publishing, 2016, S. 148.

7 Hannah Arendt, *Vita activa oder Vom tätigen Leben*

8 Nancy Fraser, »Contradictions of Capital and Care«, in: *New Left Review* (Juli/August 2016), newleftreview.org/issues/ii100/articles/nancy-fraser-contradictions-of-capital-and-care

9 Patrick Butler, »Welfare spending for UK's poorest shrinks by £37bn«, in: *The Guardian* (23. September 2018), theguardian.com/politics/2018/sep/23/welfare-spending-uk-poorest-austerity-frank-field; Heather Stewart, »Women bearing 86% of austerity burden, Commons figures reveal«, in: *The Guardian* (9. März 2017), theguardian.com/world/2017/mar/09/women-bearing-86-of-austerity-burden-labour-research-reveals

10 Brigid Schulte, »The U.S. Ranks Last in Every Measure When It Comes to Family Policy, in 10 Charts«, in: *Washington Post* (5. April 2019), washingtonpost.com/blogs/she-the-people/wp/2014/06/23/global-view-how-u-s-policies-to-help-working-families-rank-in-the-world/

11 Aliya Hamid Rao, »Even Breadwinning Wives Don't Get Equality at Home«, in: *The Atlantic* (12. Mai 2019), theatlantic.com/family/archive/2019/05/breadwinning-wives-gender-inequality/589237/

12 Selma James, »Zum Verhältnis von Geschlecht, Rasse und Klasse«, in: *Frauen in der Offensive, Lohn für die Hausarbeit oder Auch Berufstätigkeit macht nicht frei*, München: Trikont Verlag, 1974, S. 41–52, hier S. 43.

13 Claire Cain Miller, »The Costs of Motherhood Are Rising and Catching Women Off Guard«, in: *New York Times* (17. August 2018) nytimes.com/2018/08/17/upshot/motherhood-rising-costs-surprise.html

14 Melinda Cooper, *Family Values: Between Neoliberalism and the New Social Conservatism*. New York: Zone Books, 2017.

15 »American Time Use Survey – 2019 Results«, US-Arbeitsministerium (25. Juni 2020), bls.gov/news.release/pdf/atus.pdf

16 Sophie Lewis, *Full Surrogacy Now: Feminism against the Family*, London: Verso, 2019, S. 22.

17 George Lakoff, *The All New Don't Think of an Elephant! Know Your Values and Frame the Debate*, White River Junction, Vermont: Chelsea Green Publishing, 2014, S. 5.

18 Ebd.

19 Ebd., S. 8.

20 Lidia Yuknavitch, *The Chronology of Water: A Memoir*, Portland, Oregon: Hawthorne Books, 2016, S. 447.

9 Die Reproduktionsmittel

1 »Coping with a difficult birth experience and where to get help«, The Birth Trauma Association (BTA), birthtraumaassociation.org.uk/PDFs/text_only_english.pdf

2 »Saving Lives, Improving Mothers' Care 2018: Lay Summary«, Nuffield Department of Population Health (Bericht von 2018, nicht mehr online, A.d.Ü.)

3 National Mortality Profile of Active Duty Personnel in the U.S. Armed Forces: 1980–1993, cdc.gov/niosh/docs/96-103/ pdfs/96-103.pdf; Sarah Griffiths, »The effect of childbirth no one talks about«, *BBC Future* (24. April 2019), bbc.com/future/article/20190424-the-hidden-trauma-of-childbirth

4 Maria Caspani, »Support for abortion rights grows as some U.S. states curb access: Reuters/Ipsos poll«, *Reuters* (26. Mai 2019), reuters.com/article/us-usa-abortion-poll-idUSKCN1SW0CD

5 Judith Jarvis Thomson, »A Defense of Abortion«, in: *Philosophy & Public Affairs 1*, Nr. 1 (Herbst 1971), wiederabgedruckt in: *Intervention and Reflection: Basic Issues in Medical Ethics*, hrsg. von Ronald Munson, Belmont: Wadsworth, [5]1996, S. 69–80, spot.colorado.edu/~heathwoo/Phil160,Fall02/thomson.htm

6 Tony Tinderholt, Interview mit Lyanne A. Guarecuco, »Lawmaker: Criminalizing Abortion Would Force Women to be ›More Personally Responsible‹«, in: *Texas Observer* (23. Januar 2017), texasobserver.org/texas-lawmaker-no-abortion-access-would-force-women-to-be-more-personally-responsible-with-sex/

7 Mark Joseph Stern, »Georgia Just Criminalized Abortion. Women Who Terminate Their Pregnancies Would Receive Life in Prison«, *Slate* (7. Mai 2019), slate.com/news-and-politics/2019/05/hb-481-georgia-law-criminalizes-abortion-subjects-women-to-life-in-prison.html

8 Zoila Acevedo, »Abortion in Early America«, in: *Women & Health 4*, Nr. 2 (Sommer 1979), S. 159–167, pubmed.ncbi.nlm.nih.gov/10297561/

9 Ebd.

10 Andrew Hochman, »Race suicide«, in: *Eugenics Archives* (29. April 2014), eugenicsarchive.ca/discover/tree/535eedb87095aa0000000250

11 Interview, »Wenn wir unsere Babys abtreiben und dafür junge,

gewalttätige Männer herbeischaffen, ruinieren wir unsere Zivilisation«, *unzensuriert* (14. September 2018), unzensuriert.at/content/0027739-wenn-unsere-babys-abtreiben-und-dafuer-junge-gewalttaetige-maennern-herbeischaffen/

12 Adeel Hassan und Alan Blinder, »Alabama Executes a Murderer a Day After Banning Abortions«, in: *New York Times* (16. Mai 2019), nytimes.com/2019/05/16/us/michael-samra-execution.html

13 Priscilla Alvarez, »Parents of 628 migrant children separated at border still have not been found, court filing says«, *CNN Politics* (3. Dezember 2020), edition.cnn.com/2020/12/02/politics/family-separation-us-border-children/index.html

14 »Preventing Unsafe Abortion«, Weltgesundheitsorganisation (25. September 2020), apps.who.int/iris/bitstream/handle/10665/112321/WHO_RHR_14.09_eng.pdf; Lale Say u. a., »Global causes of maternal death: a WHO systematic analysis«, in: *Lancet 2*, Nr. 6 (5. Mai 2014), doi.org/10.1016/S2214-109X(14)70227-X

15 Emma Kasprzak, »Why are black mothers at more risk of dying?«, *BBC News* (12. April 2019), bbc.co.uk/news/uk-england-47115305; Nina Martin, »Black Mothers Keep Dying After Giving Birth. Shalon Irving's Story Explains Why«, *NPR* (7. Dezember 2017), npr.org/2017/12/07/568948782/black-mothers-keep-dying-aftergiving-birth-shalon-irvings-story-explains-why?t=1618400035616

16 Tressie McMillan Cottom, *Thick and Other Essays*, New York: The New Press, 2018, time.com/5494404/tressie-mcmillan-cottom-thick-pregnancy-competent/

10 *Weiße* (Not-)Lügen

1 Harriet Sherwood, »Polish Magazine's ›Islamic Rape of Europe‹ Cover Sparks Outrage«, in: *The Guardian* (18. Februar 2016), theguardian.com/world/2016/feb/18/polish-magazines-islamic -of-europe-cover-sparks-outrage

2 Irene Zempi, »Veiled Muslim women's responses to experiences of gendered Islamophobia in the UK«, in: *International Review of Victimology 26*, Nr. 1 (2020), S. 96–111.

3 »Germany shocked by Cologne New Year gang assaults on women«, *BBC News* (6. Januar 2016), bbc.co.uk/news/world-europe-35231046

4 Bettina Lehnert und Christine Gerberding, »Gewalt gegen Frauen: Jeden dritten Tag geschieht ein Femizid«, *NDR* (23.11.2021), ndr.de/kultur/Femizide-in-Deutschland-Wenn-Maenner-Frauen-toeten, femizid100.html

5 »Charleston shooting: Dylann Roof named as suspect«, *BBC News* (19. Juni 2015), bbc.co.uk/news/world-us-canada-33189325

6 Ta-Nehisi Coates, *We were eight years in power: Eine amerikanische Tragödie*, übers. von Britt Somann-Jung, München: Hanser, 2018.

7 Sojourner Truth, »Bin ich etwa keine Frau?« (1851), übers. von T-Man, in: *Schwarzer Feminismus*, hrsg. von Natasha A. Kelly, Münster: Unrast Verlag, 2019, S. 16.

8 Victoria Richards, »Woman holds sign at feminist rally saying ›there is no rape culture in the West‹«, in: *Independent* (11. Juni 2015), independent.co.uk/news/world/americas/woman-holds-signfeminist-rally-saying-there-no-rape-culture-west-10310370.html

9 »An examination of the 2016 electorate, based on validated voters«, *Pew Research*, pewresearch.org/politics/2018/08/09/an-examination-of-the-2016-electorate-based-on-validated-voters/

10 Andrea Dworkin, *Right-Wing Women*, New York: Perigee Books, 1983, S. 15.

11 Saim Saeed, »950 attacks on Muslims recorded in Germany last year«, in: *Politico* (3. März 2018), politico.eu/article/germany-islam-950-attacks-on-muslims-recorded-in-germany-last-year

12 Angela Davis, »Rape, Racism and the Capitalist Setting«, in: *The Black Scholar 12*, Nr. 6 (1981), S. 39–45, JSTOR, www.jstor.org/stable/41066856, S. 39; dies., »Vergewaltigung und Rassismus: Der Mythos vom schwarzen Vergewaltiger«, in: *Rassismus und Sexismus: Schwarze Frauen und Klassenkampf in den USA*, übers. von Erika Stöppler, Berlin: Elefanten Press, 1982, S. 165.

13 Reni Eddo-Lodge, *Warum ich nicht länger mit Weißen über Hautfarbe spreche*, übers. von Anette Grube, Stuttgart: Tropen, 2020, S. 167f.

11 Wütende junge Männer

1 »You Will Not Replace Us«, Hate Slogans/Slang Terms, Anti-Defamation League, adl.org/education/references/hate-symbols/you-will-not-replace-us
2 »Mass Shootings in America«, Everytown For Gun Safety, everytownresearch.org/maps/mass-shootings-in-america-2009-2019/
3 »ADL Report Investigates Links Between Misogyny and White Supremacy«, ADL, adl.org/news/press-releases/adl-report-investigates-links-between-misogyny-and-white-supremacy?_ga=2.122328203.1857158446.1532546157-1833310746.1532546157
4 George Hawley, »The Demography of the Alt-Right«, Institute for Family Studies, ifstudies.org/blog/the-demography-of-the-alt-right
5 Ebd.
6 Hussein Kesvani, »When YouTube Red-Pills the Love of Your Life«, in: *MEL Magazine* (16. Januar 2019), melmagazine.com/en-us/story/youtube-red-pill-men-right-wing-hate-radicalization
7 Zitiert in Lisa Sugiura, *The Incel Rebellion: The Rise of the Manosphere and the Virtual War Against Women*, Bingley: Emerald Publishing, 2021, S. 86.
8 Robin Hanson, »Two Types of Envy«, *Overcoming Bias* (26. April 2018), overcomingbias.com/2018/04/two-types-of-envy.html

12 Heldendämmerung

1 G. Willow Wilson, *Ms Marvel*, Teil 1, *Meta-Morphose*, Stuttgart: Panini Comics, 2015.
2 Cordelia Fine, *Testosterone Rex: Myths of Sex, Science and Society*, New York: W. W. Norton, 2017, S. 91.
3 Dorothy Thompson, »Who Goes Nazi?«, in: *Harper's Magazine* (August 1941), harpers.org/archive/1941/08/who-goes-nazi/

13 Wahrheit und Konsequenzen

1 Sandra Joshel, »The Body Female and the Body Politic« in: Amy Richlin (Hrsg.), *Pornography and Representation in Greece*

and Rome, Oxford: Oxford University Press, 1992, S. 112–130, hier S. 120; faculty.washington.edu/alain/Lat422Livy/Joshel.pdf

2 »Uma Thurman vents anger at Weinstein«, *BBC News* (24. November 2017), bbc.co.uk/news/entertainment-arts-42106916

3 Margaret Atwood, »Männer gestalten: Romanfigur Mann«, (Vortrag 1982), übers. von Christiane Buchner, in: dies., *Aus Neugier und Leidenschaft: Gesammelte Essays*, Berlin: Berlin Verlag, 2017, S. 63–83, hier S. 64 f. Im Original heißt es bei Atwood: »Men are afraid that women will laugh at them. Women are afraid that men will kill them.« (A.d.Ü.)

4 Andrew Buncombe, »Stanford rape case: Read the impact statement of Brock Turner's victim«, in: *Independent* (2. September 2016), independent.co.uk/news/people/stanford-rape-case-read-impactstatement-brock-turner-s-victim-a7222371.html

5 Nora Samaran, »Own, Apologize, Repair: Coming Back to Integrity«, Blogeintrag (10. Februar 2016), norasamaran.com/2016/02/10/variations-on-not-all-men/

14 Machtmissbrauch

1 Ruth Marcus, »Opinion: Have we learned nothing since Anita Hill?«, in: *Washington Post* (22. September 2018), washingtonpost.com/opinions/have-we-learned-nothing-since-anita-hill/2018/09/21/bdc649a4-bddb-11e8-8792-78719177250f_story.html

2 Dylan Scott, »Read Christine Blasey Ford's written testimony: ›I am here today not because I want to be. I am terrified.‹«, *Vox* (27. September 2018), vox.com/2018/9/26/17907462/christine-blasey-ford-testimony-brett-kavanaugh-hearing

3 Tim Mak, »Kavanaugh Accuser Christine Blasey Ford Continues Receiving Threats, Lawyers Say«, *NPR* (8. November 2018), npr.org/2018/11/08/665407589/kavanaugh-accuser-christine-blaseyford-continues-receiving-threats-lawyers-say

4 Kira Lerner, »Brett Kavanaugh falsely claims 17-year-old immigrant didn't meet requirements for an abortion«, *Think Progress* (5. September 2018), archive.thinkprogress.org/brett-kavanaugh-falsely-claims-17-year-old-immigrant-didnt-meet-requirements-for-an-abortion-25b9c759d63c/

5 Jan Ransom, »Trump Will Not Apologize for Calling for Death

Penalty Over Central Park Five«, in: *New York Times* (18. Juni 2019), nytimes.com/2019/06/18/nyregion/central-park-five-trump.html

6 Donald Trump, »Bring Back The Death Penalty. Bring Back Our Police!«, in: *New York Daily News* (1. Mai 1989), Section B, S. 6, apps.frontline.org/clinton-trump-keys-to-their-characters/pdf/trump-newspaper.pdf

7 Judith Lewis Herman, *Die Narben der Gewalt: Traumatische Erfahrungen verstehen und überwinden*, übers. von Verena Koch und Renate Weitbrecht, Paderborn: Junfermann, 2018, S. 85.

8 »School abuse: ›Rape culture‹ warning as 8,000 report incidents«, *BBC News* (29. März 2021), bbc.co.uk/news/uk-56558487

9 E. Jean Carroll, »Donald Trump assaulted me in a Bergdorf Goodman dressing room 23 years ago. But he's not alone on the list of awful men in my life«, *The Cut* (21. Juni 2019), thecut.com/2019/06/donald-trump-assault-e-jean-carroll-other-hideous-men.html

10 Ebd.

11 Milton Mayer, *They Thought They Were Free: The Germans 1933–1945*, Chicago: Chicago University Press, 1966, S. 171.

Schlussbemerkung: Traumapolitik

1 E. J. Dickson, »Alexandria Ocasio-Cortez Said Something Genuine, So Of Course Men Reacted Poorly«, in: *Rolling Stone* (2. Februar 2021), rollingstone.com/culture/culture-features/alexandria-ocasio-cortez-sexual-assault-instagram-live-1122515/

2 Nina Martin, »Black Mothers Keep Dying After Giving Birth. Shalon Irving's Story Explains Why«, *NPR* (7. Dezember 2017), npr.org/2017/12/07/568948782/black-mothers-keep-dying-aftergiving-birth-shalon-irvings-story-explains-why?t=1618400035616

3 Tom Phillips, »Brazil: Bolsonaro reportedly uses homophobic slur to mock masks«, in: *The Guardian* (8. Juli 2020), theguardian.com/world/2020/jul/08/bolsonaro-masks-slur-brazil-coronavirus

4 Mary Wollstonecraft, *Die Verteidigung der Rechte der Frau*, übers. von Edith Schotte, Leipzig: Verlag für die Frau, 1989.

5 Michel Foucault, *Der Wille zum Wissen: Sexualität und Wahrheit*, Bd. 1, übers. von Ulrich Raulff und Walter Seitter, Frankfurt a. M.: Suhrkamp, 1977, S. 165.

Dank

Mein Dank geht zuallererst an meine Agentin Veronique Baxter und das gesamte Bloomsbury-Team: Alexa von Hirschberg, Jasmine Horsey, Callie Garnett, Sara Helen Binney und Kate Quarry. Bill Swainson, mit dem ich seit einem Jahrzehnt zusammenarbeiten darf, übernahm die Aufgabe, dieses Buch zu formen und zu redigieren, und wie immer bin ich ihm dafür sehr dankbar.

Im Lauf der Jahre hatte ich auch das große Privileg, redaktionelle Hilfe und Feedback von Michelle Weber, Lucie Elven, Meredith Peskin, Meredith Yayanos, Charlie Hallam, Lauryn Ipsum, Katrina Duncan und Samuel Braslow zu erhalten. Wie mir Eva Galperin geholfen hat, weiß nur sie selbst, doch dass sie eine Heldin ist, weiß die ganze Welt.

Nicht minder wichtig für die Entstehung dieses Buchs sind die vielen nächtelangen Gespräche mit lieben Freund*innen und Wegbegleiter*innen, insbesondere Christina Austin, Neil Gaiman, Margaret Killjoy, Jason Porath, Natti Vogel, Madhuri Shekar, Irvine Welsh, Frankie Boyle, Paul Clarkson, Michael Clarkson, Elizabeth Sutcliffe, Mara Wilson, Pam Shaffer, Emma Felber, Sasha Garwood, Alex Davison und Quinn Norton. Viele andere, die sich mir unter Zusicherung von Anonymität anvertraut haben, nenne ich hier nicht, aber sie wissen, dass ihnen mein Dank gebührt.

Ich bin allen Autorinnen dankbar, die ich nie kennengelernt habe, deren Worte und Werke mein Denken aber viele Jahre lang geformt und herausgefordert haben, unter ihnen Shulamith Firestone, Ellen Willis, bell hooks, Angela Davis, Barbara Ehrenreich, Andrea Dworkin, Leslie Feinberg und Silvia Federici. Mein Dank geht auch an die feministischen

Wegbereiterinnen von heute, deren Arbeit im Austausch mit meiner steht, unter anderem Lidia Yuknavitch, Sophie Lewis, Kate Manne, Rebecca Traister, Anita Sarkeesian, Clementine Ford, Rebecca Solnit, Ijeoma Oluo, Jude Doyle, Reni Eddo-Lodge, Adrienne Maree Brown und Kitty Stryker.

Ich danke Jane Penny, Eleanor Penny, Georgia Barnett und Mike Penny für ihre Ermutigung und ihre Geduld, als ich sie gleich mehrmals über Weihnachten sitzenließ, um zu arbeiten. Für seine lebenslange Unterstützung danke ich auch Raymond Barnett, dessen Andenken mir kostbar ist.

Als ich mir nicht sicher war, ob ich dieses Buch würde abschließen können, boten mir Catherine Howdle und Cat Harris ihr Gästezimmer in Brüssel an und versorgten mich mit Eintopf und albernen Witzen. Dieselbe Aufgabe übernahmen Redfern Barrett und Darren Cadwaller im Sommer 2018 in Berlin, als ich mit der Arbeit begann.

Dank geht auch an meine Quarantäne-Schreibgruppe 2020, die, während die Welt unterging, einen Raum öffnete, in dem wir einfach mal Worte raushauen konnten: Katherine Bergeron, Wayne Myers, Ted Mills, Paul Jeremiah Hayes, James Zapfletts, Joanne Williams, Adam Fleischmann, Adam Glinglin, Jacob Wellman, Elly Hayden, Mehran Baluch, Sarah Trick und alle anderen, die mitgemacht haben.

Vor allem danke ich meinen Förder*innen auf *Patreon*, die mir über die Jahre die Treue gehalten und mich ermutigt haben, mir für die Arbeit an diesem Buch die nötige Zeit zu nehmen. Ohne sie wäre *Sexuelle Revolution* nicht entstanden.

Nicht zuletzt danke ich David Boarder Giles, der es möglich macht, dass wir so arbeiten, als lebten wir bereits in den frühen Tagen einer besseren Welt.

Bibliografie

Bücher

Bancroft, Lundy: *Warum tut er das? Einblicke in die Gedankenwelt von aggressiven und kontrollsüchtigen Männern.* Kandern: Unimedica, 2021

Browning, Frank: *The Fate of Gender. Nature, Nurture, and the Human Future.* New York: Bloomsbury, 2016

Cervantes Saavedra, Miguel de: *Der geistvolle Hidalgo Don Quijote von der Mancha.* Übers. von Susanne Lange. München: dtv, 2016

Coates, Ta-Nehisi: *We were eight years in power. Eine amerikanische Tragödie.* Übers. von Britt Somann-Jung. München: Hanser, 2018

Crewe, Candida: *Eating Myself.* London: Bloomsbury, 2006

Davis, Angela: *Rassismus und Sexismus. Schwarze Frauen und Klassenkampf in den USA.* Übers. von Erika Stöppler. Berlin: Elefanten Press, 1982

Dworkin, Andrea: *Right-Wing Women.* New York: Perigee Books, 1983

Eddo-Lodge, Reni: *Warum ich nicht länger mit Weißen über Hautfarbe spreche.* Übers. von Anette Grube. Stuttgart: Tropen, 2020

Firestone, Shulamith: *Frauenbefreiung und sexuelle Revolution.* Übers. von Gesine Strempel-Frohner. Frankfurt a. M.: S. Fischer, 1974

Foster, Dawn: *Lean Out.* London: Watkins Publishing, 2016

Foucault, Michel: *Der Wille zum Wissen. Sexualität und Wahrheit.* Bd. 1. Übers. von Ulrich Raulff und Walter Seitter. Frankfurt a. M.: Suhrkamp, 1977

Greer, Germaine: *Der weibliche Eunuch. Aufruf zur Befreiung der Frau.* Übers. von Marianne Dommermuth. Frankfurt a. M.: S. Fischer, 1974

Herman, Judith Lewis: *Die Narben der Gewalt. Traumatische Erfahrungen verstehen und überwinden.* Übers. von Renate Weitbrecht. Paderborn: Junfermann, 2018

HIRSHMAN, LINDA R. und JANE E. LARSON: *Hard Bargains. The Politics of Sex.* Oxford/New York: Oxford University Press, 1998

HOCHSCHILD, ARLIE RUSSELL: *Das gekaufte Herz. Zur Kommerzialisierung der Gefühle.* Übers. von Ernst von Kardorff. Frankfurt a. M.: Campus, 1990

HOCHSCHILD, ARLIE RUSSELL und ANNE MACHUNG: *Der 48-Stunden-Tag. Wege aus dem Dilemma berufstätiger Eltern.* Übers. von Andrea Galler. Wien/Darmstadt: Zsolnay, 1990

HOOKS, BELL: *Alles über Liebe.* Übers. von Heike Schlatterer. Berlin: HarperCollins, 2021

DIES.: *The Will to Change. Men, Masculinity, and Love.* New York u. a.: Atria Books, 2004

KENNEDY, HELENA: *Misjustice. How British Law Is Failing Women.* London: Vintage, 2019

LAKOFF, GEORGE: *The All New Don't Think of an Elephant! Know Your Values and Frame the Debate.* White River Junction, Vermont: Chelsea Green Publishing, 2014

LEWIS, SOPHIE: *Full Surrogacy Now. Feminism against the Family.* London: Verso, 2019

MACKINNON, CATHARINE A.: *Feminism Unmodified. Discourses on Life and Law.* Cambridge: Harvard University Press, 1987

MANNE, KATE: *Down Girl. Die Logik der Misogynie.* Übers. von Ulrike Bischoff. Berlin: Suhrkamp, 2020

MARX, KARL: *Ökonomisch-philosophische Manuskripte aus dem Jahre 1844.* In: *Werke.* Ergänzungsband 1. Berlin: Dietz, 1968

MASON, PAUL: *Klare, lichte Zukunft. Eine radikale Verteidigung des Humanismus.* Übers. von Stephan Gebauer. Berlin: Suhrkamp 2019

MAYER, MILTON: *They Thought They Were Free. The Germans 1933–1945.* Chicago: Chicago University Press, 1966

NAGOSKI, EMILY: *Komm, wie du willst. Das neue Frauen-Sex-Buch.* Übers. von Henriette Zeltner-Shane und Inka Marter. München: Knaur, 2015

REICH, WILHELM: *Die Massenpsychologie des Faschismus.* Kopenhagen u. a.: Verlag für Sexualpolitik, 1933

SANDBERG, SHERYL: *Lean In. Frauen und der Wille zum Erfolg.* Übers. von Barbara Kunz. Berlin: Ullstein, 2015

STRAUSS, NEIL: *Der Aufreißer. So kriegt man(n) jede Frau rum.* Übers. von Nina Pallandt und Kristof Hahn. Berlin: Ullstein, 2009

WAITE, LINDA J. und MAGGIE GALLAGHER: *The Case for Marriage.*

Why Married People Are Happier, Healthier, and Better Off Financially. New York: Doubleday, 2000

Wolf, Naomi: *Der Mythos Schönheit.* Übers. von Cornelia Holfelder-von-der-Tann, Sabine Hübner und Ursula Locke-Groß. Reinbek: Rowohlt, 1991

Wollstonecraft, Mary: *Die Verteidigung der Rechte der Frau.* Übers. von Edith Schotte. Leipzig: Verlag für die Frau, 1989

Yuknavitch, Lidia: *The Chronology of Water. A Memoir.* Portland, Oregon: Hawthorne Books, 2016

Artikel, Aufsätze und Onlinetexte: Auswahl

Associated Press und Ashley Collman: »Steve Bannon Says ›Time's Up‹ Is ›the Single Most Powerful Potential Political Movement in the World‹«. In: *Business Insider* (15. September 2018), businessinsider.com/ap-steve-bannon-times-up-is-most-powerful-political-movement-2018-9

Benner, Katie: »Women in Tech Speak Frankly on Culture of Harassment.« In: *New York Times* (30. Juni 2017), nytimes.com/2017/06/30/technology/women-entrepreneurs-speak-out-sexual-harassment.html

Bloom, Ester, »The Decline of Domestic Help.« In: *The Atlantic* (23. September 2015), theatlantic.com/business/archive/2015/09/decline-domestic-help-maid/406798/

Butler, Patrick: »Welfare spending for UK's poorest shrinks by £37 bn.« In: *The Guardian* (23. September 2018), theguardian.com/politics/2018/sep/23/welfare-spending-uk-poorest-austerity-frank-field

Carroll, E. Jean: »Donald Trump assaulted me in a Bergdorf Goodman dressing room 23 years ago. But he's not alone on the list of awful men in my life«, *The Cut* (21. Juni 2019), thecut.com/2019/06/donald-trump-assault-e-jean-carroll-other-hideous-men.html

Chrisafis, Angelique: »What is going on in men's heads when women's pleasure has become a problem?« Interview mit Virginie Despentes. In: *The Guardian* (31. August 2018), theguardian.com/books/2018/aug/31/virginie-despentes-interview-baise-moi-vernon-subutex

Clark, R. D. und E. Hatfield: »Gender differences in receptivity to sexual offers«. In: *Journal of Psychology & Human Sexuality,* 2,

Nr. 1, 1989, S. 39–55, sciencefriday.com/wp-content/uploads/2016/04/gender-differences-in-receptivity-to-sexual-offers.pdf

Davis, Angela: »Rape, Racism and the Capitalist Setting.« In: *The Black Scholar* (12. Juni 1981)

Frank, Karah: »A Letter to My Abuser«. In: *The Establishment* (20. Oktober 2016), theestablishment.co/a-letter-to-my-abuser-ff705dfec5cc/index.html

Fraser, Nancy: »Contradictions of Capital and Care«. In: *New Left Review* (Juli/August 2016), newleftreview.org/issues/ii100/articles/nancy-fraser-contradictions-of-capital-and-care

Freud, Sigmund: »Brief an Fließ, 4.5.1896«. In: *Aus den Anfängen der Psychoanalyse: Briefe an Wilhelm Fliess, Abhandlungen und Notizen aus den Jahren 1887–1902*, London: Imago, 1950, S. 174

Ders.: »Zur Ätiologie der Hysterie«. In: *Gesammelte Werke*. Bd. 1. London: Imago, 1952, S. 423–459

Gebrial, Dalia: »Decolonising Desire: The Politics of Love«. Blog, *Verso* (13. Februar 2017), versobooks.com/blogs/3094-decolonising-desire- the-politics-of-love

Hald, Gert Martin und Henrik Høgh-Olesen: »Receptivity to sexual invitations from strangers of the opposite gender«. In: *Evolution and Human Behavior* 31, Nr. 6 (November 2010), S. 453–458, researchgate.net/publication/238504013_Receptivity_to_sexual_invitations_from_strangers_of_the_opposite_gender

Hanson, Robin: »Two Types of Envy«. *Overcoming Bias* (26. April 2018), overcomingbias.com/2018/04/two-types-of-envy.html

Harte, Alys: »A man tried to choke me during sex without warning«. BBC Radio 5 Live Investigations Unit, bbc.com/news/uk-50546184

Ingraham, Christopher: »The share of Americans not having sex has reached a record high«. In: *Washington Post* (29. März 2019), washingtonpost.com/business/2019/03/29/share-americans-not-having-sex-has-reached-record-high

James, Selma: »Sex, Race and Class« (1973), la.utexas.edu/users/hcleaver/sexraceclass.html

Judge, Timothy A. und Daniel M. Cable: »When It Comes to Pay, Do the Thin Win? The Effect of Weight on Pay for Men and Women«. In: *Journal of Applied Psychology* (20. August 2010), timothy-judge.com/Judge%20and%20Cable%20%28JAP%202010%29.pdf

KESVANI, HUSSEIN: »When YouTube Red-Pills the Love of Your Life«. In: *MEL Magazine* (16. Januar 2019), melmagazine.com/en-us/story/youtube-red-pill-men-right-wing-hate-radicalization

KING, STEVE: »Wenn wir unsere Babys abtreiben und dafür junge, gewalttätige Männer herbeischaffen, ruinieren wir unsere Zivilisation.« Interview. *unzensuriert* (14. September 2018), unzensuriert.at/content/0027739-wenn-unsere-babys-abtreiben-und-dafuer-junge-gewalttaetige-maennern-herbeischaffen/

LORDE, AUDRE: »Vom Nutzen der Erotik: Erotik als Macht«. In: *Sister Outsider.* Übers. von Eva Bonné und Marion Kraft. Berlin: Hanser, 2020

MAK, TIM: »Kavanaugh Accuser Christine Blasey Ford Continues Receiving Threats, Lawyers Say«. *NPR* (8. November 2018), npr.org/2018/11/08/665407589/kavanaugh-accuser-christine-blasey ford-continues-receiving-threats-lawyers-say

MARCOTTE, AMANDA: »What's destroying democracy around the world? At least in part, misogyny and sexism«. In: *Salon* (10. September 2019), salon.com/2019/09/10/whats-destroying-democracy-around-theworld-at-least-in-part-misogyny-and-sexism/

MARSH, SARAH: »Eating disorders: NHS reports surge in hospital admissions«. In: *The Guardian* (2. Februar 2018), theguardian.com/society/2018/feb/12/eating-disorders-nhs-reports-surge-in-hospital-admissions

MASSON, JEFFREY M.: »Freud and the Seduction Theory: A challenge to the foundations of psychoanalysis«. In: *The Atlantic* (Februar 1984), theatlantic.com/magazine/archive/1984/02/freud-and-the-seduction-theory/376313

MILLER, CLAIRE CAIN: »The Costs of Motherhood Are Rising and Catching Women Off Guard«. In: *New York Times* (17. August 2018), nytimes.com/2018/08/17/upshot/motherhood-rising-costs-surprise.html

MILLER, JANIES M. u.a.: »Evaluating Maternal Recovery from Labor and Delivery: Bone and Levator Ani Injuries«. In: *Research Gynecology* 213, Nr. 2 (5. Mai 2015), ajog.org/action/showPdf?pii=S0002-9378%2815%2900450-0

MORROW, LANCE: »A Spectral Witness Materializes«. In: *Wall Street Journal* (17. September 2018), wsj.com/articles/a-spectral-witness-materializes-1537225498

RANSOM, JAN: »Trump Will Not Apologize for Calling for Death Penalty Over Central Park Five«. In: *New York Times* (18. Juni 2019), nytimes.com/2019/06/18/nyregion/central-park-five-trump .html

RELMAN, ELIZA: »The 26 Women Who Have Accused Trump of Sexual Misconduct«. In: *Business Insider* (17. September 2020), businessinsider.com/women-accused-trump-sexual-misconduct-list-2017-12

RICHARDS, VICTORIA: »Woman holds sign at feminist rally saying ›there is no rape culture in the West‹.« In: *Independent* (11. Juni 2015), independent.co.uk/news/world/americas/woman-holds-sign-feminist-rallysaying-there-no-rape-culture-west-10310370 .html

SARWARI, KHALIDA: »Domestic Violence Homicides Appear to Be on the Rise. Are Guns the Reason?« News@northeastern (8. April 2019), news.northeastern.edu/2019/04/08/domestic-violen ce-homicides-appear-be-on-the-rise-a-northeastern-university-study-suggests-that-guns-are-the-reason

SCHULTE, BRIGID: »The U.S. Ranks Last in Every Measure When It Comes to Family Policy, in 10 Charts«. In: *Washington Post* (5. April 2019), washingtonpost.com/blogs/she-the-people/wp /2014/06/23/global-view-how-u-s-policies-to-help-working-families-rank-in-the-world

SHERWOOD, HARRIET: »Polish Magazine's ›Islamic Rape of Europe‹ Cover Sparks Outrage«. In: *The Guardian* (18. Februar 2016), theguardian.com/world/2016/feb/18/polish-magazines-islamic-of-europe-cover-sparks-outrage

STEWART, HEATHER: »Women bearing 86% of austerity burden, Commons figures reveal«. In: *The Guardian* (9. März 2017), theguardian.com/world/2017/mar/09/women-bearing-86-of-austerity-burden-labour-research-reveals

THOMPSON, DOROTHY u.a.: »Who Goes Nazi?« In: *Harper's Magazine* (August 1941), harpers.org/archive/1941/08/who-goes-nazi

THOMPSON, ISOBEL: »Steve Bannon Is Obsessed with the Fall of the Patriarchy«. In: *Vanity Fair* (28. Februar 2018), vanityfair.com /news/2018/02/steve-bannon-is-obsessed-with-the-patriarchy

THOMSON, JUDITH JARVIS: »A Defense of Abortion«. In: *Philosophy & Public Affairs*, 1, Nr. 1 (Herbst 1971). Wiederabgedruckt in: Ronald Munson (Hrsg.): *Intervention and Reflection. Basic Issues in Medical Ethics.* Belmont: Wadsworth [5]1996, S.69–80, spot.colorado.edu/~heathwoo/Phil160,Fall02/thomson.htm

Traister, Rebecca: »Single Women Are the Most Potent Political Force in America«. In: *The Cut* (21. Februar 2016), thecut.com/2016/02/political-power-single-women-c-v-r.html

Truth, Sojourner: »Bin ich etwa keine Frau?« (1851) Übers. von T-Man. In: Natasha A. Kelly (Hrsg.): *Schwarzer Feminismus.* Münster: Unrast, 2019, S. 16

WHO: »Preventing Unsafe Abortion«. Weltgesundheitsorganisation (25. September 2020), who.int/news-room/fact-sheets/detail/preventing-unsafe-abortion

Zezima, Katie, Deanna Paul, Steven Rich, Julie Tate und Jennifer Jenkins: »Domestic slayings: Brutal and foreseeable«. In: *Washington Post* (9. Dezember 2018), washingtonpost.com/graphics/2018/investigations/domestic-violence-murders/

Zimmerman, Jess: »Hunger Makes Me«, *Hazlitt* (7. Juli 2016), hazlitt.net/feature/hunger-makes-me